古文字論壇

陳偉武 主編

第四輯

中西書局

圖書在版編目（CIP）數據

古文字論壇．第四輯／陳偉武主編．—上海：中
西書局，2023
ISBN 978-7-5475-2224-0

Ⅰ．①古…　Ⅱ．①陳…　Ⅲ．①漢字—古文字學—文集
Ⅳ．①H121-53

中國國家版本館 CIP 數據核字（2023）第 248004 號

古文字論壇（第四輯）

陳偉武　主編

責任編輯　田　穎
助理編輯　王瀠雪
裝幀設計　梁業禮
責任印製　朱人傑

出版發行　上海世紀出版集團
　　　　　　®中西書局（www.zxpress.com.cn）
地　址　上海市閔行區號景路 159 弄 B 座（郵政編碼：201101）
印　刷　上海肖華印務有限公司
開　本　787 毫米×1092 毫米　1/16
印　張　25.25
字　數　376 000
版　次　2023 年 12 月第 1 版　2023 年 12 月第 1 次印刷
書　號　ISBN 978-7-5475-2224-0/H·151
定　價　118.00 元

本書如有質量問題，請與承印廠聯繫。電話：021-66012351

本書係"古文字與中華文明傳承發展工程"、國家社科基金重大項目"戰國文字詁林及數據庫建設"（17ZDA300）、"戰國文字研究大數據雲平臺建設"（21&ZD307）的階段性成果。

目　　録

“古文字學前沿論壇”會議發言實録

“古文字學强基班教學研討會”會議發言實録

一枚印章的故事

——紀念容庚先生誕辰 128 周年

孫稚雛

今年(2022)9 月 5 日是容庚先生誕辰 128 周年紀念日,我很想寫一點文字紀念自己的老師,但因眼疾雙目近盲,不能查閲資料,無法執筆撰文,只得借助 iPad‑Pages 在網上收集資料,加上追憶湊合成文。網上資料没有平面書籍謹嚴,每多訛誤,如有錯誤請讀者批評指正。

提起往事,得先從春江水暖的 1978 年和容老收藏的一枚印章説起。

(一)一九七八 春江水暖

1978 年春,古文字研究室由康樂園中區數學大樓遷到馬崗頂下東北區 18 號一棟二層的小紅樓裏,二樓大廳分隔爲兩部分,裏面是書庫,由黄光武老師管理,外面則是工作室,研究室同仁每人都有一張書桌。記得容老的座位在靠南窗邊的第二位,書桌上擺有硯臺、毛筆、墨、水盒和十多方印章,一枚印章的故事講的就是這些印章中的一方。這方名言章是容老四舅鄧爾雅先生鎸刻的,内容摘自李清照《金石録後序》,關於這方印章後面還要詳談,這裏暫且按下不表,先看看那一年發生了什麽事情。

就在這一年春天,春江水暖,中華書局趙誠先生南來,他是來串聯南北高校召開古文字研究會的,趙先生逐家訪問,他到建設新村我家詳細詢問了我這些年的工作情況後,建議先出《金文著録簡目》以應學界之需,至於集釋等其他研究,做一篇發一篇,不要等到積累了許多篇才一起發表。我聽從了趙先生的意見,次年《金文著録簡目》手寫影印,後於 1981年由北京中華書局出版。

1978年春夏之交,香港許禮平先生來訪,當時研究室同仁俱在(獨缺商老),許先生在研究室樓下給我們拍了一張著名的合照(圖一),大家笑逐顏開,這張照片就成了當年我們在小紅樓裏温馨生活的寫照。

容庚先生和中山大学古文字研究室研究人员合影

圖一

左起:孫稚雛、張振林、曾憲通、容庚、陳煒湛、黄光武

1978年夏,商老從河北平山帶回了中山三器中鐵足大鼎和方壺銘文的曬藍本,文長字多,極其珍貴。商老在研究室開會時給大家展示了一下,會後又帶回家去了。次日容老提出借閱這兩件銅器銘文的曬藍本補《金文編》,商老同意借三天,只能在研究室觀看,於是容老以八十四歲高齡就坐在研究室孜孜不倦地爲《金文編》補字了。容老補了一會兒就對我説:"孫稚雛,你來做一個釋文吧!"我用了大半天時間按原銘行款寫了釋文,照我的習慣凡確識的字用楷書隸定,不識或未確識的字則照原銘描下來,加上句讀交給了容老。三天後商老就將這些曬藍本收走了,此事也就告一段落。

按我當時的學力,没有其他考釋文章可參考,許多字尚未確釋,短時間内是絶對寫不出全面考釋文章的,但我也不想放棄這次學習機會,於是遍查史書,根據不完整的釋文,利用我語言學上的知識,避開全銘考釋,寫了一篇《中山王𰯌鼎、壺的年代史實及其意義》的稿子。

1978 年秋,陳抗、陳永正、張桂光、陳初生、唐鈺明、許偉建六位考取中大古文字學專業研究生,攻讀碩士學位。陳初生在考研前曾寫信給容老,請求到研究室看書,容老命我覆信同意他來並在信上簽了名。初生很聰明,投石問路先拜碼頭,很合容老的胃口,因爲他老人家青年時北上求學,也是先抱着《金文編》稿本去叩羅振玉的門,由中學學歷一躍而成北大研究生。初生兄在回憶讀研經歷時深情地說:

> 容老年事已高,沒有精力講那麼多課了,說我的觀點都寫在書裏了,你們去看我的書。他還委派古文字研究室的曾憲通、張振林、孫稚雛、陳煒湛四位中年老師給我們上課,他們四人是校內外聞名的中大古文字研究室"四大金剛"。能得到那麼多的老師教誨,我們可有福了。(《睹物思人憶容師》,《新快報輕報紙》2021 年)

1978 年 12 月商老、曾憲通、張振林和我赴長春吉林大學參加中國古文字研究會成立大會暨第一屆年會,我在會上提供了《中山王𰯌鼎、壺的年代史實及其意義》一文,這篇文章是我只查了一些文獻沒有看到任何考釋文章閉門造車寫出來的,銘文中好些字沒有確釋,其實是很不成熟的,例如連一個"也"字(銘文作施)也沒有認出來,在會上經人指點才恍然大悟,幸好當年中華出書手寫影印,我在抄正時順手將這些錯誤改正了,否則白紙黑字就貽笑大方了。會後路過北京,故宮博物院贈我們中山三器拓本一套,回校後我就根據這些拓本做了摹本。

摹本很不好做,試用了各種毛筆和紙張都不理想,後來想起在長春時曾聽啓功先生說鄧散木用繪圖筆寫小楷,於是找了一枝我太太讀大學時做園林設計用的舊繪圖筆,用硫酸紙臨摹,才摹出了像樣的摹本。這些摹本後來附在我的論文後,在《古文字研究》第一輯(中華書局 1979 年)上發表。

當年做摹本時我要了一點小聰明,在摹本空白處畫了一方圖章,仿中山王字體寫了"稚雛臨寫"四個篆字(圖二),後來果然張政烺先生看到書上的摹本時脫口而出說"張守中摹的",但當他再看到我畫的圖章時就不出聲了。

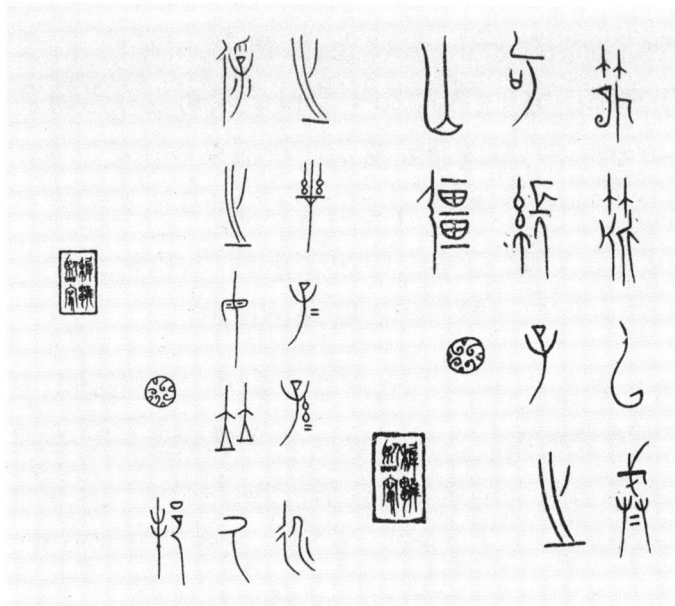

圖二　作者所做摹本

　　記得那時候我還用這支筆寫了好幾張扇面,有的隨手送人了,自己只留下一張(圖三),在那張扇面上我也學鄧散木先生的樣用繪圖筆寫小楷,寫了八句銘文,銘曰:

　　　　中山佚事,史籍缺聞;刀筆書法,世之奇珍。
　　　　我欲仿之,硬筆臨文;先求形似,再得其神。

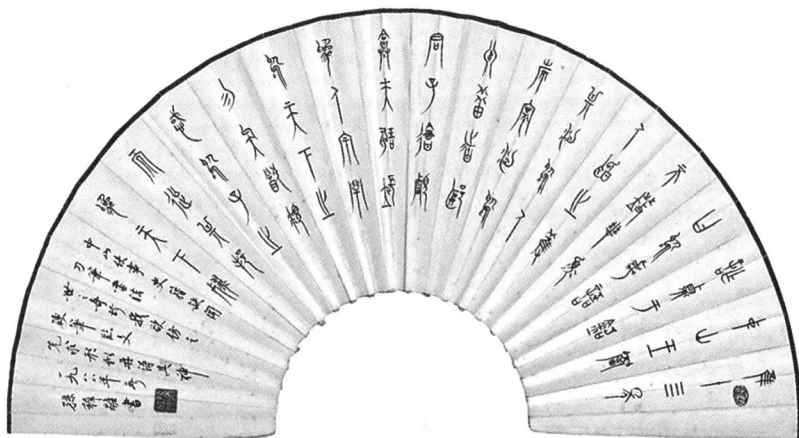

圖三　作者所畫扇面

中山王銅器銘文的書法特點是綫條兩頭尖中間粗,有很强的刀刻風味,幾十年來許多學寫中山王銅器銘文書法的人都寫成均匀的綫條,對照原銘就大異其趣了。

這一年我滿四十周歲,對於一個古文字學研究者來說,學術上的春天來得晚了一些,但春天終於還是來了。

(二)"鍥而不捨"的老人和他的藏印

1940 年 12 月 25 日,聖誕節燕京大學放假,容老校《商周彝器通考》稿,曾對並世諸金石家"戲爲評騭"曰:

> 目光銳利,能見其大,吾不如郭沫若。非非玄想,左右逢源,吾不如唐蘭。咬文嚼字,細針密縷,吾不如于省吾。甲骨篆籀,無體不工,吾不如商承祚。操筆疾書,文不加點,吾不如吳其昌。若鍥而不捨,所得獨多,則彼五人似皆不如我也。(《容庚北平日記》,中華書局2019 年,第 638 頁)

這位"鍥而不捨"著作等身的老人即使到了八十四歲的高齡,精神依然矍鑠。當時他住在東南區一號離研究室不遠,每當天朗氣清,大約上午九點左右容老就會拎着塑料提包,左手臂挂着彎鈎柄長布傘,慢慢踱到研究室來,容老在他的座位上坐下後,或爲《金文編》補字,或看書寫字,偶爾閉目養神打個盹,十一時許收拾好東西去光武旁邊坐下,取出"555"香菸自吸一支,也請光武吸一支。因爲書庫嚴禁煙火,光武老師只好婉言謝絶,眼光却一直盯着容老手上的香烟,直到容老吸完菸,再在菸灰缸中倒點水,確認菸頭完全熄滅了,才微笑着送容老離開研究室自行回家。

上面提到研究室容老書桌上放着十多枚他常用的印章,我出於好奇曾用宣紙全部鈐印下來(圖四),這些印中除姓名章和齋號印外,還有一枚比較特殊的名言章,字較多,我拿起來隨口讀道:"有飯疏衣,練……"就讀不下去了,容老看着我的窘態就說,這是他四舅鄧爾雅刻的李清照《金石録後序》裏的話,時間久了印面不清晰,回去要好好清理一下。我不好意思再問下去了,趙明誠的《金石録》不是我們的必讀書,但大名鼎鼎的李清照《金石録後序》也没有讀過就有點説不過去了。後來我特地仔細地讀了這篇大著，才知道原文是"便有飯疏衣練，窮遐方絶域，盡天下古文奇字之志"。鄧爾雅先生少刻了一個"便"字，我就把句讀讀錯了。這方印章曾多次出現在容老的書法作品上，印章的真僞和鈐印的方式、部位就成了鑒定容書真僞的一種證據了。

圖四　容老書桌上擺放的常用印章鈐本。共十五方，右首行第三印與
　　　　末行第二印重出。第四行第三印即鄧爾雅所鐫刻李清照名言印。

我過去爲了研究容老的書作，曾試圖用考據的方法（如金文研究中的"標準器斷代法"），依照作品時間的先後樹立若干標杆，然後據相同元素繫聯起來，寫成《頌齋書法編年箋注》一文（未刊），這樣就可對容老不同年代書作的行款格式、書寫風格、簽名式樣、鈐印習慣等有一個較全面的瞭解。下面選擇一張標杆作品作一個簡單的介紹。

1973 年（癸丑）夏，馬國權先生爲容老鐫刻了一方"容庚八十以後所書"的白文印，容老回贈金文條幅一張（圖五）。這張書作落款爲"國權吾兄正臨　癸丑夏八十老人容庚"，下面鈐有馬國權爲容老刻的印章。

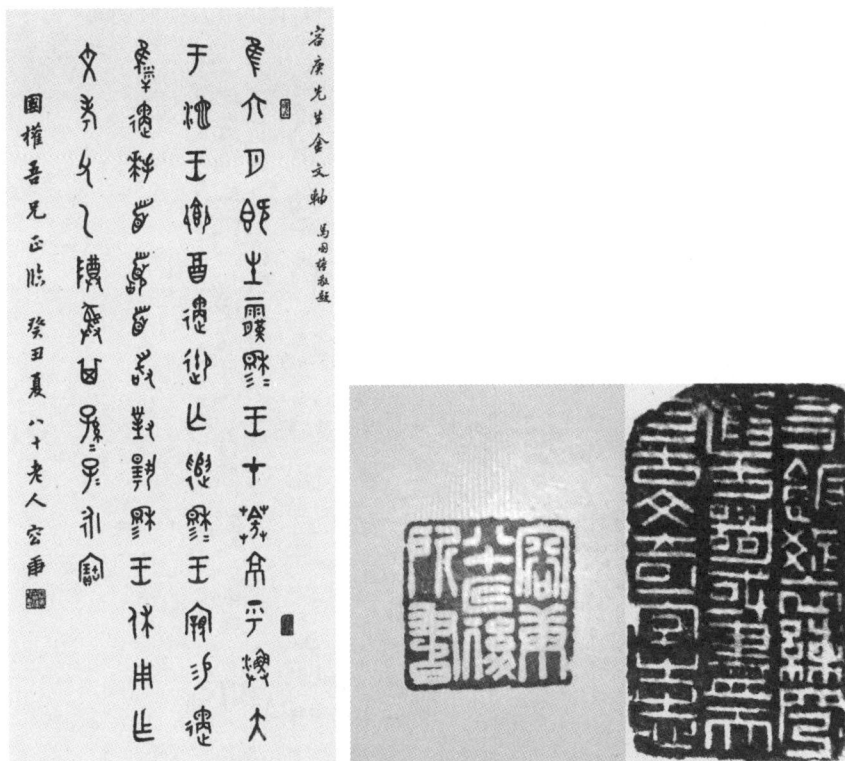

圖五　容老贈馬國權金文條幅和兩方印章的放大圖

稚雛按：癸丑夏容老尚未滿八十周歲，自書八十老人乃虛歲。馬刻此印是爲容老祝壽而作（《容庚印存》，嶺南美術出版社，2005 年，第 127 頁），故容老自書八十老人與之呼應。難得的是這張條幅還蓋了長方形的"頌齋"起首章和右下部壓邊綫的李清照名言章，切合書法條幅鈐印的規範，十分美觀。

正如用標準器斷代法研究青銅器銘文一樣，建立書法標杆繫聯同一書家不同年代的書作使之成爲一個有機的整體，對於某一書家的整體研究極爲有利。

（三）標杆的建立與書法綜合研究

建立書法標杆將所有的書作繫聯起來，按年代先後排列形成一個系列，這樣就對某一書家不同年代書法創作的書寫格式、筆墨技巧、簽名特點和鈐印習慣等有一個全面的瞭解，利用這些系統資料對比網上流行的

署名作品,自然很容易辨別書作的真偽。請看下面的例子(圖六):

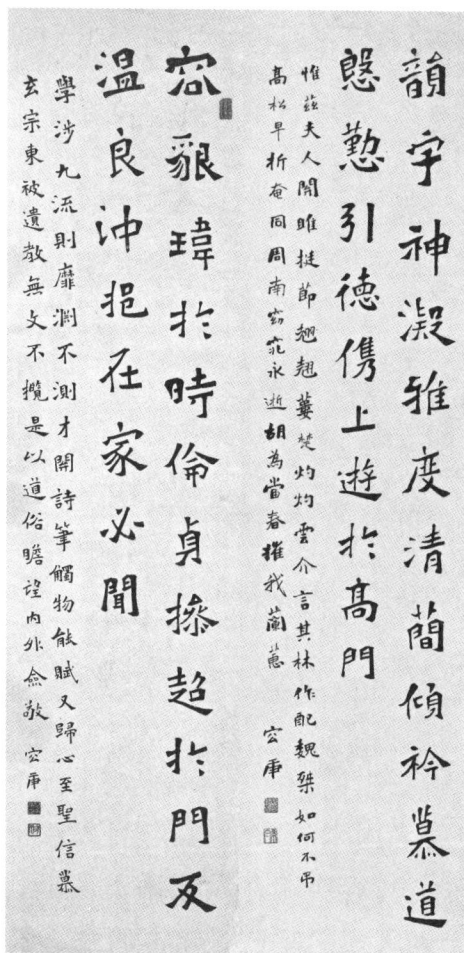

圖六　兩件條幅

　　左邊這張條幅曾在網上流傳、拍賣,頗受競拍者青睞。其實這張作品有些問題很值得進一步研究,例如:

　　(1) 筆法、格式問題。這種寫條幅的筆法和格式不見於容老現存的書法作品。中山大學古文字研究所田煒教授指出:

　　　這幅字多用側鋒,用筆乾澀,造形生硬,民國時候的人寫魏碑不是這種方法。容先生無論是寫篆書還是楷書、行書甚至隸書,都很強調中鋒的運用。這幅字既沒有民國的格調,也不能融入容先生的書法體系。把《爨龍顏碑》和《石夫人墓志》兩個不同的内容各取一段混在一起,其中一部分正文又寫得跟款一樣大小。這都是現在書法家的習氣。而且這篇文字中還有明顯的錯字,倫字少了一筆,開字裏面寫成了弁,誤把石花當作了筆畫,玄字把第二筆撇折分成了兩筆。容先生是文字學大家,不會這樣寫的。

(2)簽名問題。容老中年以後有一種簽名的格式即將古文字直接轉寫成楷書,尤其是庚字,下面的三豎筆基本上是等齊的,不熟悉古文字的人往往像寫楷書平字、華字那樣把中筆拉長或寫成懸針形,這都是因爲不熟悉古文字的緣故,熟悉古文字的人一眼就可以看出簽名的差異。

(3)引首章用印問題。一般寫條幅引首章往往較小,呈長方形、圓形或不規則形,文字多爲齋堂名、年代或吉祥語等。如果引首章太大或文字較多,整張條幅就有頭重脚輕之感,選用李清照名言章作引首章顯然不妥。上述容老贈馬國權字就是一個用印極佳的範例。

(4)鈐印效果問題。本條幅上的李清照名言印字口清晰,與我以前用原印蓋下來的效果不盡相同,而與《容庚印存》38頁上的印面十分接近,説明此印是經過清理後才打上去的。容府後人爲了將這批印章捐贈國家,曾請人清理印面打譜傳世,印章離開過容府,印面經過清理,怎麽能肯定説這一定是容老親手蓋上去的,從而證明條幅也是容老親手寫的呢?

上述四問僅供參考,孰真孰僞,最後仍請讀者自行酌定。

右邊的一張字近年來也在網上流傳,筆法格式問題、簽名問題同上。條幅没打引首章,僅在簽名之下鈐印兩方名字章。第一方白文鳥蟲書"容庚私印"不見《容庚印存》著録,可見長期不藏容府;下一方朱文"希白"印亦不見《容庚印存》,應爲他人仿刻。這張條幅和上一張是同一路貨色,僅文字內容和所鈐印章有所不同而已。

一枚印章的故事到這裏就講完了,但總覺得還有些剩餘的話要講,於是又寫了如下一段文字"贅言三則"。

(四)贅 言 三 則

(1)記得2016年寫《契齋書法辨僞》時,黄光武老師不無揶揄地對我説:"老孫教人作僞。"此語雖不合我的原意,但指出贋品的缺欠無異於授人以漁,也會産生某種不良的後果。其實我主要是想借辨僞來講做摹本應注意的事項。

臨摹是學習書畫的必經之路,面對漫漶不清的照片或拓本要做一張準確無誤神形兼備的摹本是很困難的。商老曾説做摹本要先"無我"而後"有我",這就是説既要尊重客觀事實,又要通過深入研究辨析筆畫,還要有書法的根柢才能做到。以牟利爲目的粗糙濫製的贋品哪裏能做得到呢?

(2)我很幸運,當年能在容老書桌上鈐下他老人家十多方常用印章,其中首行第三印是容老很喜歡使用的一枚姓名章,我曾請容老給我題過一張書簽,用的就是這方圖章(圖七)。

圖七　容老喜用印章

這方印章著録於《容庚印存》69 頁。馬國權師兄曾評價説:"容老這方印章如果混在一堆古璽裏,很難辨認出是近人所刻。"(大意)

金文今譯的工作我只做了毛公鼎、盂鼎和墻盤三篇長銘,收録在我的論文集《孫稚雛學術叢稿》裏,因爲分量不够,没有單獨集結成書,有負先生厚望。看到這張書簽,睹物懷人,倍增愧疚。最令人難忘的是我還與鄧爾雅先生刻贈容老的那方李清照名言章有着相識相知的一段趣事,四十餘年後,同樣是耄耋之年的我,又用這方印章作引子,來寫這篇紀念容老的文章,機緣巧合,何幸如之。

（3）我今年八十有四,也是耄耋之年的老人了,花了兩個多月才斷斷續續寫成這篇文稿,我没有能力寫古文字考釋文章了,只能寫一點並非如煙的往事。我給自己定了三條規矩,不求語出驚人,不講假話,也不做作（如不"爲賦新詩强説愁"之類）。當我在 iPad 上寫完最後幾行字時,東方已出現一綫曙光,遥望南天,但見長庚啓明,東方既白。此所謂肇庚之所以字希白者也,願先生的音容笑貌、道德文章、書畫印鑒……都將永遠鑴刻在人們心中。

2022 年 4 月完稿於珠江南岸中山大學廣州南校園之蒲園

（作者單位: 中山大學中國語言文學系,
"古文字與中華文明傳承發展工程"協同攻關創新平臺）

容庚先生的《西清彝器拾遺》爲何無序言

黃光武

大凡讀過曾憲通先生編集的《容庚雜著集》者，都可看到容庚先生每種著作的序言，記錄他寫作過程中的各種境遇，唯獨《西清彝器拾遺》只列二十種器名，扉頁第二面印"考古學社專集第二十種，民國二十九年二月印行"，序言空空如也。① 實際上容庚先生對頤和園藏器心儀已久，早在 1930 年 8 月致郭沫若信中稱："連日大忙，摩挲頤和園所陳彝器數十事，差足快意！"②我們可從商先生的一篇題記中得此册著錄的經過，該題記見於庚寅年（1950）正月初三商先生訪問南歸任職於嶺南大學容先生時所得贈書，此册彝器圖錄無序言，商先生得書後於題耑頁背記錄此書出版原由，可當代序補錄。

商先生手書云：

> 頤和園藏器約數十百件，每遊斯園，徘徊不忍去。抗戰期間，精品運離北平，希白選其遺留者二十器，印百部傳世，該園主持人愚日酋按圖來索，乃商用今名。

> 庚寅正月初三日至嶺南大學訪希白贈此册並告如是。歸而記之。（印"商""已廥"③）

順便提下商先生訪問記的用章。1950 年春節，廣州剛解放，二人久

---

① 容庚編著：《容庚學術著作全集·善齋彝器圖錄 西清彝器拾遺》，中華書局 2012 年，第498 頁。

② 曾憲通編：《容庚雜著集·致郭沫若書》，中西書局 2014 年，第 402 頁。

③ "商""已廥"爲商老題記所鈐印章。

別重逢,不免叙舊及談當前處境。時商先生居住應不寬大,故專刻"已廟"閒章調侃此事。

根據《容庚北平日記》1939 年 9 月 8 日記録,是日,容先生"二時至頤和園閲銅器,其佳者録下"。① 排雲殿録 7 器(器名略,下同),樂壽堂録 7 器,廣和樓後殿録 6 器,庫内録 4 器。

四處共録 24 器,出版時選精者 20 器印成《西清彝器拾遺》,署容庚編。器物照片、銘文在前,後附詳細考證器物年代,並介紹與已見著録相關青銅器聯繫。如庫内芮大子伯壺蓋,除了介紹器形外貌外,還指出銘文'萬'下奪'年'字,乃西周器。《西清續鑒》(甲編卷八頁四一)著録作周子伯壺,器、蓋全,其器乃僞作以相配合者,與《武英殿彝器圖録》(頁一〇二)芮大子伯壺之器相校,形制花紋,全不相似。芮大子伯所鑄器,有鼎四,簠二,壺二,詳見《武英殿彝器圖録》中"。② 《西清續鑒》已見收録,説明作僞很早就有了。

容先生考證芮國歷史甚詳,至戰國爲秦所滅。對比《武英殿彝器圖録》芮大子伯壺和《西清續鑒》周子伯壺,二者蓋銘相同,形制不同,且周子伯壺作反書左讀。故容先生斷爲《續鑒》之壺,其器無銘,乃配合非原器也。

惜日記查不出頤和園主持人名字,其拳拳愛國之心令人欽敬。

---

① 容庚著,夏和順整理:《容庚北平日記》,中華書局 2019 年,第 586—587 頁。
② 容庚編著:《容庚學術著作全集·善齋彝器圖録 西清彝器拾遺》,第 542 頁。

附錄:

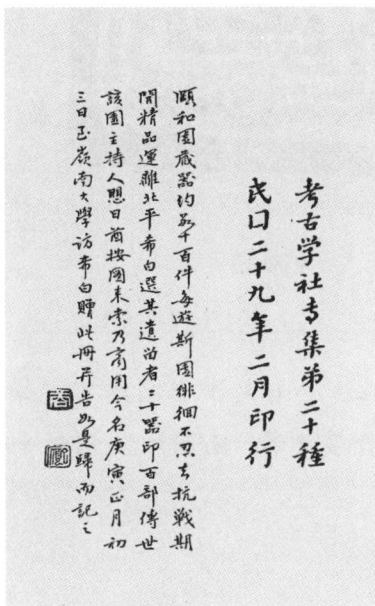

商老題記

《西清彝器拾遺》封面

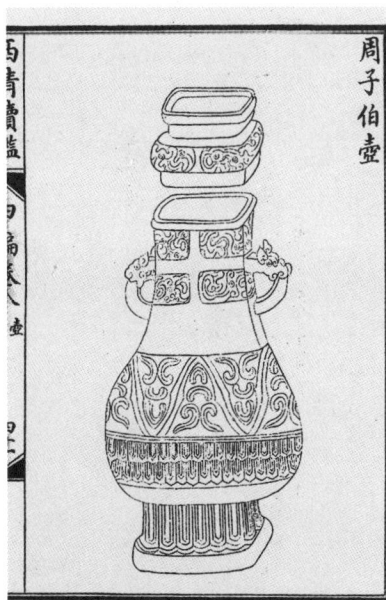

《西清續鑒》周子伯壺

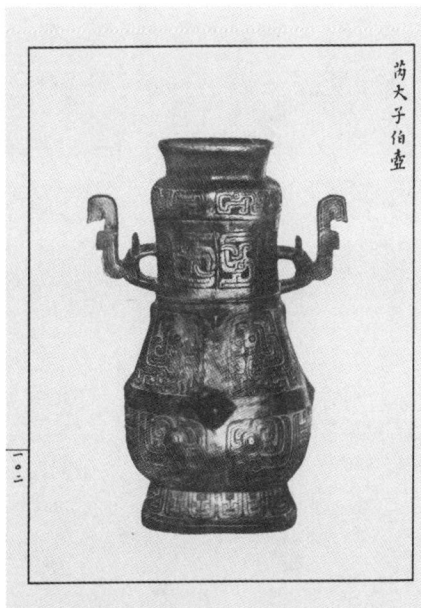

《武英殿彝器圖録》芮大子伯壺

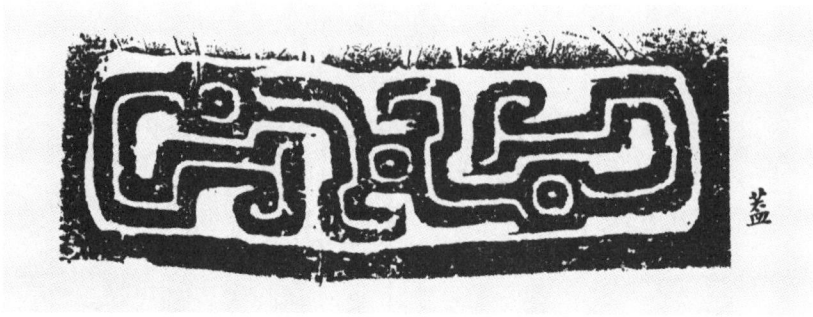

《武英殿彝器圖録》芮大子伯壺蓋花紋

（作者單位：中山大學中國語言文學系，
“古文字與中華文明傳承發展工程”協同攻關創新平臺）

《頌齋書畫小記》繪畫藻鑒輯論*

吳曉懿　　江凱業

容庚是 20 世紀中國藝術史上的重要人物,因受其在古文字學領域的成就所掩,其畫學成就後人鮮聞。《頌齋書畫小記》是其晚年代表作,先後介紹了唐至近現代書畫家 800 餘人,議論博辨,資料豐富,考證嚴謹,時有精闢之見,獲諸名家推崇,至今仍是我國鑒藏界學者不可或缺的主要參考書目之一。

一、《頌齋書畫小記》的學術價值

容庚先生,字希白,齋名頌齋,廣東東莞人,1894 年(清光緒二十年)生。幼年讀經書,後從舅父、叔父學習。中學畢業後,在東莞中學任職。1922 年入北京大學研究所國學門爲研究生。1926 年畢業,應燕京大學之聘,任中文系教授,主編《燕京學報》。1946 年赴廣州,任嶺南大學中文系教授兼系主任,主編《嶺南學報》。1952 年任中山大學中文系教授。爲中國語言學會理事,中國古文字研究會理事。著有《金文編》《秦漢金文録》《頌齋吉金圖録》《武英殿彝器圖録》《中國文學史》等。①

容庚在書宦之家良好的家庭環境熏陶下,幼年時即熟讀《説文解字》和吳大澂的《説文古籀補》。他的繪畫成就較其文字學而言,總是處於"成就"的角落。然而,容庚早年曾師承容祖椿學習繪畫,具有深厚的國畫功底。容祖椿是容庚叔輩,師承嶺南畫派代表人物居廉,尤擅國畫。在

---

　　* 本文爲廣東省教育科學"十三五"規劃項目容庚印學研究(2019GDJK201)、2023 年度佛山市社科規劃項目立項"近現代佛山印人研究"(2023－GJ47)共建項目階段性成果。
　　① 徐友春主編:《民國人物大辭典》,河北人民出版社 1991 年,第 771 頁。

祖父遺留下的大批名家書畫的浸染下，容庚對書畫藝術有極其敏銳的感受力。在容祖椿細心指導下，容庚觀摩學習《佩文齋書畫》《畫史繪傳》等，執筆臨摹古人山水畫，在繪畫上也卓有建樹。

南歸後，"以事務勞其體，以衣食攖其心，鮮讀書之暇，無從游之人"，[①]容庚在古文字研究上出現無材料可用，無時間可研究的困境，他在《頌齋書畫小記》自序説："回粵三年，僅得一陳侯午錞。"[②]在這種情形下，他對繪畫尤爲用力，無論盛暑嚴冬，每日伏案寫作，縱然身處逆境仍增補不輟，編著百萬餘言的《頌齋書畫小記》。

（一）文獻學價值

《頌齋書畫小記》作爲輯録完整、系統的大型工具書，爲後世研究者之證僞、查閲工作提供了極大的方便。他輯録本書源於書畫自宋以來流散嚴重，傳世真僞難辨，畫家譜系難縷的歷史難題。張伯英序中提到"自宋以來書畫録之作多矣，顧見於著録者百不一存。亦無由共見讀者，讀者憾事。筆妙終難寓目……近者書畫善本多流海外"。[③]出於裨補闕漏的考慮，容庚在輯録中，博觀約取。《頌齋書畫小記》輯録了古代名家、嶺南書畫、時賢好友等畫作，隨收隨得，其中不乏鑒僞取真難度大的畫作，例如元代黃公望《溪山圖》，明代戴進《山高水長圖》、林良《秋樹聚禽圖》等名迹，古來僞作紛紜，倘若沒有對畫家畫藝有深刻理解，極易錯失真迹。而容庚在收藏過程中，辨僞取真，爲古代書畫的鑒賞研究提供珍貴的範本索引與依據。陳志雲認爲《頌齋書畫小記》將譜録、收藏、傳記合於一書中，並配上珂羅版法印製的作品圖片，爲書畫鑒藏類書籍建立起一整套編撰規範。[④]在書中所輯畫作，不少當代著名鑒賞家、畫家題詩、題跋，或鑒賞心載於其上。或叙述流傳經歷，或品評藝術風格。畫作收藏稀貴，是研究美術史和鑒藏史極爲難得的文獻史料。

---

① 莞城圖書館編：《容庚學術著作全集 第二二册》，中華書局 2011 年，第 822 頁。
② 莞城圖書館編：《容庚學術著作全集 第一六册》，第 13 頁。
③ 莞城圖書館編：《容庚學術著作全集 第一六册》，第 1 頁。
④ 陳志雲：《淺論容庚的書畫收藏》，《榮寶齋》2019 年第 1 期，第 214—229 頁。

（二）藝術學價值

《頌齋書畫小記》爲廣東書畫鑒藏史上的力作,對歷代書畫名家的書法風格特徵進行了較爲詳細的論述,論及廣東籍書畫家者較多,並詳細闡明各家的筆力、氣勢、用墨方法的異同。作者對所録書畫逐一解説,先注明絹素紙本、畫面尺寸、書體畫派,後列繼載收藏題跋印記,並指出其沿革及時流弊端等。所録書畫大多爲傳世作品,書中不按古人無甚新意的陳調,還記載了每卷書畫的創作年代,並對自藏書畫注明購藏時間,若借用他人藏品亦加注明。此書具有重要學術價值和權威指南作用,在嶺南書畫史上有補闕開新之功。

廣州藝術博物院於 2016 年策劃了"容庚捐贈書畫特展",便是通過以《頌齋書畫小記》爲綫索梳理展覽出容庚先生書畫鑒藏的脈絡。[①] 可見《頌齋書畫小記》在繪畫史證梳理與鑒藏研究的重要地位。但是鮮有研究者對《頌齋書畫小記》的輯録標準、梳理邏輯進行細緻解讀。作爲學者型畫家,容庚在《頌齋書畫小記》中輯選畫作的水準體現了身爲畫家的藝術鑒賞力,而將其輯録成書却是繪畫史邏輯構建的過程,語言學家的謹嚴密緻使得《頌齋書畫小記》有着獨特的藝術價值,是嶺南美術史上不可缺少的專著。

二、《頌齋書畫小記》的藻鑒方式

《頌齋書畫小記》所推重的"德藝高妙"和"任誕風骨"的畫學藻鑒方式對近代畫壇產生了深遠影響。書中根據作品的審美特質提出了明確的品評標準,内容包羅宏富,條目叙述詳明,論述結構完整,自成體系,且有獨到之處,在中國畫學論著中實不多見。

（一）德藝高妙: 評畫傳統的歷史承續

《頌齋書畫小記》是意在擘畫所藏畫家的功德之言。他在評容祖椿書時談道:"光緒十九年冬,丁内艱歸後,書畫爲濕氣所蒸,非復舊觀。賦詩寓感云:宦游愈廿年,出歸多可怖。上苦天鬱蒸,下苦地沮洳。……金

---

① 《容庚捐贈書畫特展藏品選》,《文藝生活(藝術中國)》2017 年第 2 期,第 5—13 頁。

石尚銷磨,薄質況絹素。惟有德功言,千秋永不蠹。余之書畫小記庶幾繼承吾外祖遺志也。"①輯録此書受其外祖父鄧蓉鏡影響,欲作"德功言"。在輯録《頌齋書畫小記》時,他的標準不僅是畫作的不同凡響,同時需要評書讀畫,論世知人,考察畫家品德。例如,在評及招子庸《淮陽官署子庸》時,容庚著言:"作畫當在此時,其憤懣不平之氣一洩於詩畫,非研讀其人之歷史不能知也。"②可證其繪畫評論並不局限於在畫作樞機之間進行抽絲剥繭的鑒藏評定。容庚將畫家的藝術寄寓與藝術理想融於點畫人物的評析之中,實現對道德自我和藝術自我的雙重確立。

容庚尤其注重畫家的畫品修養,追求德藝高妙。容庚在評黄少梅畫作時提道:"畫品爲其人品,筆法秀穎疏落有致。"③"畫品爲人品"可見容庚身爲畫家對於畫品的重視,畫品是畫家道德自我實現的承載形式,"注重人品"是中國繪畫的傳統。陳師曾在《文人畫之價值》裹説:"文人畫首重精神,不貴形式,故形式有所欠缺而精神優美者,仍不失爲文人畫。"④"形式欠缺"指的是畫工有所不逮,而"精神優美"指的是人品、才情的美好。徐建融認爲傳統中國畫就人論畫,人品、思想的境界高闊,學問、才情的修養博洽,雖畫不足以傳,但却可以賴人而傳世。容庚在追求"形式優美"的同時,對於畫家的評述頻頻見引他家傳記、畫史、縣志,力圖突出畫家在人品德行上的美好。其中,尤以民國時期李健兒的《廣東現代畫人傳》輯引最甚。

> (黄少梅)民國二十一年秋七月山洪暴發,白雲越秀兩山之水長驅入廣州東北隅,當其街屋廬多淹没。少梅夜半驚起,水已及膝,捨所藏不顧,急取友人寄存畫一袠,拔關涉水逃……吾物不足惜。幸他人之畫得保全。吾心滋慰矣。(廣東現代畫人傳 三八)⑤

> (潘景吾)自此始畫材多訐發社會怪現象,以言論爲清吏所忌……倜儻好義,飽經世變,思逃於禪。……時作畫益滄逸幽峭。

① 莞城圖書館編:《容庚學術著作全集 第一七册》,第 732 頁。
② 莞城圖書館編:《容庚學術著作全集 第一七册》,第 614 頁。
③ 莞城圖書館編:《容庚學術著作全集 第一七册》,第 895 頁。
④ 陳師曾:《陳師曾説中國繪畫》,萬卷樓圖書股份有限公司 2018 年,第 299 頁。
⑤ 莞城圖書館編:《容庚學術著作全集 第一七册》,第 895 頁。

（廣東現代畫人傳 二七）①

　　（伍德彝）學畫於居廉，所作山水花卉翎毛，風致宕逸，有出藍之譽。晚年子不肖，家中落。伊鬱病目，往香港就西醫，一割竟盲，世咸惜之。（廣東現代畫人傳 二）②

　　這在很大程度上説明，《頌齋書畫小記》由畫及人，叩求畫家的"德藝高妙"，是對中國畫傳統的繼承。容庚突出黃少梅"尤工仕女圖"的筆法特徵，細緻介紹了在洪水泛濫之際，黃少梅惜友人寄放的畫作，不顧自己所作所藏的高尚德行。爲潘景吾作傳時，對其畫技"澹逸幽峭"只有寥寥片語，而對其倜儻好義、以畫作針砭時弊的事例細緻闡説，亦可管中窺得容庚對於"畫品"的重視。對伍德彝的遭遇，"子不肖""一割竟盲""世咸惜之"，都蘊含着强烈的道德評判意味。李健兒在《廣東現代畫人傳》自序提及："客曰：子似不能畫者，於畫品何從？鑒別其能，免於濫否？余笑曰：吾先府君植生先生藏畫至多……余寧不識畫者，雖然有名畫家二人，余前十年曾爲之傳者，爲其不德，今遂不録，以示不濫矣。"③《頌齋書畫小記》對於《廣東現代畫人傳》的重視，恰恰説明《頌齋書畫小記》在篩選時對"德藝高妙"的重視。這恰是對古來評畫"由畫及人"的承續，超脱對於畫家畫技的評價，轉向對畫家道德自我實現的不斷索求。這同樣體現在容庚對於不同歷史時代的散點式輯寫，這雖不是在描繪畫家人物群像，但仍可透視出容庚的藝術觀念和藝術理想，以及對於道德自我和藝術自我雙重實現的强烈渴求。

（二）任誕風骨：對評畫傳統的豐富與發展

　　德藝高妙，由畫及人。這是容庚在《頌齋書畫小記》中輯録畫家的根本標準。但身爲學者畫家，容庚在輯録中一方面遵循傳統評畫的道德審戒，同時又不自覺地與寄寓山水的文人理想合流，表達對超越俗世的贊賞，駢闐一批風流任誕、晉人名士風流的畫家。今從中摘録部分爲證如下：

---

① 莞城圖書館編：《容庚學術著作全集 第一七册》，第 864 頁。

② 莞城圖書館編：《容庚學術著作全集 第一七册》，第 798 頁。

③ "廣東美術百年"書系編委會編：《其命惟新：廣東美術百年研究文選上》，嶺南美術出版社 2017 年，第 247 頁。

陳容，字公儲……官至朝散大夫，賈似道欲拓之幕下。容酒酣輒狎侮之。似道不爲忤。詩文豪壯，畫龍得變化隱顯之狀，潑墨成雲，噀水成霧，醉餘大叫，脱巾濡墨，信手塗抹，然後以筆成之。①

黄賓虹，公有三特點。一曰勤，……逝世之後，積存書畫作品四千餘幅捐贈國家，爲他畫家所未有。二曰變，古人作畫……多事臨摹……公則自畫吾畫，對客揮毫，熟極巧生，不假思索，作畫萬幅，無一雷同者。三曰和，古代畫家自高聲價，筆墨贈貽即知己不能獨厚。公則和藹可親，有求必應。②

秦祖永，天才敏穎，詩文詞賦，真行古隸俱工，善藏弄，里中有一名迹，典衣争購。既得，則互相誇耀以爲快樂。……搜集明末及清代畫家約三百六十人。分爲大家、名家、標神逸能三品，多加評騭。其大旨薄畫工而進士大夫，鄙專門而取偶然游戲之筆。③

陳容面對權貴的睥睨傲氣，於畫甚篤，於人不拘常軌。睥睨權貴、輕狂任誕的痴者風采使得容庚將其輯入《頌齋書畫小記》時，對其繪畫時刻的沉浸和痴態進行了細緻刻畫。“潑墨成雲，噀水成霧，醉餘大叫，脱巾濡墨”詳細輯録，不遺漏分毫。黄賓虹雖然在畫藝上有着極爲突出的成就與地位，但是在輯録中容庚並没有特意突出其畫技的鬼斧神工，而是着重書寫身爲畫家異於世俗畫家的風情品性。容庚也從交游體觸角度細緻描述了黄賓虹勤精不輟、對客揮毫、無敞帚自珍之俗情，有求必應的奇畫家形象。對秦祖永典衣索畫，鄙畫工而重士大夫的“狂士”形象的描述也表現出《頌齋書畫小記》無意標榜道德，容庚固然以德藝高妙爲重要擇録依憑，但他對表現這些畫者身上風流任誕、不拘世俗、嗜畫如命的畫家風骨有着更加濃烈的興趣。

三、《頌齋書畫小記》的梳理邏輯

《頌齋書畫小記》的輯録梳理了畫家的繪畫源流與畫派的史迹脈絡。容庚後人在後記中言：“父親編寫‘小記’時，一個主導思想就是：

①　莞城圖書館編：《容庚學術著作全集 第一六册》，第 13 頁。
②　莞城圖書館編：《容庚學術著作全集 第一七册》，第 804 頁。
③　莞城圖書館編：《容庚學術著作全集 第一七册》，第 704 頁。

搜集的面儘量廣,據此他所收藏過的書畫家,有八百餘人。"①他堅持
"人棄我取",取冷僻者入記入評。同時,因爲"財力所限",名家珍本不
可得。面對浩如煙海的畫家畫作如何篩選、定選,學者思維促使他進行
深刻的繪畫譜系書寫,而不是平面化地塗抹。他從譜系化的視角出發,
注重畫家宗親家學、師承傳學的縱向傳承譜系整理,同時注重以同好交
游爲中心進行的橫向傳播譜系整理,更加真實地擘畫了嶺南畫家群體
的脈絡全貌。

《頌齋書畫小記》注重對畫家畫作的譜系整理,尤以同時代畫家最爲
全面。正如容庚在自序提到:余之收書畫也亦有道焉,文徵明爲藝苑世
家,初收其草書詩卷,繼及其畫,並其子彭嘉,其猶子伯仁等,未盡收其家
人之作,猶心未嘗不欲盡之。② 由於時代所拘與能力局限,容庚對其他時
代的畫作輯藏,雖有孤本、善本,但也難以顧及全域。而對於同時代畫家,
尤其是嶺南畫家群體,他所接觸到的就不僅僅只有畫作。在交游際會、師
承族授等複雜原因的推促下,他置身在民國時期嶺南畫家群體發展的真
實現場之中,發生關聯,産生碰撞。因此,其畫作輯錄就必定具有燒錄嶺
南畫家群體的歷史價值。因此,他在《頌齋書畫小記》輯錄的較多的嶺南
畫家就不得不成爲嶺南畫家群體的一種事實記憶。

(一) 縱向傳承譜系梳理

《頌齋書畫小記》關注到了宗親家學、師承傳學的縱向傳承譜系。
就如容庚收集其祖容鶴齡的書法作品後,又收容祖椿的繪畫作品,同時
收其四舅鄧爾雅的篆刻、書法作品,再收其婿梁世雄的繪畫作品,由此
縱向、客觀地展現了書畫通過家學的譜系傳遞。除家學的譜系傳遞,容
庚在《頌齋書畫小記》中也體現了師承的譜系篩選:搜集清代畫家宋光
寶畫作,援引《墨林今話》:"寶開吾粵畫派,故居廉自稱所作在宋孟之
間,葉夢草素精繪事一見即以師禮待之,頗得其秘焉。"③再輯錄居廉的
畫作,介紹其徒亦其婿的高劍父的畫作,在此基礎上,還收集了他的學

---

① 莞城圖書館編:《容庚學術著作全集 第一七册》,第 1012 頁。
② 莞城圖書館編:《容庚學術著作全集 第一七册》,第 11—12 頁。
③ 莞城圖書館編:《容庚學術著作全集 第一七册》,第 689 頁。

生關山月、方人定、黎雄才的畫作，收集黎雄才畫作同時亦輯其學生梁世雄，縱向深入呈現了嶺南畫家師承交替與延續，爲更加深入地瞭解畫派畫風脈絡源流提供參鑒。

（二）横向傳播譜系梳理

《頌齋書畫小記》同時關注到了以同好交游爲中心進行的横向傳播譜系。例如其中收録了趙浩（字浩公）和其友人盧振寰的畫作。盧振寰與趙浩兩人同爲國畫研究會創辦人，其意相投，友道甚篤。書中亦收黄君璧的畫作，容庚載“其畫法不獨窺古人之堂奥，更能師法自然，别出蹊徑，自成一家”。① 此外，盧子樞的畫作亦在其中。容庚以某一畫家交游爲點，從趙浩的《依杖觀泉軸》（1936）到黄君璧《仿道濟山水軸》（1935），擴散式收集擠拓出 20 世紀的國畫研究會的發展狀況以及他們的藝術價值取向和畫作情況。朱萬章在《嶺南近代畫史叢稿》中提到：繪畫中的 20 世紀，在以廣州、香港爲中心的華南地區形成了嶺南畫家群體，其中又以高劍父、陳樹人和高奇峰等人創建的嶺南畫派和以趙浩公、李鳳公、潘和等形成的國學研究會兩大流派。② 容庚在《頌齋書畫小記》中有意識地進行了梳理和羅列，在此基礎上也略涉嶺南新生畫家畫作，如梁世雄的《金洲翠色軸》、吴静山的《長江萬里》《黄山大觀》等作品，這些作品表現出强烈的“折衷中西，融匯古今”的革新精神。因此執其一隅觀，《頌齋書畫小記》寫有嶺南畫家的群貌，不乏其獨特的譜系特徵。

四、結　語

容庚對自己的藝術成就總是輕描淡寫。他説：“我的所謂成就都是解放前取得的，而且大都是在燕京大學完成的，解放後一個字也没有。”“至於書畫小記之類，只是玩玩而已，不能算數的。”③這是從他個人學術經歷角度得出的結論，但從藝術學理論、書畫史角度重新審視容庚藝術成果，方能全面、客觀地瞭解其藝術成就。《頌齋書畫小記》體現出容庚卓

---

① 莞城圖書館編：《容庚學術著作全集 第一七册》，第 927 頁。

② 朱萬章：《嶺南近代畫史叢稿》，廣東教育出版社 2008 年，第 4 頁。

③ 陳煒湛：《憶容庚師》，《語文建設》1993 年第 11 期，第 46—47 頁。

越的畫技以及精深的藝術評鑒能力。由此折射出作爲學者型畫家對中國
畫技道關係、繪畫流尚的深入思考。他不僅僅關注到繪畫傳統對畫家德
藝高妙的藝術理想的追求,同時也表現出傳統學者任誕俗世,不拘世俗的
畫家風骨。在此基礎上,譜系化的建構不僅擘畫出嶺南畫家群體脈絡,提
供真實的作品畫録,還能爲繪畫源流梳理、畫派發展與迭變提供真實的、
可供參鑒的憑據。

(作者單位:華南師範大學國際文化學院;

廣州執信中學)

記選堂先生致經法師的一封信

陳偉武

選堂饒宗頤先生致曾師經法先生書簡凡七十多通,曾師編成《選堂書札：致曾憲通》一書,2019 年由中西書局正式出版。此書第 145 頁收錄 1987 年 9 月 10 日函,腳注②説明此信原借給曾師好友李新魁先生,在李先生去世後原件已流落坊間,書中所錄照片由宋浩先生提供。饒公致曾師還有一封信,由於我的過失,未能收錄於《選堂書札：致曾憲通》一書之中,深自愧責,今藉《古文字論壇》一角刊出,或可稍減遺珠之憾。近日偕范常喜君同訪曾師,我已將此信璧還並致歉,曾師哲嗣立純兄亦在座。

1999 年,承曾師推薦,我應饒公之邀,赴香港中文大學中國文化研究所從事合作項目"戰國楚系史料繫年",爲期三月。1998 年在辦理赴港手續時,曾師將饒公的一封信借我作爲憑證,只是事後我未及時將此信奉還曾師。事隔多年,近日應鄭會欣教授之約撰寫紀念饒公的文章,翻箱倒櫃,竟檢出此信。此次同時檢出的寶貝,還有當年饒公爲我擬出版小書的題簽,只是一直未能請饒公補鈐印章。信的內容如下：

憲通兄：《甲骨文地名通檢》已出版,印刷甚佳。兹送上一册贈與中大中國文化研究中心。第三册"天文氣象"不久亦可問世。"人名官名"、"田獵"二册亦編成,明年料可印行。繼爲"祭祀"及"雜類",希望全書來歲可以完成,了此一大工作。《華學》雜志及新資料繫年計劃盼能積極進行,共謀合作。此頌年釐。　　宗頤手啓　二月三日

饒先生所説的《甲骨文地名通檢》指的是《甲骨文通檢》第二册《地名篇》,1994 年 12 月由香港中文大學出版社出版。此信落款爲"二月三日"

應屬 1995 年,農曆爲乙亥正月初四,故信的結尾説"此頌年釐(禧)"。其時
《通檢》第二册新出,於是饒公托曾師贈書給中山大學中華文化研究中心。

2022 年 7 月 6 日

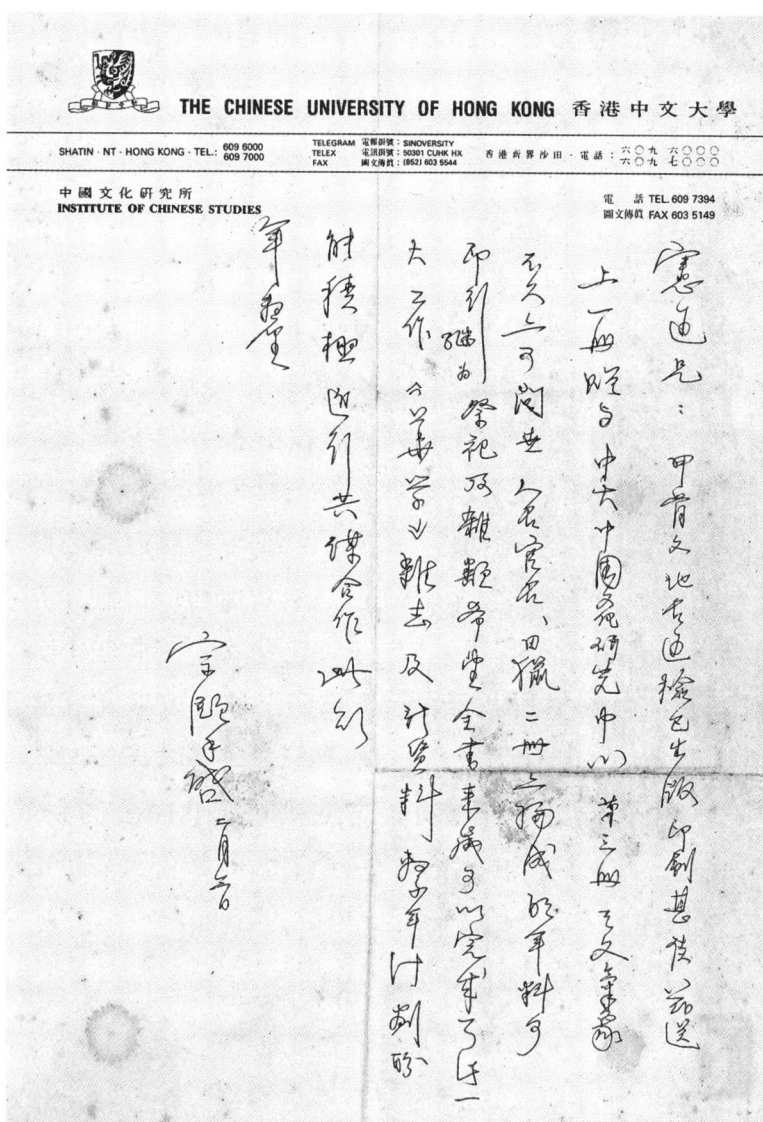

選堂先生致經法師原信

（作者單位：中山大學中國語言文學系,
"古文字與中華文明傳承發展工程"協同攻關創新平臺）

從甲骨文談"疾"字的"災咎"義[*]

吳麗婉

甲骨文"疾"字的義項,在現有與甲骨文相關的字典、辭典等工具書中有3種:疾病、急速、人名。①我們從甲骨辭例出發,通過多條卜辭的對讀來分析,覺得"疾"字有另外一個義項,即表示"災咎"一類的意思。今補釋如下。

甲骨文中有一類占夢卜辭是關於"多鬼夢"的,最完整的一版是:

(1a)庚辰卜,貞:多鬼夢,惠疾見。

(1b)貞:多鬼夢,惠言見。

(1c)貞:多鬼夢,惠□見。　　　　　　　　　　　　　《合集》17450

辭例中的"見",已有不少學者指出讀爲"現",表示"顯現"之義。②(1b)的"言"字,秦烍先生根據楚簡、秦簡以及《周易》等材料,讀爲"愆",表示"咎"之義。③其説可從。(1a)"疾"字的位置與"言(愆)"相同,兩者意思應相近。不少工具書將此處"疾"字解釋成疾病。疾病也是"不吉"範疇內的事物,如果單從(1)辭看,把"疾"解釋成常見義"疾病",是

---

　*　本文爲國家社科基金青年項目"甲骨文對讀材料的收集、整理與研究"(2020CYY040)、國家社科基金重大委託項目"大數據、雲平臺支持下的甲骨文字考釋研究"子課題"清華大學藏甲骨的綜合整理與研究"(16@ZH017A4)階段性成果。

①　認爲表示疾病和急速者,如劉興隆:《新編甲骨文字典》,國際文化出版公司1993年,第465—466頁;方述鑫等:《甲骨金文字典》,巴蜀書社1993年,第556—557頁;孟世凱:《甲骨學辭典》,上海人民出版社2009年,第492頁。認爲表示疾病和人名者,如徐中舒主編:《甲骨文字典》,四川辭書出版社2006年第2版,第838—839頁。

②　沈培先生對這一觀點作過集中討論,詳沈培:《殷卜辭中跟卜兆有關的"見"和"告"》,《古文字研究》第二十七輯,中華書局2008年,第66—74頁。

③　秦烍:《〈周易〉之"有言"與出土文獻中的占辭"愆"》,《出土文獻與古文字研究》第四輯,上海古籍出版社2011年,第280—282頁。

可以講通的,但如果把這版卜辭跟其他占夢卜辭聯繫起來,恐怕就無法用
"疾病"來解釋了。兹擇録一些占夢卜辭於下:

(2) 癸酉卜,王:夢豕,唯示咎。　　　　　　　　　　　　《合集》21380

(3) 己未卜,王貞:多鬼夢,無來艱。　　　　　　　　　　《美藏》217

(4) 己亥卜:子夢人見(獻)子戚,無至艱。　　　　　　　《花東》149

(5) 乙巳卜,賓貞:王夢箙震,唯孽。　　　　　　　　　　《合集》17388

(6) 庚辰卜,貞:多鬼夢,不至憂。　　　　　　　　　　　《合集》17451

(7a) 子有鬼夢,無憂。

(7b) 子夢丁,無憂。　　　　　　　　　　　　　　　　　《花東》349

(8) 庚子卜,賓貞:王夢白牛,唯憂。　　　　　　　　　　《合集》17393 正

(9a) □卯卜,古貞:王夢,唯歧。

(9b) 貞:王夢,不唯歧。　　　　　　　　　　　　　　　《合集》6655 正

(10) 辛亥卜,古貞:王夢,有🔲唯之。　　　　　　　　　《合集》17410 正

(11) 乙丑卜,殼貞:甲子向乙丑王夢牧石麋,不唯憂,唯祐。

《合集》376 正

(12a) 貞:王夢,唯若。

(12b) 貞:王夢,不唯若。

(12c) 貞:王夢,唯有[若]。

(12d) 貞:王夢,不唯有左。　　　　　　　　　　　　　《合集》17397 正

　　(2)辭貞問夢見豕,是神主在作咎嗎。(3)—(8)最後一字"艱"
"孽""憂"意思非常清楚,表示的是"災艱、災孽、憂患"之義。(9)辭"歧"
字的考釋目前雖未有定論,①但在句中表示"憂禍、災艱"之義,這一點是
肯定的。(10)辭"🔲"字,學者讀爲"愆"可從,②"之"複指"王夢(有🔲)"

---

　　①　關於此字較新的考釋,主要有讀爲憂虞之"虞",詳陳劍:《據〈清華簡(伍)〉的"古文虞"
字説毛公鼎和殷墟甲骨文的有關諸字》,《古文字與古代史》第五輯,"中研院"歷史語言研究所
2017 年,第 271—280 頁;讀爲"殃",詳李聰:《甲骨文"歧"字小議》,《出土文獻》第十五輯,中西
書局 2019 年,第 15—23 頁。

　　②　關於此字,秦倞先生從沈培先生的觀點,認爲可能是"涎(或羨、次)"的表意字,此讀爲
"愆",詳秦倞:《〈周易〉之"有言"與出土文獻中的占辭"愆"》,第 281 頁;謝明文先生認爲用作
"言"字而讀作"愆",詳謝明文:《談甲骨文中的兩例"舌"字及相關問題》,《甲骨文與殷商史》新
十一輯,上海古籍出版社 2021 年,第 234—242 頁。

這件事,[1]此辭係因商王做夢而貞問此事有窸咎嗎。(11)辭貞問王夢見“牧石麋”,没有憂患,而是福祐吧。(12)辭的“若”表示“順、善”,“左”表示“不順”,卜辭重複貞問商王做夢,是順還是不順。這些卜辭都表明殷人在做夢以後,所要貞問的是此夢是否會帶來災患,是否順若,而不是貞問是否會生病,時人並未把做夢與疾病相關聯。這與古書中記載的占夢是一致的:

> 占夢掌其歲時觀天地之會,辨陰陽之氣。以日月星辰占六夢之吉凶:一曰正夢,二曰噩夢,三曰思夢,四曰寤夢,五曰喜夢,六曰懼夢。季冬,聘王夢,獻吉夢於王,王拜而受之。乃舍萌於四方,以贈惡夢。遂令始難歐疫。 《周禮·春官·占夢》
>
> 下莞上簟,乃安斯寢。乃寢乃興,乃占我夢。吉夢維何?維熊維羆,維虺維蛇。維熊維羆,男子之祥;維虺維蛇,女子之祥。
> 《詩·小雅·斯干》

可見,在古人心中,做夢是吉凶禍福的徵兆,而非預示疾病到來。(1a)“疾”字不會是“疾病”的意思,而是跟“言(窸)”“憂”“艱”等字意思相類,表示“災咎”之義。

> (13) 貞:亞多鬼夢,無疾。四月。
> 《合集》17448(《存補》5.308.4 同文)
>
> (14) ……王夢子,無疾。 《合集》17384

從辭例的比對來看,(13)“疾”字的含義與(1a)顯然是相同的。再類推到(14)辭,也理應相同。甲骨文裏出現在占夢卜辭裏的“疾”字,大概都是表示“災咎”一類的意思。有一些卜辭,比如《合集》13855、13856“貞:無降疾”,由於辭例過於簡潔,缺乏具體語境,“疾”字表示疾病,還是災咎,無法確定。但占夢卜辭裏的“疾”字,含義還是比較明確的。

從(1)辭看,“疾”的意思雖與“言”相近,但應該仍有區别。秦倞先

---

① 陳劍:《釋“甴”》,《出土文獻與古文字研究》第三輯,復旦大學出版社 2010 年,第 37 頁。

生根據新蔡簡"少有外言感也,不爲尤"及《周易》"小有言",認爲"言"這種不利事件帶來的影響往往有限,可以理解爲小麻煩。① "疾"和"言"的區别,或許是大難和小難之分。是否如此,還有待考證。

"疾"字用作"災咎"義,在楚簡中也能找到一些例子。

> 周公立焉,秉璧戴珪,史乃册祝,告先王曰:爾元孫發也,勤（遘）邁（害）盧（虐）疾,爾毋乃有備子之責在上,惟爾元孫發也,不若旦也,是佞若巧能,多材多藝,能事鬼神。

《清華簡（壹）·金縢》簡 2—4

對"邁害虐疾"四字,學者有不同解釋。廖名春先生認爲"害"和"虐"是"疾"的修飾語;宋華强先生據今本作"邁厲虐疾",認爲"厲、虐、疾"三字同義,葛陵簡甲三 64"小臣成逢害虐"的"逢害虐"即"邁厲虐、邁害虐";黄懷信先生認爲"害"字不如作"厲",謂危險、嚴重,虐疾即暴病,疑借爲"瘧",即今瘧疾病,簡文意思是患上嚴重瘧疾;趙思木先生認爲"害、虐"指疾病加重,與簡文"不豫有遲"相應。②

整理者將"邁"字釋"害",無誤。今本作"厲",應是在流傳過程中以同義或近義之詞替换。簡文"疾"字的意思當與甲骨文表示"災咎"義的"疾"字相同。"害、虐、疾"三字均有"災害"義,是同義或近義連文使用。"邁害虐疾"的結構與葛陵簡"逢害虐"相同,前者是"害虐疾"三字連文,後者是"害虐"二字連文,意思相同,所用文字多寡不同而已。關於漢語中具有同義、近義、類義關係的三字連文使用情况,陳偉武先生曾專門討論過,這種結構在西周、春秋戰國,一直到秦漢的出土文獻和傳世文獻中均有用例。③ 把"害虐疾"看作連文使用,有所依據,是楚簡中"三字連文"的另一個例證。

> ……□吉,邦必有疾。

《上博簡（九）·卜書》簡 5

---

① 秦倞:《〈周易〉之"有言"與出土文獻中的占辭"惢"》,第 279 頁。

② 各家之説參見趙思木:《〈清華大學藏戰國竹簡（壹）〉集釋及專題研究》,華東師範大學博士學位論文（導師:黄人二教授）,2017 年,第 233—234 頁。

③ 陳偉武:《從楚簡和秦簡看上古漢語詞彙研究的若干問題》,載氏著《愈愚齋磨牙二集》,中西書局 2014 年,第 169—173 頁;原載《歷史語言學研究》第七輯,商務印書館 2014 年。

　　整理報告認爲，"吉"字所缺之字，疑是"雒"字，這種情況屬於好；邦必有疾，這種情況屬於壞。[①]　"吉"是對具有"美好"義的"善""福"一類事物的統稱，"疾"與之相對，也應是具有概括義的詞，大概與"凶"相類，而不是指某種具體的事物。疾病是一種具體的災難，放在這裏解釋不合適。此處"疾"字應是"災難"義。"邦必有疾"，指邦家有憂，猶言"國難"。

　　傳世文獻中"疾"字的這個義項也有所保留。《詩·大雅·思齊》："肆戎疾不殄，烈假不瑕。"朱熹集傳："戎，大也。疾，猶難也。大難，如羑里之囚，及昆夷、獫狁之屬也。……言文王之德如此，故其大難雖不殄絶，而光大亦無玷缺。"《周易·復卦》："復，亨。出入無疾，朋來無咎。反復其道，七日來復，利有攸往。"程頤傳："出入，謂生長。復生於內，入也；長進於外，出也。……物之始生，其氣至微，故多屯艱。陽之始生，其氣至微，故多摧折。……出入無疾，謂微陽生長，無害之者也。"《管子·小問》："桓公問治民於管子，管子對曰：'凡牧民者，必知其疾，而憂之以德，勿懼以罪，勿止以力。慎此四者，足以治民也。'"尹知章注："疾，謂患苦也。""疾"的"患苦"義即由"災難、災患"之義而來。《後漢書·西羌傳》："羌雖外患，實深內疾，若攻之不根，是養疾疴於心腹也。""外患、內疾"猶言"內憂外患"。當然，以上所引注解僅是衆說中的一種，也有不少注解把"疾"字解釋成"疾病"等其他意思，或者認爲是以疾病喻苦難。但既然"疾"字本有"災咎"義，不妨直接據此理解。

　　"疾"字的"災咎"義從甲骨文到後世的出土文獻和傳世文獻，都有相關用例。在"疾苦、疾害"這些詞組裏，"疾"仍保留"災咎"之義。"疾"字本義是疾病，這是一種災咎，故而帶有"災咎"義，非常容易理解。

（作者單位：暨南大學文學院，
"古文字與中華文明傳承發展工程"協同攻關創新平臺）

---

①　馬承源主編：《上海博物館藏戰國楚竹書（九）》，上海古籍出版社 2012 年，第 297 頁。

甲骨文特殊記事刻辭的内容討論[*]

林沈妍

　　本文所討論的對象爲甲骨文記事刻辭中純粹記録歷史事件的特殊類記事刻辭。

　　關於甲骨文特殊類的記事刻辭,目前最新的研究是方稚松的《殷墟甲骨文五種外記事刻辭研究》[①],對胡厚宣所分與占卜有關的五種記事刻辭之外的記事内容進行研究。其餘主要是以單篇論文的形式,多按照載體材料的種類進行劃分和討論。如人頭骨刻辭,近期方稚松與許子瀟均對現有材料作了整理,其中方稚松對於《合》38763 的收藏地的辨析更加詳細,[②]許子瀟則涵蓋了西周的材料。[③] 對人頭骨的研究還涉及風俗、文化等方面。[④] 獸骨刻辭的研究主要與新出土的材料相關,如何毓靈、顔世鉉、張惟捷等都先後撰文討論新出的大司空村牛胛骨刻辭。[⑤] 另外還有對小臣墻刻辭這類篇幅相對較長的材料進行補釋。[⑥] 本文擬根據形制與

---

　　* 本文爲國家社科基金重大項目"戰國文字詁林及數據庫建設"(17ZDA300)、國家社科基金重大項目"戰國文字研究大數據雲平臺建設"(21&ZD307)階段性成果。

　　① 方稚松:《殷墟甲骨文五種外記事刻辭研究》,上海古籍出版社 2021 年。

　　② 方稚松:《殷墟人頭骨刻辭再研究》,《甲骨文與殷商史》新九輯,上海古籍出版社 2019 年,第 351—364 頁,後收入《殷墟甲骨文五種外記事刻辭研究》,第 90—104 頁。

　　③ 許子瀟:《商周時期顱骨刻辭材料整理》,《出土文獻》2020 年第 2 期,第 1—15 頁。

　　④ 黄天樹:《甲骨文中有關獵首風俗的記載》,《中國文化研究》2005 年第 2 期,第 23—30 頁。

　　⑤ 何毓靈:《河南安陽市殷墟大司空村出土刻辭牛骨》,《考古》2018 年第 3 期,第 116—120 頁;顔世鉉:《説殷墟大司空村出土胛骨卜辭的"疾"字》,簡帛網 2018 年 5 月 16 日;張惟捷:《安陽大司空村新出牛骨刻辭考釋與性質試探》,《甲骨文與殷商史》新九輯,上海古籍出版社 2019 年,第 215—233 頁。

　　⑥ 按,2021 年 4 月,朱鳳瀚在四川大學發表名爲《由殷墟甲骨記事刻辭與周初金文看商人與周人的記史傳統》的講座,内容涉及記事刻辭與西周初年的金文,認爲同期的商代人已經有了作長篇記事文體的能力和記史的傳統。據報道得知,講座中所提到的記事刻辭有小臣 (轉下頁)

内容對特殊類記事刻辭進行重新分類，試加討論。

目前所搜集到的特殊記事刻辭一共 30 件，均見於人骨與獸骨之上，未見於龜甲。

一、獵首——人頭骨刻辭

刻於人骨上的記事刻辭均爲人頭骨刻辭。商代共有人頭骨刻辭 16 件，[1]字數最多可見 6 個字。根據字的大小以及頭骨面積，可以大概推測，即使是完整的頭骨，字數也不會太多。另外還有 1984 年長安張家坡西周中期墓葬 M157 所出刻字下頜骨一件。

1. ☑尸（夷）方白（伯）☑且（祖）乙伐 　　　　《合》38758
2. ☑方白（伯）用☑ 　　　　　　　　　　　《合》38759
3. ☑白☑ 　　　　　　　　　　　　　　　　《合》38760
4. ☑又（侑）姪☑ 　　　　　　　　　　　　《合》38761
5. □丑用于☑義友☑ 　　　　　　　　　　　《合》38762
6. ☑盧☑伐☑ 　　　　　　　　　　　　　　《合》38763
7. 隹☑ 　　　　　　　　　　　　　　　　　《合》38764
8. ☑白（伯）䂿☑ 　　　　　　　　　　　《合補》11099
9. ☑武☑ 　　　　　　　　　　　　　　　　《合》27741
10. ☑［大］甲☑ 　　　　　　　　　　　　《懷特》1914
11. ☑封（邦）峏（端）☑五［封（邦）］☑ 　《合》40701
12. ☑中 　　　　　　　　　　　《合補》13169
13. ☑用☑ 　　　　　　　　　　　《綜述》圖版 13·中
14. ☑白☑ 　　　　　　　　　　　　　《續補》9069[2]

（接上頁）墙刻辭與新出的大司空村刻辭，討論的範圍應該是針對純敘事的記事刻辭，惜截至目前還未能見到正式文章發表。參見"古文字與先秦史公衆號"：《"古文字與古代文明"學術沙龍紀要》，2021 年 4 月 23 日。

① 宋鎮豪、焦志勤、孫亞冰：《殷墟甲骨拾遺》，中國社會科學出版社 2015 年，第 1 頁。

② 按，暫不知是何書。本文中所涉及的《續補》編號均轉引自胡厚宣《中國奴隸社會的人殉和人祭》（下篇）（《文物》1974 年第 8 期，第 56—72 頁），文中未説明是何書簡稱，故未能進行核對。一般引書簡稱中，《續補》對應的是胡厚宣《甲骨續存補編》，但此書無編號，且據後記所言，共著録拓片四千五百餘片，亦與編號不符。方稚松也稱未見到圖片，指出該片與第 3 片内容相同，不知兩者是否有重片之可能。多方稚松：《殷墟甲骨文五種外記事刻辭研究》，第 92 頁。

15. ☒囚☒　　　　　　　　　　　　　　《續補》907

16. ☒武乙祼　　　　　　　　　　　　　《拾遺》646

　　第 1 片是目前所見最早著錄的人頭骨刻辭,屬明義士舊藏,最早由其發表在 1933 年的《齊大季刊》上。① 李學勤據"伐"字寫法爲商末所有,考訂此片屬於商末。② 其餘十五片也屬於商末帝乙帝辛時期。《合》所錄拓本中右上角"尸"字已殘去,明義士摹本中還可以看到。"尸(夷)方"常常出現在甲骨卜辭中,大約是經常與商發生戰爭的一個部落或方國。歷代商王都有占卜"征夷"吉凶的記録。據李發統計,有關的卜辭可達六十六版,其中屬於第五期的黃類卜辭就達到了四十一版,③占據了總量的62.1%。相關卜辭的數量在某種程度上也反映了戰爭的規模。第一期至第四期的征夷規模較小,卜辭的數量也較少,到了第五期商王帝辛十祀的時候,大規模的戰爭終於取得勝利,俘獲了對方的首領。④

　　而第一片記事刻辭中的"夷方伯"可能也是某代夷方的一位首領或重要人物。李學勤指出骨片上所包含的三點信息:"第一,是頭骨屬於夷方伯;第二,是夷方伯被'伐'即斬首,用於祭祀;第三,是祭祀的對象是商王祖乙。"⑤頭骨刻辭上多見人名,一種是所祭祀的祖先,像第 1 條中的祖乙、第 16 條的武乙即屬於這種情況。另一種則是頭骨的主人,如第 1 條的夷方伯、第 2 條的方伯、第 8 條的伯囷,很有可能就是歷次戰爭中被俘獲的部族首領,被商王砍下頭顱來祭祀祖先。

　　早在 1932 年,吳其昌即在《殷代人祭考》一文中舉《殷墟書契前編》卷一片四(按,即《合》35355)中以"伐三十人""卯六牛"對舉來祭祀先祖等例,指出殷代有以人作爲祭品這一事實。⑥ 于省吾認爲這種殺戮敵方

---

　　① 明義士:《表校新舊版〈殷虚書契前編〉並記所得之新材料》,《齊大季刊》1933 年第 2 期,轉引自許子瀟:《商周時期顱骨刻辭材料整理》,第 6 頁。方稚松與許子瀟對該片甲骨的收藏地均有論述。

　　② 李學勤:《殷墟人頭骨刻辭研究》,《海上論叢(二)》,復旦大學出版社 1998 年,第 1—7 頁。

　　③ 李發:《甲骨軍事刻辭整理與研究》,中華書局 2018 年,第 182 頁。

　　④ 李發:《甲骨軍事刻辭整理與研究》,第 182 頁。

　　⑤ 李學勤:《殷墟人頭骨刻辭研究》,第 1—7 頁。

　　⑥ 吳其昌:《吳其昌文集·史學論叢(上)》,三晉出版社 2009 年,第 300—307 頁。

酋長來致祭的目的在於告功獻捷和加重祀品。① 從目前所能見到的記事刻辭上來看，商代人的活動許多都是圍繞着“告功”這一終極目標而進行的。不僅是商代人如此，作爲勝利的標志，歷朝歷代，戰爭時也常常會通過砍頭割耳這種方式來計功，只是聽上去似乎不若甲骨中記錄殺人祭祀如家常便飯那般血腥罷了。

1984 年殷墟苗圃北地出土六件人髖骨卜骨，②宋鎮豪認爲人頭骨並未用來占卜，與作爲卜骨用的髖骨性質和意義是不同的。③

關於這種獵首祭祀的行爲，黄天樹也認爲：“‘人頭骨刻辭’是商人把俘獲的異族的首長當作人牲斬首祭祀祖先之後，在其頭蓋骨上刻上記事的文字，作爲戰勝的紀念。”④作爲戰勝的紀念與前文所提是一致的。

黄天樹的文章中提到，《合》7771 中記錄商早期的某次戰爭中最高斬獲了 2656 個首級。⑤ 下文的小臣墻刻辭中也提到斬獲“馘千五百七十”。這個數量不管在任何時候看起來都是十分驚人的。很有可能就是在大量用來祭祀的戰俘和奴隸中挑選最具有身份地位，最值得拿來告祭先祖的敵對首領，這樣也可以更好地解釋爲何少量的人頭骨刻辭上多次出現了方伯等地位較高的稱謂。

目前發現的商代人頭骨刻辭均爲碎片，究竟是祭祀時已經打爛，還是由於埋存地下而損壞？我們認爲前者的可能性更高。宋鎮豪認爲這些碎裂的頭骨是爲了祭奠先人，而不是爲了給活人看的，應該是在獻祭時就已經打碎了。⑥ 何崝也曾有文章討論過商代的碎物祭，指出在殷墟發掘中發現了許多犧牲、銅器等，都是在入坑前已經呈碎裂狀態，而非出於埋藏後保存不佳。這種情況下一般所祭祀對象的身份都比較高。⑦ 許子瀟稱，在殷墟多座墓葬中出現的顱骨都是基本保存完好的，没有出現像人頭

---

① 于省吾：《從甲骨文看商代社會性質》，《東北人民大學人文科學學報》1957 年第 Z1 期，第 97—136 頁。

② 鄭若葵：《1982—1984 年安陽苗圃北地殷代遺址的發掘》，《考古學報》1991 年第 1 期，第 91—123 頁。

③ 宋鎮豪：《商代社會生活與禮俗》，中國社會科學出版社 2010 年，第 623—624 頁。

④ 黄天樹：《甲骨文中有關獵首風俗的記載》，第 23—30 頁。

⑤ 黄天樹：《甲骨文中有關獵首風俗的記載》，第 23—30 頁。

⑥ 王宇信、楊升南：《甲骨學一百年》，社會科學文獻出版社 1999 年，第 250 頁。

⑦ 何崝：《商代卜辭中所見之碎物祭》，《中國文化》1995 年第 11 期，第 74—84 頁。

骨刻辭這樣碎裂程度如此嚴重的情况。所以有可能是經過人爲銷毁的，屬於"毁器"行爲。[1] 江蘇銅山發掘的一座殷代遺址中出土了多具完整的人殉骨架,這些人殉多是以一種被迫的方式死亡,其中有部分頭骨處於碎裂或殘缺狀態,[2]有可能即是在死前或死後遭受外力損毁。

17. 王君□[3]

1984 年,陝西西周井叔家族墓地中發掘了一座雙墓道中字形大墓 M157,墓中人骨據鑒定爲一位 40—45 歲左右的男性,在其下頜骨上發現有三個刻劃文字。[4] 張長壽曾經請教張政烺,收到回復,前兩個字爲"王君",第三個字有可能是内,也有可能是穴。又指出漢代摩崖上所見"内""穴"可以通用。[5] "内"屬泥母物部字,"穴"爲匣母質部,音理上並不相通。該墓屬西周中期,以漢代摩崖所見例立説稍顯證據不足。且西周至戰國材料也未見"内""穴"通假的辭例。許子瀟也根據甲骨文、金文中所見"穴"字字形、訓義指出此字釋"穴"不妥。[6]

值得注意的是,該骨架的"頭骨、下頜骨、頸椎及左肱骨有多處被利器砍創的痕迹",[7]這種利器砍創極有可能造成致命傷。更重要的是,只有人死後,剔除表面的皮肉,或者等待尸體腐化只剩骨架之後,才有可能在骨頭上刻字。根據發掘報告所顯示的證據,M157 確實是一代井叔之墓。但問題在於如果這副骨架屬於墓主人,爲什麼會在死前有這種遭遇,却同時擁有如此高規格的墓葬。而鄰近兩座墓 M161 和 M163 中的女性骸骨並未出現這種情况。報告中又提及這塊下頜骨是在水中找到的,而不是跟全身骨架放在一起,似乎也與前面所談商代的碎裂頭骨有相似之處。一般正常死亡情况下,下頜骨並不會與顱骨分離,且該下頜骨的上部

---

① 許子瀟:《商周時期顱骨刻辭材料整理》,第 1—15 頁。
② 南京博物院:《江蘇銅山丘灣古遺址的發掘》,《考古》1973 年第 2 期,第 71—79 頁。
③ 張長壽:《説"王君穴"——1983~1986 年澧西發掘資料之四》,《文物》1991 年第 12 期,第 87—89 頁。
④ 張長壽、盧連成:《長安張家坡西周井叔墓發掘簡報》,《考古》1986 年第 1 期,第 22—27 頁。
⑤ 張長壽:《説"王君穴"——1983~1986 年澧西發掘資料之四》,第 87—89 頁。
⑥ 許子瀟:《西周甲骨材料整理及相關問題研究》,吉林大學碩士學位論文(導師:馮勝君教授),2017 年,第 69 頁。
⑦ 張長壽:《説"王君穴"——1983~1986 年澧西發掘資料之四》,第 87—89 頁。

略有缺失,有可能就是外力衝擊所造成。有理由推測,這具骸骨並不屬於墓主人,而是被殺死的人牲或人殉。墓主人可能由於某種原因並未下葬到這座墓中,或者墓葬經人爲擾動後墓主尸體丟失。"王君"後面的那個字應該就是"内"字,讀爲納或入。當然這則材料的情況還值得進一步的研究。

二、田獵——緑松石鑲嵌

除了人頭骨之外,記事刻辭所用的材料還包括兕頭骨、鹿頭骨、虎骨、兕骨、牛距骨、牛胛骨等。其中除了牛胛骨是較爲常見的占卜材料以外,其餘材料均僅見於記事刻辭。

目前所見獸骨刻辭共 13 件,除兩件鹿頭骨刻辭、一件兕頭骨刻辭之外,剩餘 10 件中有 6 件鑲嵌緑松石,其中包括一件虎膊骨刻辭,四件兕骨刻辭,一件牛距骨刻辭。

虎膊骨刻辭爲一件雕花骨柶,是目前殷墟所見唯一一件用虎骨來記錄的材料。其背面花紋與正面字口中均鑲嵌有緑松石,記載商王田獵時俘獲白虎之事。

18. 辛酉,王田于雞录(麓),隻(獲)大霏(霸)虎,在十月,隹(唯)王三祀。彡(肜)日。 　　　　　　　　　　　　《合》37848

霏釋爲霸,霸有白的意思。商王三年十月丁酉的這一天,王去雞麓田獵,俘獲了一只白色老虎,舉行了肜祭。

陳煒湛説:"卜辭屢見'田雞''田于雞'的占卜,所獲以狐爲多,此言獲虎,非同一般,是得大書一筆了。"[1]這是很有趣的事情。俘獲老虎本就難得,此次又是罕見的白虎,殷人尚白,因此專門在戰利品的骨頭上刻上雕花,更嵌上緑松石以示珍重。宋鎮豪認爲這是"專門用虎骨製成宴飨場合的進食餐具柶",[2]認爲這是一件實用器。在論及《合補》11301 骨匕時,商承祚説:"辛巳獲白彔,丁酉用之,相隔十六日,字中嵌松石。疑此

---

① 陳煒湛:《甲骨文田獵刻辭研究》,中山大學出版社 2018 年,第 21 頁。
② 宋鎮豪:《商代社會生活與禮俗》,第 624 頁。

即兕骨,治以爲栖,以旌田宫,非用具也。"①陳煒湛從此説,認爲應當只是象征作用。緑松石鑲嵌工藝是采用膠合材料粘上去的,②若作爲實用器也容易脱落,這裏應當還是作禮器用。

這一件的背面花紋與下文提到的用兕骨製成的宰丰骨匕非常相似,可能當時俘獲異獸,都會采用這樣的方式進行紀念。

四件兕骨刻辭中有三件爲雕花骨栖。

有兩件屬於同一對,即著名的宰丰骨匕及對應的殘雕骨刻辭。第一片文字完整,第二片下端殘損。兩片長度、大小完全相同,形狀對稱,從側視圖來看有一定的彎曲,背後繁複的花紋也是完全對稱,很顯然是一同製作的。第二片所缺的内容即是據第一片所補齊。

這兩件均在背後有緑松石鑲嵌,有的學者認爲正面也鑲有緑松石,但就目前能看到的宰丰骨匕的圖片來看,正面有部分緑色的染色痕迹,但並非鑲嵌緑松石顆粒。

19. 壬午,王田于麥彔(麓),隻(獲)商戠兕,王易(賜)宰丰,帚(寢)小貯兄(貺),才(在)五月,隹(唯)王六祀彡(肜)日。

《合補》11299

20. 壬午,王田于麥彔(麓),隻(獲)[商戠兕,王易(賜)]宰丰,帚(寢)小貯兄(貺),[才(在)五月,隹(唯)王六祀彡(肜)日]。

《合補》11300 正

"商"讀爲"章",指花紋、斑點。"戠"過去多認爲指兕的顔色,對於具體的顔色討論也很多,或認爲是黄色,或認爲是紅色。劉釗在文章中援引陳劍的論證,指出"戠"當讀爲"異","戠兕"即指奇異的犀牛。③ 貺,義爲賞賜。《詩·小雅·肜弓》:"我有嘉賓,中心貺之。"《毛傳》:"貺,賜也。"

這兩件刻辭大意爲:商王六年五月壬午這一天,王在麥麓田獵,俘獲了一隻犀牛,因此賞賜了宰丰。又補充説是命令管理宫寢的侍從小貯去

---

① 商承祚:《殷契佚存考釋》,金陵大學中國文化研究所 1933 年,第 63 頁。

② 魏書亞、李倩倩、付迎春:《文化遺産中的有機膠合材料》,《科學》2016 年第 6 期,第 36—39 頁。

③ 劉釗:《安陽殷墟大墓出土骨片文字考釋》,載氏著《書馨集——出土文獻與古文字論叢》,上海古籍出版社 2013 年,第 1—22 頁。

做這件事。

第三件爲:

21. 辛巳,王剮武丁,纍□□录(麓),隻(獲)白兕。丁酉☒。

《合補》11301

書中稱此片正面鑲嵌有緑松石,今天所見的只有黑白圖片,看得不是很清楚,但是花紋雕飾確與宰丰骨匕很像,可能屬於類似的規格。

"剮"與下文所提的《合》35501 中的"則"字應該是同一個字的繁簡不同寫法。陳劍認爲"剮"字形可能表示的就是"分割牲體"之義。"纍"字表示以田獵所得、戰争俘獲的禽獸向祖先獻祭。①

以上三件均背上雕花,鑲嵌緑松石。

還有一件則是 2005 年新出土於安陽 M11 號墓的兕骨骨片。

22. 壬午,王迷于釁厤(儴),祉(延)田于麦录(麓),隻(获)兕,亞易(賜)☒。②

據介紹,M11 中同時出土有三條骨片,只有這一條有文字,並鑲嵌有緑松石。另外兩片未能看到圖版。該骨片現藏於安陽博物館,目前未能看到背面照片。只能看到,正面的字口中鑲嵌滿排佈整齊的緑松石,雖然間有脱落,却絲毫不影響它的美觀。從側面看也有一定的弧度,與宰丰骨匕很像。有可能同屬於獵到的這只兕的肋骨。

"迷",裘錫圭認爲甲骨文中的"迷"字應讀爲"毖",乃"敕戒鎮撫"的意思。③ 劉釗從此隸定,讀爲"駐躂"之"躂",訓爲"止",可以確定的是"迷"字後常加地名。"亞"爲武官名。"賜"在這裏用作表被動,即被賞賜之意。④ 這件刻辭大概説的是,壬午日,商王到了"釁厤",接着又去麥麓田獵,俘獲了一隻兕。因此製作這件刻辭賜給亞。

① 陳劍:《甲骨文舊釋"蕭"之字及相關諸字新釋》,《出土文獻與古文字研究》第二輯,復旦大學出版社 2008 年,第 42—43 頁。

② 劉忠伏、孔德銘:《安陽殷墟殷代大墓及車馬坑》,《2005 中國重要考古發現》,文物出版社 2006 年,第 59—62 頁。

③ 裘錫圭:《釋"祕"》,載氏著《裘錫圭學術文集·甲骨文卷》,復旦大學出版社 2012 年,第 51—71 頁。

④ 劉釗:《安陽殷墟大墓出土骨片文字考釋》,第 1—22 頁。

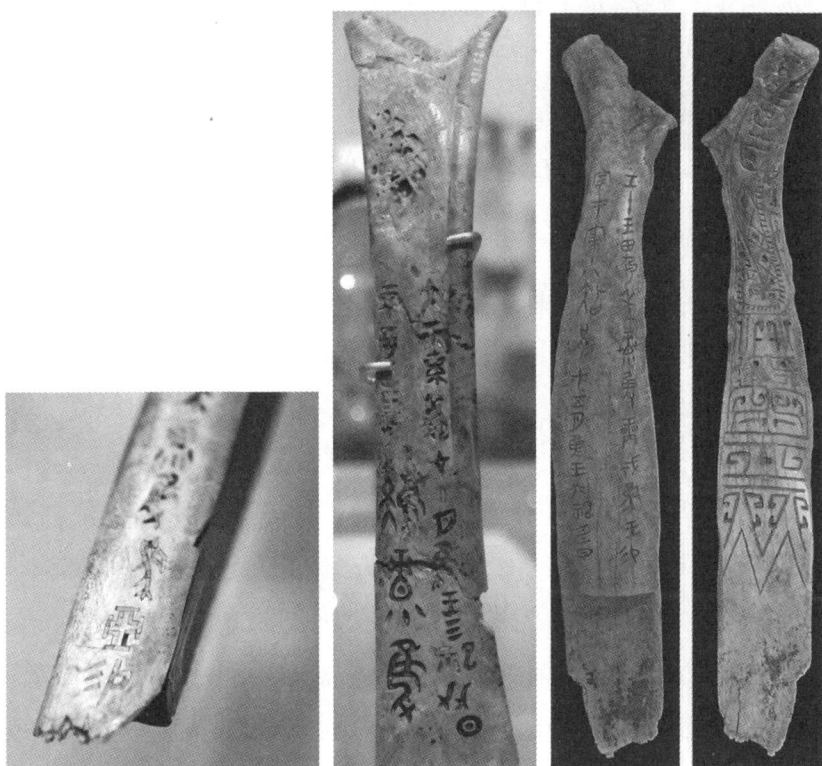

| 2005年新出骨片 | 虎骨刻辭 | 宰丰骨匕 |

圖一①

　　另外還有一件鑲嵌緑松石的刻辭爲牛距骨刻辭,孫志安收藏,2010年首次公佈在宋鎮豪《商代史》中,②字口中鑲有緑松石。

　　23. 甲申,王易(賜)小臣奉,王曰:用。隹(唯)王用肽。

《拾遺》647

　　奉爲人名。在甲申日這天,王賞賜小臣奉。王説:"(賜給你)用。"後面又補充説明,這是王使用的肽。肽即是指記録用的這塊獸骨。

　　以上六件均鑲嵌有緑松石,或嵌刻在花紋中,或在字口中,間有脱落。記録的内容均爲商王田獵時的收穫。這幾件中多刻有繁複精美的花紋,

---

　　① 姜三十一拍攝,2020 年 1 月 23 日,https://weibo.com/2298907761/IqNDKkWLw?filter=hot&root_comment_id=0&type=comment#_rnd1618983811242;虎骨刻辭、宰丰骨匕二圖亦來源於網絡,暫不知出處。

　　② 宋鎮豪:《商代社會生活與禮俗》,彩圖 19;宋鎮豪、焦智勤、孫亞冰:《殷墟甲骨拾遺》,第 122、356、357 頁。

顯然也説明了它們的重要性。丁山以爲是祥瑞的象徵,郭沫若、劉釗認爲這屬於中國古代的"紀異"傳統。①

牛距骨除了新公佈的這件外,1936 年殷墟第 13 次發掘時於小屯村北地 H6 坑中還出土有一件,未見鑲嵌有緑松石。

24. 王曰:即大乙,纍于白菉(麓),服(膰)宰丰。　　《合》35501

這一件未記時間,是商王所下的命令。膰,《左傳》成公十三年"國之大事,在祀與戎。祀有執膰,戎有受脤,神之大節也",杜預注:"膰,祭肉。"祭肉稱膰,將祭肉賜人也可稱膰。這一句話的意思大概就是王下命令説,在白麓分割牲體,祭祀祖乙,將祭肉賜給宰丰。

該刻辭曾經由古生物學家楊鍾健進行鑒定,高去尋指出:"或許因地下的埋藏,曾接近了銅質氧化物的關係,這塊距骨的表面上有的地方存有被染上的緑色。"②劉釗則認爲這些"被染上的緑色"應該就是殘留的緑松石痕迹。③ 銅質氧化物即銅緑,有的顏色與緑松石十分相近。首先,從前面幾件鑲嵌緑松石的刻辭圖片來看,緑松石一般是鑲嵌在字口或者花紋的縫隙中,因而字口基本上都比較大,保留了部分毛筆墨書的形態。這件牛距骨刻辭的字體雖然也保留了書寫的狀態,但明顯字口刻痕較細小,鑲嵌緑松石的可能性也較小。其次,緑松石多是一顆一顆體積較大且較爲規整的方形固體,而銅緑的覆蓋面一般較薄且不均匀,隨着鏽蝕程度的不同,表面呈凹凸不平的形態。像虎骨刻辭、宰丰骨匕的照片上可以清楚看到同時有緑松石鑲嵌,且旁邊染有緑色,這種緑色即是接觸銅製氧化物所形成。兩者之間還是有較大區別。另外,原文刻痕内涂有朱砂,這一點也與前五件不同。有理由推測,這一件並未鑲嵌緑松石,而是改爲了涂朱方式。高去尋所描述其表面的緑色,現在的圖片已經看不出來了,應該是與宰丰骨匕表面所染的緑色類似,爲銅質化合物所染。

① 丁山:《商周史料考證》,北京圖書館出版社 2008 年,第 168 頁;郭沫若:《郭沫若全集·考古編》第二卷,科學出版社 2002 年,第 465 頁;劉釗:《安陽殷墟大墓出土骨片文字考釋》,第 1—22 頁。

② 高去尋:《殷墟出土的牛距骨刻辭》,《中國考古學報》第四册,商務印書館 1949 年,第 155—184 頁。

③ 劉釗:《談新公佈的牛距骨刻辭》,載氏著《書馨集——出土文獻與古文字論叢》,第 69 頁。

在當時,涂朱、绿松石鑲嵌、還有精美的雕飾可能都是用來表示對所記録事件的重視的一種方式。

值得關注的是,虎骨與兕骨刻辭均爲田獵所獲戰利品,其上刻辭内容也是對田獵過程的簡要概述。而兩件牛距骨刻辭却不約而同地出現了"王曰"字樣,是對言語的記録。

三、征伐——骨牘與簡册

目前所見叙事篇幅最長的兩件記事刻辭均爲牛胛骨刻辭。

其一爲小臣墙骨牘。正面記事刻辭存 55 字,反面干支表存 36 字。字體屬第五期的黄組。黄天樹根據反面殘存的干支表長度,推測骨牘原長在 17 釐米左右,與商代一尺的長度相當。[①] 李學勤推測這正是仿商代木牘而作。[②] 黄天樹也從此説。胡厚宣則根據干支表所剩比例推算正面約 150 至 200 字。[③] 李學勤推測在 200 字以上。方稚松擬補推算不到 90 字。

25. ☐小臣墙比[④]伐,𢦏(擒)危髦[⑤]☐人四,馘千五百七十,鹵白(百),[馬]丙(輛),車二丙(輛),櫓[⑥]百八十三,函五十,矢☐,又(侑)白慶于大乙,用魅白(伯)印☐竇于祖乙,用髦于祖丁,儕甘京,易☐。　　　　　　　　　　　《合》36481 正

"小臣"爲職官名,"墙"爲人名。"比伐"即輔助或配合征伐。從後面的戰利品可以看出,小臣墙在這場戰争中應該發揮了相當大的作用。"危"字釋法目前多有爭議,可以確定的是指位於商王朝西邊

① 黄天樹:《關於商代文字書寫與契刻的幾個問題》,載氏著《黄天樹甲骨學論集》,中華書局 2020 年,第 274—283 頁。

② 李學勤:《小臣墙骨牘的幾點思考》,《甲骨學 110 年:回顧與展望》,中國社會科學出版社 2009 年,第 37—40 頁。

③ 胡厚宣:《中國奴隸社會的人殉和人祭(下篇)》,第 56—72 頁。

④ "比"字所釋參見方稚松:《小臣墙骨版刻辭殘缺文字擬補》,《故宫博物院院刊》2019 年第 2 期,第 40—48 頁,後收入《殷墟甲骨文五種外記事刻辭研究》,第 75—90 頁。

⑤ "髦"字所釋參見李學勤:《〈古韻通曉〉簡評》,載氏著《擁篲集》,三秦出版社 2000 年,第 203—206 頁。

⑥ "櫓"字所釋參見裘錫圭:《説"掭函"——兼釋甲骨文"櫓"字》,載氏著《裘錫圭學術文集·語言文字與古文獻卷》,復旦大學出版社 2012 年,第 418—422 頁。

的某部族。① "髦"是危方首領的名字,又見於《合》28088 與《合》28091。接下來是斬獲的人首一千五百七十。在上文我們曾提及商人的這種"獵首"風俗,這裏雖然不算最多,但也是相當大的一場戰役了。

另外一件爲大司空村 H37 新出刻辭:

圖二　大司空村新出牛骨刻辭(H37:2)正、反面②

2010 年,殷墟大司空村東村發掘窖穴 H37,其中有一版牛胛骨刻辭。上面可以清楚地看到文字之間所畫的豎格,有可能是受簡册的影響。這種豎格明顯與甲骨卜辭上的"界劃綫"不同。

劉釗也曾提到過幾年前殷墟出土的一件甲骨:"這件甲骨字數很多,上面有很清楚的界欄,很顯然是模仿簡牘的形式,因爲簡牘是一條一條的,所以它也畫上了一條條的界欄。"③指的應當就是大司空村的這一版。

甲骨上多見界劃綫。或爲守兆,或爲劃分刻辭區域。但是像這樣依循文字走勢單行書寫的則很少。另外,前面所提及的記事刻辭多屬於第五期的刻辭,而這一版從字體上判斷屬於第一、二期的典賓類。④ 黄天樹

---

① 劉釗:《小臣墻新釋——揭示中國歷史上最早的祥瑞記録》,《書馨集——出土文獻與古文字論叢》,第 23—38 頁。

② 何毓靈:《河南安陽市殷墟大司空村出土刻辭牛骨》,第 116—120 頁。

③ 劉釗:《當前出土文獻與文學研究的幾點思考》,《濟南大學學報》(社會科學版)2019 年第 4 期,第 70 頁。

④ 何毓靈:《河南安陽市殷墟大司空村出土刻辭牛骨》,第 116—120 頁。

指出該版與《合》20338+21844、《合》19425[①]、《合》19426 應該都是受了簡
册的影響。[②] 這三例恰好都是自賓間 A 類,屬於第一期。

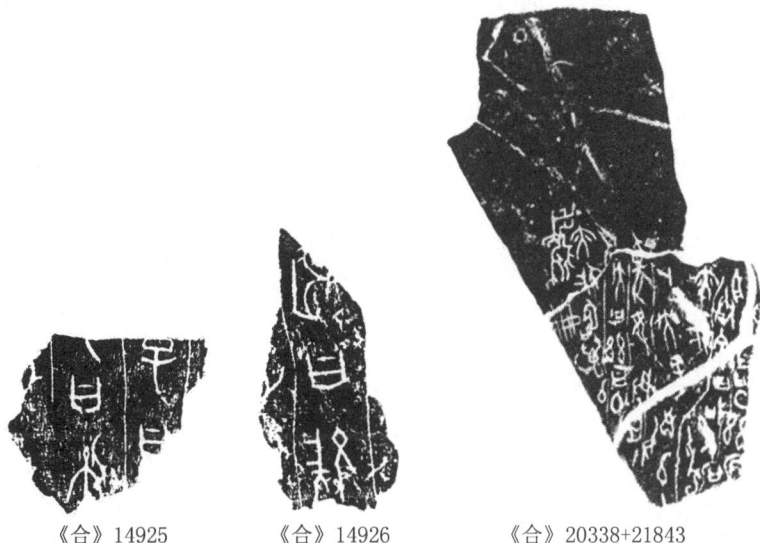

《合》14925　　　《合》14926　　　《合》20338+21843

圖三[③]

圖四　《庫方》1506[④]

①　于省吾認爲該片屬於家譜一類。參見于省吾:《甲骨文"家譜刻辭"真僞辨》,《古文字研究》第四輯,中華書局 1980 年,第 145 頁。

②　黄天樹:《關於商代文字書寫與契刻的幾個問題》,第 274—283 頁。

③　蔣玉斌:《〈甲骨文合集〉綴合拾遺》,先秦研究室網 2009 年 7 月 17 日。

④　郅曉娜:《甲骨文家譜刻辭的提出和早期研究》,《甲骨文與殷商史》新十輯,上海古籍出版社 2020 年,第 32 頁。

我們注意到,在另一版著名的家譜刻辭,即《庫方》1506 上,頂端有一條明顯的橫畫界綫。過去胡厚宣在懷疑此片爲僞刻時就提及過這一點:"這一大骨只一'家譜',別無他辭,頂上就不應該有一橫劃。"①但若是僞刻的話,按照常理,總應當盡心盡力做得使人挑不出錯來,又怎麼會特意露出馬腳。我們認爲,有可能是模仿簡册編繩的位置而作的界欄,其刻辭上所書寫的角度與間隔也和目前所能看到早期的簡册很像。當然,今天能看見的簡最早也只到戰國早期,距離殷商時代已經過去了很久,商代的簡,甚至西周、春秋時期的簡,與戰國簡是否一樣或有哪些差別,這些都需要等待更多的實物材料印證。②

關於大司空村刻辭的内容:

26. 正面:

(1) ☐

(2) ☐在之日牧☐

(3) ☐令牧🅰。曰:[吉]。☐

(4) ☐气女(毋)往勹(伏)。兹行。☐

(5) ☐[涉]水。🅱逾山☐

(6) ☐隹(唯)甾、何正(征)🅲。隹(唯)☐

(7) ☐若之。衛。屮(有)司。令水☐

(8) ☐司令弗衣(卒)勹(伏)洳☐

(9) ☐逶(疾)至。咸涉水。奠(?)☐

(10) ☐之。衛。火㯂子宋☐

(11) ☐衛。余乃司☐

(12) 崔(雚)鷹☐

(13) ☐[雨]。亡☐

(14) ☐

① 胡厚宣:《甲骨文"家譜刻辭"真僞問題再商榷》,《古文字研究》第四輯,中華書局 1980 年,第 123 頁。

② 關於戰國以前簡册是否存在的問題,諸家學者多有討論。參見陳煒湛:《戰國以前竹簡蠡測》,載氏著《陳煒湛語言文字論集》,上海古籍出版社 2005 年,第 48—54 頁;李學勤:《〈二十世紀出土簡帛綜述〉序》,載駢宇騫、段書安:《二十世紀出土簡帛綜述》,文物出版社 2006 年,第 1 頁。

反面：

（1）☑乍（作）若之。禮。屮（有）司令☑

（2）☑弓其佳（唯）余觴☑

（3）☑之二人。曰：罙（深）每（謀）。亦☑

（4）☑［若］兹。每火敗子☑

（5）☑囦。弓肩女弗☑

（6）☑敗子棘以龕（誅）☑

（7）☑三日▨，迺☑

正面：

第（2）句張惟捷在"在之"前補"罚（旬）"字，釋爲地名。① 彩圖上可以看見，"在"字上殘存字形下部似爲"口"形一類，形體較方，"罚"字一般作"弓"形，下部作盤曲形，與此方形不同，因此補"罚（旬）"字似略有不妥。"牧"一般作職官名或人名，這裏應當是職官名，下句"▨"字此前未見，爲牧之私名。

第（4）句"气"作副詞，表"最終""終究""終竟"的意思。② 後常跟動詞。下字"女"，《合》7188 殘辭有"气母"，其中"母"形即在"女"形上添一短橫，也屬於第一期賓組，似與此用法相同。可讀爲毋。"勹"爲"伏"之本字，第（8）句"令弗衣（卒）勹（伏）泇"，這裏有可能指伏擊。

第（5）句首字或據字形隸定爲"止"，張惟捷認爲可能是"涉"字上部殘缺。據下句有▨"逾山"的行爲，推測這裏可能是"涉"。"涉水"與"逾山"相對。另外第（9）句有"涉水"，可與之對照。

第（6）句"䚹"與"何"均表示人名或氏族名一類。張惟捷指出䚹、何在賓組卜辭中均屬於商人陣營。此句問䚹、何征▨之事。下句殘斷。根據反面"之二人"推斷，這裏應當作人名。牧可能作爲整場戰役的指揮官，䚹、何兩人則作爲他的部下。

第（7）句"若之"僅見於典賓類卜辭《合》5760，疑表示"如此"之義，與"若兹"相類。"禮"此前未見，張惟捷認爲應與"曶""澧"相類，作祭名

---

① 張惟捷：《安陽大司空村新出牛骨刻辭考釋與性質試探》，第 215—233 頁。

② 沈培：《説殷墟甲骨文"气"字的虚詞用法》，《古文字研究》第二十四輯，中華書局 2002年，第 118 頁。

使用。有可能即是"㝬"的繁寫。"㝬"在卜辭中多與先祖名連用。張惟捷認爲"屮"或釋爲"侑",作祭名。付强認爲當釋爲"有",與"司"連用,作職官名。① 似以後者爲是。

第(8)句張惟捷指出,"衣(卒)"在辭例中若與否定副詞結合,絕大多數是表主觀的"弜衣"形式,也有少數搭配"不"的例子。② "洀"字從張惟捷隸定,字形作雙舟在水中。

第(9)句"⚏"隸定作"㞷",從矢從止。顔世鉉讀爲"疾",認爲與甲骨文"遷"應爲同一字異體,是表示急速義的"疾"的專字。③ 此句說的應該是參加此次征伐的人員迅速抵達,全部涉水而過。

第(10)句第三字,何毓靈、付强釋爲山,王寧④、張惟捷釋爲火。當以釋火爲是。《合》7966 正"大火"正作"⚏"形。"㮇"字,即"散"字所從。裘錫圭認爲從字形上看,"㮇"與"芟"同義,本義應該是芟除草木,傳世文獻訓"殺"的"散"即爲"㮇"的假借字。⑤ 張惟捷認爲這或許與火攻有關。反面有"每火敗子",也可證明是以火攻的方式打敗子宋。⑥ "子宋"與反面"子粖"應爲同一人。根據前面令旹、何征⚏,子宋可能即是⚏的首領。"子宋"或單獨成句,後面接火攻後子宋的反應或結果。根據整件刻辭按照時間發展的行文邏輯,反面刻辭才出現"每火敗子",那麼這裏應該還是過程,出現結果的可能性較小。

第(12)句張惟捷認爲"鷹"可能爲地名,"萑(蒦)鷹"或與觀察"鷹"在某地的軍事活動有關。⑦

反面是接下來的叙述:

第(1)句説舉行"祔"祭後有司下令。

第(2)句"弜其隹(唯)",卜辭中見三例"不其隹(唯)"連用之例,分

---

① 付强:《説安陽殷墟大司空村出土牛骨刻辭的"有司"》,先秦史研究室網 2018 年 5 月 4 日。

② 張惟捷:《安陽大司空村新出牛骨刻辭考釋與性質試探》,第 215—233 頁。

③ 顔世鉉:《説殷墟大司空村出土胛骨卜辭的"疾"字》,簡帛網 2018 年 5 月 16 日。

④ 王寧:《大司空村出土牛骨刻辭釋文訂補及討論》,先秦史研究室網 2018 年 5 月 5 日。

⑤ 裘錫圭:《甲骨文中所見的商代農業》,載氏著《裘錫圭學術文集·甲骨文卷》,復旦大學出版社 2012 年,第 251—252 頁。

⑥ 張惟捷:《安陽大司空村新出牛骨刻辭考釋與性質試探》,第 215—233 頁。

⑦ 張惟捷:《安陽大司空村新出牛骨刻辭考釋與性質試探》,第 215—233 頁。

別爲《合》3201、《合》3647、《合》3658,均屬典賓類。可能與"不其隹(唯)"用法相近。"觴"字從李春桃所釋。①

第(3)句"之二人"可能指的便是上文所提到的䭫、何。"罙每"從張惟捷讀爲"深謀"。這裏戰争剛剛結束,可能指揮官牧是對於二人戰争中突出表現的嘉許。

第(4)句的"每火敗子"對應正面"火㮣(散)子宋"之語。

第(5)句"囿"本義指農業種植之園囿。這裏作本義用。後面還是接一個否定句,釋義暫不確定。

第(6)句是這場戰争的結果。

第(7)句出現時間,大概是戰争結束,叙述也就到此爲止了。

結合整片刻辭的内容來看,内容均較爲連貫,有的字部分殘斷,可以推測這塊刻辭與最初刻寫的時候大小差距不多,可能是在地下埋藏過程中導致了邊緣的磨損。有的學者認爲這是卜辭,但這件刻辭雖然背面有鑽鑿灼燒的痕迹,其正反面均非與占卜有關的貞問内容,而純粹是對某次戰争的叙述。因此何毓靈與張惟捷均認爲這片刻辭是在廢棄的卜骨上進行的習刻。

叙述從牧受命出征開始,路上甚至描述了翻山涉水的艱難。䭫、何不知是否爲派給牧的部下。但是緊接着又進行渡河火攻,終於打敗了子宋,取得了最終的勝利。戰争的叙述結束之後,又有言語記録,大約類似於總結陳詞。最後記録時間,後面接"迺",可能是記録返程的時間,或者是標志全文的結束。叙述詳盡,可以認爲這已經是一篇比較生動的早期散文。

這兩件均爲牛胛骨刻辭,之所以用牛胛骨來記録較長篇幅的文字,可能是由於比較平整,方便於刻寫。這兩件長篇刻辭都是記録戰事,可能是出於當時商王對於戰争的熱衷。

從刻辭的内容上看,小臣墻骨牘的殘存部分是對戰争結果的一種客觀記録,而時代更早的大司空牛骨刻辭對於戰争的描述更加地詳盡生動。可以看出,至少大概在武丁、祖庚的時候,商人就已經有了長篇記事的能力。李學勤在討論小臣墻骨牘時進一步認爲,如《尚書》中的《商書》、《詩

① 李春桃:《釋甲骨文中的"觴"字》,《古文字研究》第三十二輯,中華書局 2018 年,第 83—89 頁。

經》中的《商頌》,都可能有其本源。①

　　而爲什麼晚期的小臣墻骨牘以及其他刻辭的文句反而較爲簡單？我們認爲,可能是由於刻寫的不易,當時的人們已經選擇用毛筆直接在簡册上進行書寫。還有一種可能是因爲,對於田獵,人們只記錄獲得的結果。而對於戰争,商人有不斷往外擴張的野心。在最開始的時候,爲了炫耀自己的功績,對戰争進行詳盡的叙述,而到了後期,戰争頻仍,已經没有了那麼多興趣對過程大書特書,只需要簡單地記錄結果即可。當然,小臣墻刻辭殘損掉的那部分内容,現在已經無法看到,這裏僅僅只能作爲一種推測。

　　另外還有一件牛胛骨刻辭,屬於一期自小字類。

　　27. 庚戌,王令伐旅帛(歸)。五月。　　　　　　　　《合》20505

内容也同樣是對戰争的簡要記録。

四、小　　結

　　本文所討論的特殊記事刻辭目前只出現在甲骨中的獸骨與人骨上。其中人骨只有人頭骨。

　　從内容上看,首先,記事刻辭上最典型的内容就是田獵和征伐。其中田獵刻辭多較爲簡短,其作爲檔案材料的性質更强。内容較長的則均與戰争有關,可能是出於商王對戰争的推崇。除記録時間、地點等記叙要素之外,還出現了對於戰争過程的細節描述,這種特徵可能與當時散文逐漸形成有關。數量較多的人頭骨刻辭由於大小的限制,一般只記俘虜人名或所祭祀的祖先名,内容較爲簡短。其次,字數最長、叙事最完整的刻辭反而出現在早期。這種情況有可能是因爲刻寫的不易,人們已經選擇用毛筆直接在簡册上進行書寫來代替刻於甲骨之上。也有可能是因爲戰争的頻率過高,導致人們對戰争從一開始的大書特書轉向後期的簡單記録結果。

　　從形制上看,骨的種類與刻辭内容有較高的關聯度。田獵刻辭多記

---

① 李學勤:《小臣墻骨牘的幾點思考》,第37—40頁。

俘獲異獸,以俘獲的戰利品之骸骨刻字,甚至雕上精美的花紋,進一步在紋路中鑲嵌緑松石以示珍貴。但獸頭骨不鑲緑松石。人頭骨刻辭則多呈碎裂狀態,可能是一種"毁器"的行爲,在殷代墓葬中也多見生前遭受折磨,屬於非正常死亡的殘損骨骸。記録戰争的刻辭均刻在牛胛骨上,可能是出於方便記録的目的,並且或仿牘版,或仿簡册,也可説明其首要功用是用於保存内容。很難説牛胛骨是爲了炫耀戰争俘獲的戰利品。這一點與田獵刻辭有明顯的不同。

(作者單位:中山大學中國語言文學系,
"古文字與中華文明傳承發展工程"協同攻關創新平臺)

談談新見免簋所涉諸問題[*]

田　率

　　《國寶回家——2019 山西公安機關打擊文物犯罪成果精粹(二)》一書中收録有一件西周時期的青銅簋,①編號 YC－WX－374－2,係山西聞喜縣公安局打擊文物犯罪繳獲品,現藏於山西青銅器博物館。此件器又著録於吳鎮烽先生編著的《商周青銅器銘文暨圖像集成三編》,編號516。② 此件簋頗具歷史價值,值得關注研究,筆者不揣淺陋,倉促草就成文,祈求方家賜教。

　　該簋合蓋通高 25 釐米、口徑 18.5 釐米、兩耳間距 30.6 釐米,重4.424公斤。器形爲弇口,直子口在器身,腹微鼓,一對獸首鋬形耳,獸首頭頂有近似雞冠狀的凸起,耳下有方形垂珥,矮圈足,其下連鑄四個獸面小足,足尖向外。外罩式蓋,沿下折蓋面呈斜坡狀,上有圈狀捉手,捉手上部封頂。蓋面外圍和器口沿下飾一周竊曲紋,蓋面内圈和器腹飾瓦紋(圖一)。

　　該簋蓋銘與同爲山西公安機關收繳的兩件卲簋(《銘三》514、515)銘文相同,故其蓋實爲卲簋之蓋,由於這三件器皆非科學考古發掘出土,故難以斷定是下葬時即將卲簋之蓋配予免簋,還是近年盜掘出土後錯置而成,故本文暫不討論蓋銘。

---

　　* 本文爲"古文字與中華文明傳承發展工程"資助項目"西周中期青銅器與金文綜合研究"(G3214)階段性成果。

　　① 山西省公安廳、山西省文物局編著:《國寶回家——2019 山西公安機關打擊文物犯罪成果精粹(二)》,文物出版社 2019 年,第68—71 頁。

　　② 吳鎮烽編著:《商周青銅器銘文暨圖像集成三編》,上海古籍出版社 2020 年(以下簡稱"《銘三》"),第 66 頁。

1. 免簋及邙簋蓋　　　　　　　　　　2. 免簋器身

圖一

器銘共 10 行 106 字(圖二):

器銘　　　　　　　　　　　　　器銘拓本

圖二　免簋

佳(唯)王十又九祀,正月既生霸庚戌①,王才(在)康宫,王各(格)于康大室,焱(榮)茇入右免,立眚(中)廷,北卿(嚮),王乎(呼)

---

① 《銘三》誤釋爲"庚寅"。

乍（作）册。王令（命）尹吴曰："免，易（錫）女（汝）肰（秬）鬯一卣、赤
市（韍）、幽黄（衡）、悠（攸）革（勒）、旂。用更乃且（祖）考官嗣（司）
六自（師）卜事、工卜。"免拜頴（稽）首，敢對氒（揚）天子不（丕）顯休
令（命），用乍（作）朕（朕）文考喇（屬）弔（叔）寶障（尊）段（簋），免
其麤（壽）老儥（萬）年，孫＝（孫孫）子＝（子子）其永寶用。

一、形制特徵和時代

與該簋形制相同者可舉出 1972 年陝西周至縣竹峪鄉下倉峪出土的
大師簋，[1] 傳世器可舉出十二年走簋（《銘圖》[2]5329）、近年新見的宗人簋
（《銘續》[3]461）及前揭那兩件卲簋。這幾件簋耳部獸首頭頂雞冠形的裝
飾及弱小的附足簡直如出一轍。

所列這五件簋器形基本一致，時代接近：

1. 大師簋蓋與器皆有子口，無法扣合，且蓋無銘文，我們懷疑此蓋不
是原配，原蓋蓋沿向下直折才能與器口吻合。器内底鑄有銘文 7 字："大
師作孟姜饊簋。"同一位大師所作還有一件鼎（《銘圖》1907），原藏商承
祚，器形作窄沿，方唇，口沿上一對立耳，腹下部傾垂，圜底，三柱足。口
下飾一周竊曲紋，足根處飾浮雕獸面。鼎銘："大師作叔姜鼎，其永寶用。"
形制與岐山董家村一號窖藏出土的五祀衛鼎（《銘圖》2497）近似，五祀衛
鼎銘中出現了恭王的謚號，所以此鼎爲懿王初年所鑄。

2. 十二年走簋（《銘圖》5329）銘文中的右者"司馬井伯"，私名爲
親，恭王二十四年此人被再次册命升職爲冢司馬（親簋，《銘圖》5362），
其又見於恭王、懿王時期的七年趞曹鼎（《銘圖》2433）、利鼎（《銘圖》
2452）、師奎父鼎（《銘圖》2476）、師毛父簋（《銘圖》5212）、師痕簋蓋
（《銘圖》5338）、豆閉簋（《銘圖》5326）、救簋蓋（《銘圖》5278）、召簋
（《銘圖》5230）、元年師虎簋（《銘圖》5371）、永盂（《銘圖》6230）等器

---

① 劉合心：《陝西周至縣出土西周太師簋》，《考古與文物》1981 年第 1 期。
② 吴鎮烽編著：《商周青銅器銘文暨圖像集成》，上海古籍出版社 2012 年（以下簡稱
"《銘圖》"）。
③ 吴鎮烽編著：《商周青銅器銘文暨圖像集成續編》，上海古籍出版社 2016 年（以下簡稱
"《銘續》"）。

中,多次在册命儀式中擔任右者,監理王對臣下賞田的執行,是西周恭懿兩朝的執政大臣之一。

3. 宗人簋的時代學界傾向認爲是西周中期偏晚。① 宗人器中亦有一件銅鼎(《銘續》231),器形作窄沿方唇,下腹向外傾垂,底部近平,一對附耳高聳,三條柱足較矮。頸部飾一周竊曲紋,其下有一周粗弦紋。此鼎與保利藝術博物館藏師酉鼎形制相似,師酉鼎的年代在懿王四年。②

"立中廷,北嚮"這種辭句一般也見於西周中期後段及之後的廷禮册命銘文中;銘文字體筆畫粗細均匀,並無波磔,不似西周中期偏早穆王世的字體風格。某些字的寫法頗富特色,如王字 最下端的橫畫兩頭上翹、乎字 下端的豎筆垂直不向一側彎曲,左右兩點呈直綫與中間的橫畫相連,這些特殊字形亦見於中國國家博物館新入藏的親簋,親簋紀年是恭王二十四年,故免簋與親簋基本同時。

綜上所述,免簋的時代應在西周中期後段,約在恭王世。

二、銘文曆日合譜問題

銘文曆日四要素俱全"唯王十又九祀,正月既生霸庚戌",按照夏商周斷代工程、王占奎先生、朱鳳瀚先生等所擬西周中期金文曆譜,免簋銘文曆日皆與上述曆譜不合(詳見附表),西周中期金文曆譜有待再調整。

三、銘文所涉及的史實與人物

(一) 作器者免的職事

銘文記載的是一次典型的廷禮册命,通篇無難解之處,唯免被任命的職務在西周金文中記載不多。周王任命免"官司六師卜事、工卜"。傳世

---

① 曹錦炎:《宗人簋銘文與西周時的燕禮》,《古文字研究》第三十一輯,中華書局2016年,第101—109頁;朱鳳瀚:《宗人諸器考——兼及再論西周貴族家族作器制度》,《青銅器與金文》第二輯,上海古籍出版社2018年,第16—28頁;韓巍:《新出"宗人"諸器所反映的西周宗族關係》,《嶺南學報》2018年第2期,第129—145頁。

② 中國國家博物館編:《中國國家博物館館藏文物研究叢書·青銅器卷·西周》,上海古籍出版社2020年,第251頁。

智鼎（《銘圖》2515）作器者智被王任命"司卜事"，張亞初先生、劉雨先生認爲智所任官職即《周禮·春官宗伯》中的大卜，序官云："大卜，下大夫二人，卜師上士四人，卜人中士八人、下士十又六人。"鄭注："問龜曰卜，大卜，卜事官之長。"楊伯峻先生認爲大卜即卜正，《左傳》隱公十一年："滕侯曰：'我周之卜正也。'"杜預注："卜正，卜官之長。""卜事"是占卜之事務，不能徑直和傳世文獻中的卜正、大卜之官完全畫等號，智具體擔任的是哪一層級的卜官，難以明曉，但是可以確定的是其係掌管王朝占卜事務的官員。而近年新見有一件嗌甗（《銘三》366），作器者受王命"司南事卜事、工卜，殷八師南事卜事"，與免掌管的職事有很多相通之處。南事之事當讀爲史，南史是史官的一種，後有以因官命氏者，如《左傳》襄公二十五年"南史氏聞太史盡死"，而且殷八師這種軍隊建制中也設有南史。周金文中隨軍參戰的史官屢見不鮮，如西周早期伐東夷、伐邵的史旗（雩鼎《銘圖》2365、2366，貝卣《銘圖》13292），西周中期偏晚伐南夷、東夷的史密（史密簋《銘圖》5327）。占卜筮卦是史官的職責之一，《禮記·月令》："孟冬之月……命大史釁龜、策，占兆，審卦吉凶。是察阿黨，則罪無有掩蔽。"《儀禮·少牢饋食禮》又言"史兼執筮與卦"，《尚書·大傳》載"湯伐桀之後，大旱七年，史卜曰：'當以人爲禱'"。周金文中亦有相關記載，如"王在葊京淲宮，親令史懋路筮"（史懋壺《銘圖》12426）。工卜之工當指各類手工業生產，商周時期工業活動也要進行占卜，這也是史實：《書·洛誥》記周初周公營建洛邑之時曾卜於黃河以北的黎水及澗水、瀍水之間；安徽阜南臺家寺商代遺址出土大量與陶器、陶範共存的卜甲，[①]從側面反映出在生產過程中存在占卜行爲；殷末西周個別銅器上還帶有數字卦銘文，[②]可視爲該器在鑄造時占筮結果的真實記録。

免負責王朝統帥的西六師中的占卜之事以及工業生產的占卜。這種手工業生產確切而言應由西六師經營，西周中期的盠方彝（《銘圖》13546、13547）銘文記載了周王命盠管理西六師中的三有司：司土、司馬、司工。司工就是負責手工業生產的工官之長。

---

① 武漢大學歷史學院考古系、安徽省文物考古研究所：《安徽阜南縣臺家寺遺址發掘簡報》，《考古》2018年第6期，第3—13頁。

② 相關資料可參看賈連翔：《出土數字卦文獻集釋》，中西書局2020年，第73—138頁。

（二）銘文涉及之人物

1. 宣讀册命文書的史官尹吴，官職爲作册，私名吴，同人所作之器還有：

（1）中國國家博物館藏的卅年作册吴盉（《銘圖》14797）和私人收藏的作册吴盤（《銘圖》14525），二器爲一套水器組合。

（2）上海博物館藏吴方彝蓋（《銘圖》13545），此器爲祭享"青尹"而作，青讀爲靜，做謚號解，尹爲作册吴之氏。免簋銘徑稱"尹吴"，足證吴之家族爲尹氏。

作册吴盉銘文所記是恭王三十年之事，[①]師痕簋蓋（《銘圖》5338）、元年師虎簋（《銘圖》5371）、牧簋（《銘圖》5403）中的内史吴與作册吴係同一人。吴在懿王朝榮升爲王朝執政大臣，在永盂（《銘圖》6230）中稱"尹氏"，與司馬井伯親、司土榮伯、師俗父、遣仲等人組成執政集團，參與出命授田儀式。

2. 右者榮戜

此人即恭、懿二朝的執政大臣榮伯，私名爲戜，確係首見。康鼎（《銘圖》2440）、由盨[②]（《銘圖》2453）、衛簋 4 件（《銘圖》5238—5241）、弭伯師耤簋（《銘圖》5294）、同簋及同簋蓋（《銘圖》5322、5323）、宰獸簋 2 件（《銘圖》5376、5377）、師詢簋（《銘圖》402）、裘衛盉（《銘圖》14800）、應侯視工鐘 3 件（《銘圖》15314—15316）等器銘中記載榮伯擔任王朝司土，多次充當朝廷册命禮的右者。

另西周中期王朝政治舞台上至少還有兩位私名爲戜的貴族：

（1）1975 年陝西扶風法門莊白一處墓葬出土有戜自作器 8 件，計鼎 3 件、甗 1 件、簋 2 件、飲壺 2 件，同出還有伯雍父盤 1 件。[③] 傳世有同銘

---

① 王占奎：《2003 年以來所見西周曆日擬年》，《古文字與古代史》第三輯，"中研院"史語所 2012 年，第 185—213 頁；韓巍：《簡論作册吴盉及相關銅器的年代》，《中國國家博物館館刊》2013 年第 7 期，第 71—80 頁；朱鳳瀚：《關於西周金文曆日的新資料》，《故宫博物院院刊》2014 年第 6 期，第 11—24 頁；中國國家博物館編：《中國國家博物館館藏文物研究叢書·青銅器卷·西周》，上海古籍出版社 2020 年，第 442 頁。

② 此器是銅盨的早期形態，器形接近圓角附耳方鼎，銘文自名爲"簋"是典型的須簋自名互借之例。

③ 曹瑋：《周原出土青銅器》，巴蜀書社 2005 年，第 1350—1375、1382—1388、1398—1400 頁。

的录尊 1 件(《銘圖》11803)、录卣 2 件(《銘圖》13331、13332)銘中也涉及伯雍父。此人既稱戜,又稱伯雍父,李學勤先生認爲雍爲戜之字。[①] 戜器群的時代學界一致認爲是西周中期偏早,即穆王世。戜亦自稱伯戜,戜鼎(《銘圖》2448)銘中稱自己的先祖爲"乙公"、先妣爲"日戊",戜鼎(《銘圖》2489)銘文稱先父爲"甲公"、先母爲"日庚",從其祖先稱謂使用日名的習慣可以斷定戜的身份當爲殷遺民。

(2)傳世有录伯戜簋蓋(《銘圖》5365)一件,銘文字體與本器風格相類,時代在西周中期後段。但录伯戜此人爲录氏,又稱先考爲"釐王",釐是周代貴族常用的謚號,遍檢目前已知資料,西周諸王中未有以"釐"命謚的,且也未見使用雙字謚的,所以录氏一支肯定不是出自周王室,其首領稱王,顯然屬於張政烺先生所言的那種邊陲異族僭越稱王之列,[②]如乖王、矢王、吕王等。

綜上可知,西周中期的三位名戜的貴族族屬源流各不相同,不可視爲同一人。

(三)免簋的作器者[③]與傳世免器作器者[④]的關係

傳世還有一組免器,共 5 件,包括免簋(《銘圖》5268)、免簠(《銘圖》5974)、免尊(《銘圖》11805)、免卣(《銘圖》13330)、免盤(《銘圖》14515)等,至遲爲清中期出土,時代也在西周中期。

免簋器身已殘,僅存器底,銘文曰:

佳(唯)十又二月,王才(在)周,昧霜(喪、爽),王各(格)于大廟,井弔(叔)有(右)免,即令(命),王受(授)乍(作)册尹者(書),卑(俾)册令(命)免,曰:令女(汝)疋(胥)周師嗣(司)歠(林),易(錫)女(汝)赤 ⊘ 巿(韍),用事。免對匒(揚)王休,用乍(作)隄(尊)段(簋),免其萬年永寶用。

---

①　李學勤:《先秦人名的幾個問題》,《歷史研究》1991 年第 5 期,第 106—111 頁。

②　張政烺:《矢王簋蓋跋——評王國維〈古諸侯稱王説〉》,《古文字研究》第十三輯,中華書局 1986 年,第 174—180 頁。

③　此人下文以"山西免"代稱。

④　此人下文以"傳世免"代稱。

免簋未著録器影,銘曰:

> 隹(唯)三月既生霸乙卯,王才(在)周,令(命)免乍(作)嗣(司)土,嗣(司)奠(鄭)還(縣)歖(林)、眔吳(虞)、眔牧,易(錫)戠(織)衣、䜌(鑾),對𤨗(揚)王休,用乍(作)旅齍彝,免其萬年永寶用。

免尊爲兩段式觶形尊,侈口,束頸,垂腹,矮圈足接地處外撇。頸部前後增設浮雕小獸首,間飾垂冠折身顧龍紋,下有一周凸弦紋。其形制與 1974 年陝西寶雞茹家莊 M1 出土的陵尊(BRM1 乙:34)①、1975 年陝西臨潼零口南羅西周墓葬出土的鳥紋尊②、1980 年陝西西安長安花園村 M17 出土的作寶彝尊(M17:14)③、1991 年陝西扶風縣法門鎮齊家村村東西周墓出土的都尊(91FQM5:8)④等相同。寶雞茹家莊 M1 墓主強伯主要生活在穆王世⑤、臨潼南羅墓葬的年代發掘者定爲西周中期較前,長安花園村 M17 的時代也在西周中期偏早,齊家村 M5 出土的都所作祭享父乙之器,如鬲、簋、觚、爵等形制與銘文字體皆表現出西周早期的一些特徵,故時代亦在西周中期前段。免卣器影未知,尊卣組合成套,銘文相同:

> 隹(唯)六月初吉,王才(在)奠(鄭),丁亥,王各(格)大室。井弔(叔)右免。王蔑免曆,令史懋易(錫)免載(緇)巿(韍)、同黃(衡),乍(作)嗣(司)工。對𤨗(揚)王休,用乍(作)障(尊)彝。免其萬年永寶用。

免盤器形爲窄沿平折,一對附耳,圈足下增設三個扁附足。盤腹和圈足均飾垂冠顧龍紋,以雲雷紋填地。腹部顧龍紋身軀中央拱起,圈足顧龍紋整體呈橫 S 形,與前揭扶風莊白伯戉墓出土的戉鼎(《銘圖》2489)口沿下所飾顧龍紋相似。銘曰:

> 隹(唯)五月初吉,王才(在)周,令乍(作)冊内史易(錫)免卤百

---

①　盧連成、胡智生:《寶雞強國墓地》,文物出版社 1988 年,圖版一六四.2。
②　趙康民:《臨潼南羅西周墓出土青銅器》,《文博》1982 年第 1 期,第 19 頁,圖一八。
③　陝西省文物管理委員會:《西周鎬京附近部分墓葬發掘簡報》,《文物》1986 年第 1 期,圖版肆.3。
④　曹瑋:《周原出土青銅器》,第 1887 頁。
⑤　盧連成、胡智生:《寶雞強國墓地》,第 412 頁。

陵（荅），免穢（蔑）靜女王休，用乍（作）般（盤）盂，其萬年寶用。

傳世免器學界舊多認爲在西周中期偏晚，即懿、孝二世。[①] 唯有唐蘭先生將免器定爲穆王世，[②]甚是灼見。免器的形制與紋飾皆帶有西周中期前段的色彩：從目前已知的出土資料來看，配套制作的尊卣組合未見有晚至懿、孝時期者，另外從銘文字體上看，免器也盡顯拘謹侷促之風貌，寶字所從之宀呈尖頂折檐狀、貝字下端不封口且有兩道小豎筆，與穆王世的鮮簋（《銘圖》5188）、虡簋（《銘續》422）及 1976 年陝西扶風莊白一號窖藏出土的豐尊（《銘圖》11796）、豐卣（《銘圖》13316）等器字體格調相同。

山西翼城大河口墓地 M1017 出土的霸伯簋 2 件（《銘圖》5220、《銘三》510）、霸伯盨（《銘三》511），三器銘文相同，言"井叔來奉/叙鹵"。兩件霸伯簋合蓋整體顯扁矮，斂口鼓腹，蓋面弧形隆起，上有圈狀捉手，捉手有對穿方孔，蓋內沿有子口，腹壁呈弧形，一對獸首耳，下有方形垂珥，矮圈足外侈。蓋面和器身均飾瓦紋。霸伯盨橫截面爲橢方形，侈口，腹壁較直，腹兩側各有一個圓雕龍首形鋬，圈足較高沿下折，蓋面外緣有一周矗立八個山峰形扉。蓋頂飾四隻大鳥紋，蓋沿四壁和器口下均飾小鳥紋，前後增飾浮雕獸頭，腹部飾波帶紋，均以雲雷紋填地，圈足飾兩周弦紋。M1017 墓主爲一代霸伯，其自作之器頗具有西周中期前段的特徵，尤其是銘文字體較爲明顯，霸伯簋 2 件、霸伯盨的寶字與傳世免器的寶字寫法相同，霸伯盨中山字和霸伯盂（《銘圖》6229）中的王字、天字還存有粗筆破磔，霸伯方簋（《銘三》497）銘文字小而拘謹。這位受王命前往晉南霸邦處理鹽鹵事務的井叔與霸伯爲同時之人，且與免簋、免尊、免卣中冊命儀式中的右者井叔亦爲一人。該井叔是穆王朝的執政大臣，是目前所見西

① 郭沫若：《兩周金文辭大系考釋》，上海書店 1999 年，第 89—91 頁；陳夢家：《西周銅器斷代》，中華書局 2004 年，第 177—184 頁；盛冬鈴：《西周銅器銘文中的人名及其對斷代的意義》，《文史》第十七輯，中華書局 1983 年，第 27—64 頁；馬承源：《商周青銅器銘文選》，文物出版社 1988 年，第 178—180 頁；劉啓益：《西周紀年》，廣東教育出版社 2002 年，第 303—304 頁；彭裕商：《西周青銅器年代綜合研究》，巴蜀書社 2003 年，第 382—383 頁；朱鳳瀚：《商周家族形態研究（增訂本）》，天津古籍出版社 2004 年，第 350 頁；韓巍：《親簋年代及相關問題》，北京大學中國考古學研究中心、北京大學震旦古代文明研究中心編：《古代文明》第六卷，文物出版社 2007 年，第 155—170 頁。

② 唐蘭：《西周青銅器銘文分代史徵》，中華書局 1986 年，第 369—374 頁。

周中期井叔氏家族最早的一位貴族,灃西長安張家坡井叔家族墓地中 M170 是其墓葬,朱鳳瀚先生認爲該墓葬年代相當於穆、恭之際。①

另外免尊、免卣中的史懋是穆王朝的重要史官,其自作器有一件史懋壺蓋(《銘圖》12426),蓋頂有圈狀捉手,下設子口,蓋面隆起,面飾對稱鳥紋,長冠卷尾,下股尾羽粗壯與身軀相連,雲雷紋填地。長尾鳥紋與山西翼城大河口 M2002 出土的鳥紋簋(M2002：24)②頸部所飾鳥紋相同,大河口 M2002 時代在西周中期偏早。③ 史懋壺雖僅存蓋,但從其特徵分析,其原本應爲橄欖形銅壺,器形、紋飾與 1976 年陝西扶風莊白一號窖藏出土的鳥紋貫耳銅壺④酷肖,史懋壺蓋的形制、紋飾特徵與其任仕的時代完全相符,所以"傳世免"受王命任司工發生的時間也在穆王朝。

"傳世免"被册命的職務依次爲"疋周師司林"(免簋)、"作司土,司鄭還(縣)林、虞、牧"(免簋)、"作司工"(免尊、免卣),諸事發生在穆王朝的可能性較大。而從山西免簋銘"更乃祖考"的辭例分析,這次册命是"山西免"出仕以來的首命,發生在恭王的十九年。"山西免"繼承祖先之職掌管西六師及生產的卜事,"傳世免"擔任職務繁多複雜,二者之間並無明顯關聯,如果認定他們是同一人的話,"傳世免"那些授官任職就應該發生在恭王晚年,這樣又與傳世免器的時代特徵相抵牾,所以我們認爲傳世免器與山西免簋的作器者不是一人。這種同名異人的現象在商周金文中十分普遍,尤其是很多重名之人生活的時代還相距不遠,如前揭伯戎與榮戎之例。

---

① 朱鳳瀚:《商周家族形態研究(增訂本)》,第 649 頁。

② 山西省考古研究所臨汾市文物局翼城縣文物旅游局聯合考古隊、山西大學北方考古研究中心、中國人民大學出土文獻與中國古代文明研究協同創新中心:《山西翼城大河口西周墓地 2002 號墓發掘》,2018 年第 2 期,圖版捌.1。

③ 山西省考古研究所臨汾市文物局翼城縣文物旅游局聯合考古隊、山西大學北方考古研究中心、中國人民大學出土文獻與中國古代文明研究協同創新中心:《山西翼城大河口西周墓地 2002 號墓發掘》,第 223—286 頁。

④ 曹瑋:《周原出土青銅器》,第 633 頁。

附表：免簠銘文合曆情況分析

十九年正月既生霸庚戌	恭王世	合曆情況	懿王世	合曆情況	孝王世	合曆情況	夷王世	合曆情況
夏商周斷代工程①	前904，正月建子，戊午朔	庚戌爲二月的第23日	懿王僅擬8年	無	孝王僅擬6年	無	夷王僅擬8年	無
	正月建丑，戊子朔	庚戌爲當月第23日，與月相不合						
	正月建寅，戊午朔	庚戌爲二月的第23日						
	正月建亥，己丑朔	庚戌爲當月第22日，與月相不合						
王占奎12②	前913，正月建子，辛巳朔	庚戌爲當月第30日，與月相不合	懿王僅擬2年	無	孝王僅擬12年	無	夷王僅擬7年	無
	正月建丑，庚戌朔	庚戌爲正月初一，與月相不合						
	正月建寅，庚辰朔	庚戌爲二月初一						
	正月建亥，辛亥朔	庚戌在辛亥日的前一天，即前914年最末一日						

① 夏商周斷代工程專家組：《夏商周斷代工程1996—2000年階段成果報告·簡本》，世界圖書出版公司2000年。
② 王占奎：《2003年以來所見西周曆日擬年》，第185—213頁。

續表

十九年正月既生霸庚戌 王占奎②①	恭王世	合曆情況	懿王世	合曆情況	孝王世	合曆情況	夷王世	合曆情況
	前912，正月建子，乙亥朔	庚戌爲二月的第6日	懿王僅擬8年	無	前873年，正月建子，戊子朔	庚戌爲當月第23日，與月不相合	夷王僅擬18年	無
	正月建丑，甲辰朔	庚戌爲當月第7日，嚴格意義上算"初吉"範疇			正月建丑，戊午朔	庚戌爲二月的第23日		
	正月建寅，甲戌朔	庚戌爲二月的第7日			正月建寅，丁亥朔	庚戌爲當月第24日，與月不相合		
	正月建亥，乙巳朔	庚戌爲當月第6日，嚴格意義上算"初吉"範疇			正月建亥，己未朔	庚戌爲二月的第22日		

① 王占奎：《西周列王紀年的構擬——宣王元年即 BC826 年方案》，《考古與文物》2021 年第 3 期，第 75—85 頁。

續表

十九年正月既生霸庚戌	恭王世	合曆情況	懿王世	合曆情況	孝王世	合曆情況	夷王世	合曆情況
朱鳳瀚①	前923，正月建子，己卯朔	庚戌爲二月初二	前889，正月建子，辛酉朔	庚戌爲二月第20日	孝王僅擬3年	無	夷王僅擬7年	無
	正月建丑，戊申朔	庚戌爲當月第3日，與月相不合	正月建丑，辛卯朔	庚戌爲當月第20日，與月相不合				
	正月建寅，戊寅朔	庚戌爲二月初三	正月建寅，庚申朔	庚戌爲二月第21日				
	正月建亥，己酉朔	庚戌爲當月第2日，與月相不合	正月建亥，壬辰朔	庚戌爲當月第19日，與月相不合				

（作者單位：北京師範大學歷史學院）

① 朱鳳瀚：《關於西周金文曆日的新資料》，第11—24頁。

商周五族及相關問題探論*

李愛民

　　商周銅器銘文中有一族徽"⊠"，字形又作"⊠""⊠"。以往諸家把第一形或釋"网"或釋"五"。① 下面我們先對此字進行簡單討論，之後再對"⊠"族青銅器銘文所提供的歷史信息作簡要探討。

一

　　"⊠"，《金文編》置於"网"字頭下。②《新金文編》亦收於"网"字下，該字頭下另收有一"⊠"形，出自《西清續鑒甲編》2.13。③ 容庚先生認爲該器可疑，劉雨先生後改定爲真，並改釋此字形爲"⊠"，④當是。原書當爲摹寫失誤，此字實乃金文中常見的"⊠"字異體，並非"网"字。金文中有"⊠"形，⑤與上揭訛體近似，《金文編》入於附錄上，未釋，乃作爲不識字對待。

　　"网"字甲骨文作"⊠""⊠""⊠"等，⑥小篆作"⊠"，籀文作"⊠"，秦簡作"⊠"（《睡虎地·爲吏》35），與《説文》或體同。而古文字中從"网"之字，如"罩"作"⊠"（《合集》6959）、"⊠"（《合集》10759），"羅"作"⊠"（《合集》880 正）、"⊠"（《睡虎地·日乙》223）、"⊠"（《包山》180），

　　* 本文寫作得到出土文獻與中國古代文明研究協同創新中心博士創新資助項目"2010 年以來新出商周金文的整理與研究"（CTWX2015BS029）、中山大學饒宗頤研究院"饒學"研究生論文資助計劃"2010 年以來新出商周金文的整理與研究"（RYB17001）經費的支持。
　　① 李圃主編：《古文字詁林》第七册，上海教育出版社 2002 年，第 120—123 頁；《古文字詁林》第十册，上海教育出版社 2004 年，第 875—880 頁。
　　② 容庚編著，張振林、馬國權摹補：《金文編》，中華書局 1985 年，第 547 頁。
　　③ 董蓮池：《新金文編》，作家出版社 2011 年，第 1052 頁。
　　④ 劉雨：《乾隆四鑒綜理表》，中華書局 1989 年，第 6 頁。
　　⑤ 容庚編著，張振林、馬國權摹補：《金文編》，第 1114 頁。
　　⑥ 劉釗主編：《新甲骨文編（增訂本）》，福建人民出版社 2014 年，第 462—463 頁。

“置”作“▨”（《合集》20775）、“▨”（《合集》28825），“罟”作“▨”（《合集》37520）、“▨”（兮甲盤，《銘圖》14539），“霉”作“▨”（小子齑卣，《銘圖》13326），“罢”作“▨”（杕氏壺，《銘圖》12428），“罩”作“▨”（《秦文字集證》圖版138.91），“罟”作“▨”（《石鼓文·作原》）、“▨”（《璽彙》424），“買”作“▨”（《璽彙》3882），“羅”作“▨”（《璽彙》4126）等，其形體或多綫交午之形，或雙綫交午而上有一横，自甲骨文至戰國文字未有大的改變，只是到戰國璽印中出現“▨”形，當是戰國文字常見“▨”形的變體。因此，古文字中“网”字以及從“网”之字，基本未見作“▨”形者，至於“罟”字甲骨文作“▨”，上部形體和“▨”相同，但從兮甲盤可知上部亦當從“▨”，作“▨”形當是偶然出現的變體。

“五”字在出土文獻中作如下形體：①

表一　“五”字在出土文獻中形體

1 商.陶彙 1.90	2 商.合 15662	3 商.前 1.44.7《甲》	4 商.甲 561《甲》
5 周早.何尊《金》	6 周中.尹姑鼎《金》	7 戰.齊.陳財簋《金》	8 戰.齊.陶彙 3.558
9 戰.晉.貨系 1172	10 戰.楚.奮章作曾侯乙鎛《金》	11 戰.楚.信 2.20《包》	12 戰.楚.包牘 1《包》
13 秦.琅琊刻石《篆》	14 秦.睡.日乙 40《張》	15 西漢.孫臏 220《篆》	

除了積畫之形外，其他形體和族徽“▨”豎置形的無别，只是字形方向不同，且商周金文中有以“五”爲族徽者，見後文表格。另外，《銘續》943及《銘續》994收録了兩件春秋早期郖仲所作之器，“五月”之“五”即

---

① 季旭昇：《説文新證》，福建人民出版社 2010 年，第 989 頁。

作""形,雖時代較晚,亦可作參考。而且,金文中大家熟知的數字卦中之"五"即作橫置之形,故族徽""當以釋"五"爲是。①

二

關於五族的青銅器,何景成師已做過很好的統計。② 近年來隨着新資料的不斷公佈,有關五族的青銅器又有新的發現,現把綴有族徽"五"的青銅器列表如下:

表二　綴有族徽"五"的青銅器

器物	單位	年代	出土地點	資料出處	銘文	備　注
銅泡 (3件)	采集	西周晚期	陝西岐山縣京當鄉賀家村	《銘圖》18462		同坑出土 2件,另一件資料未公佈。
		西周早期	陝西扶風縣	《銘圖》18463		
爵 (2件)	窖藏1號	西周中期	陝西扶風縣莊白村	《銘圖》6971		
		西周早期		《銘圖》6970		
戈 (3件)		西周早期	陝西武功縣	《銘圖》16242		
		西周中期	陝西扶風縣法門鎮任家村	《銘圖》16243		
		西周早期		《銘三》1329		

① 朱鳳瀚:《商周青銅器銘文中的複合氏名》,《南開學報》1983 年第 3 期,第 58 頁;李學勤:《論芮姞簋與疏公簋》,載《兩周封國論衡:陝西韓城出土芮國文物暨周代封國考古學研究國際學術研討會論文集》,上海古籍出版社 2014 年,第 62 頁。

② 何景成:《商周青銅器族氏銘文研究》,齊魯書社 2009 年,第 417 頁。

續　表

器物	單位	年代	出土地點	資料出處	銘文	備　注
胄 (4件)	墓葬 M1004	商代 晚期	河南 安陽侯 家莊	《銘圖》 18523		
				《銘圖》 18524		
				《銘圖》 18525		
				《銘圖》 18526		
簋 (5件)		商代 晚期		《銘圖》 3526		
		西周 早期		《銘圖》 3527		
		西周 早期		《銘圖》 4412	蓋 器	蓋器同銘: 姒作父乙寶 尊彝。五。
		西周 早期		《銘圖》 4954		銘文: 覎公作妻姚 簋,遷于王命 唐伯侯于晉, 唯王廿又八 祀。五。

續 表

器物	單位	年代	出土地點	資料出處	銘文	備　注
簋 （5件）		西周早期後段		《銘圖》 4330		銘文： 芮姞作旅簋。 五。
鼎 （7件）		商代晚期		《銘圖》 414		字形殘泐，《新收》1920摹作"⋈"，《集錄二編》175釋作"五"，《流散歐》《銘圖》均釋作"冉"。此當即常見的族徽"冉"，非"五"字。錄此備考。
		西周早期		《銘圖》 354		
		西周早期		《銘圖》 355		
		西周早期		《銘三》 28		
		西周早期前段		《銘圖》 1591		銘文： 公伯作覜姒。 五。
		西周早期前段		《銘三》 161		銘文同上。據《銘三》備注言同坑出土一對，銘文相同，資料未公佈。

器物	單位	年代	出土地點	資料出處	銘文	備　注
鼎 (7件)	墓葬 M6195	西周 早期	山西曲沃	《銘圖》 1782		銘文： 伯雝倗窹小 妻鼎。五。
瓿 (1件)		商代 晚期		《銘圖》 3141		
卣 (4件)		西周 早期		《銘圖》 12594		蓋器同銘
		西周 早期		《銘圖》 13211	 蓋 器	蓋銘無族徽 "五"。 器銘： 伯罘作乑室 寶尊彝。五。
		西周 早期		《銘圖》 13135	 蓋	蓋器同銘： 玁作寶尊彝。 五。

續　表

器物	單位	年代	出土地點	資料出處	銘文	備　注
卣 （4件）					器	
	墓葬 M1	西周 早期 前段	陝西涇陽 縣高家堡	《銘圖》 12706	蓋　　器	蓋器同銘
觶 （1件）		西周 早期		《銘圖》 10086		

　　由上表可知，帶有族徽"五"的銅器大都沒有出土單位信息，而有明確出土地點的則主要位於河南、陝西、山西三省。不過根據出土於墓葬的4件銅胄和1件銅鼎（伯雍倗鼎，《銘圖》1782），我們還是可以大致考知五族的地望。4件銅胄出土於安陽殷墟侯家莊商王墓地，可知五族與商王室關係密切，應爲商代重要族氏之一，其原居址很可能即在安陽一帶。伯雍倗鼎出土於山西曲沃，又近年發現的覠公簋（《銘圖》4954）記載了唐伯侯於晉的史實，其作器者族屬亦爲"五"，朱鳳瀚先生認爲覠公可能是隨着唐叔封於唐作爲唐叔臣僚而來到此地的，則該器亦可能出自山西。[①]伯雍倗鼎和覠公簋的時代均屬西周早期，又器出山西，當皆是周初分封給唐叔的殷民五族之人所作，山西並非五族的原居址。西周早期的保卣（《銘圖》13324）記載了周王命令保出使殷、東國，貺賜五侯之事，其中的"五侯"很可能就是歸順周朝而留封殷商故地的五族之人。[②]

---

　　①　朱鳳瀚：《覠公簋與唐伯侯於晉》，《考古》2007年第3期，第64—69頁。
　　②　關於保卣銘的"五侯"，學界或認爲是指東國的五個諸侯，或認爲是指五地之侯，我們贊成白川靜等先生的意見，認爲"五侯"乃東國的一個諸侯，其地望當在殷商故地一帶。詳參拙文《保卣諸説平議及其史實再識》，《饒宗頤國學院院刊》第七輯，香港中華書局2020年，第91—113頁。

三

五族與殷商周初常見的戈族可組成複合族徽,可知二者關係十分密切,朱鳳瀚先生認爲五族當是從戈氏中分衍形成的分支族氏,①嚴志斌先生對此有所批判補充,認爲複合族徽所體現的當是族氏之間的一種從屬或聯合的關係。② 關於戈族的來源,學者對此多有研究,一般根據《史記·夏本紀》的記載認爲乃夏的遺民。③

《史記·夏本紀》太史公曰:

> 禹爲姒姓,其後分封,用國爲姓,故有夏后氏、有扈氏、有男氏、斟尋氏、彤城氏、襃氏、費氏、杞氏、繒氏、辛氏、冥氏、斟戈氏。④

關於上引"斟戈氏",《史記·夏本紀》校勘記曰:

> 原作"斟氏戈氏",據高山本、殿本改。按:錢大昕《考異》卷一:"《索引》本作'斟戈氏',即斟灌也。'戈'、'灌'聲相近,上'氏'字衍。"⑤

因此,根據"斟戈氏"誤作"斟氏戈氏"而論證"戈"氏乃夏族後裔是有問題的。不過文獻記載中,禹夏時確有一戈國存在。《左傳》襄公四年曰:

> 昔有夏之方衰也,后羿自鉏遷於窮石,因夏民以代夏政。恃其射也,不脩民事,而淫於原獸,棄武羅、伯因、熊髡、尨圉,而用寒浞。寒浞,伯明氏之讒子弟也,伯明后寒棄之,夷羿收之,信而使之,以爲己相。浞行媚於內,而施賂於外,愚弄其民,而虞羿於田。樹之詐慝,以取其國家,外內咸服。羿猶不悛,將歸自田,家衆殺而亨之,以食其

---

① 朱鳳瀚:《商周青銅器銘文中的複合氏名》,第 60 頁。
② 嚴志斌:《複合氏名層級説之思考》,《中原文物》2002 年第 3 期,第 44 頁。
③ 鄒衡:《夏商周考古學論文集》,文物出版社 1980 年,第 322 頁;鍾柏生:《殷商卜辭地理論叢》,藝文印書館 1989 年,第 208 頁;曹定雲:《殷代族徽"戈"與夏人後裔氏族——從婦好墓器物銘文"戈自"談起》,《考古與文物》1989 年第 1 期,第 74 頁;楊肇清:《戈國考》,河南省文物考古學會編:《河南文物考古論集(二)》,中州古籍出版社 2000 年,第 126 頁。
④ 司馬遷撰,裴駰集解,司馬貞索隱,張守節正義:《史記》,中華書局 2014 年,第 109 頁。
⑤ 司馬遷撰,裴駰集解,司馬貞索隱,張守節正義:《史記》,第 118 頁。

子,其子不忍食諸,死於窮門。靡奔有鬲氏。浞因羿室,生澆及豷;恃其讒慝詐僞,而不德於民,使澆用師,滅斟灌及斟尋氏。處澆於過,處豷於戈。靡自有鬲氏,收二國之燼,以滅浞而立少康。少康滅澆於過,后杼滅豷於戈,有窮由是遂亡,失人故也。①

《史記·夏本紀》《正義》引《帝王紀》亦有相似的記載。由此可知,戈國乃夏時諸侯豷之國也,爲有窮寒浞所封,后杼滅之。由上引《左傳》文可知,豷乃寒浞之子,寒浞乃寒國伯明氏之讒子弟。關於寒國,楊伯峻注曰:"寒,部落名,今山東濰縣治即舊寒亭。寒浞以部落國家爲氏。伯明,寒國酋長名。"②但未言及其氏姓,當是闕佚不可知了。王謨輯《世本·氏姓篇》有"寒,妘姓"的記載,不知是此寒國否。

又學者結合《左傳》襄公四年"處澆於過,處豷於戈"杜預注:"戈在宋、鄭之間。"以及《左傳》哀公十二年"宋、鄭之間有隙地焉,曰彌作、頃丘、玉暢、嵒、戈、鍚"認爲戈族始封於夏,妘姓,其後以國爲氏,商周時期其地望在今商丘和新鄭之間。③ 在此需要辨明的是商周時期的戈族是禹夏之後還是有窮豷之後。有窮豷非妘姓當無疑問,而且由《左傳》可知后杼滅豷於戈之後,有窮氏遂亡,所以商周時期的戈族當非有窮氏後裔。正如王長豐先生所說,戈地在豷封戈之前即已存在,且地理位置非常重要,④故封豷之前當即有戈族分封於此,後來少康之子后杼誘殺豷於戈,戈地復歸夏王朝所有。所以,商代作爲族名和地名的"戈"很有可能就是源於夏代就已存在的戈地。⑤ 因此,認爲戈族始封於夏應是可信的,至於是否和禹夏同姓,史籍闕載。

商周時期有明確出土地點的戈族銅器分佈非常廣泛,⑥主要出土地則主要有三個:河南安陽、洛陽和陝西涇陽。⑦ 從時間上來看,以河南安陽所出銅器時代較早,因此朱鳳瀚先生認爲戈氏在殷代時的主要活動範

---

① 楊伯峻:《春秋左傳注》,中華書局 2009 年,第 936—938 頁。
② 楊伯峻:《春秋左傳注》,第 936—937 頁。
③ 王長豐:《殷周"戈"族銅器整理與"戈"族地望研究》,《中國國家博物館館刊》2011 年第 2 期,第 73 頁。
④ 王長豐:《殷周"戈"族銅器整理與"戈"族地望研究》,第 72 頁。
⑤ 何景成:《商周青銅器族氏銘文研究》,第 127 頁。
⑥ 王長豐:《殷周金文族徽研究》,上海古籍出版社 2015 年,第 269、277 頁。
⑦ 朱鳳瀚:《商周青銅器銘文中的複合氏名》,第 59 頁。

圍即在這一帶。① 張懋鎔先生雖然認爲暫無可靠的資料證明安陽即戈族的原居地,但仍認爲從出土戈族銅器的數量和時代上來看,戈族的原居地仍首推安陽,至少可以説明殷墟是他們重要的發迹地,並由此向其他地區遷徙分支。②

由上可知,戈族在禹夏時的原居址當在宋、鄭之間,商湯滅夏之後,戈族仍然存在,並成爲從屬於商王朝的重要方國。殷商時期,戈族亦隨商王遷徙至今河南安陽附近,這正與殷商時五族的原居址在安陽一帶鄰近。

四

關於五族的氏姓,臺灣故宮博物院購藏的芮姞簋(《銘圖》4330)爲我們提供了重要信息。芮姞簋是迄今所見芮國青銅器中最早的一件,作器時間在西周早期的康王、昭王時。③ 器内底鑄銘文兩行共六字:"芮姞作旅簋。五。"游國慶、④張懋鎔、⑤吳鎮烽、⑥李學勤、⑦陳昭容、⑧趙慶淼⑨諸先生對此已做了很好的考釋研究,讀者可參看。芮爲姬姓,而姬姓周人是不用族徽的,⑩銘末族徽"五"當即芮姞娘家的族徽。⑪ 芮姞即姞姓女子嫁於芮國者,所以芮姞娘家五族屬於姞姓。⑫ 但亦有學者對此持不同意見,認爲芮姞作爲芮氏家族成員,作器時便應遵循夫家的風俗習慣,銘末族氏"五"當是其夫家的族氏名號,芮姞爲出身芮國的姞姓女子,西周早期還存在一個姞姓之芮。⑬ 此説契合金文中女性作器通常綴以夫家標記

① 朱鳳瀚:《商周家族形態研究(增訂本)》,天津古籍出版社2004年,第91頁。
② 張懋鎔:《高家堡出土青銅器研究》,《考古與文物》1997年第4期,第40頁。
③ 張懋鎔:《芮姞簋賞析》,《古文字與青銅器論集》第三輯,科學出版社2010年,第72頁。
④ 臺北故宮博物院編輯委員會:《故宮西周金文録》,臺北故宮博物院2001年,第275頁。
⑤ 張懋鎔:《芮姞簋賞析》,第72—74頁。
⑥ 吳鎮烽:《新見芮國青銅器及其相關問題》,《兩周封國論衡:陝西韓城出土芮國文物暨周代封國考古學研究國際學術研討會論文集》,上海古籍出版社2014年,第47—60頁。
⑦ 李學勤:《論芮姞簋與疏公簋》,第61—63頁。
⑧ 陳昭容:《兩周夷夏族群融合中的婚姻關係——以姬姓芮國與媿姓佃氏婚嫁往來爲例》,《兩周封國論衡:陝西韓城出土芮國文物暨周代封國考古學術研討會論文集》,上海古籍出版社2014年,第88—106頁。
⑨ 趙慶淼:《芮姞簋與古芮國探微》,《故宮博物院院刊》2016年第2期,第98—105頁。
⑩ 張懋鎔:《周人不用族徽説》,《考古》1995年第9期,第835—840頁。
⑪ 張懋鎔:《芮姞簋賞析》,第74頁。
⑫ 李學勤:《論芮姞簋與疏公簋》,第62頁。
⑬ 趙慶淼:《芮姞簋與古芮國探微》,第98—105頁。

的習慣,但認爲西周早期存在一個姑姓芮國則於史無徵。雖然學者已指出芮國有二:一爲殷商時之芮,與虞國爲鄰,《詩·大雅·綿》所謂"虞、芮質厥成"者是也;一爲周畿內國,姬姓,嘗爲王朝卿士,《尚書·序》云"巢伯來朝,芮伯作《旅朝命》",此武王時之芮伯也。① 但楊伯峻先生並未言及殷商之芮的族姓,當是闕疑。近年來隨着陝西韓城梁帶村芮國墓地的發現,芮國歷史又逐漸明晰起來,爲古國虞、芮地望最早在陝西隴縣一帶提供了考古學上的證據,而河東的虞、芮可能是周初徙封之地,梁帶村遺址應是益封的采地或因其他原因遷徙而至。② 所以,殷商之芮和西周芮國當具有傳承關係,同屬於姬姓族群。"芮姞"還是看作姞姓女子嫁到姬姓芮國的自稱爲好,"五"乃其娘家的族徽。

我們知道,姞姓乃黃帝後裔,《國語·晉語四》曰:"凡黃帝之子,二十五宗,其得姓者十四人爲十二姓。姬、酉、祁、己、滕、箴、任、荀、僖、姞、儇、依是也。"對於古史傳説時代的黃帝,《史記·五帝本紀》云:"黃帝居軒轅之丘。"《集解》皇甫謐曰:"受國於有熊,居軒轅之丘,故因以爲名,又以爲號。"而關於黃帝族的發祥地軒轅之丘的地望,目前主要有新鄭説、曲阜説、天水説、姬水説、長沙説幾種。所以,作爲中華民族的祖先,黃帝的傳説非常廣泛,説明黃帝族是一個遷徙流動頻繁的部族,活動的地域範圍非常廣,但根據文獻記載以及考古發掘,其活動的中心當在今河南新鄭。③ 此地正和我們前面所論的戈族原居址在宋、鄭之間鄰近。結合戈族在殷商時期的地域分佈和政治勢力,深受商王室重用的戈族可能並非夏朝的同姓諸侯,這就存在亦是黃帝後裔的可能。如果戈族亦是姞姓黃帝後裔,則正和朱鳳瀚先生關於複合族徽分支説的觀點相符。不過這種可能性似乎比較小,所以戈族非姞姓的可能性更大。但即使戈族非姞姓,結合嚴志斌先生複合族氏之間從屬或聯合的關係,亦可對戈族、五族組合而成複合族徽作出解釋,即二者反映的是兩族氏之間某種特別的、短期的聯繫。④

① 楊伯峻:《春秋左傳注》,第99—100頁。
② 張天恩:《芮國史事與考古發現的局部整合》,《文物》2010年第6期,第36頁。
③ 李玉潔:《中國古史傳説的英雄時代》,科學出版社2010年,第83—87,91—94頁。
④ 嚴志斌:《商代青銅器銘文研究》,上海古籍出版社2013年,第283頁。

五

綜上可知,周初的五族本是位於殷商故地的商代遺民,武王滅商之後,對其所采取的亦當是周初的一貫政策,即進行分封遷徙。西周早期,有明確出土地點的五族銅器主要見於陝西、山西兩省,這當即緣於周初分賜殷遺以及遷殷頑民的政策,可知周初五族依然存在,且具有鑄造青銅器的能力,説明其實力在周初仍然不小。武王克商之後,封商紂子武庚祿父殷之餘民,即首先對殷遺采取就地分封,五族亦當在分封之列,如保卣銘中的"五侯"。其次則是把殷遺分賜給同姓諸侯,如《左傳》定公四年分魯公"殷民六族",分康叔"殷民七族",分唐叔"懷姓九宗"。關於"懷姓九宗",王國維認爲懷姓即隗國,乃晉之西北諸族,春秋隗姓諸狄之祖。[①] 然結合伯雍俐鼎和覡公簋可知,分賜給唐叔的亦當包括來自殷商故地的五族之人。再次則是在周公平定管蔡之亂後,遷殷遺民於成周,如《尚書·多士》即是成王既遷殷遺民之後周公以王命的告誡。不過成周並非是唯一的遷遺目的地,關中地帶亦是周初殷遺的聚居區,如 1976 年陝西扶風莊白微氏家族青銅器窖藏的出土即是典型代表,所出青銅器銘末多帶有族徽,[②]可知微氏家族乃是殷商遺民。而五族青銅器在陝西岐山、扶風等地出土,以及戈族青銅器在陝西涇陽的發現等,都當是周初遷往關中的殷商遺民。

所以,作爲殷商遺民的五族,在周初或被分封於故地,或被分賜給周的同姓諸侯,或被遷往周王朝的發祥地關中地帶,與之相關的戈族亦存在類似的情況。由此可知,周初的殷遺政策並不是把殷商遺民整宗地分封或遷往某一地,而是把他們分爲不同的分族,然後分賜或遷往不同的地區。周王采取這種"分而治之"的政策當是爲了更好地去統治監視這些殷商遺民,鞏固周王朝的地位。

引書簡稱對照表
《銘圖》——《商周青銅器銘文暨圖像集成》

---

① 楊伯峻:《春秋左傳注》,第 1539 頁。
② 陝西周原考古隊:《陝西扶風莊白一號西周青銅器窖藏發掘簡報》,《文物》1978 年第 3 期,第 1—18 頁。

《銘續》——《商周青銅器銘文暨圖像集成續編》

《銘三》——《商周青銅器銘文暨圖像集成三編》

《新收》——《新收殷周青銅器銘文暨器影彙編》

《集録二編》——《近出殷周金文集録二編》

《流散歐》——《流散歐美殷周有銘青銅器集録》

《合集》——《甲骨文合集》

《包山》——《包山楚簡》

《睡虎地》——《睡虎地秦墓竹簡》

《璽彙》——《古璽彙編》

（作者單位：海南師範大學文學院）

西周金文所見"尹氏"系列職名試析[*]

——兼論西周史官職名詞的演變

徐鳳儀

西周史官是研究積纍豐厚的重要課題,在職官分類、源流演變、機構制度各方面,過往都有精彩討論。在檢視史官相關銘文材料的過程中,我們發現,過去對於西周史官職名詞使用演變問題的一些意見,特別是其中關於"作册尹""内史尹""内史尹氏"和"尹"之間關係的認識,還存在一定討論空間。

根據"史"在西周金文中的用例,能够明顯看出從職名"史"發展出的一系列的史官名稱,包括"史""内史""内史史"①"作册内史""作命内史""大史""公大史"等。考察上述職名的使用語境,又可見其中大部分職官有一共通職責,即宣佈傳達王的命令,具體來説是在册命儀式中宣讀王的册命和賞賜内容。基於這種現象,可以認爲西周史官的標識職能之一是擔任册命及册賜儀式中的宣命官。在西周銅器銘文材料中,具此標識職能的職官除了"史""内史""内史史""作册内史""作命内史",還有"尹""尹氏""作册尹""内史尹氏""内史尹""命尹"等,這些職名都可認爲是史官名稱。綜合分析銘文所見上述職名的使用情况,本文認爲西周史官職名存在"史"和"尹氏"兩個系列,其演變過程涉及職官的職能發展和名稱變化,"内史尹氏""内史尹""作册尹"等職名屬於"尹氏"系列,其中"尹"不取正長之義。

---

  * 本文爲國家社科基金重大項目"戰國文字詁林及數據庫建設"(17ZDA300)、國家社科基金重大項目"戰國文字研究大數據雲平臺建設"(21&ZD307)階段性成果。

  ① 即"内史史考"一稱中所使用的職名,用例罕見,應是"内史+史"的構成形式。

一

西周金文中,"尹"可用作動詞或名詞,其中又以用作名詞爲多。作動詞使用時,"尹"有治理執掌義,可以作及物動詞,後接的賓語多爲具疆域義的名詞;極少數情況也可用作不及物動詞。① 整體來看,雖然"尹"的動詞用例較少,但從早期延續使用到晚期,是比較穩定的義項。"尹"作名詞時,可分爲氏名和稱謂名詞兩大類。銘文中"尹"明確作氏名的用例較多,包括"尹伯""尹叔""尹姑",還有"尹氏+名"的形式。比較可惜的是,由於欠缺足够的氏名"尹"和職官稱謂"尹"共見於同篇銘文的例子,目前還難以清晰梳理出"尹氏"族群和"尹""尹氏"職官之間的關聯細節。

用作稱謂名詞時,"尹"有泛指和特指兩種情況。泛稱用例如矢令方彝(《集成》9901)、矢令方尊(《集成》6016)銘文之"諸尹",泛指高級官員。特指情況相對複雜,是從長官義派生出的多種義項,可大致分爲尊稱、專名二大類。尊稱直用長官義,多與其他名稱詞合用,偶爾可單獨使用,但本身不是固定的職名詞。尊稱又能分出小類:第一類"皇天尹"和"天尹"在銘文中較爲多見,使用比較靈活;第二類"光尹",例子少而用法固定,見於西周中期的衛簋和獄簋銘文。② 專名包括職官名稱和其他專稱二小類,後者指"内尹"③和"尹人"二詞,具體含義目前尚無定論,相關討論很少,據語境可確定爲專有名稱,但似乎並非穩定職名。用於職官名稱之小類即本文的討論對象,包括"尹""尹氏""内史尹氏""内史尹""作册尹""命尹"等史官職名。

目前關於金文"尹氏"的研究,篇幅都相對較短,或是在論述史官問題時偶有談及。其中較具代表性的有王國維《書作册詩尹氏説》、陳夢家

① 西周晚期牧簋(《集成》4343)銘文的"毋敢不尹,其不中不型",其中的"尹"或有秉法執事義。

② 兩篇銘文都記録了册命儀式,涉及"尹"的句式均爲"朕光尹……右,告……於王","朕光尹"是對儀式中右者的尊稱,且二位器主爲同一家族人物,這種"光尹"的用法很可能反映了家族特色。參朱鳳瀚:《衛簋與伯獄諸器》,《南開學報》2008年第6期,第2—3,5頁。

③ 見於䚄卣銘文"丙公獻王饓器,休無譴,内尹右殷獻"。有意見認爲此"内尹"當爲太宰,詳見唐友波:《䚄卣與周獻功之禮》,《上海博物館集刊》第七期,上海書畫出版社1996年,第46—47頁。

《成康及其後的史官》、張亞初和劉雨《西周金文官制研究》中的相關條目、李學勤《〈大誥〉尹氏及有關問題》。

王國維之專論綜合研究"作册""尹""尹氏""内史"幾種職名,主要利用出土材料釐清傳世文獻的相關記録,關注點在於職名彼此間的關聯和各職官的大致職能,①論述只援引了關鍵材料。他指出"尹氏"與"太師"一同主持國政,地位尊崇;"尹氏"是"作册尹"和"内史尹"的簡稱形式,爲"作册"之長,而"作册""作册内史""内史"是同一官職的不同名稱。陳夢家不認同王國維將各類史官職名合爲一類的看法,認爲"作册""内史""尹氏"來源不同,各自主掌册命之事也有時期先後的區分,三者應有分別。② 張亞初、劉雨也認爲"内史尹""内史尹氏"是"内史"之長,③而"尹""尹氏"主要是一類職官泛稱,使用比較靈活,"尹氏"通常指"作册尹""内史尹","命尹"則可能是"作命内史"或"内史尹"的簡稱。④ 此外,如李峰《西周的政體:中國早期的官僚制度和國家》也在討論"作册"相關職官時指出,西周中期及之後銘文中提到"尹氏"指的是"内史尹""作册尹",或二者合稱。⑤ 無論是合稱還是簡稱,根本上來看,其中的詞語演變方向都是"尹氏"産生自"内史尹""作册尹"二詞的變化。

對於"尹氏"和"作册尹""内史尹"的發展關係,李學勤《〈大誥〉尹氏及有關問題》一文提出不同意見,認爲"'作册尹''内史尹'如爲先出,詞中的'尹'應訓爲正、長,在當時王朝中還有不少重臣可稱爲'尹',"不應該只有"作册尹""内史尹"省稱爲"尹"。該文主要分析史官職名詞"尹氏"的來源,指出:"尹"是史佚的采邑,"尹"因而成爲族氏名;史官之職世代承襲,該氏族任史官者又稱"尹氏",是史官之長。⑥ 文中强調史官之"尹"和"尹氏"的關聯,仍認爲"作册尹""内史尹"之"尹"爲長官義,而未

① 王國維:《書作册詩尹氏説》,載氏著《觀堂别集·卷一》,收入《觀堂集林(外二種)》,河北教育出版社 2001 年,第 608—609 頁。

② 陳夢家:《西周銅器斷代》,中華書局 2004 年,第 298—400 頁。

③ 張亞初、劉雨:《西周金文官制研究》,中華書局 1986 年,第 28 頁。

④ 張亞初、劉雨:《西周金文官制研究》,第 57 頁。

⑤ Li Feng, *Bureaucracy and the State in Early China: Governing the Western Zhou*, pp.55-58.

⑥ 李學勤:《〈大誥〉尹氏及有關問題》,《人文中國學報》第 23 期,香港浸會大學 2017 年,第 1—7 頁。

明確指出二者與"尹氏"之間存在直接關係。

綜合過往研究成果,考慮到前述各職名詞在西周金文中的實際使用情況,筆者認爲:第一,"尹氏"應不是"作册尹""内史尹"的簡省或合稱;第二,"内史尹"和"作册尹",特别是"作册尹",其"尹"或許並非長官義。下面將簡析西周金文中與"尹氏"有關的史官職名詞,在此基礎上,結合册命銘文中各類宣命官職名的統計結果,梳理西周史官職名詞的演變過程。

二

首先,"尹"與史官、"尹"與"尹氏"的關聯是明白而不可忽視的。史獸鼎銘有"尹令史獸立工於成周。……史獸獻工於尹,咸獻工"。可見在西周早期,"尹"與史官很可能已有直接的上下級關係,此外,史獸徑稱其長官爲"尹",未有其他詞語修飾限定,反映當時單稱"尹"不會造成誤解,或是同時代同等職位的人數較少,短時期内只有個别"尹"。其他西周早期的"尹"用例,基本不具備判斷史官屬性的語境,比如斉鼎(《集成》2499)銘文之"尹賞斉貝三朋"、高卣蓋(《集成》5431)之"尹易(賜)臣……隹(唯)小槼揚尹休"等例,雖然可知"尹"是某位確指的官員,但無法進一步推知是否爲史官。

到西周中期,伴隨着册命銘文的出現及流行,有了"尹氏""内史尹氏""内史尹""作册尹"等新職名詞的用例,其中絶大多數都是在册命儀式中擔任宣命官的情況,包括"尹"一職,也有在儀式中宣讀王命的例子,説明"尹"與其他史官已有共同職能。晚期時,册命銘文的格式發生變化,出現了"史官+授王命書,王呼+史官+册命"的新句式,即一場儀式中明確使用兩名史官,如頌組器有"尹氏授王命書,王呼史虢生册命頌"、卌二年逨鼎有"尹氏授王釐書,王呼史淢册釐逨"、卌三年逨鼎有"史淢授王命書,王呼尹氏册命逨",其中"尹氏""史"詞語地位等同,反映西周晚期時"尹氏"和"史"在册命儀式上的功用可能也相同。綜合而言,發展自"尹"的"尹氏"普遍見於西周中期、晚期的册命銘文,職官活躍度更高,史官性質明確且穩定,宜視作這一系列史官職名的核心詞。

表一　西周金文中"尹氏"系列史官職名詞的相關器銘基本信息

時期	職　名	銘文主題或相關環節	器　物
早期	尹	尹令史獸立工於成周…… 史獸獻工於尹。	史獸鼎(《集成》2778)
中期	尹	册命儀式①	盠尊(《集成》6013) 盠方彝(《集成》9899/9900)
		册命儀式	申簋蓋(《集成》4267)
		册命儀式	師道簋(《銘圖》5328)
		册賜儀式	九月既望盆(《銘三》0624)
	尹氏	厥眔公出厥命：邢伯、柷 伯、尹氏、師俗父、遣仲。	永盂(《集成》10322)
		瘷……佐尹氏	二式瘷鐘(《集成》247—250)
		册命儀式	弭叔師綮簋(《集成》4253/4254)
		册命儀式	曶壺(《集成》9728)
		王令尹氏友史趛,典膳夫 克田人。	膳夫克盨(《集成》4465)
		册命儀式	大克鼎(《集成》2836)
		册命儀式	師麩簋(《集成》4324/4325)
	内史尹氏	册命儀式	楚簋(《集成》4246—4249)
		册命儀式	弭伯師耤簋(《集成》4257)
		册命儀式	宰獸簋(《銘圖》5376/5377)②
	内史尹	册命儀式	出盨(即《銘圖》2453"古鼎")
		册命儀式	元年師兌簋(《集成》4274/4275)
		册命儀式	三年師兌簋(《集成》4318/4319)

---

①　相關文句爲"王册命尹賜盠",句意爲"以册命文書命令尹賞賜盠","尹"負責將賞賜物呈遞給盠,由於銘文亦有對盠的任命内容,"尹"應當同時兼有宣讀命書的任務。

②　銘文中的宣命官是"内史尹仲",雖然是"内史+尹+行輩"的組合形式,但"尹仲"可認爲是尹氏某排行仲的人物,宜作"内史+尹氏"處理。

續　表

時期	職　名	銘文主題或相關環節	器　物
中期	内史尹	册賜儀式①	七年師兑簋蓋（《銘圖》5302）
		册賜儀式	救簋蓋（《集成》4243）
	作册尹	册命儀式	走簋（《集成》4244）
		册命儀式	士山盤（《銘圖》14536）
		册賜儀式	走馬休盤（《集成》10170）
		册命儀式	斯簋（《銘圖》5295）
		册命儀式	免簋（《集成》4240）
		册命儀式	師晨鼎（《集成》2817）
		册賜儀式	十三年瘋壺（《集成》9723/9724）
		册命儀式	輔師嫠簋（《集成》4286）
		册命儀式	羚簋（《銘圖》5258）
		册命儀式	親簋（《銘圖》5362）
晚期	尹氏	獎掖賞賜	敔簋（《集成》4323）
		册命儀式： 尹氏授王命書,王呼史虢生册命頌。	頌鼎（《集成》2827—2829） 頌簋（《集成》4332—4339） 頌盤（《銘圖》14540） 頌壺（《集成》9731/9732）
		册命儀式： 尹氏授王嫠書,王呼史減册嫠述。	卌二年逨鼎（《銘圖》2501/2502）
		册命儀式： 史減授王命書,王呼尹氏册命述。	卌三年逨鼎（《銘圖》2503—2512）

① 相關銘文格式與册命銘文基本相同,但文中動詞使用"册易（賜）"而非"册令（命）",往往是直接宣讀賞賜物,有時也有任命的内容。

續　表

時期	職　名	銘文主題或相關環節	器　物
晚期	作册尹	册命儀式	南宫柳鼎(《集成》2805)
		册命儀式	元年師旋簋(《集成》4279—4282)
	命尹	册命儀式	伊簋(《集成》4287)

　　陳夢家從銘文記録的册命儀式入手,觀察到西周早期史官以"作册"爲主,中期"内史"吸納了"作册"成爲主要史官,到西周晚期"尹氏"開始盛行,且與"内史"並存。[①] 這一切入角度,以及對西周史官演變過程的認識,都頗具啓發性。册命銘文從西周中期開始出現並迅速流行,有較統一固定的格式,[②]或可認爲這類銘文以文本形式再現了册命儀式的部分環節,進一步來説,册命銘文中基本元素的改變,可能意味着相關的制度發生了變化。

表二　西周册命銘文中史官職名詞的使用情況[③]

王世	史	内史	尹	尹氏	内史尹氏	内史尹	作册内史	作命内史	作册尹	命尹
穆王	—	4	—	—	—	—	—	—	1	—
恭王	2	6	2	—	—	1	—	1	5	—
懿王	3	6	2	1	2	2	1	—	2	—
孝王	2	1	—	3	—	3	1	—	2	—
夷厲	—	1	—	1	—	—	—	—	4	1
宣王	8	1	1	2	—	—	—	—	—	—

　　① 陳夢家:《西周銅器斷代》,第298—400頁。
　　② 朱鳳瀚:《中國青銅器綜論》,上海古籍出版社2009年,第630—634頁。
　　③ 在統計時,同一場册命儀式計作一次,另外,西周中晚期史官職名詞種類多,故對王世作大致劃分,以期呈現各職名詞的使用變化細節,其中部分器物的斷代問題仍有爭議,該表僅略爲展示職名詞的歷時演變概況。

參與册命儀式的史官,中期前段以"内史"爲主,到中後段史官的數量和種類都明顯增加,出現多種新職名。中期末段至晚期前段,"内史"減少,整體上"内史尹""作册尹""尹氏"居多。大概在宣王世,册命儀式的史官選用出現了新規範,開始在一場儀式中同時使用兩名史官,一名負責將命書呈遞給王,一名負責宣讀册命,適用於此新規的史官爲"尹氏"和"史"。同時,這一時期其他的史官職名詞幾乎都不再使用,僅有個别"尹"和"内史"的用例。

<h2 style="text-align:center">三</h2>

西周早期,"内史"已具有傳達王命的職能,而進入中期,"内史"又是較早且較普遍見於册命銘文的史官,可以認爲"内史"與傳佈王命的職能之間存在關聯。西周早期的榮作周公簋(《集成》4241)銘文有"王令榮眔内史曰: 割邢侯服,賜臣三品: 州人、重人、庸人"。這是目前可見較早的"内史"記載,其職能與後來的代宣王命本質上相近。或許就是此類宣命的任務,導致由"史"催生出"内史"之職能、職官,從銘文呈現來看,伴隨册命制度的發展完善,"内史"職名經歷了産生到穩定的過程。

值得注意的是,西周中期有"史夀""内史夀""内史史夀"三稱,三者指向同一人物,三個稱呼見於不同器物的册命銘文,都是儀式上的宣命官。其中的"内史+史夀"之稱啓發我們,"内史"在用作職名詞的同時,也可以作爲標識綴於職名前,用以强調儀式宣命的職能。另外,"内史尹氏""内史尹""作册内史""作册尹"的構成形式,可能與"内史+史"相似。"作册尹""作册内史"以"作册"分别搭配"尹"和"内史",而一般認爲"作册内史"是同義職名連用,"作册尹""内史尹"自然也就成爲對等的職官,且分别指向各自的長官。西周金文中,"尹""尹氏""内史"單獨作爲職名使用的例子都不少見,而罕見"作册"單獨使用的文例,流行於西周早期的"作册"一詞均與人物私名組合出現,並且這些"作册某"不見於册命銘文。簡而言之,"作册"的詞語使用明顯不同於"内史""史""尹""尹氏"等詞,考慮到其間差異,"作册"和"内史"不可直接等同。進一步來看,金文中的確有不少"内史"的用例,且"内史"的用例數量相比而言整體多於"内史尹",這一現象與"内史尹"是"内史"之長的意見可以符合。而"作册尹"流行於册命銘文的同時,却罕有"作册"作爲宣命官的例子,這與"作册尹"是"作册"之長的意見便有了衝突,可知"作册尹"中之"尹"應非長官義。此外,由於"内史"的用例數量並非穩定多於"内史尹","内史尹"之"尹"也未必一定是長官義。

西周中期的師俞簋蓋(《集成》4277)和師晨鼎(《集成》2817)二器,銘文所記的册命儀式,均爲"三年三月初吉甲戌"在"周師录宫"舉行,右者均爲"嗣馬𢑛",説明對師晨和師俞的册命儀式很可能是同時或接連舉行的。儀式中,對師俞的任命是"𩁹司保氏",對師晨的任命是"胥師俗司……",師俞所受賞賜爲"赤市、朱黄(衡)、旂",師晨所受賞賜爲"赤舄",相比起來應是師俞的職官地位更高。參與二人儀式的史官不同,師俞儀式爲"作册内史",師晨儀式爲"作册尹",可見"作册尹"和"作册内史"的職能基本平行,如果假設受封賞者的任命等級與史官等級有對應關係,則"作册内史"恐怕地位要高於"作册尹",與"作册尹"是長官的意見又有一定衝突。西周晚期册命儀式分設授書和宣命二史,可推知在更早期的册命儀式制度中,命書的文本可能同樣由史官書寫而成,且史官職能中包括制作文書也頗合理。那麼,在"作册"一詞基本不再獨立使用的時期,以"作册"置於"内史""尹"前,或許爲借用詞語"制作書册"的字面含義,以體現史官負有寫制命書的職責。

四

根據上述諸種觀察,我們認爲西周金文中史官職名詞的使用,有職能發展和名稱變化兩個方面的演變。

職能發展是由"史"衍生出宣佈王命的"内史"職能,"内史"進而成爲穩固的職名。同時,由"内史"產生了強調職責的"作册内史""作命内史"之稱,不過用例較少,未成爲長期固定的職名詞。名稱變化方面則是"尹氏"一稱穩定爲史官職名詞,然後出現了以"尹氏"作爲職名主體而又強調職能的職名,即"内史尹氏""内史尹""作册尹"等稱呼。到西周晚期,隨着册命制度的改變,金文中的史官職名詞簡化回歸至"史"和"尹氏",二者作用相當,以"史"居多。

(作者單位:濟南社會科學院歷史文化研究所)

金文異文與通假的辨識

秦曉華

金文異文是指金文内部不同銘文之間,以及金文同其他相關文獻,包括金文之外的出土文獻以及傳世典籍表達相同或相近概念而字、詞、句互異的情況。異文對於金文字詞的釋讀有重要的參考價值,李學勤先生指出:"商周時代的金文,和傳世的同時期《詩》《書》等文獻一樣,大多晦奧費解。其所以難讀,是由於時代懸隔,與現代文字差別太大。解決這種問題的途徑之一,是儘可能搜集有關資料,輾轉對比,以求瞭解當時文例,對之作出較爲準確的讀釋。"[1]

異文中文字通假是較爲常見的現象,通假在文獻中,尤其是出土文獻中比較常見,不明通假,定會誤解、錯解文獻。清代學者朱駿聲説:"不知假借者,不可與讀古書。"王引之《經義述聞》:"學者改本字讀之,則怡然理順。依借字解之,則以文害辭。"本文嘗試從異文的角度對金文中的通假現象進行辨識,以就正於方家。

1. 才——載

西周晚期的毛公鼎、師詢簋有句作:

女(汝)母(毋)敢彖(惰),才乃服,圉(恪)夙夕敬念王畏(威)不賜。　　　　　　　　　　　　　　　(《集成》2841 毛公鼎 西周晚期)

卿(嚮)女(汝)彶屯(純)卹(恤)周邦,妥(綏)立余小子,甊乃事,佳(唯)王身厚(厚)皆。　　　(《集成》4342 師詢簋 西周晚期)

---

① 李學勤:《釋"出入"和"逆造"》,載氏著《通向文明之路》,商務印書館 2010 年,第 180 頁;原載《傳統文化研究》第十六輯,群言出版社 2008 年。

毛公鼎"才乃服"、師詢簋"戠乃事",研究者多將其屬上讀。師詢簋"戠乃事"之"戠",王輝先生雖然讀爲"載",但認爲是虛詞,並引《廣雅·釋詁四》"戠,詞也"爲證。①

按,"才乃服""戠乃事"應單獨成句,"才""戠"均可讀爲"載","戠"的聲符爲"才"。"才"讀爲"載",文獻中較爲常見。馬王堆帛書《天文雜占》:"此圖不才其圖下者,各已從其等矣。""才"即讀爲"載"。段玉裁《說文解字注》謂:"載又叚(假)借之爲始,'才'之叚(假)借也。才者,草木之初也,夏曰載。"

載,可訓爲行、施行。《書·皋陶謨》:"亦言其人有德,乃言曰,載采采。"孔傳:"載,行;采,事也。"孔穎達疏:"載者,運行之義,故爲行也。""服"與"事"在這裏是同義換讀的關係,均表示職事之義。《詩·大雅·蕩》"曾是在服",毛傳:"服,服政事也。"《爾雅·釋詁》曰:"服,事也。"《說文》:"事,職也。"《廣雅》:"服,任也。"又:"職,事也。"因此,"載乃事""載乃服"即做你的事情,是周王對臣下的命令訓誥之辭。

另外,商代甲骨文中"𢦤王事""𢦤我事",與金文"載乃事""載乃服"文例相近,"𢦤"亦讀爲"載"。于省吾先生在《甲骨文字釋林·釋𢦤》中曾經指出,甲骨文習見之"𢦤王事""𢦤朕事"及"𢦤我事"即"戈朕事",《前》4.4.7"羌弗戈朕事"與《佚》15"余令角帚𢦤朕事",可以互證。②

此外,高卣蓋有句作:

> 高對乍(作)父丙寶隩(尊)彝,尹甘(其)目(互)萬年受氒(厥)永魯,亡競才舨(服)。　　　　(《集成》5431 高卣蓋 西周早期)

"亡競才舨(服)",楊樹達先生謂:

> "亾競在服"者,"競"當讀爲"疆","競"與"疆"古同音也。《書·文侯之命》:"即我御事罔或耉壽俊在厥服。"俊,長也。"亾疆在服"猶言"俊在厥服"矣。《書·大誥》曰:"洪爲我幼沖人,嗣無疆大歷服。"與此文語意亦略同也。

---

①　王輝:《古文字通假字典》,中華書局 2013 年,第 35 頁。
②　于省吾:《甲骨文字釋林》,中華書局 1979 年,第 69—71 頁。

按，“才”亦可讀爲“載”，訓爲行也，“載服”猶毛公鼎“載乃服”。無競，不可争衡；无比。《詩·周頌·執競》：“執競武王，無競維烈。”朱熹集傳：“言武王持其自强不息之心，故其功烈之盛，天下莫得而競。”亡競才服，義即做事無與倫比。

2. 言——歆

西周早期的伯矩鼎有句作：

白（伯）矩乍（作）寶彝，用言王出内（入）事（使）人。

（《集成》2456 伯矩鼎 西周早期）

銘文中的“言”字，唐蘭先生認爲就是“音”，兩字古代常通用，此處讀爲“歆”，訓爲饗。① 于省吾先生也有相同的觀點，《甲骨文釋林·釋言》：“言與音初本同名，後世以用各有當，遂分化爲二。周代文字言與音之互作常見，先秦典籍亦有言音通用者，例如：墨子非樂上之‘黄言孔章’，即‘簧音孔章’。……音與歆通。音之通歆，猶古文字畬之通歆。”② 劉雨先生則認爲“言禮”即“燕禮”，在西周早期金文中，若干件器銘用“言”字來記燕禮，並分析以“言”字記之，蓋古時燕禮乃因外交活動，欲有所“言”而設。③

將“言”字讀爲“歆”較爲妥當，正如于省吾先生所言，“言”“音”本一字，後分化爲二，“歆”則是“音”的分化字。

金文中常見“用×王出入使人”的文例，而且均出現於西周早中期：

用卿（饗）出内（入）吏（使）人。 （《集成》6001 生尊 西周早期）
其萬年用卿（饗）王出入。 （《集成》4201 宅簋 西周早期）
乃用卿（饗）王出入事（使）人，罘多匍（朋）友。

（《集成》2733 衛鼎 西周中期）

余靗（兄）爲女（汝）丝（兹）小埶（鬱）彝，女（汝）覤（其）用卿（饗）乃辟軝厌（侯）逆遃出内（入）事（使）人。

（《集成》5428 叔趯父卣 西周中期）

---

① 唐蘭：《西周青銅器銘文分代史徵》，中華書局 1986 年，第 102 頁。
② 于省吾：《甲骨文字釋林》，中華書局 1979 年，第 87—88 頁。
③ 劉雨：《西周時期的饗與燕》，載氏著《金文論集》，紫禁城出版社 2008 年，第 68—69 頁。

在以上文例中,"出入"之前的動詞是"饗","饗"與"用言(歆)王出入使人"之"言(歆)"所處的位置相同,而且"歆"在文獻中可以訓爲"饗",《説文》欠部:"歆,神食氣也。"《詩·大雅·生民》:"履帝武敏歆。"毛傳:"歆,饗也。"又《左傳》僖公三十一年"不歆其祀",杜預注:"歆,猶饗也。"

"用歆王出入使人""用饗出入使人"意義相近,"饗"與"歆"應是同義換讀的關係。因此,從異文的角度看,將"用言王出入使人"之"言"讀爲"歆",更爲妥帖。

3. 敢——嚴

春秋時期的徐國銅器徐釐尹鼎有句作:

郐(徐)夤(釐)尹晉自乍(作)湯鼎(鼎),函(温)良聖每(敏),余敢敬朙(明-盟)祀。　　　(《集成》2766 徐釐尹晉鼎 春秋晚期)

對於其中的"敢",學者多如字讀,董楚平曰:"表敬副詞,'敢敬'是器主人對尊者的謙詞。"[①]向無異議。

我們發現,在春秋時期的銅器銘文中,有大量與"余敢敬盟祀"相近的文例,可以互相比照,文例如下:

虔龏(恭)盟祀,吕(以)畣(答)皇卿(卿)。
　　　　　　(《集成》10342 晉公盆 春秋時期)
余夙(夙)夕虔敬朕(朕)祀,吕(以)受多福。
　　　　　　(《集成》262 秦公鐘 春秋早期)
自乍(作)龢鐘,吕(以)敬櫑(盟)祀。
　　　　　　(《集成》182 徐王子旃鐘 春秋晚期)
敬氒(厥)盟(盟)祀,永受其福。
　　　　　　(《集成》2811 王子午鼎 春秋晚期)
龏(恭)氒(厥)櫑(盟)祀,永受其福。
　　　　　　(《近出》60 王孫誥鐘 春秋晚期)
余嚴敬丝(兹)禋櫑(盟),穆穆趄趄(熙熙),至于子₌(子子)孫₌(孫孫)。
　　　　　　(《新收》1980 與兵壺 春秋晚期)

① 董楚平:《吳越徐舒金文集釋》,浙江古籍出版社1992年,第307頁。

這類句子均是器主的自我誇伐之語,都是在講自己對結盟、祭祀之事十分恭敬。句子的賓語基本相同,謂語動詞爲"嚴""恭""寅(夤)"等,動詞或連用,或單用,意義相近,均可訓爲敬。"嚴""恭""寅(夤)"訓爲敬在文獻中有訓詁的證據。《詩·商頌·殷武》"天命降監,下民有嚴",毛傳:"嚴,敬也。"《禮記·學記》"凡學之道,嚴師爲難",鄭玄注:"嚴,尊敬也。"《漢書·叙傳下》"中宗明明,夤用刑名",顏師古注引鄧展曰:"夤,敬也。"漢王融《永明九年策秀才文》:"朕夤奉天命,恭惟永圖,審听高居,載怀祗惧。"古書多借"寅"爲"夤"。

幾個動詞也可以三個,甚至四個連用,例如:

嚴槩(恭)夤天命。　　　　　　　　(《集成》4315 秦公簋 春秋早期)

我聞曰:昔在殷王中宗,嚴恭寅畏天命。　　(《尚書·無逸》)

在夏之哲王,迺嚴寅畏皇天上帝之命。　　(《清華簡叁·厚父》)

《尚書》中的"畏"亦可訓爲敬,《大戴禮記·曾子立事》"祭祀而不畏",王聘珍解詁:"畏,敬也。"《廣雅·釋詁一》:"畏,敬也。"

因此,從以上相近文例,以及同義詞連用的情況看,徐䰙尹𣊟鼎"余敢敬盟祀"之"敢"應讀爲"嚴"。"嚴"以敢爲聲,兩者相通,語音上毫無障礙。而且,上引文例中,與兵壺"余嚴敬茲禋盟"與"余敢敬盟祀"文例最爲接近,均是"嚴""敬"同義詞連用。

　　　　　　　　　　　　　(作者單位: 華南師範大學文學院)

讀曾國青銅器札記[*]

陳英傑

一、上曾大子般殷鼎銘補釋

上曾大子般殷鼎器形

上曾大子般殷鼎銘拓

腹部、鼎耳花紋

上曾大子般殷鼎(《集成》2750)1981 年 4 月發現於山東省臨朐縣嵩山泉頭村乙墓,即 M 乙：1,鼎中尚存羊骨脊、肋骨等,已呈綠色。通高

* 本文爲"古文字與中華文明傳承發展工程"項目"商周金文文字考釋史"(G1206)階段性成果。

26.5、口徑 30.5 釐米,重 6.65 公斤。平折沿,附耳,耳兩翼各有一銅柱連接口沿,半球形腹,平緩底,三蹄形足。耳内外面分别飾竊曲紋、重環紋,腹飾竊曲紋、凸弦紋。此鼎漏孔較多,補釘呈方、圓或三角形。器壁内側鑄銘 5 行 38 字,重文一。同出鼎三,鬲、簠各二,盤、匜、壺各一件。兩件鬲銘同,均爲齊趫父爲孟姬而作之寶鬲。盤、匜乃鄩仲爲仲女子所作之媵器(稱寶盤、寶匜)。甲墓同出鼎二,鬲五,盤、匜、舟、戈各一件,匜有銘,乃齊侯子行所作。整理者認爲墓葬年代在兩周之際,並據銘文推斷甲、乙兩墓可能是齊趫父夫婦之墓。① 李學勤先生認爲臨朐一帶春秋初期可能屬於紀,甲、乙兩墓都有齊器出土,説明年代當在紀國滅亡以後(按：公元前 690 年,齊襄公滅紀),在春秋前期偏晚。李先生認爲鄩是妊姓,上曾即文獻中的妊姓鄫國,趫父(齊國姬姓貴族)和鄩仲的女兒都嫁給上曾大子,鄩仲嫁女於同姓,因此鄩仲盤匜均稱"仲女子"(或"仲女子子")而不標明姓,是有所避諱;甲墓墓主是齊侯子行,乙墓爲上曾大子所葬(鄫大子卒葬於齊)。② 孫敬明、何琳儀、黄錫全三先生亦斷二墓爲兩周之際,甲乙應該有一定聯繫,甲墓墓主可能是齊國的貴族,與公室關係密切,子行匜似爲齊侯所賜之器(認爲齊侯子行爲齊莊公贖),乙墓爲齊趫父妻孟姬之墓;並據古代同姓不婚之原則而認爲上曾大子鼎和鄩仲盤、匜很可能是由於某種歷史原因輾轉到齊趫父之手,爲孟姬生前所用,後來隨葬入墓,並云："如果甲乙墓是夫妻墓,那麽,墓主就可能是齊趫父和孟姬。"③ 王恩田先生認爲上曾爲鄂北、豫南之姬姓曾,稱"上曾"是爲了與都於隨縣之曾相區别。他認同李先生"齊侯子行"即齊侯之子名行者的意見,但認爲齊侯子行與齊趫父是一人,名行字趫父,爲甲墓墓主,乙墓爲其妻孟姬之墓;鄩仲盤、匜可能是齊趫父娶孟姬,鄩人來媵時所作器;上曾大子鼎很可能是齊公子行(趫父)在伐楚戰役(前 657 年齊桓公伐楚)中繳獲的戰利品;甲、乙二墓的年代在前

① 臨朐縣文化館、濰坊地區文物管理委員會：《山東臨朐發現齊、鄩、曾諸國銅器》,《文物》1983 年第 12 期,第 1—6 頁。

② 李學勤：《試論山東新出青銅器的意義》,《文物》1983 年第 12 期,第 18—22 頁。

③ 孫敬明、何琳儀、黄錫全：《山東臨朐新出銅器銘文考釋及有關問題》,《文物》1983 年第 12 期,第 13—17 頁。

695 至前 657 之間,屬春秋早中期之際。①韓宇嬌先生認同齊侯子行即齊趫父的意見,認爲甲、乙墓可能分別是齊趫父和孟姬夫婦之墓,而上曾大子鼎和鄩仲盤、匜則可能是賵賻之物。②

關於墓主是誰以及同出各有銘銅器之間的關係,學者認識分歧甚大,在此我們不予討論。上曾大子般殷鼎當是祭祀父母所用之器,銘文爲禱辭。對於該鼎的考釋我們有一些不同想法,今補釋於下。

"心聖若懰",聖乃通明、睿智之謂。《書·洪範》:"恭作肅,從作乂,明作晢,聰作謀,睿作聖。"孔傳:"於事無不通謂之聖。""若"解爲連詞可從,相當於"而"。《書·金縢》:"予仁若考,能多材多藝,能事鬼神。"《楚辭·招魂》:"肥牛之腱,臑若芳些。""懰"或認爲即慮字,當讀爲《詩·大雅·文王》"殷士膚敏,祼將于京"之"膚"。或以"心慮"連文以證此句,但"心慮"義爲心思、思慮,不是形容"心"的形容詞。

誠如有的學者所言,"哀哀"不當爲哀詞,讀爲"殷殷"大概是可以的。"利錐",孫敬明等先生云首見於《晉書·祖納傳》"納謂梅陶、鍾雅曰:'君汝潁之士,利如錐;我幽冀之士,鈍如槌;持我鈍槌,捶君利錐,皆當摧矣。'"喻人之才思敏捷。以"錐"喻人,《史記》已用,《史記·平原君虞卿列傳》:"夫賢士之處世也,譬若錐之處囊中,其末立見。"由該鼎銘看,這種用法可以早到兩周之際。

"既龢無測",既,範圍副詞,盡、皆之義。③龢即協調、調和之義。"無測"即"不測",即難以意料之事。

"父母嘉持","持"乃護持之義,《論語·季氏》:"危而不持,顛而不扶,則將焉用彼相矣。"佛經中有"加持"一詞,但其"加"爲"施加佛力"之義,與此不同,但可以給解讀此銘以啓示。嘉,善也。

"多用旨食","旨食"與"旨酒""旨肴""旨味"之旨義同。此句主語即父母,"用"即享用,《韓非子·外儲說左下》:"孔子御坐於魯哀公,哀公賜之桃與黍。哀公請用。仲尼先飯黍而後啗桃。"今天仍曰"用餐"。

①　王恩田:《上曾太子鼎的國別及其相關問題》,《江漢考古》1995 年第 2 期,第 70—72 頁。
②　韓宇嬌:《曾國銅器銘文整理與研究》,清華大學博士學位論文(導師:趙平安教授),2014 年。
③　參見徐仁甫:《廣釋詞》,中華書局 2014 年,第 206 頁;蕭旭:《古書虛字旁釋》,廣陵書社 2007 年,第 140 頁。

"心聖若憷,哀哀利錐"是器主自述其品質表現,其下内容是祈祝之辭。

二、曾侯簠銘補説

曾侯簠(《集成》4598 春秋早期):

> 叔姬霝乍(祖)黄邦,曾侯作叔姬、邛嬭(芈)媵器鼎彝,其子子孫孫其永用之。

銘文是説叔姬霝要嫁到黄國去,曾侯爲其製作了一套媵器。邛嬭可以理解爲媵女,楚國人,曾嫁到邛國,這次作爲叔姬霝的媵女,應該是改嫁。① 改嫁之事,《左傳》中是有記載的。《僖公三年》:"齊侯與蔡姬乘舟於囿,蕩公。公懼,變色;禁之,不可。公怒,歸之,未之絶也。蔡人嫁之。"簠銘之邛嬭雖改嫁,但未改稱。秦穆公以女嫁晉懷公,《左傳》稱之懷嬴,顯然是追稱,與夫同謚。後嫁與晉文公,稱爲辰嬴。②

---

① 羅運環先生認爲"邛嬭"即文獻中的江芈,楚成王的妹妹,先嫁邛(江)國,現作爲曾女叔姬之媵改嫁黄邦,而用前夫國稱;此邛嬭與楚王鐘(《集成》72 春秋早期)所媵之"邛仲嬭南"可能是同一個人。參羅氏著:《出土文獻與楚史研究》,商務印書館 2011 年,第 426—428 頁。或認爲"邛"非嬴姓江國,而是與楚同姓,參吳鎮烽:《試論周代女性稱名方式》,《青銅器與金文》第六輯,上海古籍出版社 2021 年,第 34 頁。對於"邛仲嬭南",吳先生則解釋爲楚國嫁女,邛國女子從媵,楚王爲其鑄造媵器,以維護其邛爲芈姓説。但跟"隋仲嬭加"(楚王鼎,媵器,《銘圖》2318 春秋中期)、"鄝季嬭塑母"(楚王領甗,媵器,《銘圖》3358 春秋中期)等稱名對勘,吳説可疑。

② 楊伯峻云:"辰或其謚也。"詳見楊伯峻:《春秋左傳注》,中華書局 1990 年,第 551 頁。

一器媵二女的器物不多（有同姓媵女①和異姓媵女），②除曾侯簠外，尚有如下諸銘：

1. 夒伯鼎（《銘圖》2356 春秋早期）：

　　佳正八月既生霸丙申，夒伯作楚叔妊、樂姬媵盂鼎。

2. 上鄀公簠（《近出》526 春秋中期）：

　　佳正月初吉丁亥，上鄀公擇其吉金鑄叔嬭（羋）、番改媵匿（簠）。

3. 許子疲簠蓋（《集成》4616 春秋晚期）：

　　佳正月初吉丁亥，鄦（許）子疲擇其吉金，用鑄其匿（簠），用媵孟姜、秦嬴。

以上銘文中，曾爲姬姓，楚爲羋姓，許爲姜姓，秦爲嬴姓。上鄀公一般認爲是楚國羋姓貴族，番爲改姓。對於這類銘文，我想有三點應該是可以認可的：一、二女中，一爲作器者自家女，一爲異姓女（劉麗）；二、第一位是主要新娘，第二位是隨嫁媵女（李峰）；三、主嫁女稱名中姓前嵌入排行字，隨媵女姓前嵌入氏名。李峰從這類銘文中提煉出的女性稱名規則是：主要新娘–夫家氏名（或用女子排行代替）+父家姓，隨媵女–父家氏名+父家姓。李峰依據曾侯簠、上鄀公簠、許子疲簠提煉的規則，用來解釋夒伯鼎，但他在提煉規則時，其實已經利用了夒伯鼎稱名材料（楚叔妊）。對於曾侯簠理解的分歧在於邛的族姓，我們認爲邛非羋姓。③ 這種情況下，我們認爲用改嫁説解釋曾侯簠的"邛羋"是合適的。

三、再 説 行 器

"行+器名"怎麽理解仍是一個值得研究的問題。這種自名的銘文有

---

① 曾甫人匜（《銘圖》14964 春秋中期）："曾甫（夫）人作仲姬、辛姬盥匜。"

② 對於這類銘文的討論，參劉麗：《"一器媵二女"現象補説》，《古文字研究》第三十一輯，中華書局 2016 年，第 199—204 頁；李峰：《周代的婚姻和社會網絡：青銅器銘文所見女性稱名原則之考察》，《青銅器與金文》第三輯，上海古籍出版社 2019 年，第 284—300 頁；吳鎮烽《試論周代女性稱名方式》，《青銅器與金文》第六輯，上海古籍出版社 2021 年，第 34 頁。伯狺父鬲（《集成》615 西周中期後段，銘云：伯狺父作井姬、季姜尊鬲）未標明是媵器；樊君鬲（《集成》626 春秋中期，銘云：樊君作叔贏鬲媵器寶鬻），或認爲媵一女，或認爲媵二女。樊一般認爲是羋姓，與嬴姓通婚，樊夫人龍嬴諸器（如《新》296 鼎，春秋中期）可證。這兩件器我們不納入討論之中。

③ 參見劉麗：《"一器媵二女"現象補説》，第 199—204 頁。

三種文例：（1）某之行器，其後或帶用途銘辭；（2）某作行器，其後或帶用途銘辭；（3）某作+作器對象+行器+用途銘辭。行器大部分見於河南、湖北，山東偶見。從各種辭例看，所有的行器不能作一種解釋。由於以往的銅器著録書籍，一般於鑄造情況没有任何説明，我們無法僅從圖片中分析出足够的信息。湖北省文物考古研究所編的《曾國青銅器》①，在編寫體例上作出了新的突破，對銘文部位有精確的標注，對分範情況有細緻的描述，並正確分析了紋飾單元劃分與分範的關係，對於鑄造細節也提供了儘量周全的信息。我們正是通過這些信息，對行器問題有了新的思考。

馭鼎（曾銅 P298），"外範錯範較甚，腹底亦可見範塊破裂後形成的裂紋"。連迁鼎（曾銅 P183）製作亦不精細，範縫未經打磨，耳兩側見有泥芯撑痕迹。冹叔鼎（曾銅 P195）亦是如此，兩件冹叔尊壺（曾銅 P202）亦不精緻，圈足内多有澆不足的現象。曾少宰黄仲酉鼎（曾銅 P338）足部可見泥芯撑痕迹，出土時鼎腹内殘存有獸骨和果核，應該是埋入墓葬時放入的，並不能説明其爲器主生前實用器。曾少宰黄仲酉甗（曾銅 P342）足部可見泥芯撑痕迹，銘文字迹較模糊。曾少宰黄仲酉簋（曾銅 P344）鏨較簡略，紋飾亦不如同時期蟠虺紋細密。曾少宰黄仲酉方壺（曾銅 P346）素面，缺乏生氣。曾少宰黄仲酉盤（曾銅 P348）器表粗糙，素面，銘文模糊，當也非生前實用器。與匜成套。兩件曾亘嫚鼎（曾銅 P93），内側足壁未封閉，尚留有芯範未清理。曾都尹定簋（曾銅 P266）器壁原有殘破，器表可見補鑄痕迹。可壺（曾銅 P358）口足漏孔多未穿透，圈足内殘存範土。可盤、匜（曾銅 P361）均爲素面，盤底部周邊、匜之器壁經過補鑄。②

從以上這些器物的鑄造信息看，有一部分行器應該是專門製作的隨

---

① 湖北省文物考古研究所編：《曾國青銅器》，文物出版社 2007 年。下文簡稱"曾銅"。

② 1982 年，洪洞上村出土的一件商代的青銅鬲，足中空，並與腹部貫通，足中泥芯尚存。蘇榮譽先生説："用於烹飪，泥芯會摻入食物之中……器底設有墊片，可見三處補塊，還有一小透空。説明補塊係補鑄大氣孔或澆不足缺陷而爲，但小氣孔的存在表明此鬲不能用於烹煮。説明此器的用途在於陳設和隨葬。"參蘇榮譽：《凸顯紋飾：商周青銅器填紋工藝》，《青銅器與金文》第三輯，上海古籍出版社 2019 年，第 326 頁，另參 341 頁菫鼎、349 頁棗陽曹門灣所出竊曲紋鼎、355 頁狩獵紋四耳鑒等。

葬器,其銘文體式一般爲"某之行器",器主的後人當是把先人的逝世當作一次遠行。① 這些行器一般不對範縫進行打磨,器耳或足部留有未清理的範土,花紋、文字製作不够精細。"某作+作器對象+行器+用途銘辭"的文例有一部分也是爲隨葬而作,比如黄君孟爲黄夫人所作行器。

引書簡稱對照表
《集成》——《殷周金文集成》
《新收》——《新收殷周青銅器銘文暨器影彙編》
《近出》——《近出殷周金文集録》
《銘圖》——《商周青銅器銘文暨圖像集成》

　　附記:本文是提交"曾國考古發現與研究學術研討會"的論文(湖北省博物館、湖北省文物考古研究所、清華大學出土文獻研究與保護中心、北京大學震旦古代文明研究中心合辦,北京,2014 年 12 月)。第三部分是《談兩周金文中的行器——兼論"旅器"和"從器"》一文的主要觀點。當時的想法是,把銘文和器物形制、鑄造狀况等因素結合起來進行考慮,對具"行器"稱謂的銘文的結構特徵、地域分佈以及時代特點進行考察,並與"旅器""從器"相比較,以釐清各自的内涵。當時完成的資料整理部分:"行器"98 件(相關銘辭 28 條)、"從器"65 件(相關銘辭 48 條)、"旅器"507 件,正文部分開了個頭,之後就一直擱置下來。該文關於"行器"的内容,受到了一些關注,有多位學者包括臺灣學者曾索要拙文。會後雖又搜集了一些資料和研究文章,但一直也没有時間把《談兩周金文中的行器》一文寫完,後來吳鎮烽先生正式發表《試論古代青銅器中的隨葬品》一文(《青銅器與金文》第五輯,上海古籍出版社 2020 年),對於相關語詞的考證思路,我和吳先生差不多。我的另外一個思路是想結合器物

---

　　① 來國龍先生云:"包山遣册所謂的'行器'其實是出行時舉行禮儀的'行頭'。這一方面説明死亡被看作是一種出行;另一方面説明,出行者需要戴獬冠,需要太一、社神等衆神護駕。"參來國龍:《馬王堆〈太一祝圖〉考》,《浙江大學藝術與考古研究》第一輯,浙江大學出版社 2014 年,第 16 頁。關於戰國時期把死亡看作一種出行的論證,另參來國龍:《戰國秦漢"冥界之旅"新探:以墓葬文書、隨葬行器及出行禮儀爲中心》,《人文論叢》2009 年卷,中國社會科學出版社 2010 年,第 156—157 頁。

鑄造及墓葬情况(包括器物組合)對此問題作更深入的考察,但這個想法恐怕一時也難以付諸實施了。今對提交會議的小文略作增補,以求正於方家。

2022 年 1 月 30 日

(作者單位: 首都師範大學文學院,
"古文字與中華文明傳承發展工程"協同攻關創新平臺)

箴銘匕銘文疏證*

陳曉聰

箴銘匕，又稱爲"魚鼎匕""魚顛匕""蚰匕"等，吴鎮烽先生定名爲"箴銘匕"，①今從之。目前能見到照片的箴銘匕共有三件：（1）傳 20 世紀 20 年代山西渾源出土，原爲羅振玉收藏，現藏於遼寧省博物館，著録於《銘圖》6319，2021 年新出的《遼寧省博物館藏金石文字集萃》中亦有較爲清晰的彩色照片。（2）2010 年網友在盛世收藏網公佈，傳出自山西，現爲北京永吉堂收藏。著録於《銘圖》6320，《國寶回家：2019 山西公安機關打擊文物犯罪成果精粹(二)》中亦有收録。（3）網友"正月初吉"在復旦網公佈，但僅有一小部分圖片。② 除此之外，李家浩在《蚰匕銘文之我見》一文中透露北京還出現一件新匕，也是山西出土，③惜未見相關照片。

新發現的箴銘匕至關重要。遼寧省博所藏的銅匕柄部中間斷折，斷折處的文字不可得知，過去或以爲是柄首有缺字，或以爲銘文完整無缺，導致誤讀銅匕銘文。新發現的箴銘匕補充了缺筆和缺字，爲重新理解銘文提供了契機。

---

* 本文是 2021 年廣東省社科規劃青年項目"戰國紀年兵器銘文整理與研究"（GD21YZY02）階段性成果。

① 吴鎮烽：《"魚鼎匕"新釋》，復旦大學出土文獻與古文字研究中心網 2014 年 11 月 24 日；又見吴鎮烽：《"魚鼎匕"新釋》，《考古與文物》2015 年第 2 期，第 54—57 頁。下文所引吴鎮烽先生的觀點均出於此。

② 正月初吉：《"魚鼎匕"補識》，復旦大學出土文獻與古文字研究中心網"學術論壇"2016 年 3 月 14 日。

③ 李家浩：《蚰匕銘文之我見》，《中國文字》二〇一九年夏季號，萬卷樓圖書股份有限公司 2019 年，第 11 頁。下文所引李家浩先生的觀點均出於此。

　　簋銘匕銘文古奧,不易理解。參與討論的研究者衆多,王國維、郭沫若、于省吾、李零、詹鄞鑫、史克禮、臧克和、何琳儀、董蓮池、黄人二、杜小鈺、吳鎮烽、王寧、沈之傑、單育辰、張崇禮、吳雪飛、劉洪濤、李家浩、陳健、張一方等人對匕銘都有過探討。① 另外,《貞松堂集古遺文》《商周彝器通考》《小校經閣金石文字》《三代吉金文存釋文》《殷周金文集成(修訂增補本)》《商周青銅器銘文暨圖像集成》《國史金石志稿》《商周金文摹釋總集》等均有釋文。② 我們先根據諸家的研究成果,將其釋文整理出來,再逐句探討銘文的意思。釋文如下:

　　　　曰:征(誕)肘(鑄)蝨(蚳)匕,述玉魚顛。曰:欽戈(哉),出逰(游)水虫。下民無智(知),參(三)目取之蠡(蛵)虬(尤)命,帛

---

① 王國維:《魚匕跋》,《觀堂集林》下册,中華書局 1959 年,第 1210—1211 頁。郭沫若:《金文韻讀補遺》,《郭沫若全集·考古編》第五卷,科學出版社 2002 年,第 314 頁。于省吾:《雙劍誃吉金文選·蚳匕跋》,中華書局 2009 年,第 229—230 頁。李零:《考古發現與神話傳説》,《李零自選集》,廣西師範大學出版社 1998 年,第 76—80 頁。詹鄞鑫:《〈魚鼎匕〉考釋》,《中國文字研究》第二輯,廣西教育出版社 2001 年,第 175—179 頁。史克禮:《〈魚鼎匕〉銘文性質及下民無智的有關問題》,《中國文字研究》第四輯,廣西教育出版社 2003 年,第 130—135 頁。臧克和:《〈魚鼎匕〉銘文有關器名性質新釋》,《考古與文物》2004 年第 5 期,第 93—94 頁。何琳儀:《魚顛匕補釋——兼説昆夷》,《中國史研究》2007 年第 1 期,第 29—39 頁。董蓮池:《説山西渾源所出魚顛匕銘文中的"顛"字》,《山西大學學報》2012 年第 1 期,第 26—29 頁。黄人二:《釋〈莊子·外物〉"曾不如早索我於枯魚之肆"——兼談〈魚鼎匕〉之性質》,《諸子學刊》2012 年第 1 期,第 155—157 頁。杜小鈺:《"蚩尤匕"試讀》,《學行堂語言文字論叢》第二輯,四川大學出版社 2012 年,第 122—128 頁。王寧:《新出魚鼎匕銘文再釋》,簡帛網 2014 年 12 月 19 日。張崇禮:《釋"穎"及從"穎"得聲的字》,復旦大學出土文獻與古文字研究中心網 2014 年 12 月 29 日。沈之傑:《試論"魚鼎匕"首句大字銘文的幾個問題》,未刊稿,部分觀點見單育辰、李松儒:《介紹一件羅振玉舊藏的羹匕》,《經學文獻研究集刊》第十三輯,上海書店出版社 2015 年,第 325—331 頁。單育辰:《新見金文三種探微》,《古文字研究》第三十二輯,中華書局 2018 年,第 208—209 頁。吳雪飛:《新見魚顛匕通讀》,《中國文字》新四十二期,藝文印書館 2016 年,第 227—236 頁。劉洪濤:《蚳匕銘文新釋》,《考古與文物》2020 年第 2 期,第 99—104 頁。陳健:《新見所謂"魚匕"銘文再考》,《安徽文學》2016 年第 8 期,第 25—26 頁。張一方:《魚顛匕校讀》,《文物鑒定與鑒賞》2019 年第 21 期,第 5—7 頁。下文所引諸家觀點均出於此。非必要不另出注。

② 羅振玉:《貞松堂集古遺文》下册,北京圖書館出版社 2003 年,第 21 頁。容庚:《商周彝器通考》上册,中華書局 2012 年,第 373 頁。劉體智:《小校經閣金石文字》卷九,第 98 頁。羅福頤:《三代吉金文存釋文》,問學社 1983 年,編號第 4446。中國社會科學院考古研究所編:《殷周金文集成釋文》第一卷,香港中文大學中國文化研究所 2001 年,第 600 頁。張亞初編著:《殷周金文集成引得》,中華書局 2001 年,第 26 頁。中國社會科學院考古研究所編:《殷周金文集成(修訂增補本)》,中華書局 2007 年,第 762 頁。下文簡稱《集成》。王獻唐:《國史金石志稿》,青島出版社 2004 年,第 3019 頁。張桂光主編:《商周金文摹釋總集》,中華書局 2010 年,第 177 頁。吳鎮烽編著:《商周青銅器銘文暨圖像集成》第十三卷,上海古籍出版社 2012 年,第 517、520 頁。下文簡稱《銘圖》。

（薄）命入猷（羹），藉入藉出。母（毋）處其所。

“征肘（鑄）蚔匕”。“征”，或釋爲“延（延）”，[1]或釋爲“造”，[2]也有學者釋爲“徙”，讀爲“蚩”，[3]或直接讀爲“之”。[4] 當以釋“延（延）”爲是。何琳儀先生對此字已作了詳細的分析，可參。多數學者認爲“征”是句首語詞，李家浩先生指出，“征”也有可能是人名。

“匕”，或釋“人”“尸”，現據其前面兩字，知確當爲“匕”字。“征”和“匕”之間爲匕柄斷折處，過去或將其間的文字釋讀爲“有蚔”“司蚔”“訇（貽）蚔”，皆誤。今據新出的箴銘匕，中間應爲“肘蚔”二字。“肘”，單育辰、王寧、李家浩等先生均指出，此字應讀爲“鑄”，甚是。“蚔”，吳鎮烽、單育辰、張崇禮、李家浩等先生均釋爲“氏蚔”二字，王寧、吳雪飞釋爲“蚔”。陳健先生徑將此字釋爲“氏”，將“蚔”視作裝飾性筆畫。吳鎮烽先生提供的摹本上下部件距離較大，仔細觀察原照片，上下部件其實是緊挨着的，《遼寧省博物館藏金石文字集萃》中的照片最爲明顯。陳健先生據照片重作了摹本，更爲接近原貌。

（《銘圖》6320）　　　　　　（陳健先生所作摹本）

此字應從王寧、吳雪飞釋爲“蚔”。《説文》“蚔”籀文作，與匕銘形體正相同。燕國兵器蚔生戈（《銘圖》17323）中“蚔”作，形體結構與此頗爲相似。“蚔”的本義是蟻卵。《説文》：“蚔，蝝子也。”《爾雅·釋蟲》：“蟁，飛蝝，其子蚔。”郭璞注：“蚔，蟻卵。”[5]王寧先生將“蚔”讀爲“貾”，指

---

①　參何琳儀：《魚顛匕補釋——兼説昆夷》，第 30—31 頁。

②　王寧：《新出魚鼎匕銘文再釋》。

③　詹鄞鑫：《〈魚鼎匕〉考釋》，第 176 頁。

④　史克禮：《〈魚鼎匕〉銘文性質及下民無智的有關問題》，第 131 頁。臧克和：《〈魚鼎匕〉銘文有關器名性質新釋》，第 93—94 頁。

⑤　郭璞注，邢昺疏，李傳書整理，徐朝華審定：《爾雅注疏》，北京大學出版社 2000 年，第321—322 頁。

"一種黄色而有白點或白花紋的貝類","'蚳匕'應該是指匕首狀如貝殼,何獨言'蚳'? 蓋餘蚳爲黄貝,而銅匕其色正黄也"。通過顔色將"蚳"和"匕"聯繫起來,這種理解恐不可信。陳健先生認爲"氐"讀爲"祇","氐匕"就是"敬匕",張一方女士贊同陳健先生釋"氐"之説,但她認爲"氐"實指代國。兩説皆不可從。

吴雪飛先生認爲"蚳"讀爲"匙","匙匕"同義連用,此説亦可商榷。事實上,"蚳匕"可以直接如字理解。"蚳"的本義是蟻卵,而蟻卵可以做成醬。《周禮·天官冢宰·鼈人》:"祭祀,共蠯、蠃、蚳,以授醢人。"《周禮·天官冢宰·醢人》:"饋食之豆,其實葵菹、蠃醢、脾析、蠯醢、蜃、蚳醢,豚拍、魚醢。"①"蚳匕"可以理解爲"挹取蟻卵醬的匕",泛而言之,也可以理解爲"挹取醬汁的匕"。何琳儀先生在文中提到李峪村出土的一把銅匕,其勺部與柄部的交界處有魚形圖案。② 何琳儀先生認爲"魚"是喻指匕橢圓形的頭部。事實上,魚形圖案也可以表明這把匕可以用來挹取魚醬。當然,具體使用時,挹取的東西可以進一步泛化。

"玉",也有學者釋"王",容庚先生最早改釋爲"玉",③精當可從。"顛",王國維認爲即籀文"頂",借爲"鼎"。讀"鼎"之説流行一時。如于省吾將此句讀爲"述王魚鼎",李零先生將此句讀爲"墜王魚鼎",史克禮、臧克和讀爲"遂王魚鼎"。後來有學者指出應爲"顛"字。④ "顛"説已被學界廣泛接受。

"述玉魚顛",字形雖然比較明確,但句子的意思却不容易理解。何琳儀先生認爲"述玉魚顛",指"記述在玉魚頭上的銘文","玉魚"是明器,"玉魚顛"喻指匕的橢圓形頭部。"魚頭"之説得到了大多數學者的認同。董蓮池、吴鎮烽先生讀爲"遂王魚顛",意思是"向王進獻了一個魚頭"。吴雪飛先生贊同"遂王魚顛"的讀法,但他認爲此句應理解爲"以所鑄之匕向王進獻魚頭"。王寧先生認爲"述玉魚顛"即"訓玉魚顛",對玉魚的頭訓誡、説話的意思。劉洪濤先生認爲于省吾將"述"訓爲"循"是對

① 鄭玄注,賈公彦疏,趙伯雄整理,王文錦審定:《周禮注疏》,北京大學出版社 2000 年,第124、164 頁。

② 李夏廷:《渾源彝器研究》,《文物》1992 年第 10 期,第 73 頁。

③ 容庚:《金文編》,科學出版社 1959 年,第 20 頁。

④ 參董蓮池:《説山西渾源所出魚顛匕銘文中的"顛"字》,第 26—29 頁。

的,並進一步認爲"玉魚顛"即"珍美的魚頭",銘文前後大意是"鑄造一個蟲形之匕,用來追循珍美之魚頭"。李家浩先生在劉說的基礎上,將"述"讀爲"鋑",訓爲挑取,"鋑玉魚顛"即挑取珍美的魚頭。以上諸說將"魚顛"理解爲魚頭,看似合理,但實則暗中偷換了概念。"顛"的本義是頭頂,進一步可以引申爲物體的頂部。《六書故·人三》:"頭之上爲顛,引之則山有顛,木亦有顛。凡高之所極皆曰顛。"①因此,"魚顛"只能理解爲魚頭的頂部,而非指魚頭。"顛"直接訓爲物體頭部的用例,暫時並未見到。

也有學者不將"顛"訓爲頭。單育辰、李松儒二氏將"顛"讀爲"鼎",他們還認爲"玉"讀爲"語",整句話可以讀爲"遂語魚鼎",意思是"羹匕於是對魚鼎說"。陳健先生認爲"顛"讀爲"箴",所謂"述玉魚箴"就是"記述玉魚上的箴言",也就是說另有一件玉魚器,鑄有和"魚"有關的箴銘。然而,無論是"玉"讀爲"語",還是"顛"讀爲"箴",都缺乏通假例證的支撐。況且在文意上,這兩種解釋都不能令人滿意。

依筆者之見,"述玉魚顛"其實可以不用破讀。"述",訓爲申述,記述,這是其常用義項,此不贅言。"玉",如劉洪濤先生所言,可訓爲美好。俞樾《群經平議·爾雅二》:"古人之詞,凡所甚美者,則以玉言之。《尚書》之'玉食',《禮記》之'玉女',《儀禮》之'玉錦',皆是也。"②"玉魚",即美好的魚。"顛",可以理解爲傾覆、滅亡。《莊子·人間世》:"形就而入,且爲顛爲滅,爲崩爲蹶。"成玄英疏:"顛,覆也……是顛危而不扶持,故致顛覆滅絕,崩蹶敗壞,與彼俱亡也矣。"③"述玉魚顛",意思就是"申述美好魚兒的覆滅",第二個"曰"後面的語句就是記述的具體內容。

"欽"當訓爲謹慎、慎重。"出斿(游)水虫",有學者認爲"水虫"指魚或蚩尤,也有學者認爲"水虫"指銅匕。持後說者有何琳儀、劉洪濤、李家浩等。劉洪濤先生謂:"因匕形似蟲,故稱爲'蚰(蟲)匕';因匕入羹中似

---

① 戴侗撰,黨懷興、劉斌點校:《六書故》,中華書局 2012 年,第 201 頁。

② 徐德明、吳平主編:《清代學術筆記叢刊 58:群經平議》,學苑出版社 2016 年,第 572 頁。

③ 郭慶藩撰,王孝魚點校:《莊子集解》,中華書局 2006 年,第 165—166 頁。

蟲游水中，故稱爲'出游水虫（蟲）'。"李家浩先生云，"水虫"指匕，因爲"匕"形象虺，出入羹中取食，故喻爲"水虫"，"欽哉"是告誡"水虫"，即"匕"要虔敬上帝。仔細思量，此處的"水虫"指的應是"魚兒"，而非銅匕。"水虫"前面還有"出游"一詞。"出游"就是外出游玩、游歷，很明顯就是指"魚"。"欽哉"一句的意思是："謹慎啊，外出游玩的魚兒。"魚兒外出爲何需要小心慎重？是因爲一旦疏忽就有性命之憂。樂府詩《枯魚過河泣》："枯魚過河泣，何時悔復及。作書與魴鱮，相教慎出入。"①此詩記載被捕之魚後悔莫及，想要教導同伴出入謹慎的故事，與匕銘此句剛好可以互參。當然，"水虫"一方面是明指"魚"，另一方面也暗指下文的"蚩尤"。

"下民無智（知）"。"下民"，傳世文獻中多指百姓、人民。有學者據此來探討先秦時期的"愚民"思想。從銘文上下文來看，這句話應是説，百姓不懂得要謹慎這個道理。"下民"也特指蚩尤。正因爲蚩尤不够謹慎，才落得凄凉的下場。

"參（三）目取之蠱（蚩）蚘（尤）命"。《銘圖》6319、6320 著録的兩件匕均斷折，"參目"下一字剛好處在斷折的地方。網友"正月初吉"公佈的照片中，該字作"取"。據李家浩先生介紹，他在北京一收藏家處看到匕銘照片，"取"字很清晰。明確了"取"字，以往對這句話的諸多解釋就不太可靠了。單育辰先生將"參目取之"與後面斷開，但這樣做"參目取之"無法解釋。劉洪濤先生將整句連讀，他認爲，"取"疑讀爲"族"，"三目"，從吳鎮烽先生讀爲"三苗"，"三苗"是對蚩尤族屬的説明。李家浩先生認爲"叁目"是上帝派下取蚩尤性命之神，"之"指"蚩尤命"。李説似更可信。

"帛（薄）命入猷（羹）"，"帛"，從李零先生讀爲"薄"；"猷"，從于省吾先生讀爲"羹"。李零先生指出，馬王堆帛書《十六經·正亂》的記載可與此對照："黃帝身遇之（蚩）尤，因而擒之。……腐其骨肉，投之苦海，使天下喋之。"

"蒱入蒱出"。"蒱"字還不認識，郭沫若據文意讀爲"稍"，有學者認

---

① 郭茂倩輯：《樂府詩集》，中華書局 1979 年，第 1044 頁。

爲从"骨"得聲,讀爲"滑""忽""汩",還有學者認爲从"朩"得聲,而"朩"字,或釋爲"柔""會""采(穗)""秀""粵""沐""穎""矛",莫衷一是。①儘管"藕"字如何釋讀還未達成共識,但這句話的意思是可以推知的。大多數學者認爲,這句話是説肉在羹中上下翻滾出入的狀態。

"母(毋)處其所"。學者們對這句話有幾種理解。李零先生將這句話翻譯爲"無所逃死"。王寧先生認爲這句話意思是:"没有其可安處之所,猶今言死無葬身之地。"二者意見相近。吳雪飛先生將這句理解爲"没有定止之處"。劉洪濤先生認爲"止"訓爲止留,整體意思是"不要逗留在羹中"。詹鄞鑫、何琳儀、吳鎮烽等先生認爲"毋處其所"就是"不要處於這樣的場所或境地"。最後一説明顯更優。"母(毋)處其所"既是作者自警,也是對他人的告誡。

綜上,箴銘匕銘文的大意爲:(我)鑄造了銅匕,來記述美好魚兒的滅亡。説:謹慎啊,外出游玩的魚兒!下民(指蚩尤)不知道這個道理,叁目神奪取了蚩尤的性命,(蚩尤)命運不好被投入羹湯,上下翻滾。不要處於這樣的境地。

作者大概是看到了魚兒被做成羹湯的過程,頗有感觸,因而鑄造了這批銅匕來記錄自己的感悟。玉魚之"顛",一方面是指魚兒由自由自在的個體淪落爲羹湯材料的過程,另一方面也指蚩尤由興盛一時到被擒受辱乃至被做成苦醢的人生遭遇。作者由魚推及人,一步步得出人生需謹慎的哲理,頗啓人深思。箴銘中,記錄"處世需謹慎"這一哲理的,頗爲常見。如《大戴禮記·武王踐阼》:"王聞書之言,惕若恐懼,退而爲戒書。"武王所作的"戒書"中就有數條是關於"謹慎"的:

> 席前左端之銘曰:"安樂必敬。"
> 帶之銘曰:"火滅修容,慎戒必恭,恭則壽。"②

以上是我們對箴銘匕銘文的梳理。按照我們的理解,匕銘上下文之

---

① 有關該字考釋的意見參黃傑:《釋古文字中的一些"沐"字》,《中國文字》新四十三期,藝文印書館 2017 年,第 107—128 頁。徐在國:《試說古文字中的"矛"及從"矛"的一些字》,《簡帛》第十七輯,上海古籍出版社 2018 年,第 1—6 頁。

② 黃懷信主撰,孔德立、周海生參撰:《大戴禮記彙校集注》,三秦出版社 2004 年,第 653、659 頁。

間的邏輯關係明顯連貫了許多。很多學者已經提到,箴銘匕是一篇韻文。其内容又涉及蚩尤被醢這一罕見的史料。因此,正確地理解匕銘的内容,對於文學、歷史、語言等研究都有非常重要的意義。

(作者單位:廣東第二師范學院文學院)

誤釋字與吳越僞銘沿誤的發現*

林焕澤

引　言

　　吳越兵器由於製作精美，歷來爲收藏家所熱衷，其中有銘文者更是具有較大的歷史意義和收藏價值，因此也給了作僞者可乘之機。銅器銘文作僞如無中生有則較易分辨出來，因此作僞者往往會借鑒出土器物銘文中的文字，甚至學界已有的釋文。我們發現，有些非科學發掘的器物銘文，可能參考了被誤釋的器物釋文或字形。在學界認識水平提高之後，原先這些器物銘文的真僞就難免令人生疑。筆者目力所及，兹舉數例，以求正於大方之家。

一

　　《吳越題銘研究》公佈了一件越國銅劍，其銘文爲：

　　　劍格：戉（越）王者旨自复（作）用僉（劍）；戉（越）王者旨自复（作）用僉（劍）。

　　　劍首：戉（越）王者旨自复（作）用僉（劍），台（以）戰吳人。①

　　馬曉穩先生已疑其僞，主要理由有三：（1）銘文與越國常見鳥蟲書

---

　　* 本文爲國家社科基金重大項目"戰國文字詁林及數據庫建設"（17ZDA300）、國家社科基金重大項目"戰國文字研究大數據雲平臺建設"（21&ZD307）階段性成果。
　　① 董珊：《吳越題銘研究》，科學出版社 2014 年，第 43 頁。

不類;(2)劍首銘文爲逆時針閱讀,與其他越國器的劍首銘文順序不合;(3)銘文行款常見於越王翳時期,與"以戰吴人"的時代矛盾。①

　　不唯如此,銘文的内容其實也有疑點。越國兵器銘文中多記載越王名字,通過越王名字與傳世文獻記載的越國世系比照,確定該器的王世,是越國銘文研究中最主要的研究方向。② 越王自名有"者旨於賜",曹錦炎先生認爲"者旨"即"諸稽",是越族的氏。③ 如此器爲真,則是首例只署氏而不署名的吴越銘文。董珊先生認爲"吴越争戰僅限於越允常、句踐兩世",因而認定劍銘的"越王者旨"是史書中的越王允常。④ 但越國銘文中目前仍未發現"允常"自名,僅有一件"越王之子句踐"劍可以定爲"允常"在位階段所作。

　　我們認爲,這柄劍的"者旨",很可能是參考了1992年香港中文大學文物館所藏的"越王者旨矛"。該器由游學華先生登報公佈。⑤ 游氏釋文爲"越王者旨自乍(作)用矛"。此後一段時間内學者多沿其説,⑥其中"旨"字作 ▨ ,董珊先生指出上半形爲"九",釋爲"咎","者咎"指的是越王諸咎。⑦ "自鐸"中的"咎"字也作 ▨ ,⑧與此字完全相同。而我們所懷疑的這把劍,其劍格"者旨"字形作 ▨ ,則與《金文編》中收録的"者""旨"常見字形相同。⑨ 其劍首字形則是在此基礎上增加鳥形飾符。作銘者依據錯誤的釋文,誤以爲越王有自名"者旨"的例子,因而對照常

① 　馬曉穩:《吴越文字資料整理及相關問題研究》,吉林大學博士學位論文(導師:吴振武教授),2017年,第423頁。
② 　如確定"者旨於賜"是《史記·越世家》所記句踐之子"鼫與"。"州句"即《竹書紀年》所載的越王"朱句"。"差邾""者差其余"即《竹書紀年》所載的越王"初無余"等。參看林澐:《越王者旨於賜考》,《考古》1963年第8期,後收入氏著《林澐學術文集》,中國大百科全書出版社1998年,第190—191頁。陳夢家:《西周年代考·六國紀年》,中華書局2005年,第159頁。董珊:《越王差徐戈考》,《故宫博物院院刊》2008年第4期,第27—30頁。
③ 　曹錦炎:《越王姓氏新考》,《中華文史論叢》1983年第3期。
④ 　董珊:《吴越題銘研究》,第43—44頁。
⑤ 　游學華:《記中文大學藏越王者旨於賜矛》,《大公報》1992年6月12日。游學華:《香港中文大學文物館藏越王者旨矛》,《中國文物報》1992年6月21日,第3版。
⑥ 　施謝捷:《吴越文字彙編》,江蘇教育出版社1998年,第70頁。張光裕、曹錦炎主編:《東周鳥篆文字編》,翰墨軒1994年,第54頁。曹錦炎:《鳥蟲書通考》,上海書畫出版社1999年,第70頁。
⑦ 　董珊:《吴越題銘研究》,第65頁。
⑧ 　曹錦炎:《自鐸銘文考釋》,《文物》2004年第2期,第73頁。
⑨ 　容庚編著,張振林、馬國權摹補:《金文編》,中華書局1985年,第247、326頁。

見工具書製作了這一銘文。

二

《吳越題銘研究》中另收有兩件吳國銅劍,其銘文分別爲:

矢(吳)王光逗自乍(作)用僉(劍),以戰戉(越)人。

(《吳越題銘研究》圖 29)

劍格：工吾王光自复(作)用僉(劍);工吾王光自复(作)用僉(劍)。

劍首：攻吾王光自乍(作)用僉(劍),台(以)戰戉(越)人。

(《吳越題銘研究》圖 30①)

其中"以戰越人"句式與前文所舉"越王者旨"劍的"以戰吳人"相同,可能出自一家之手。器主自名是"光",也即吳王闔廬。銘文行款奇特,前一柄劍銘刻於外嵌的象牙劍柄,係吳越銅劍首例。後一柄劍銘刻於劍格及劍首,則多見於越國銅劍。②

這兩柄劍的"以戰越人"很有可能是模仿了 1978 年南陵縣出土的攻敔王光劍,發掘報告中劉平生先生誤釋銘文爲"攻敔王光自乍(作)用劍,以戰戉人"。③ 中間兩字字形分別作"▨""▨",④劉雨先生改釋爲"以戲戝人"。⑤ 原釋文則至今仍在大衆媒體及網絡中廣泛流傳。⑥

藏家所藏這兩柄劍的劍銘,没有采用南陵出土吳王光劍的字形,而是刻意地追求繁複和精美,在過去已有字形的基礎上增減鳥形飾符,組成新

---

① 董珊：《吳越題銘研究》,第 30 頁。

② 馬曉穩對此已有懷疑,提出"銘文鑄於窄劍格與劍首,這類風格吳國僅此一見,反而倒與越王不光劍類似。不過,我們目前也没有發現更多僞作的破綻,暫將此二器録入正文"。參看馬曉穩：《吳越文字資料整理及相關問題研究》,第 423 頁脚註。

③ 劉平生：《安徽南陵縣發現吳王光劍》,《文物》1982 年第 5 期,第 69 頁。

④ 劉平生：《安徽南陵縣發現吳王光劍》,《文物》1982 年第 5 期,第 69 頁。

⑤ 劉雨：《關於安徽南陵吳王光劍銘釋文》,《文物》1982 年第 8 期。

⑥ 央視網：《[國寶檔案]春秋吳王光劍》,CCTV－4 中文國際頻道,2012 年 12 月 28 日,視頻 8 分 34 秒處介紹此劍並附有銘文。此劍 1978 年出土時斷爲六截,1984 年才陸續徵收完整,其流傳故事得到大量媒體刊載,其中也不乏以訛傳訛者,誤寫作"以戰戉人""以戰成人""以占樂仁"等。

見字形。其中許多字形所增加的鳥形飾符,與同時期的吳王光器不類,反而與後世的越國銅劍相似(參見文末附表)。有些字形不見於吳越文字,反而在楚系其他國家文字可以見到底本,應該是參考了鳥蟲書的常見工具書所收字形製作,忽視了地域之間的字形差異,其中以"复""戰"二字尤爲明顯。

"复"字則作"彡",吳越文字中表示作器的"作"均用"乍"字,唯本器及上節所舉器使用了"复",常見文字編收有楚王酓腋鼎的"彡"字,①可能是據此類字形而作。

銘文中的"戰"字分別作"彈""彈"之形,而前文越王者旨劍所謂"以戰吳人"的"戰"也作"彈"。② 吳越文字中目前沒有"戰"字。頗疑這裏的"戰",是根據"舒蚊壺"的軸字而來,也可能是根據"王子午鼎"的"軸"字而作。③

然而"以戰越人/以戰吳人"這種句式並不合上古漢語語法。"戰"是不及物動詞,其後不能直接接對象賓語。④《孟子·梁惠王上》:"鄒人與楚人戰。""戰"表示相戰義。此外又有"戰+於+地點"句式,如《禮記·檀弓上》:"魯莊公及宋人戰於乘丘。"但沒有"戰+某國/某人"這種用法。銘文"以戰越人"應是根據有誤的釋文作爲底本,習非成是了。

三

近日筆者瞭解到藏家流出一柄吳國銅劍的照片,劍身錯金銘文未有鏽蝕,字形非常清晰,並附有釋文作:

工吳王姑發者反之弟季子者尚自作其元用

"姑發者反"是吳王諸樊的自名,新泰周家莊墓地出土有同名器物,⑤

---

① 容庚編著,張振林、馬國權摹補:《金文編》,第 839 頁。
② 董珊:《吳越題銘研究》,圖 29、30、70。《吳越題銘研究》中此字圖版非常模糊,其中圖版 29、圖版 70,仍可看出"單"形,左旁完全消磨不見,不排除董珊先生誤摹的可能性。
③ 陳劍先生認爲左旁是"水",加手形爲飾筆,當釋爲"溥"。參看陳劍:《據郭店簡釋讀西周金文一例》,《北京大學中國古文獻研究中心集刊·2》,北京燕山出版社 2001 年,第 387 頁。
④ 李佐豐:《文言實詞》,語文出版社 1994 年,第 31—33 頁。
⑤ 任相宏、張慶法:《吳王諸樊之子通劍及相關問題探討》,《中國歷史文物》2004 年第 5 期,第 15—23 頁。

在出土吳國劍銘中也寫作"姑發者坂""姑發郎"等。①《史記·吳世家》："壽夢有子四人,長曰諸樊,次曰餘祭,次曰餘眛,次曰季札。"吳王諸樊之弟三人,"餘祭"又名"句余",出土銘文中寫作"虘戗此郒"。②"餘眛"又稱"夷眛",出土銘文寫作"姑鬶雒"。③"季札"即史書中著名的"延陵季子",出土吳國器物中僅有一柄"吳季子之子逞劍",並未記録季子的名字。

這柄劍的器主指的應該是吳王諸樊之弟季札,名爲"者尚"。但是季札名爲"者尚"出土吳國銘文未見,史籍也沒有記載,作僞銘者也非向壁虛造,實際上是參考了曹錦炎先生對山西榆社出土吳國銅劍的釋文,該劍於 1985 年出土,1990 年公佈銘文照片及摹本。④ 曹先生據此重定釋文作:

> 工盧王姑娄(發)鐅反之弟季子者(?)尚受余臣(厥)司金,弖(以)乍(作)其元用鐱(劍)⑤

實際上該劍鏽蝕嚴重,所謂"季子者尚"數字分別作🀄🀄🀄🀄,衆説紛紜不能定論。⑥ 曹先生文中也指出:"者字殘存下半,是否'者'字尚有疑問。"⑦即以所謂的"弟"字字形🀄,也並非確釋。不能確定器主是否與延陵季子有關。

反觀藏家手中的這柄劍,其中"姑發者反"四字與榆社劍幾乎相同,所謂"弟"字作🀄,屬於在原器殘字上加以捏造,沒有字形理據。"季子者尚"字形作🀄🀄🀄🀄,毫無疑問,都是使用了工具書中的常見字形。究其原因,恐怕也是因爲曹先生的釋文能與著名的延陵季子聯繫,得到

---

① 馮志餘、許玲:《六安市出土吳王諸樊戈》,《文物研究》第 13 輯,黃山書社 2001 年,第 320—321 頁。朱俊英、劉信芳:《攻盧王姑發郎之子曹鮽劍銘文簡介》,《文物》1998 年第 6 期,第 90—91 頁。

② 陳千萬:《湖北穀城縣出土"攻盧王虘戗此郒"劍》,《考古》2000 年第 4 期,第 95—96 頁。

③ 曹錦炎:《吳王壽夢之子劍銘文考釋》,《文物》2005 年第 2 期,第 67—74 頁。

④ 晉華:《山西榆社出土一件吳王胏發劍》,《文物》1990 年第 2 期,第 77—79 頁。

⑤ 曹錦炎:《吳季子劍銘文考釋》,《東南文化》1990 年第 4 期,第 109—110 頁。

⑥ 參看馬曉穩:《吳越文字資料整理及相關問題研究》,第 16—17 頁。其梳理出對此劍的釋文意見共有九種。

⑦ 曹錦炎:《吳季子劍銘文考釋》,第 110 頁。

了大衆媒體的認可和流傳。①

附表　"以戰越人"劍字形與吳越兩國銅器比較②

藏家劍銘字形	釋　文	吳國典型文字	越國典型文字
	工/攻		無
	吾	/無	無
	王		
	光		無
	自		
	乍/复	/無	/無
	用		/無
	僉		
	以		
	戰	無	無
	戉		
	人		無

----

① 易蓮精舍:《季札遺物之"吳季子劍"》,搜狐網 2018 年 8 月 14 日。吳美福:《吳文化知識普及(兵器篇)59 季札劍》,中網傳媒 2020 年 9 月 25 日。

② 本表中吳越典型字均選取出土器物中的清晰常見字形,避開私人藏器字形。爲行文簡便,字形圖片出處不再一一注出。

按,從表中可以看出,銘文製作者忽視了吳、越之間的用字習慣和字形差別,專注於選用鳥蟲書中較爲精美繁複的字形,如無相似字形者輒將常見字形嵌於鳥足之間造出新字形。

（作者單位：中山大學歷史學系，
“古文字與中華文明傳承發展工程”協同攻關創新平臺）

楚璽印面形制説略

蕭 毅

　　形制與分域、斷代等密切相關，是古璽印研究很重要的組成部分。由於公開發表的材料等方面的限制，目前古璽形制的研究還不够細緻和深入，因而人們認識到的古璽形制只是一個模糊的印像。楚系古璽尤其是官璽受到的關注較多。

　　曹錦炎先生認爲：

　　　　楚官璽的形體大小不太統一，似乎没有定制。鈕式以壇鈕爲主。印面或有作十字格或豎界格的，除個别璽外均作白文。①

　　邵磊先生謂：

　　　　楚璽多係鏨款，有邊欄，少數有界格，除少量爲圓形印面外，一般以方形白文璽爲大宗。其中官璽尺寸達 2.5 釐米左右，私璽略小，約在 1.0 ～ 2.0 釐米之間。②

　　葉其峰先生認爲楚官璽形制主要有方形鼻鈕、方形壇鈕、方形橛鈕、長方形橛鈕、圓形鼻鈕等五種，並謂：

　　　　楚官璽多刻鏨、陰文，璽文排列無定式，依文字多少及印面形狀而構成變化錯綜的印面，個别印章印面還施田字界格，印文鑴於格内，莊重整齊。③

---

　　① 曹錦炎：《古璽通論》，上海書畫出版社 1996 年，第 91 頁。
　　② 邵磊：《戰國古璽分域叢談（附録：戰國古璽辨僞例證）》，《南方文物》1996 年 4 期，第 34—41 頁。
　　③ 葉其峰：《古璽印與古璽印鑒定》，文物出版社 1997 年，第 3 頁。

莊新興先生認爲楚系官璽的印面形狀以方形爲主,圓形、長方形、扁方形和橢圓形的較少見;陰文官璽加豎欄的非常少,用田字格的也只占少數,大多數只飾邊框;陽文官璽也用邊框,框綫粗細不一;官璽璽面大小很懸殊。私璽璽面形狀比官璽要豐富得多,有方、圓、矩、長方、扁方、棱、圖案等,方形最常見;陽文私璽以粗框細文居多,有些圓形還用內方外圓兩框套疊成複合式邊框;陰文私璽的邊框在戰國璽印中最富變化,帶有邊框,少數有欄或格,方形複合框一般由內外兩方形緊貼着套疊而成,也有由三框套疊而成,框與框之間還添加裝飾物。①

本文擬以統計資料爲基礎,做些試探性的研究。需要説明的是,爲研究的便利,合體璽、多面璽以及其他印迹一般不在統計之列;私璽指除成語璽以外的私印,有時需要把私璽、成語璽作爲一類討論,則統稱私印類。下面的分析可能過於瑣碎,但對於探討楚璽的形制特徵以及在形制上與其他四系的比較來説,或許是一條行之有效的途徑。

爲行文簡便,見於《古璽彙編》中的璽印只録編號。

一、形　　狀

總的來説,楚璽印面多爲方形,以圓形、長方形爲次。在 672 方印中(包括待考的 7 方),方形 560 方,約占 83%;圓形 63 方,約占 9%,長方形 29 方,約占 4%,這三類共計約 97%。

官璽,147 方,方形 127 方,約占 86%;圓形 12 方,約占 8%,長方形 7 方,約占 5%。其他的只有 1 方腰圓形璽。

私璽,337 方,方形 288 方,約占 85%;圓形 33 方,約占 10%,長方形 14 方,約占 4%。其他的只有 2 方曲尺形璽。

成語璽,99 方,方形 77 方,約占 78%;圓形 10 方,約占 10%,長方形 2 方,約占 2%。這三類共計約 90%。

單字璽,82 方,方形 65 方,約占 79%;圓形 8 方,約占 10%,長方形 6 方,約占 7%。其他的只有 3 方異形璽。

待考璽,7 方,方形 5 方,長條形 1 方,曲尺形 1 方。

---

① 莊新興:《戰國璽印》,上海書店出版社 2003 年,第 40—48 頁。

如果把私璽和成語璽合在一起,436 方,方形 365 方,約占 84%;圓形 43 方,約占 10%,長方形 16 方,約占 4%。

大體看來,官璽、私印類各種形狀所占的比例還是比較接近的。官璽、私璽各有 4 種形狀,比較單調,而成語璽則要豐富得多,如雙面鼓形等。

二、朱　　白

楚璽以白文爲主,581 方,約占 672 方印(包括待考的 7 方)的 86%。

官璽白文 142 方,約占 147 方官璽的 97%;私璽白文 329 方,約占 337 方中的 98%;成語璽白文 42 方,約占 99 方中的 42%;單字璽白文 62 方,約占 82 方中的 76%。較爲明顯的差別是成語璽以朱文爲多,大約是因爲成語璽的主要使用方式是佩帶而不是鈐印的緣故。此外,單字璽中朱文也占有一定的比例,大約與單字璽中有較多的成語印有關。

三、大　　小

一般認爲楚璽的大小無定制,其實還是有些規律的。這裏嘗試以 23.1 釐米爲一尺,[1]以 0.1 寸爲階對楚璽分類並統計。有一點需要説明,即有些印章發表時沒有明確地標明尺寸,而根據發表的印面所得到的尺寸與印章原大並不一定就等同,把這些印章統計在內可能會影響結果的可靠性,但考慮到一般相差不會太遠,或大、或小所帶來的影響或可相互抵消,而且這些印章很多,不算在內又不够全面,因此暫把這些璽印也統計在內。這裏主要討論方形璽,兼及圓形璽,其他暫不討論

官璽。從≥1.5 寸到 0.4 寸,以 0.1 寸爲階,各類印章數依次爲 3、3、9、5、26、30、30、15、3、2、0、1,從圖一可以看出符合正態分佈,峰值在 1 寸、0.9 寸處,考慮到 1.1 寸的明顯多於 0.8 寸的,或許可以推測其峰值應該在 1 寸處,大於和小於 1 寸的官印漸次減少。在 127 方方形官印中,最多的有 30 方,約占 24%,1.1 寸、1 寸、0.9 寸三類共 86 方,約占 68%。雖然有

---

① 丘光明:《中國歷代度量衡考》,科學出版社 1992 年,第 10—11 頁。

超大、超小的官印,但畢竟只是少數。或許可以説楚系官璽的大小一般爲一寸。

私璽。從 1.1 寸到 0.3 寸,以 0.1 寸爲階,各類印章數依次爲 1、3、2、9、17、86、143、21、6,從圖二可以看出符合正態分佈,峰值在 0.5 寸處。在 288 方方形私璽中,0.5 寸左右的有 143 方,約占 50%,如果再把 0.6 寸、0.4 寸算在内,這三類共 250 方,所占百分比高達 87%。似乎可以説,楚系私璽的大小一般爲 0.5 寸。

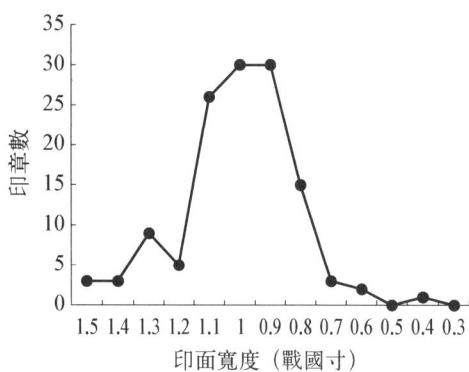

圖一　不同印面寬度的
楚系官璽數量圖

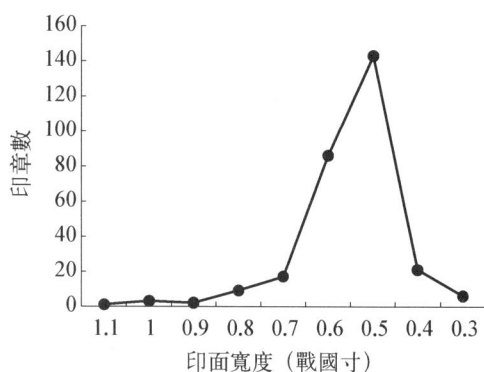

圖二　不同印面寬度的
楚系私璽數量圖

成語璽。從 0.9 寸到 0.3 寸,以 0.1 寸爲階,各類印章數依次爲 1、4、6、12、27、21、6,從圖三可以看出也符合正態分佈,峰值在 0.5 寸處。在統計的 77 方私璽中,0.5 寸左右的有 27 方,約占 35%,如果再把 0.6 寸、0.4 寸算在内,這三類共 60 方,約占 78%。似乎也可以説,楚系成語璽的大小一般爲 0.5 寸。

單字璽。從 0.9 寸到 0.3 寸,以 0.1 寸爲階,各類印章數依次爲 1、1、7、14、28、12、2,從圖四可以看出也符合正態分佈,峰值在 0.5 寸處。在統計的 65 方單字璽中,0.5 寸左右的有 28 方,約占 43%,如果再把 0.6 寸、0.4 寸算在内,這三類共 54 方,約占 83%。似乎也可以説,楚系單字璽的大小一般爲 0.5 寸。單字璽的性質一般難以判斷,從其大小的分佈情形與私璽、成語璽較爲一致來看,單字璽大多是私璽。

總之,楚系官璽多在 1 寸左右,最小的是 0.4 寸,私璽、成語璽、單字璽多在 0.5 寸左右,最大的不超過 1.1 寸。

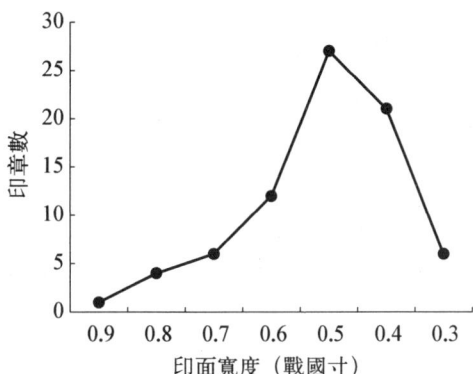

圖三　不同印面寬度的
楚系成語璽數量圖

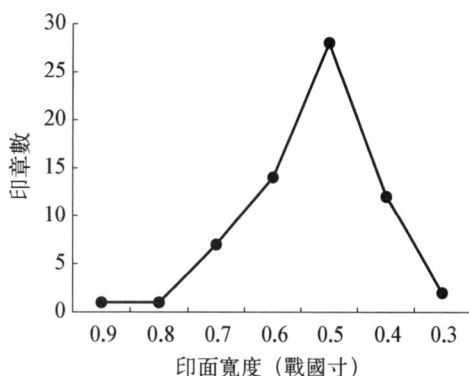

圖四　不同印面寬度的
楚系單字璽數量圖

四、框　　格

本文所錄楚璽没有框格的僅 10 方,約占總數的 1.4%。

官璽的框格形式有 8 種(計無框,下同),其中隨形作框的有 4 種,120 方,占 147 方官璽中的 82%,占有框格璽印的 84%。最多的是方形框,103 方,占 147 方官璽中的 70%,其次是田字格,20 方,占 147 方官璽中的 14%。

私璽的框格形式最豐富,但還是以隨形作框爲主,4 種 263 方,占 337 方私璽的 78%,占有框格私璽的 79%,最多的是方形框,239 方,占 337 方私璽的 71%。此外以内方外圓框、方框豎格(暫把長方形、長條形算在内)、回字形框較多,依次有 18、18、17 方,共約占 337 方私璽的 16%。

成語璽都有框格。最多的是方形框,64 方,占 99 方成語璽的 65%。其次是圓形框,有 8 方,約占 99 方成語璽的 8%。此外,田字格、回字形框、雙面鼓形框也有一些。

單字璽只有一方無框格,其餘的有框無格。最多的方形框 56 方,占 82 方單字璽的 68%。其次是圓形框和回字形框,各有 7 方,各約占 10%。由於受一個字的限制,框格形式没有私璽、成語璽豐富。

可以看出,楚璽一般有框格,以方形框爲主,形式豐富,不同性質的楚璽間有些差異。

五、整 體 形 制

上面分析了楚璽形制的各個單一因素,具體到每一方楚璽,則是各個因素的集合體。

總體看來,楚璽印面形式有 36 種,其中最多的是方形白文方框,有 404 方,約占 672 方中的 60%,其次爲方形朱文方框,有 63 方,約占 9%,再次爲圓形白文圓框,30 方約占 4.5%。不同性質的楚璽還有些差異。

官璽只有 13 種形式,其中最多的是方形白文方框,100 方占 147 方官璽的 68%,其次爲方形白文田字格,20 方約占 14%,再次爲圓形白文圓框,11 方約占 7%。這三類共 131 方約占 89%。官璽中占有一定比例的方形白文田字格是秦官璽的主要形式,這些璽印有諸多晚期特徵,雖然不能斷定是楚地被秦占有後的産物或者説是楚漢時物,但至少可以説這些璽印是受到秦璽影響的。

私璽有 19 種形式,其中最多的是方形白文方框,233 方占 337 方私璽的 69%。其他較多的爲圓形白文內方外圓框和方形白文方框豎格各 18 方,各約占 5%。這三類約占 80%。此外,方形白文雙方框也較多,有 17 方。

成語璽有 15 種形式,分佈相對較散。最多的是方形朱文方框,39 方約占 99 方成語璽的 39%,其次爲方形白文方框,25 方約占 25%,其他較爲分散。較多的三類約占 70%。

單字璽有 12 種形式,最多的是方形白文方框,41 方占 82 方單字璽的 50%,其次爲方形朱文方框,15 方約占 18%,其他較爲分散。較多的三類約占 77%。

官璽形式較爲統一,成語璽則要分散得多。

六、多 面 璽

多面璽共 9 方,其中正背兩面璽有 7 方,正側兩面璽 1 方,四面璽 1 方。

多面璽各個印面的形式大多相同,有 3 方較特別。一方爲 3486+

5579，①較大的一面爲"邵奮"，另一面在印鈕的頂部，略小，爲"敬"；一方爲239，一面在印側，長方，無邊框；一方爲1617，一面爲菱形。

就現有材料看，多面璽中還沒有發現官璽，或許可以認爲多面璽都屬於私印。

（作者單位：武漢大學文學院）

---

① 《古璽彙編》分置兩處，"邵奮"編號爲3486，"敬"編號爲5579。

用字習慣對古文字文獻釋讀的影響[*]

——以戰國楚璽中的"行泉"爲例

田　煒

近幾十年來,出土古文字資料不斷湧現。這些材料對語言學、歷史學等不同學科的重要作用也日益凸顯。要發掘出土文獻的價值,首先就要面對文本的釋讀問題。只有文本釋讀正確可靠,研究者才能充分地利用出土文獻材料進行研究。因此,如何正確考釋古文字、釋讀古文字資料一直是學術界關注的問題。楊樹達在《積微居金文説自序》中有一段很有名的話:

> 每釋一器,首求字形之無牾,終期文義之大安,初因字以求義,繼復因義而定字。義有不合,則活用其字形,借助於文法,乞靈於聲韻,以假讀通之。[①]

這段話總結了古文字考釋的方法和原則,説明考釋古文字必須求得形、音、義三方面的協調與統一。這一點已經成爲古文字學界的共識,學者運用這種方法解決了很多古文字的釋讀問題。然而,在實際的考釋工作中,即便考慮到形、音、義三方面的協調統一,一個字有不同解釋的情況仍然很常見,形成了衆多"可備一説"的歧見。這不僅爲文本的正確理解帶來了困擾,也爲利用古文字資料開展語言學、歷史學的研究帶來了困難。從邏輯上説,除了一些特殊情況以外,一個字不可能既可以這樣解釋又可以

* 本文爲國家社會科學基金一般項目"出土戰國至西漢早期文獻書寫特點研究"(20BYY182)階段性成果。

① 楊樹達:《積微居金文説》,中國科學院 1952 年,第 1 頁。

那樣解釋。這説明了僅僅考慮到形、音、義三方面的協調仍然是不够的。隨着出土古文字資料的不斷豐富，學者越來越注意研究出土文獻所呈現出來的字詞關係特點，也就是所謂的用字規範或用字習慣。還有一些學者開始注意從字詞關係的角度來解釋古文字文獻。這爲古文字文獻的釋讀工作提供了新的視角，也提出了更高、更細緻的要求。下面我們以楚璽中的"行彔"爲例，試説明用字習慣對古文字文獻釋讀的影響。

《古璽彙編》0214 號重新著録了下揭戰國楚國古璽：

釋文爲"行□之鉨"。① 陳漢平釋第二字爲"彔"，讀"行彔"爲"行禄"。② 黃錫全同意這個意見，認爲"行禄"相當於"司禄"，是主管班禄之事的長官。③ 吳振武指出印文第二個字在"彔"上還有一個"宀"旁，把此字隸定爲"宋"。④ 吳説正確可從。吳文還認爲"行宋"應該讀爲"衡鹿"，是古代掌管林麓的職官。"衡鹿"一詞見於傳世典籍。《左傳》昭公二十年説："山林之木，衡鹿守之。"把"行宋"讀爲"衡鹿"不僅文從字順，還有典籍可以佐證，因此自吳文發表以後，學術界基本上都相信這種説法。《鶴廬印存》著録了下揭戰國楚國古璽：

施謝捷讀爲"下蔡衡麓"，⑤也采用了吳文的意見。不過，新的出土文獻不

---

① 羅福頤主編：《古璽彙編》，文物出版社 1981 年，第 36 頁。

② 陳漢平：《古文字釋叢》，《出土文獻研究》，文物出版社 1985 年，第 237 頁。

③ 黃錫全：《古文字中所見楚官府官名輯證》，《文物研究》第七輯，黃山書社 1991 年，第 210—211 頁。

④ 吳振武：《戰國璽印中的"虞"和"衡鹿"》，《江漢考古》1991 年第 3 期，第 86—87 頁。

⑤ 施謝捷：《古璽彙考》，安徽大學博士學位論文（導師：黃德寬教授），2006 年，第 159 頁。

斷公佈,常常給我們新的啓發和思考。

清華大學藏戰國竹簡《治政之道》簡 35 説:

（1）……〔五〕穜不陞（登）,廥（府）定（庫）倉彔（鹿）是以不實,車馬不关（完）、兵緐（甲）不攸（修）,亓（其）民乃寡以不正。

（《清華大學藏戰國竹簡（玖）·治政之道》簡 35）

李守奎指出:

定,即"庫"。府庫,《孟子·梁惠王下》:"凶年饑歲,君之民老弱轉乎溝壑,壯者散而之四方者幾千人矣;而君之倉稟實、府庫充,有司莫以告,是上慢而殘下也。"彔,糧倉,典籍作"鹿"。《國語·吴語》"市無赤米,而囷鹿空虚",韋注:"員曰囷,方曰鹿。"①

"倉鹿"之"鹿"本字作"廘"。"彔"字從宀,"宀"與"广"爲義近形旁,可以換用,"彔""鹿"二字讀音相同,在古文字中用作形聲字的聲旁時也常常可以換用,如"麓"字既可以用"鹿"爲聲旁又可以用"彔"爲聲旁。因此,"彔"和"廘"可以看作是一對形旁和聲旁都不同的異體字,都是"倉廘"之"廘"的本字。這樣看來,"行彔"之"彔"就有解釋爲倉廘的可能性。"衡鹿"之"鹿"是"麓"的假借字。我們對｛麓｝這個詞在出土戰國楚文獻中的記録形式進行了考察和統計(見表一):

表一

出　　處	字　形		
	禁	麓	彔
新蔡簡	2	1	0
上博簡《蘭賦》	0	0	1

在商代甲骨文中,｛麓｝可以用"麓""菉""禁"等字表示。② 這些字有的形

---

① 清華大學出土文獻研究與保護中心編,黄德寬主編:《清華大學藏戰國竹簡（玖）》,中西書局 2019 年,第 142 頁。

② 劉釗、馮克堅主編:《甲骨文常用字字典》,中華書局 2019 年,第 139 頁。

旁不同而聲旁相同，有的聲旁不同而形旁相同，有的聲旁和形旁都作了替換，是一組異體字，在表示｛麓｝時都用爲本字。在目前所見的商、西周金文中，"麓"（｛麓｝）有 2 例，見於商代晚期的宰甫卣銘文（《殷周金文集成》5395 號）和西周早期的小臣夌鼎銘文（《殷周金文集成》2775 號），前者借用"录"字表示｛麓｝，後者則用"禁"字表示。由此可見，戰國楚文獻用"禁""麓""录"諸字表示｛麓｝是繼承時代更早的古文字而來的。在可以確定的文例中，尚未見用"㝮"字表示｛麓｝的例子，而楚國古璽中的 2 例"行㝮"却都用"㝮"字。由此看來，把"行㝮"的"㝮"解釋爲倉廪更符合戰國楚文字的用字習慣。"㝮"字除了見於古璽和清華簡外，還見於包山楚簡，共有 3 例。其中見於簡 190 的 1 例用作地名，這裏不作討論。簡 145 和 145 反的 2 例"㝮"字，用法與清華簡和楚璽相關：

（2）東周之客紳朝、郾客登（鄧）余善、秦客陳慎（軫）、䣜（魏）客魏奮、䣜（魏）客公孫哀、郕（越）客脡穢、郕（越）客左尹軺、䣜（魏）客觲（犖）杲、郫（巴）客望困𤎩之𤝗（𤝗）犬叙鳸（雁），肉㝮旦灋（廢）之，無以歸（饋）①之。　审（中）舍（舍）戠（職）歸（饋）之客成昜让尹成以告子司馬。

八月戊寅，子司馬詎（囑）之。

九月甲申之日，司豊②之客須幽箸言胃（謂）：小人以八月甲戌之日舍肉㝮之舍（舍）人□□贎（饋）客之齋，金十兩又一兩。　義亞爲李。

（《包山楚簡》簡 145、145 反）

這段話是説楚國饋贈給外國使者的犬和雁被肉㝮所廢，無法饋贈，負責饋贈的職饋之客向子司馬報告了這件事，子司馬於是交代辦理此事。③　劉信芳最早把"肉㝮"讀爲"肉禄"，解釋爲"客卿就官事之所食，折算成金額

---

① 單育辰：《包山簡案例研究兩則》，《吉林大學社會科學學報》2012 年第 1 期，第 67 頁。

② 李家浩認爲此字是"豊"的訛字，讀爲"禮"，見《戰國文字中的"宦"字》，《出土文獻與古文字研究》第六輯（上），上海古籍出版社 2015 年，第 272 頁。

③ 朱曉雪對這段話有過比較詳細的解釋，見《包山 145 號簡析論》，《簡帛》第六輯，上海古籍出版社 2011 年，第 243—244 頁。

發放"。① 陳偉等學者則認爲"肉稟"是官署名,但没有説明是否同意把
"稟"讀爲"禄"。② 李家浩同意把"肉稟"讀爲"肉禄",認爲"肉禄"可能
是官署名,也可能是職官名,"因其主管頒發肉食之禄而得名",並引《左
傳》昭公四年"食肉之禄"杜注"謂在朝廷治其事就官食者"爲證。③ 不過
學者已經指出,簡文開頭提到的東周之客、鄖客、秦客、魏客、越客、巴客並
不是楚國的客卿,而是諸侯各國的使者。④ 現在從清華簡《治政之道》中
"稟"的用法來看,把"肉稟"解釋爲官署名是很合適的,應該讀爲"肉
廩",即儲藏和提供牲畜、肉食的倉廩。犬和雁都歸肉廩管理,所以職饋
之客需要到肉廩領取饋贈各國使者用的犬和雁。《廣雅·釋宫》:"廩,倉
也。"王念孫疏證:"廩通作鹿,《國語·吴語》'困鹿空虚'韋昭注云:'員
曰困,方曰鹿。'《廣韻》引賈逵注云:'廩,庾也。'"古代的倉主要用於存
放米、粟一類的農作物,但從出土文獻來看,倉也可以蓄養牲畜。睡虎地
秦墓竹簡《秦律十八種·倉律》簡63説:

　　(3)畜雞離倉。用犬者,畜犬期足。豬、雞之息子不用者,買
(賣)之,别記其錢。

　　　　　倉(《睡虎地秦墓竹簡·秦律十八種·倉律》簡63)

里耶秦簡又有如下記録:

　　(4)倉曹計録:禾稼計、貸計、畜計、器計、錢計、徒計、畜官牛
計、馬計、羊計、田官計。凡十計。史尚主。

　　　　　　　　　　　　　　　　　　(《里耶秦簡[壹]》8-481)

　　(5)畜官課志:徒隸牲畜死負、剥賣課,徒隸牲畜畜死不請課,
馬産子課,畜牛死亡課,畜牛産子[課],畜羊死亡[課],畜羊産子
課。·凡八課

　　　　　　　　　　　　　　　(《里耶秦簡[壹]》8-490+8-501)⑤

---

　　① 劉信芳:《包山楚簡解詁》,藝文印書館2003年,第145頁。
　　② 陳偉等:《楚地出土戰國簡册[十四種]》,經濟科學出版社2009年,第70頁。
　　③ 李家浩:《戰國文字中的"宫"字》,第270頁。
　　④ 陳偉:《包山簡"秦客陳慎"即陳軫試説》,《古文字研究》第二十五輯,中華書局2004
年,第343—346頁。
　　⑤ 陳偉主編:《里耶秦簡牘校釋(第一卷)》,武漢大學出版社2012年,第168頁。

（6）倉課志：畜彘雞①狗産子課、畜彘雞狗死亡課、徒隸死亡課、徒隸産子課、作務産錢課、徒隸行繇（徭）課、畜雁死亡課、畜雁産子課。·凡☑

（《里耶秦簡［壹］》8-495）

學者已經結合睡虎地秦簡《倉律》和里耶秦簡指出戰國秦國和秦代的倉不僅飼養豬、狗和家禽，而且飼養情况也屬於考課的範圍。② 包山楚簡所説的肉鹿管理牲畜和肉食正與此相合。肖毅《古璽文分域研究》還發表了下揭一枚戰國楚璽：③

印文是"新郊㝛鈢"，是新郊這個地方的倉廪用印。就目前所見，出土文獻中當"倉廪"講的"㝛"字只見於戰國楚文獻，而《國語·吳語》"市無赤米，而囷鹿空虛"出自越國大夫文種所説的一段話。學者已經注意到《國語》保存了一些戰國抄本的痕迹，一些用字、用語有比較古老的來源。④ 例如袁金平根據清華大學藏戰國竹簡《越公其事》用"閒"字表示{縣}的書寫特點指出《吳語》中的"閒陳、蔡"應該讀爲"縣陳、蔡"。⑤ 由此看來"鹿"也可能是一個具有地域特色的詞。應該順便指出的是，《漢語大字典》等一些工具書把"鹿"解釋爲"露天堆積穀物的處所"，其根據大概就是《廣韻》引賈逵注"鹿，庾也"，而典籍注疏又常常把"庾"訓爲"露積""露積穀"，《説文》广部也説"庾""一曰倉無屋者"。賈逵的根據是什麽已不可知，但這個解釋至少是不全面的。《國語·吳語》韋注"員曰囷，方曰鹿"，説法已經與賈逵注不同。如今出土楚文獻中"鹿"的用法説明至

---

① 陳偉主編：《里耶秦簡牘校釋（第一卷）》，第169—170頁。

② 中國政法大學中國法制史基礎史料研讀會：《睡虎地秦簡法律文書集釋（三）：〈秦律十八種〉（〈倉律〉）》，《中國古代法律文獻研究》第八輯，社會科學文獻出版社2014年，第87頁。

③ 肖毅：《古璽文分域研究》，崇文書局2018年，第478頁。

④ 李守奎：《〈國語〉故訓與古文字》，《漢字漢語研究》2018年第2期，第92—102頁。

⑤ 袁金平：《利用清華簡〈繫年〉校正〈國語〉韋注一例》，《社會科學戰綫》2011年第12期，第31—32頁。

遲在戰國時期"庾"已經可以表示廣義的倉。這樣看來,工具書把"庾"解釋爲"倉"更爲合適。

再來談談"行"。眾所周知,"衡"是一個从行得聲的字,把"行"讀爲"衡"在讀音上是没有問題的。那麽"行窠"的"行"是否能讀爲"衡"呢?我們對出土戰國楚文獻中"衡"的字形及其所表示的詞作了考察和統計(見表二):

表二

用　　法	字　　形			
	奐	鑸	莫	衡
{衡}轅前横木	1	10	0	0
{衡}與"縱"相對	4	0	0	0
{衡}平正	1	0	0	0
{衡}恣縱	1	0	0	0
{衡}古代掌管山林的職官	0	0	1	0
{衡}"阿衡"之"衡"	0	0	0	1

此外,《清華大學藏戰國竹簡(貳)·繫年》簡44還有鄭國地名"衡雍",寫作"奐潅";《安徽大學藏戰國竹簡(一)·詩經·卷耳》簡7還有假借爲"觥"的"衡"字。在出土楚文獻中,{衡}可以用不同的字來表示,有的記録形式是專門爲表示{衡}的某個意義而造的,如《上海博物館藏戰國楚竹書(六)·競公瘧》簡8中的"莫",有的則集中見於某一批材料,如曾侯乙墓竹簡中的"鑸",其中最關鍵的共有部分是"奐"。《説文》即以"奐"爲古文"衡"字。而用"行"字表示{衡}的用例則尚未見到。反過來看,出土戰國楚文獻中的"行"字不下數百例,基本都用爲本字。因此,按照戰國楚文獻的用字習慣,"行窠"之"行"應該如字讀。楚國的機構中有"行府",見《古璽彙編》0128—0130號、《中國封泥大系》00176—00183號。其中"府"字寫作"賿",从貝,是"府庫"之"府"的本字。由於府庫和

倉廩對國家很重要,所以文獻常常把二者放在一起論述,上引例(1)就是
這樣的例子。楚國有"行府"也有"行廩",這是很自然的。"行府"之
"行",一般認爲與"出行""巡行"或"行旅"有關。具體到"行府",學者有
不同的理解:一是解釋爲"楚王行宫之府庫";①二是根據《晉書·楚王瑋
傳》和《宋史·高宗紀》把"行府"解釋爲"中央在京外所置之代行指定事
務的機構";②三是解釋爲"儲藏、供應行旅所用財物的機構"。③ 然而,無
論是"行宫"還是中古史書中的"行府"都是晚出的詞語。先秦文獻一般
把行宫稱爲"游宫"。出土楚文獻中也有 10 例"游宫"而未見"行宫"的用
例。至於把"行"看作是"行宫"的省略就更找不到根據了。《晉書》《宋
史》中的"行府"是後世才有的機構,也不能與戰國時期的"行府"相比附。
所以,把"行府""行廩"之"行"解釋爲"行旅"是最合理的。行府和行廩
就是管理行旅、接待賓客等所用物資的府庫和倉廩。包山楚簡中的肉廩
正是負責供應饋贈使者所用肉食的倉廩,可能就是行廩或屬於行廩的機
構。在出土戰國文獻中,跟行旅、使者往來有關的資料並不少見,其中有
一些材料可以與"行府""行廩"相參照。例如楚國印章中有官名"行士"
(《古璽彙編》0165—0167 號),李家浩認爲"士""李""理"讀音接近,"行
士"即傳世典籍中的"行李"或"行理",是先秦時期的外交官。④ "行士"
的"行"也是"行旅"的意思。

　　林澐在《古文字研究簡論》中曾經指出:

　　　　應該強調的是,由於古代字音在聲、韻兩方面有多種變化的可能
　　性存在,在利用古音知識去解決考釋古文字中的具體問題時,單從理
　　論上說明某兩個字可以有雙聲疊韻關係是不够的,最好能舉出實際
　　的例證。……于省吾先生借用古代司法術語,把前者稱爲"律",後
　　者稱爲"例",認爲只有"律""例"兼備,所下的判斷才能令人信服。⑤

---

① 葉其峰:《戰國官璽的國別及有關問題》,《故宫博物院院刊》1981 年第 3 期,第 86—
92 頁。
② 黃錫全:《古文字中所見楚官府官名輯證》,第 210—211 頁。
③ 李家浩:《戰國文字中的"宫"字》,第 259 頁。
④ 李家浩:《楚國官印考釋(兩篇)》,《語言研究》1987 年第 1 期,第 121—122 頁。按,清
華大學藏戰國竹簡《祭公之顧命》簡 16、《繫年》簡 2"卿士"均作"卿李"。
⑤ 林澐:《古文字研究簡論》,吉林大學出版社 1986 年,第 118 頁。

以前的"例"往往是指傳世文獻,也就是利用傳世文獻解决出土古文字文獻的釋讀問題。隨着出土文獻的數量越來越多,其内部的"例"也越來越受到重視。從某種程度上説,時空接近的出土文獻中的"例",其關聯度和可靠性更高。因此,隨着學術界對用字習慣的研究越來越全面、深入,我們不僅會對當時語言文字的使用情況更加瞭解,也必定會進一步提升古文字資料釋讀工作的準確性。

附記:本文 2020 年寫好後曾寄給吴振武、徐在國兩位先生看過,但並未發表。2020 年 10 月,石小力先生在河南大學舉行的中國古文字研究會第二十三屆年會上提交了題爲《楚璽"行录"新説》的論文。會前我們交换閲讀了彼此的文章,在"行泉"的釋讀上,我們的看法相同,但也各自討論到一些對方没有涉及的材料。石文已發表在《漢語字詞關係研究(二)》(陳斯鵬主編,中西書局,2021 年),請讀者參看。

(作者單位: 中山大學中國語言文學系,
"古文字與中華文明傳承發展工程"協同攻關創新平臺)

21 世紀以來戰國貨幣文字研究的新進展[*]

袁　琳

前　言

　　自清代乾嘉時期開始,學界對先秦貨幣的時代及所載文字内涵有了較爲科學的認知,古錢學者也有相關成果問世,此後逐漸增多。張文芳、吴良寶曾專門對 20 世紀的先秦貨幣研究做過總結,其中對文字考釋、錢譜及字典類工具書、通論性專著的介紹很全面,足可見成果之豐富[①]。對於 21 世紀以來的新成果,則有黄錫全、朱安祥對截至 2014 年的先秦貨幣重要發現與研究的梳理[②]。以上綜述論文立足於貨幣,也涵蓋一些不涉及文字的出土材料及研究。本文擬在前人總結的基礎上,立足於戰國貨幣文字,對 2000 年至今的新出幣文材料、疑難文字考釋、字編及其他研究專著等作一簡要總結。

一、新幣文材料的刊佈

　　21 世紀以來公佈了一些特殊的新見文字材料,如"陽"字蟻鼻錢[③]、

　　* 本文爲國家社科基金重大項目"戰國文字詁林及數據庫建設"(17ZDA300)、國家社科基金重大項目"戰國文字研究大數據雲平臺建設"(21&ZD307)階段性成果。
　　① 張文芳、吴良寶:《二十世紀先秦貨幣研究述評》,《中國錢幣論文集》第四輯,中國金融出版社 2002 年,第 215—223 頁。
　　② 黄錫全:《近些年先秦貨幣的重要發現與研究》,《跋涉續集》,文物出版社 2006 年,第 210—222 頁。黄錫全、朱安祥:《近十餘年先秦貨幣的重要發現與研究》,《中國錢幣》2015 年第 4 期,第 17—29 頁。
　　③ 楊鳳翔:《前所未見的"陽"字蟻鼻錢》,《文物》2001 年第 9 期,第 96 頁。

“西”字刀幣①、“一兩”②、“襄陰”③圜錢、“坪易”、“易安”④、“中昌”⑤方足布、“武平”類方足布⑥、“裒金”空首布⑦、“卫白釿”⑧“利民”⑨實首布、“共金”銳角布⑩、“陽鄏”“邨/古邑”“建邑”“北行易”“罰”“郭”字三孔布⑪、“殊比斤四”楚布⑫、“宅陽四銖”⑬“反苷半釿”⑭布權、“廣陵”金版⑮等。以上材料在公佈的同時已附考釋意見，此後又有學者對以上個別幣文進行改釋和再討論，如黃錫全將河南濟源出土方足布“中昌”改釋爲“中都”⑯；李家浩、程燕、秦曉華將三孔布原釋爲“鄏”的字形改釋爲“鄘”⑰；陳劍將“宅陽”銅牌中的“銖”讀爲“錢”⑱；王強將楚布“殊”字改釋爲“枋”⑲等。

---

①　朱華：《山西近見“西”字刀幣考》，《中國錢幣》2003 年第 2 期，第 40 頁。
②　李良寧：《近見“一兩”圜錢》，《中國錢幣》2005 年第 2 期，第 35 頁。
③　曉沐、晉源：《新見“襄陰”圜錢與“裒金”尖足空首布》，《中國錢幣》2005 年第 2 期，第 8 頁。黨順民：《陝西出土發現二則》，《中國錢幣》2010 年第 1 期，第 36—37 頁。
④　朱安祥：《兩枚方足布新品》，《中國錢幣》2013 年第 5 期，第 8—9 頁。
⑤　何琳儀、唐晉源：《中昌方足布考》，《安徽錢幣》2004 年第 1 期，第 3—5 頁。
⑥　梁學義：《新發現一枚“武平”類方足布》，《中國錢幣》2007 年第 2 期，第 29 頁。
⑦　曉沐、晉源：《新見“襄陰”圜錢與“裒金”尖足空首布》，《中國錢幣》2005 年第 2 期，第 8—9 頁。
⑧　黃錫全：《新見實首布及有關問題》，《中國錢幣》2014 年第 4 期，第 8—13 頁。
⑨　黃錫全：《談談新見銳角布與“利民”實首布》，《中國錢幣》2014 年第 6 期，第 11 頁。
⑩　黃錫全：《談談新見銳角布與“利民”實首布》，第 7—10 頁。
⑪　黃錫全：《新見三孔布簡釋》，《中國錢幣》2005 年第 2 期，第 3—7 頁。黃錫全：《介紹一枚新品三孔布“建邑”》，《中國錢幣》2010 年第 1 期，第 3—5 頁。黃錫全：《新見“北行易”三孔布簡析》，《叩問三代文明——中國出土文獻與上古史國際學術研討會論文集》，中國社會科學出版社 2014 年，第 454—458 頁。黃錫全：《介紹一枚“罰”字三孔布》，《中國錢幣》2012 年第 4 期，第 3—4 頁。黃錫全：《介紹一枚新見“郭”字三孔布》，《中國錢幣》2013 年第 2 期，第 3—5 頁。
⑫　孫仲滙：《安徽發現新的楚布》，《安徽錢幣》2003 年第 2 期，第 22 頁。
⑬　黃錫全：《新見一枚“宅陽”布權》，《中國錢幣》2004 年第 2 期，第 8—10 頁。
⑭　黃錫全：《新見“反苷半釿”布權與有關問題探研——由布權的苷到箮、庿、替、曆、麿、𪊪、䶪及籃、藍、兼、廉等字》，《中國文字》二〇二〇年夏季號，萬卷樓圖書股份有限公司 2020 年，第 53—68 頁。
⑮　何琳儀：《廣陵金幣考》，《中國錢幣》2005 年第 2 期，第 13—14 頁。
⑯　黃錫全：《小方足布近期整理與研究——據〈先秦貨幣彙覽·方足布卷〉之〈序言〉》，《漢語言文字研究》第一輯，上海古籍出版社 2015 年，第 227 頁。
⑰　李家浩：《戰國陽鄘三孔布考》，《湖南省博物館館刊》第三輯，嶽麓書社 2006 年，第 210—212 頁。程燕：《釋三孔布“陽鄘”》，《中國錢幣》2006 年第 2 期，第 7—8 頁。秦曉華：《晉系貨幣地名試釋三則》，《古文字研究》第二十八輯，中華書局 2010 年，第 380—381 頁。
⑱　陳劍：《關於“宅陽四銖”等“布權”的一點意見》，《古文字研究》第二十六輯，中華書局 2006 年，第 382—385 頁。
⑲　王強：《燕尾布幣文新解》，《中國錢幣》2014 年第 2 期，第 10—13 頁。

這一時期有一些重要錢譜問世,主要有《先秦貨幣彙覽·方足布卷》①,内容包括三晉兩周小方足布以及燕國、楚國布幣,在幣文釋讀上較以往作了一些調整與修正:如舊釋"中昌""代玉"者改爲"中都"之省,將舊釋"王城""珏"者歸入"王氏"條等;《中國國家博物館館藏文物研究叢書·錢幣卷(先秦)》②也基本以收戰國材料爲主,附圖版、釋文及相關研究等信息;新近出版的《燕明刀錢譜》③較爲全面地整理收録了燕明刀,其他還有如《緣聚三晉:山西私人收藏歷代貨幣珍品集》④《續齋古稀壽泉集拓》⑤《中國錢幣博物館藏品選》⑥等都收有新發表的相關文字材料。

二、疑難幣文的釋讀

文字考釋方面,一些長期備受争議的疑難字形有了新的釋讀意見,如楚燕尾布銘文"⿰(《字形表》⑦P767)"形,異説較多,其中以湯餘惠釋"橈"之説信從者爲最,⑧後來李守奎據清華簡將距末銘文中的"⿰"形釋爲"方",⑨爲該幣文的釋讀提供了新的思路,王强據其觀點將幣文字形改釋爲"枋",並提出讀"方"或"衡"兩種可能;⑩該燕尾布背文"⿰(《字形表》P1171)"字,舊有釋"偵"、釋"貨"之説,陳劍改釋爲"展",分析該形左部從尸,右部所從"⿱"爲"自(省)"之訛形。⑪ 楚銅貝中的"夆"字,劉剛據白於藍對郭店簡"桻"從"夂"聲的分析出發,認爲"夆"當讀爲"錘",表

① 黄錫全、董瑞:《先秦貨幣彙覽·方足布卷》,北京出版集團公司 2012 年。

② 中國國家博物館編:《中國國家博物館館藏文物研究叢書·錢幣卷(先秦)》,上海古籍出版社 2017 年。

③ 張立俊:《燕明刀錢譜》,中華書局 2021 年。

④ 任一民、艾亮:《緣聚三晉:山西私人收藏歷代貨幣珍品集》,三晉出版社 2014 年。

⑤ 趙梓凱、賈暉、董瑞:《續齋古稀壽泉集拓》,北京出版社 2013 年。

⑥ 中國錢幣博物館編:《中國錢幣博物館藏品選》,文物出版社 2010 年。

⑦ 全稱爲《戰國文字字形表》,下文同。徐在國、程燕、張振謙編著:《戰國文字字形表》,上海古籍出版社 2017 年。

⑧ 曾憲通、陳偉武主編,林志强、胡志明編撰:《出土戰國文獻字詞集釋(卷六)》,中華書局 2018 年,第 2796—2808 頁。

⑨ 李守奎:《釋惡距末與楚帛書中的"方"字》,《漢語言文字研究》第一輯,第 119—124 頁。

⑩ 王强:《燕尾布幣文新解》,《中國錢幣》2014 年第 2 期,第 10—13 頁。

⑪ 陳劍:《釋展》,《追尋中華古代文明的蹤迹——李學勤先生學術活動五十年紀念文集》,復旦大學出版社 2002 年,第 49—54 頁。

示三分之一，①此後李天虹又據嚴倉楚簡“坌”字的用法進一步肯定了該説。② 鋭角布所謂“亳百涅”之“亳”，趙平安改釋爲“京”，③郭永秉予以肯定。④ 梁橋形布文“（《字形表》P1435）”字，舊有釋“奇”“夸”“冢”等多個意見，吳良寶曾在釋“冢”的基礎上續有申説，⑤陳劍則將該字改釋爲“亢”，讀爲“衡”，勝於舊説。⑥

其他成果有吳良寶釋布文“析”、“良”⑦、“卬”⑧、“野”⑨，改釋個别布文爲“邝子”、“貝它”、“土勻”⑩、“开”⑪之省形，將何琳儀、徐在國釋爲“塞”的字形改釋爲“坙”，⑫論證方足小布“咎奴”之“咎”讀爲“皋”更爲合理，⑬以及對一些地名的破讀解説⑭等。黄錫全釋圜錢“環梟”⑮、“衛釱”⑯，將

① 劉剛：《楚銅貝“坌朱”的釋讀及相關問題》，《出土文獻與古文字研究》第五輯，上海古籍出版社 2013 年，第 444—452 頁。

② 李天虹：《由嚴倉楚簡看戰國文字資料中的“才”、“坌”兩字的釋讀》，《簡帛》第九輯，上海古籍出版社 2014 年，第 23—32 頁。

③ 趙平安：《“京”“亭”考辨》，《復旦學報（社會科學版）》2013 年第 4 期，第 91 頁。

④ 郭永秉：《“京”“亭”“亳”獻疑》，《出土文獻》第五輯，中西書局 2014 年，第 159 頁。

⑤ 吳良寶：《續説“梁冢釿”橋形布》，《中國文字》新 31 期，藝文印書館 2006 年，第 161—170 頁。

⑥ 陳劍：《試説戰國文字中寫法特殊的“亢”和從“亢”諸字》，《出土文獻與古文字研究》第三輯，復旦大學出版社 2010 年，第 177—180 頁。

⑦ 吳良寶：《平肩空首布四考》，《中國文字研究》第五輯，廣西教育出版社 2004 年，第 165—167 頁。

⑧ 吳良寶：《平肩空首布“卬”字考》，《中國文字研究》第七輯，廣西教育出版社，2006 年，第 180—182 頁。

⑨ 吳良寶：《野王方足布幣考》，《江蘇錢幣》2008 年第 1 期，第 1—4 頁。

⑩ 吳良寶《戰國布幣釋讀三則》，《古文字研究》第二十二輯，中華書局 2000 年，第 133—137 頁。按：此三種布文，黄錫全在其與董瑞合著《先秦貨幣彙覽·方足布卷》中或歸入附録或别有他説，參該書或黄錫全：《小方足布近期整理與研究——據〈先秦貨幣彙覽·方足布卷〉之〈序言〉》，《漢語言文字研究》第一輯，第 228—230 頁。

⑪ 吳良寶：《空首布“軹”地考》，《古文字研究》第二十五輯，中華書局 2004 年，第 397—400 頁。

⑫ 吳良寶：《古幣考釋兩篇》，《中國歷史文物》2005 年第 2 期，第 8—13 頁。

⑬ 吳良寶：《“咎奴”方足小布補考——從新見成皋鼎銘説起》，《江蘇錢幣》2009 年第 2 期，第 21—23 頁。

⑭ 吳良寶：《平肩空首布釋地五則》，《中國文字》新 29 期，藝文印書館 2003 年，第 109—118 年。吳良寶：《空首布“軹”地考》，《古文字研究》第二十五輯，中華書局 2004 年，第 165—167 頁。

⑮ 黄錫全：《解析一枚珍稀環錢——出土文獻、傳世文獻、古幣文字互證之一例》，《出土文獻》第四輯，中西書局 2013 年，第 149—155 頁。

⑯ 黄錫全：《圜錢“衛釱”試析》，《出土文獻》第六輯，中西書局 2015 年，第 96—105 頁。

三孔布"陽湔"讀爲"陽晉"、"邧與"讀爲"夷輿"①以及提出"分佈"讀爲
"汾陂"的意見。② 還可見何琳儀、唐晉源釋"中亭""珏",③李家浩將布幣
"开陽"之"开"讀爲"𢆶",④馮括、朱安祥將燕方足布舊釋"平陽"改釋爲
"寽𠂤",即地名"夷輿",⑤梁鶴將魏國圜錢"桼瞏一釿"中的"瞏"讀爲
"縣",錢文指桼縣所製圜錢⑥等。

　　對一些疑難字形的理解,學者們進行了再討論,或有提出新的看法,
如齊圜錢"賹"字含義的理解舊有地名、單位的不同看法,21 世紀以來何
琳儀提出記人、記物的觀點,⑦黃錫全亦從此説;⑧吳振武、陳劍又提出讀
"易"表交易的意見,⑨李瑶、孫剛肯定了該説,並附字形通假等内容分
析;⑩不過與此同時,亦有學者對地名説予以肯定。⑪ 楚布"𣂪"字,舊多
釋讀爲"釿",陳偉武據郭店簡"𧴪"讀爲"慎";⑫李天虹釋爲"所";⑬吳良
寶對李説有詳細分析,對該字釋讀仍存疑待考;⑭此後又有單育辰提出該
字爲"十",所加"斤"旁屬繁化;⑮黃錫全結合學界對楚簡"慎"字的考釋,
傾向於將該形分析爲从斤从丨,丨爲聲符或丨、斤皆聲,讀爲"釿"。⑯ 燕

---

　　① 黃錫全:《新見三孔布簡釋》,《中國錢幣》2005 年第 2 期,第 3—7 頁。
　　② 黃錫全:《新見"分佈"及有關問題》,《中國錢幣》2007 年第 2 期,第 3—7 頁。
　　③ 何琳儀、唐晉源:《周方足布續考》,《中國錢幣》2004 年第 2 期,第 4—7 頁。
　　④ 李家浩:《戰國开陽布考》,《古文字研究》第二十五輯,中華書局 2004 年,第 391—396 頁。
　　⑤ 馮括、朱安祥:《"夷輿"布幣考》,《文物春秋》2018 年第 1 期,第 32—34 頁。
　　⑥ 梁鶴:《"桼瞏一釿"試解》,《中國文字研究》第二十八輯,上海書店出版社 2018 年,第
31—33 頁。
　　⑦ 何琳儀:《釋賹》,《古幣叢考(增訂本)》,安徽大學出版社 2002 年,第 17—23 頁。
　　⑧ 黃錫全:《先秦貨幣通論》,紫禁城出版社 2001 年,第 313—319 頁。
　　⑨ 吳良寶:《中國東周時期金屬貨幣研究》,社會科學出版社 2005 年,第 298 頁。陳劍:
《關於"宅陽四銖"等"布權"的一點意見》,《古文字研究》第二十六輯,中華書局 2006 年,第
384 頁。
　　⑩ 李瑶、孫剛:《齊圓錢面文"賹"字補釋》,《中國文字》新 37 期,藝文印書館 2011 年,第
147—154 頁。
　　⑪ 孫敬明:《由重大考古發現看齊國鹽業與貨幣流通——兼釋圜錢"賹"字》,《海岱古錢
新解》,齊魯書社 2016 年,第 136—141 頁。
　　⑫ 陳偉武:《舊釋"折"及从"折"之字平議——兼論"慎德"和"愁終"問題》,《古文字研
究》第二十二輯,中華書局 2000 年,第 252 頁。
　　⑬ 李天虹:《楚幣文"折"字別解》,《第四屆國際中國古文字學研討會論文集》,香港中文
大學中國語言及文學系 2003 年,第 591—595 頁。
　　⑭ 吳良寶:《中國東周時期金屬貨幣研究》,社會科學出版社 2005 年,第 238—242 頁。
　　⑮ 單育辰:《燕尾布"折"字考》,《中國錢幣》2008 年第 2 期,第 9—12 頁。
　　⑯ 黃錫全:《楚國貨幣文字"折"及有關問題再議》,《荆楚文物》第一輯,科學出版社 2013
年,第 112—119 頁。

明刀所謂"明"字,馮勝君認爲釋"明"無須置辯,只是作爲幣文含義未明;①盧岩肯定了釋"晏"的意見,認爲該字形從日從卩,是"晏"字異體。② 楚金版"(《先秦貨幣文字編》③附錄 534)"字,趙平安認爲該形還有另一種寫法"",左部所從爲"覓"簡體,將幣文釋爲"彰"讀爲"卞",表地名。④ 橋足布文"垂"字,周波贊同釋"魏"的看法,疑該字從人在山上會意,可能是爲訓作高險、獨立貌之"巍"所造的專字。⑤ 齊六字刀中討論較多的"(《字形表》P204)"及其異體字形,王輝⑥、陳隆文⑦、翟勝利⑧都對釋"近"説予以支持,但多部工具書如《齊魯文字編》⑨、《戰國文字字形表》⑩、《出土戰國文獻字詞集釋》⑪都已置於"返"字頭下。

這一時期還出版了兩部專門收錄貨幣文字考釋的個人論文集,即黃錫全《先秦貨幣研究》⑫、何琳儀《古幣叢考》⑬,都是作者歷年重要成果的彙集,黃錫全另一部個人文集《古文字與古貨幣文集》⑭中也收有多篇貨幣文字研究相關論文。此外,也出現一些以戰國貨幣文字爲對象進行整理研究的學位論文,如李俊憲博士學位論文《戰國秦漢貨幣文字研究》⑮,

---

① 馮勝君:《戰國燕幣綜述》,《北京文博》2000 年第 3 期,第 81—82 頁。
② 盧岩:《説燕國泉貨面文的所謂"明"字》,《中原文物》2012 年第 1 期,第 50—55 頁。
③ 吳良寶:《先秦貨幣文字編》,福建人民出版社 2006 年。
④ 趙平安:《談一種鑄有齊文字的楚國金幣》,《考古學研究》(6),科學出版社 2006 年,第 442—445 頁。
⑤ 周波:《中山器銘文補釋》,《出土文獻與古文字研究》第三輯,復旦大學出版社 2010 年,第 201—207 頁。
⑥ 王輝:《也談齊"六字刀"的年代》,《中國錢幣》2003 年第 2 期,第 18—20 頁。
⑦ 陳隆文:《再論齊六字刀的鑄行年代及相關問題》,《管子學刊》2008 年第 3 期,第 76—79 頁。
⑧ 翟勝利:《齊國"六字刀"銘文及相關問題再論》,《中國國家博物館館刊》2021 年第 3 期,第 106—115 頁。
⑨ 張振謙:《齊魯文字編》,學苑出版社 2014 年,第 258—259 頁。
⑩ 徐在國、程燕、張振謙編著:《戰國文字字形表》,上海古籍出版社 2017 年,第 204—205 頁。
⑪ 曾憲通、陳偉武主編,禤健聰編撰:《出土戰國文獻字詞集釋》卷二(下),中華書局 2018 年,第 928 頁。
⑫ 黃錫全:《先秦貨幣研究》,中華書局 2001 年。
⑬ 何琳儀:《古幣叢考(增訂本)》,安徽大學出版社 2002 年。
⑭ 黃錫全:《古文字與古貨幣文集》,文物出版社 2009 年。
⑮ 李俊憲:《戰國秦漢貨幣文字研究》,山東大學博士學位論文(導師:楊端志教授),2008 年。

主要是對疑難字的討論;李麗碩士學位論文《河北省出土的先秦貨幣文字整理與研究》①,梳理了河北出土的六類貨幣,並對幣文作了注釋。

三、字編及其他研究專著

本世紀出現了一部重要字編,即吳良寶《先秦貨幣文字編》②,所收材料截至 2005 年,較 20 世紀《古幣文編》增加了很多新見字形,是新時期貨幣文字研究的重要成果。通論性著作則主要有黃錫全《先秦貨幣通論》③、吳良寶《中國東周時期金屬貨幣研究》④,二書不僅包括對戰國貨幣種類的詳細介紹和梳理,而且較多涉及幣文釋讀考證等內容。對貨幣文字形體的研究有陳立《東周貨幣文字構形研究》,對字形的增繁、省減、異化以及合文中的具體表現作了詳細分類和討論⑤。陶霞波《先秦貨幣文構形無理性趨向研究》則是歸納出字形變異的多個特徵,從直綫化、輪廓化、借用、數字合文以及傳形等方面進行專題研究⑥。幣文中的地名作爲直接史料對先秦歷史地理學研究有重要的參考價值,陳隆文已有論述⑦,其專著《春秋戰國貨幣地理研究》利用文獻記載及出土幣文資料,將錢幣學與歷史地理學結合,對春秋戰國貨幣鑄造及流通區域作了大致界定⑧。

四、其　　他

朱安祥、金欣欣對幣文中的數字進行了討論,朱安祥對先秦布幣、刀幣、圜錢上出現的數字形式作了梳理總結⑨;金欣欣通過對比貨幣與非貨幣數字形體,突出幣文數字的求簡和隨意性,包括梳理部分數字的表達方

---

① 李麗:《河北省出土的先秦貨幣文字整理與研究》,河北大學碩士學位論文(導師:張振謙教授),2014 年。

② 吳良寶:《先秦貨幣文字編》,福建人民出版社 2006 年。

③ 黃錫全:《先秦貨幣通論》,紫禁城出版社 2001 年。

④ 吳良寶:《中國東周時期金屬貨幣研究》,社會科學出版社 2005 年。

⑤ 陳立:《東周貨幣文字構形研究》,花木蘭文化出版社 2013 年。

⑥ 陶霞波:《先秦貨幣文構形無理性趨向研究》,復旦大學出版社 2006 年。

⑦ 陳隆文:《先秦貨幣地名與歷史地理研究》,《中原文物》2005 年第 2 期,第 52—57 頁。

⑧ 陳隆文:《春秋戰國貨幣地理研究》,人民出版社 2006 年。

⑨ 朱安祥:《先秦貨幣紀數字初探》,《中原文物》2015 年第 6 期,第 60—64 頁。

式和使用特點①。對貨幣單位的考察可見丘光明②、劉餘力、劉雲③對"釿""守""朱""兩"等含義的解説，吳良寶專門對幣文"釿"虛值化特點的討論④等。張文芳、吳良寶考察了六國貨幣的地名用字情況，發現其使用通假字的情況只占少數，文中結合了其他品類材料，可以看出幣文的地名用字特點與兵器、璽印等較爲一致⑤。此外，還有對貨幣進行辯僞的討論，如郭若愚《先秦鑄幣文字考釋與辨僞》中對多枚鑄幣的辨僞，⑥梁鶴《新見"高都市南少曲"布幣獻疑》中通過幣文字形及内容格式的問題懷疑一枚新見布幣爲僞品。⑦

結　語

21 世紀以來，出現部分新見戰國貨幣文字材料，並伴有相關文字考釋意見，也有較多學者對以往或新見材料進行改釋或再討論。個別疑難問題雖有推進，如釋楚布"枋""展"、銅貝"坐（錘）"、鋭角布"京"、橋形布"兀"，但仍有較多幣文字形及其含義仍在討論。通論性著作、錢譜及字編工具書較 20 世紀皆續有所出，體現了最新的研究水平。此外，還有專門對貨幣文字形體的考察，以及通過幣文内容所作的史地及文化等方面的深入研究。目前，戰國文字研究如火如荼，較楚簡等其他品類材料，學界對貨幣文字的關注較少，很多疑難問題仍待解決，期待新材料的出現能對此有所推動。

（作者單位：安陽師範學院歷史與文博學院）

①　金欣欣：《戰國貨幣文字中數字文字的幾個特點》，《中州大學學報》2016 年第 6 期，第 73—80 頁。

②　丘光明：《貨幣與度量衡》，《考古》2001 年第 5 期，第 70—79 頁。

③　劉餘力、劉雲：《平首布的貨幣單位與購買力》，《洛陽大學學報》2007 年第 3 期，第 86—88 頁。

④　吳良寶：《貨幣單位"釿"的虛值化及相關研究》，《吉林大學社會科學學報》2011 年第 4 期，第 13—17 頁。

⑤　張文芳、吳良寶：《戰國貨幣地名用字考察及相關問題討論》，《"中國北方地區錢幣發現與研究"學術研討會專集（一）》，2005 年，第 66—71 頁。

⑥　郭若愚：《先秦鑄幣文字考釋和辨僞》，上海書店出版社 2001 年，第 82—92 頁。

⑦　梁鶴：《新見"高都市南少曲"布幣獻疑》，《中國文字》總第 4 期，萬卷樓圖書股份有限公司 2020 年。

東周文字"疋"之"雅"音補論[*]

蔡一峰

　　《説文》疋部:"疋,足也。上象腓腸,下从止。《弟子職》曰:'問疋何止。'古文以爲《詩·大疋》字,亦以爲足字。或曰:胥字。一曰:疋(疏),記也。凡疋之屬皆从疋。"《説文》所説的"疋"字實際包含了後世兩個不同讀音的"疋"。一個讀齒音,即訓爲"足"的"疋",與"足"本一字分化[①],"胥""疏"皆以之爲聲。一個讀牙音,即《説文》所謂古文《詩·大疋》的"疋",段玉裁《注》改作"雅",言"'雅'各本作'疋',誤。此謂古文叚借疋爲雅字,古音同在五部也"。桂馥《義證》云"古文惟用疋爲大雅、小雅之字"。"疋"的這兩種讀法在《廣韻》等後來的字書中皆有收録,分別對應"所葅切/疏舉切"(僅調類不同)和"五下切"。爲論説方便,我們姑且將讀"五下切"的"疋"記作"疋*",與一般讀"所葅切"的"疋"相區別。

一、過去對"疋""疋*"關係的看法

　　"疋""疋*"上古都是魚部開口字,唯獨聲母不同。聲母的差異究竟是同質分化的結果,抑或本就不是一字,歷來看法不一。從以下幾家古音構擬方案的不同處理便可見一斑:

　　* 本文係國家社科基金重大項目"戰國文字詁林及數據庫建設"(17ZDA300)、國家社科基金冷門絶學研究專項"東周文字通用聲素整理及上古音專題研究"(23VJXG009)、教育部人文社會科學研究一般項目"清華簡與《左傳》比勘合證平議研究"(18YJA740023)及中央高校基本科研業務費創新人才培育計劃青年拔尖項目"新出戰國文獻疑難字詞考釋及上古音相關專題探研"(23wkqb09)階段性成果。

　　① 分化大致始自戰國,參季旭昇:《説文新證》,藝文印書館 2014 年,第 141 頁;張世超:《〈説文〉"疋"字考》,《古文字研究》第三十三輯,中華書局 2020 年,第 536—539 頁。

	足[精母 屋部]	疋[生母 魚部]	疋*[疑母 魚部]	雅[疑母 魚部]
郭錫良(2010、2018)①	tsĭwŏk	ʃĭɑ	ŋeɑ	ŋeɑ
鄭張尚芳(2013)②	ʔsoɡ	sŋra/sŋraʔ	ŋraaʔ	ŋraaʔ
潘悟雲(東亞語言數據中心)③	soɡ	sŋra/sŋaʔ	ŋgraʔ	ŋgraʔ
白一平、沙加爾(2014/2020)④	[ts]ok	sra	?	N-ɢˤraʔ

郭錫良先生的聲母構擬大致按中古地位分類,因此"疋""疋*"聲母差別很大,自然不會認爲是一字。與之不同,鄭張尚芳先生應該是把"疋""疋*"視作同源。爲了溝通二者,他爲"疋"的聲母增添了牙喉音性質的 ŋ,擬作複輔音的 sŋ-,像"胥""疏""楚"等"疋"聲字也連帶含有 ŋ 成分。鄭張先生在另外一文論及前冠音 s-有名物化功能時,就舉"疋 ŋraa(同'雅')"—sŋra(所葅切,《説文》"足也")爲例。⑤ 大概是受鄭張先生意見的影響,潘悟雲先生的處理也比較接近。白、沙兩位先生的新著沒有爲"疋*"擬音,不過把"疋"(foot)擬爲純齒音 s-,也足以看出他們也沒有把"疋*"納入"疋"字,這一點與郭錫良先生的意見是一致的。

如果"疋*"和"疋"無關,那麼它又是從哪裏來?冀小軍先生較早有過推測,他懷疑是"夏"字省形:

> 疋、雅古音雖同屬魚部,但疋爲生紐,雅爲疑紐,相隔較遠,似不具備通假的條件。有人把三體石經古文夏字分析成"從日,疋聲",也不可信。我們懷疑"古文以爲詩大雅字"者,實即 𦎍 形之省(仍是夏字),與"疋"只是偶然同形,並非一字。夏爲魚部匣紐,與雅古音

① 郭錫良:《漢字古音手册(增訂本)》,商務印書館 2010 年,第 10、158、162 頁;郭錫良:《文獻語言學(第八輯):漢字古音表稿專輯》,中華書局 2018 年,第 48、57—58 頁。
② 鄭張尚芳:《上古音系(第二版)》,上海教育出版社 2013 年,第 470、513、579 頁。
③ 復旦大學中華文明資料中心東亞語言數據中心網站"漢語上古音構擬",最後檢索日期 2022 年 2 月 16 日。
④ 白一平、沙加爾著,來國龍、鄭偉、王弘治譯:《上古漢語新構擬》,上海教育出版社 2020 年,第 162、204、338、493、503、512 頁。
⑤ 鄭張尚芳:《重視轉注——同根分化字對古音研究的重要作用》,《饒宗頤國學院院刊》第六期,中華書局(香港)2019 年,第 5—6 頁。

較近,例可相通。……至於 之省形 ,過去我們還沒有見到過。①

受鄭張先生和冀先生論著的啓發,張富海先生在疏證《説文》古文時並存兩説,既承認"疋""疋*"一字在音理解釋上的合法性,又保留"疋*"字分出且是"夏"字省訛的可能性:

> "疋"和"雅"上古音都屬魚部,聲母一爲心母,一爲疑母,雖然有距離,但心母和疑母相通之例並不罕見,如:"蘇"從"魚"聲,"朔"從"屰"聲,"産"從"彦"省聲等。所以古文能以"疋"假借爲"雅"。但是還有一種可能,即古文用爲"雅"的所謂"疋"實際上是簡省作從"日"從"止"的"夏"字之訛省。楚簡中有從"日"從"虫"從"頁"的"夏",省去"頁",變成從"日"從"虫";又有從"日"從"止"從"頁"的"夏",也應該有省去"頁"而從"日"從"止"的"夏"字(石經古文"夏"作 ,多出一筆)。"夏"通"雅"是古書和出土文獻中常見的。②

"疋""疋*"無關的主張也得到了一些古文字學者的響應,如李守奎先生在爲《字源》撰寫字條時就專爲"疋*"設立字條"疋2",對其從"夏"字而來的形變路徑有更細緻的説明:

> 字形訛混。"疋"讀爲yǎ,通"雅"。這一音義的來源與"疋"字本義、引申義的音義都没有關係,而是源自與"夏"字的省體混訛。它的形、音、義關係用六書理論是解釋不了的。西周文字中"人"旁在字形下部,常常加上"止"

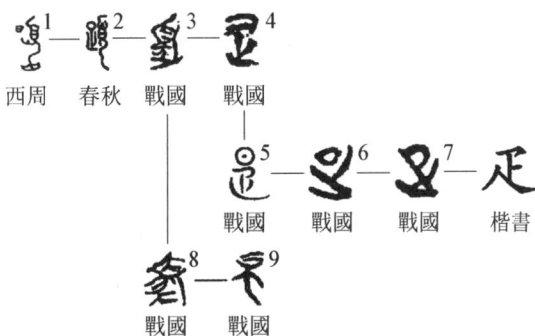

1《金文編》385 頁。2、5《漢語字形表》209 頁。3、8、9《戰文編》246 頁。4、6、7《戰文編》126 頁。

---

① 冀小軍:《〈湯誓〉"舍我穡事而割正夏"辨正》,《語言論集》第四輯,中央民族大學出版社 1999 年,第 291—292 頁。

② 張富海:《漢人所謂古文之研究》,綫裝書局 2007 年,第 52 頁。

形,"止"形上移又變成了"女"形。春秋、戰國文字的"夏"字作"頭""頭",就是把金文中"頁"下的"止"位移至"口"或"曰(引按:應是'日'之筆誤)"旁的下面,進一步簡化訛變,省去"頁"旁,就成了楚簡(字形4)或三體石經(字形5)中的形體。這兩個形體與戰國文字中的"疋"字相近,兩者混同起來,"疋"字就有了"夏"的讀音。"夏"與"雅"通假之例習見,不煩舉例。《説文》所謂的"古文以爲《詩·大疋》字",就是説的這種情況。總之"疋"讀"雅",是與"夏"的古文省體混訛之後,進一步假借爲"雅"的,其形體來源是"夏"字的古文省體。①

近年張富海先生的意見較原來有所調整,他徹底放棄了爲"疋"構擬複輔音的思路,更堅信並強調了"疋""疋*"應分、"疋"是純齒音字的理據:

> 其實,古文以"疋"爲"雅",可能並非出於假借,而是跟"亦以爲足字"一樣純粹由於字形上的糾葛,即古文用爲"雅"的所謂"疋"實際上是從日從止的"夏"字之訛省,古文是用"夏"爲"雅",而非用所菹切的"疋"爲"雅"。排除了這一條證據之後,"疋"的上古聲母含 ŋ 成分的構擬就失去了依據。……甲骨文中還有從网疋聲的"罜"字,裘錫圭先生認爲可能是"罝"字異體。西周金文"疋"作 ,字形已大爲簡省,讀爲"胥",義爲相、輔助。戰國楚簡中,"疋"字多讀"胥"或"疏",但也有其他用法:上博簡《孔子詩論》"疋"讀爲"關雎"之"雎";上博簡《周易》38 號簡夬卦九四爻辭和 41 號簡姤卦九三爻辭"亓(其)行緀疋","緀疋"讀爲"趑趄"。可見,古文字材料中,"疋"可跟"且"聲字相通,而"且"聲並不含 ŋ 或其他喉牙音成分,那麼"疋"及從"疋"得聲的字聲母也不應該構擬 ŋ 成分。尤其上博簡《周易》"緀疋"讀爲"趑趄","趑趄"是雙聲連綿詞,"趑"(取私切)、"趄"(七余切)都是清母字,"緀"不可能含 ŋ 成分,決定了"疋"也不可能含 ŋ 成分。總之,"疋"的上古聲母含 ŋ 成分的證據不可靠,而古文字材料中的諧聲通假可以證明"疋"應與其他齒音字同類,所以

---

① 李學勤主編:《字源》,天津古籍出版社 2013 年,第 157 頁。

其上古聲母應同大部分中古生母字一樣,構擬爲*sr-即可。①

此段論述用到的文獻材料可以提煉爲"罜—置""疋—雎"與"疋—趄"三組,實質就是利用到了"疋"聲字和"且"聲字的通用關係。

二、"疋*"係"頡(夏)"省續論

上引諸說對這一問題的推進都很重要,故不吝篇幅一併謄出。從上述分析來看,聲母差異雖不致構成"疋""疋*"異源的必然條件,但如若認同爲一就會帶來一系列問題。比如鄭張尚芳先生牽合"疋""疋*"的古音後,反而造成了"疋""足"關係的疏遠。當然,若簡單以聲類的"齒喉通轉"模糊爲説,②就更難讓人信服。"疋""疋*"除了同形同韻外,也沒有其他共同點可説。種種迹象表明,"疋""疋*"宜分不宜合。在現有認識的基礎上,還有續加補證的必要。

"疋"是純齒音字,意味着與純牙喉音字絕緣,傳世文獻中就罕見與牙喉音字發生通用的可靠例證。以目前最常用的《漢字通用聲素研究》爲例,在該書"疋[生母魚部]"字聲系下,和牙喉音聲素發生聯繫的有"牙[疑母魚部]""魚[疑母魚部]"和"户[匣母魚部]"。【疋通牙】條下所録即是《説文》"疋*""雅"通用,其餘兩條如下:

【疋通户】

古疋、所通用。《管子·弟子職》:"問所何趾。""所",《説文》"疋"字條引作"疋"。

古齼、齭通用。《説文》:"齭,齒傷酢也。"《玉篇》:"齼,齒傷醋也。齭,同齼。"

【魚通疋】

古蘇、胥通用。《説文》:"枒,枒疏,四布也。"段玉裁注:"疏通作胥,亦作蘇。《鄭風》:'山有扶蘇。'毛曰:'扶蘇,扶胥木也。'"《文選·吳都賦》:"造姑蘇之高臺。"李善注:"《越絕書》曰:'吳王夫差

---

① 張富海:《據古文字論"色"、"所"、"疋"三字的上古聲母》,《古文字與上古音論稿》,上海古籍出版社 2021 年,第 295—296 頁,原載《古文字與漢語歷史比較音韻學》,復旦大學出版社 2017 年。

② 黄焯:《古今聲類通轉表》,上海古籍出版社 1983 年,第 157 頁。

起姑胥之臺。'姑胥即姑蘇也。"

　　古蘇、疏通用。《詩·鄭風·山有扶蘇》:"山有扶蘇。""扶蘇",
《説文》作"枎疏"。《易·震》:"震蘇蘇。""蘇蘇",馬王堆漢墓帛書
本作"疎疎"。"疎"與"疏"同字。①

　　古文字材料已經表明"所"本不從"戶",而是從𠂆("肩"的象形初
文)從斤,表示以斤斫治肩胛骨(用以占卜)的會意字。②《説文》以"所"
爲"戶"聲字是遷就後起訛形爲説,【疋通戶】條實際反映的是"疋通所"。

　　【魚通疋】條材料看似豐富,實質也僅與"蘇"字有關,且限於"枎疏/
扶胥/扶蘇""姑胥/姑蘇""疎疎/疏疏/蘇蘇"等幾個專名或聯綿詞。類似
的在出土文獻中還能繫聯出"烏疋(蘇)/烏邖(蘇)""夫(扶)疋(蘇)/夫
(扶)胥(蘇)"等。③ 這些詞用"蘇"字記寫往往較晚出,很可能還是歷時
通用。

　　"所""蘇"中古都是齒音字,通諧材料反映它們與牙喉音字有關,
聲母或擬作複輔音的 sŋ-,④也不是純牙喉音聲母字。傳世文獻通用
字歷史層次難明,上述材料僅能説明諸"疋"聲字與"所""蘇"的相通
是與它們共有的齒音成分 s-有關,邏輯上並不能據之反推"疋"的聲
母也含有牙喉音成分 k/ŋ,更不足爲"疋""疋*"相關提供積極的音通
佐證。

　　接下來看字形。"疋*"是《説文》所謂"雅"的古文,《大雅》《小雅》
之"雅"古文字用"夏"(如郭店簡《緇衣》、上博簡《詩論》《緇衣》等),學
者將"疋*"與"夏"字聯繫起來是最自然的。不過具體到字形變化的細
節,他們的看法又不盡相同。冀小軍先生認爲"疋*"是"頀(夏)"之省,
張富海先生認爲是從日從止的"昰(夏)"訛省,李守奎先生認爲"昰"
(字形4)變"疋*"(字形6)是以"👣"(字形5:三體石經"夏")爲中間

　　① 張儒、劉毓慶:《漢字通用聲素研究》,山西古籍出版社 2002 年,第 373—374、392 頁。
　　② 何景成:《釋"花束"卜辭的"所"》,《古文字研究》第二十七輯,中華書局 2008 年,第
122—127 頁。
　　③ 王輝:《古文字通假字典》,中華書局 2008 年,第 117 頁;白於藍:《簡帛古書通假字大
系》,福建人民出版社 2017 年,第 322 頁;徐俊剛:《非簡帛類戰國文字通假材料的整理與研究》,
吉林大學博士學位論文(導師:吳良寶教授),2018 年,第 159—160 頁。
　　④ 鄭張尚芳:《上古音系(第二版)》,第 544 頁;張富海:《據古文字論"色"、"所"、
"疋"三字的上古聲母》,《古文字與上古音論稿》,第 294—295 頁。

環節。

"夏"古從日從頁會意,後又增從止。"夏"東周文字變體很多,獨"昆(夏)"從未曾出現(上引冀文最末已提到),張富海先生文中所述之"昆"應是暗指三體石經"😊(夏)"。李守奎先生所列字形4"昆"出自曾侯乙簡175(~乘之六馬),實際是"疋"的繁體"昆(疋)"(詳下)也不是"昆(夏)"。三體石經"😊(夏)"較"昆"多出中間一稍帶回勾的橫筆,與 🦌(天星觀)、🦌(天星觀)、🦌(新蔡·零360)等"頵(夏)"字左半相同,明顯有承襲關係,很可能就是從這種寫法的"頵(夏)"省"頁"而來。① "😊(夏)"要變成"疋*",只能在省去上面的"☉(日)"旁後,形成如上引《字源》圖示中字形7 🐍之類寫法的"疋*"。② 不過古文字階段"夏"(秦文字除外)從不省"日",字形7 🐍(出自包山簡39:正~忻識之)是"疋"不是"疋*","😊"也僅石經古文一見。綜合來看,如此形變的可行性恐怕就微乎其微了。

與"昆""😊"不同,"頵(夏)"最突出的特徵是"日"旁省去了中間一筆,這在古文字尤其是春秋文字中是有根據的:

A. 🔲《集成》172;🔲《集成》173;🔲《集成》174;

🔲《集成》175

B. 🔲《集成》276;🔲《集成》285;🔲《陶錄》2.653.4;🔲《齊陶

文拓本》③

C. 🔲《璽彙》266;🔲《璽考》296

D. 🔲(🔲)《銘續》1029

E. 🔲(🔲)《銘三》1282

① 李春桃先生認爲😊是"疋"的訛形(見氏著《古文異體關係整理與研究》,中華書局2016年,第81頁),這是受到"疋""疋*"一字認識干擾所造成的誤解。另"夏"字《説文》古文作🔲,來歷不明,不排除與😊有關,同是"夏"字的訛體應大致不誤,所以"疋"旁與😊的性質相當,都是形變的結果,即便示音(變形聲化)也不是嚴格諧聲,言"😊、🔲"從"疋"聲並不準確。

② 這種寫法的"疋*"筆畫易與"正"字混,又"雅"訓"正",舊有"疋*"釋"正"等誤説即由此來。

③ 轉引自徐在國:《新出古陶文文字編》,安徽大學出版社2021年,第236頁。

A 明顯是從"夏"早期寫法如 一脈相承而來的訛寫,B 比 A 更加規整,且已添加了"止"旁。C 較 B 多出"日"旁,一般隸定作"顕"。① 它既可能是在 B 基礎上累增"日"旁以凸顯字義,也可能本是"頿(夏)"字,因受到 B 的類化而將"止"寫繁成"疋"。從此"疋"旁上端近似"口"形的寫法可以推斷(與上述"昰"繁作" "明顯不同),第一種解釋的可能性更大。尤需注意的是,A—C 都是齊系文字"夏"的典型寫法。② 這種"夏"在其他春秋文字中偶爾也能見到。如 2009 年湖北隨州市文峰塔曾國墓地出土的曾侯與鐘中江夏的"夏"作 D,可隸作"瀕",應是夏水之"夏"的專字,除去水旁就是"頿(夏)"。又 2019 年湖北隨州市棗樹林曾國墓地出土的嬭加編鐘中"夏"字作 E,左旁類"子"形,比較特別,郭理遠先生指出能與 D 對照,③可從。"子"形應是從"疋"旁訛來,即原本也是"頿(夏)"字,類似變化如"頿(夏)"又可作 (清華簡《筮法》30)、 (清華簡《厚父》2)等形,學者或隸爲"顥"。④　"止"形訛爲"又"形在春秋器中並不罕見,如仲姜簋"逗(桓)"字作 (《銘圖》4535)、杞伯每亡諸器鼎"苤(永)"字作 (《集成》02495)、楚王孫漁矛與楚王孫漁戈的"漁"分別作從"又"的 (,《銘圖》17618)與 (,《集成》11153)等等,⑤皆可與曾器"夏"字"頿"變成"顥"合觀(陶文從"疋*"之"閏"也有類似訛變,詳下)。

由此分析不難得出,"疋*"直接從"頿(夏)"字截取省"頁"而來要比從"昰"或" "變來更爲合理。"頿(夏)"多見於齊系文字,而《說文》古文與齊系文字的相合度也高,⑥應該不是巧合。下文將要談到諧

　　①　施謝捷:《古璽彙考》,安徽大學博士學位論文(導師:黃德寬教授),2006 年,第 296 頁。
　　②　孫剛:《齊文字編》,福建人民出版社 2010 年,第 144 頁;張振謙:《齊魯文字編》,學苑出版社 2014 年,第 773—774 頁。
　　③　郭理遠:《嬭加編鐘銘文補釋》,《中國文字》二〇一九年冬季號,萬卷樓圖書股份有限公司 2019 年,第 115 頁。
　　④　徐在國、程燕、張振謙:《戰國文字字形表》,上海古籍出版社 2017 年,第 730—732 頁;孫合肥:《清華簡"夏"字補說》,《簡帛研究》二〇一七秋冬卷,廣西師範大學出版社 2018 年,第 29 頁。趙平安先生認爲這類寫法的"又"是來自西周金文 、 中的手形,見趙平安《談談戰國文字中值得注意的一些現象——以清華簡〈厚父〉爲例》,《出土文獻與古文字研究》第六輯,上海古籍出版社 2015 年,第 304 頁。
　　⑤　盧路:《競孫鬲器主名之字考釋》,《出土文獻》2021 年第 2 期,第 34 頁。
　　⑥　張富海:《漢人所謂古文之研究》,第 303—327 頁。

"疋*"聲的"疌""定"和"闑""闘",主要都出自齊系文字資料,就更可見其典型。

以上所述主要是"疋*(夏)"的字形來源。文字系統中"疋"字與"夏"字寫法的雙向互動也是二字具備訛混條件的反映。① "疋"有繁體作"昆",在"〇"或"口"形中空處加點畫,以致近於"日"形,如 、、②、③、、、④等。這種寫法的"昆(疋)"與"頭(夏)"之左半同形,稍不留心就易被分析作"頭(夏)"省。所以考溯"疋*"字源頭時,都應明確排除這些"昆(疋)"的干擾。

三、説齊系文字的"庀"與"閔"

(一) 庀、定——庫

東周齊系兵器銘文有一機構名作"庀"("广"或作"厂"):

![字]《集成》11070:曹右~造戈; ![字]《集成》11085:亳~八族戈; ![字]《集成》10969:邨左~; ![字]《集成》10997:鄩左~; ![字]《近出》1116:鄩左~; ![字]《銘圖》16670:右~之戈; ![字]《銘圖》17065:魯(?)司成右~之造戟

![字]《銘三》1682:舊~

上面最後一字出自 2014 年 6 月湖北襄陽甲山墓地(M3.11)出土的戰國中期馬銜,不知是否表明此器是來自齊地。

"庀"過去有"居(鋸)""居(庫)""胥""序"等釋法,以釋"居""庫"

---

① 禤健聰:《戰國楚系簡帛用字習慣研究》,科學出版社 2017 年,第 368 頁。

② 吳振武:《東周兵器銘文考釋五篇》,《容庚先生百年誕辰紀念文集》,廣東人民出版社 1998 年,第 551—557 頁。

③ 郭永秉:《戰國竹書剩義(三則)》,載氏著《古文字與古文獻論集》,上海古籍出版社 2011 年,第 99—102 頁;原載《語言研究集刊》第五輯,上海辭書出版社 2008 年。

④ 何琳儀:《戰國文字通論(訂補)》,江蘇教育出版社 2003 年,第 304—305 頁。

信從者最多。何琳儀先生據小徐本《説文》"居"或作"",推斷"㡯"是"居"的異體。① 董珊先生從之,認爲稱"庫"爲"居"可能是先秦兩漢時齊魯地區的方言。② 程燕女士認爲此字很可能是"居",讀爲"庫"。③ 孫剛先生指出"㡯"也可分左右,有造戈功能,作用和"庫"接近,帶"㡯"的銘文比較少見,可能和時間或地域有關。④

在近年發佈的清華簡第九册中,《治政之道》簡 35 有"府定倉鹿,是以不實,車馬不关,兵甲不修,其民乃寡以不正"。"府定"連言,"定"(字形如下)整理報告釋"庫",⑤"府庫"古書多見。

(清華簡《治政之道》35)

戰國文字義符"广/厂""宀"每每通作,竹簡"定"與金文"㡯"無疑是一字。趙平安先生指出竹簡"定/㡯"都是"庫"的異體,聲符"疋"是魚部心母字,和"庫"韻部相同,聲母雖有齒音和牙音之别,但仍可通(多引黄焯《古今聲類通轉表》爲證),並推測《治邦之道》的底本很可能形成於齊地,或者曾在齊地流傳。⑥ 蘇建洲先生從文獻考據入手,對"㡯""庫"音通(主要針對聲母差異)續有補證。⑦

"㡯/定"釋"庫"可從,从"疋"聲亦是,只是"疋"不是齒音的"疋"而是"夏/雅"音的"疋*",古音與"庫"至近,都是牙喉音魚部開口字,⑧如此通諧就不存在任何音理障礙。蘇文徵引文獻通用資料宏富,若排除其他

---

① 何琳儀:《戰國兵器銘文選釋》,《安徽大學漢語言文字叢書 · 何琳儀卷》,安徽大學出版社 2013 年,第 210—211 頁,原載《古文字研究》第二十輯,中華書局 2000 年。

② 董珊:《戰國題銘與工官制度》,北京大學博士學位論文(導師: 李零教授),2002 年,第 197 頁。

③ 程燕:《戰國典制研究——職官篇》,安徽大學出版社 2018 年,第 186 頁。

④ 孫剛:《東周齊系題銘研究》,上海古籍出版社 2019 年,第 276 頁。

⑤ 清華大學出土文獻研究與保護中心編,黄德寬主編:《清華大學藏戰國竹簡(玖)》,中西書局 2019 年,第 129、142 頁。

⑥ 趙平安:《論東周金文"㡯"當爲"庫"字異體——兼談幾件兵器的國别問題》,《民俗典籍文字研究》第二十五輯,商務印書館 2020 年,第 180—187 頁。

⑦ 蘇建洲:《"㡯"讀爲"庫"補證兼論金文"䰞福"的讀法》,《古文字研究》第三十三輯,中華書局 2020 年,第 249—252 頁。

⑧ "庫""車"有語源關係,段玉裁《注》謂"庫""會意,車亦聲"亦是。"車"是開口字,"庫"也應爲開口,參張富海:《據古文字確定幾個魚部一等字的開合》,《古文字與上古音論稿》,第 286 頁;原載《文獻語言學》第六輯,中華書局 2018 年。

齒音字間的接觸,可將其中所舉"疋"聲字有關的例證轉録如下:

(1)《説苑·雜言》:"子路盛服而見孔子。孔子曰:'由,是襜襜者何也?'"向宗魯《校證》引盧文弨曰:"'襜襜',《荀子·子道篇》作'裾裾',《家語·三恕篇》作'倨倨',《外傳》三作'疏疏'。"①《荀子·子道》:"子路盛服而見孔子,孔子曰:'由,是裾裾何也?'"王天海認爲"裾裾"通"楚楚"。②

(2)銀雀山漢簡《孫臏兵法·見威王》簡252"堯身衰而治屈,胥天下而傳舜"。簡253"舜身衰而治屈,胥天下而傳之禹"。蔡偉據《淮南子·精神》"故舉天下而傳之於舜,若解重負然",《新序·節士》:"昔堯之治天下,舉天下而傳之他人,至無欲也",認爲"胥天下"即"舉天下","胥""舉"同在魚部,"胥"之通"舉",猶"疏疏"或作"倨倨""裾裾"。③

(3)《史記·屈原列傳》:"自疏濯淖污泥之中,蟬蜕於濁穢,以浮游塵埃之外。"蔡偉認爲"疏"讀"處"或"居"。④

這三組例證彼此互有關聯。爲更準確地分析,將各例中的關鍵字提取並標注音韻地位分類如下:

序號	齒音類		牙喉音類	舌音類
(1)	疏、楚		裾、倨—古[K 魚]	襜—疒[詹,Kl>T 談]
(2)	胥	—疋[S 魚]	舉—舁[Ql 魚]	
(3)	疏		居—古[K 魚]	處—処[Kl>T 魚]

① 劉向撰,向宗魯校證:《説苑校證》,中華書局 1987 年,第 428 頁。
② 荀況著,王天海校釋:《荀子校釋(下)》,上海古籍出版社 2005 年,第 1134 頁。
③ 蔡偉:《讀竹簡札記四則》,復旦大學出土文獻與古文字研究中心網 2011 年 4 月 9 日;蔡偉:《誤字、衍文與用字習慣——出土簡帛古書與傳世古書校勘的幾個專題研究》,復旦大學博士學位論文(導師:陳劍教授),2015 年,第 137—138 頁;蔡偉:《誤字、衍文與用字習慣——出土簡帛古書與傳世古書校勘的幾個專題研究》,花木蘭文化事業有限公司 2019 年,第 138—139 頁。
④ 蔡偉:《讀北大漢簡〈反淫〉札記二則》,"出土文獻與傳世典籍的詮釋"國際學術研討會論文,復旦大學出土文獻與古文字研究中心,2017 年 10 月 14—15 日,後收入《出土文獻與傳世典籍的詮釋》,中西書局 2019 年,第 223—224 頁。

"疋"聲字能否讀"庫"，關鍵看"疋"聲字有無通牙喉音類字的根據。例（1）"疏疏"通"楚楚"無可疑，"裾裾""倨倨"相通亦能成立，但逕言兩組異形詞音通則有問題。許維遹《韓詩外傳集釋》案云：

> "疏疏"讀爲"楚楚"。《詩·蜉蝣篇》"衣裳楚楚"，毛傳："楚楚，鮮明貌。"《說文·黹部》："黼，會五采鮮皃。"引《詩》"衣裳黼黼。"然則"黼"正字，"楚"借字也。"黼"從虘聲，"虘"從且聲。"疏""楚"並從"疋"聲。疋古讀如胥，與且聲近，得相通假。……《荀子·子道篇》"疏疏"作"裾裾"，"疏""裾"音義亦相近。《說苑·雜言篇》作"襜襜"，音異而義同。①

此說近理。例（2）"胥天下"猶"舉天下"，古書"胥""舉"訓皆、都，詞義用法近同也非音通。由（1）（2）而觀（3），逕讀"疏"爲"居"也難取信。"疏"應指疏遠疏離，與"蟬蛻"呼應，舊陸宗達、楊樹達等皆有說，②若以"居""處"解則反與文意不合。由此可知，上揭（1）—（3）三組仍不足證明"疋"聲字可以通讀爲"庫"。"疢""定"只能從"疋*"聲而非"疋"聲。

（二）閭、闆——間

齊陶璽文多見"閭"字，或繁作"闆"，今學界基本贊同是"間"字的異體，如：③

《璽彙》3239：均~郎；《璽彙》4012：~丘邊；《璽彙》4013：~丘齘；《璽彙》4014：~丘鄧；《陶錄》2.430.1：墉~不敢；

《陶錄》2.431.3：墉~可；《陶錄》2.431.1：墉~□石；《新陶·四齊》117：墉~不敢

《陶錄》2.417.2：墉~棋里曰怙；《陶錄》2.422.3：墉~棋里

---

① 韓嬰撰，許維遹校釋：《韓詩外傳集釋》，中華書局 1980 年，第 118 頁。

② 陸宗達：《訓詁簡論》，北京出版社 2002 年，第 39 頁；楊樹達：《楊樹達文集·馬氏文通刊誤 古書句讀釋例 古書疑義舉例續補》，上海古籍出版社 2007 年，第 176 頁。

③ 參張振謙：《齊魯文字編》，第 1426—1429 頁；徐在國：《新出古陶文文字編》，安徽大學出版社 2021 年，第 453—454 頁。

日隻; ▣《陶録》2.423.3：墻～隻; ▣《陶録》2.427.1：墻～賧;

▣《陶録》2.435.1：墻～豆里人匋者日與; ▣《齊陶》1020：墻～里

善; ▣《新陶·四齊》114：墻～賧

▣《陶録》2.432.1：高～丁; ▣《新陶·四齊》112：高～丁

　　"閭(間)丘"是齊系複姓，古書中間丘嬰、間丘印、間丘邛等都是春秋戰國時齊人。《通志·氏族略三》"以邑爲氏"類："間邱氏，志籍不言所出，然邾國有間邱。杜預云：高平南陽縣北有顯間亭，本邾地，爲齊所並，往往間邱氏食邑於此，故以命氏。""閭(間)丘"齊兵器又作"鑪丘"（間丘爲鵑造戈，《集成》11073），黃盛璋先生認爲从"膚"較从"疋"早。①　"墻間"是齊陶文中的重要地名，又可作"墻鑪"（如《陶録》2.410.3 等），益證"鑪"和"閭/閩"都是"間"的異體，僅是聲符换用而已。

　　過去學者對這組字的通用僅着眼於韻部相同（魚部）而未及深究，②對"閭/閩"和"間"的聲母差別似未有好的解釋，以致引起一些學者質疑。如何琳儀先生就主張"閭丘"應讀"楚丘"，但又認爲"墻閭"讀爲"高間"，指齊都臨淄城門，謂"然'疋'與'吕'聲系相通暫無證據，誌此備參"。③可知其間仍有疑惑待解。

　　其實"閭(間)"和齊金文"庉(庫)"一樣，聲符"疋"都應取"夏/雅"音的"疋*"而非齒音"疋"。"夏、雅""間"都是魚部開口。"夏、雅"中古二等字，上古含有-r-，可擬爲*kr-/ŋr-，"間"是來母*r-，同从"吕*r-"聲的"莒*kr-"則是見母，和"夏/雅"同屬牙喉音字。莒國之"莒"出土文獻中就記作"膚、簴、鄌"等"膚"聲字，同樣是齊系文字的特色。④　可見，从"疋*"聲的"閭"讀爲"間"，與"鑪"構成異體關係比取"疋"聲更合理。⑤尤可措意，上揭《陶録》2.431.1 之"閭"所从"疋"訛成"子"形，恰又與嫣

――――――――

①　黄盛璋：《燕、齊兵器研究》，《古文字研究》第十九輯，中華書局 1992 年，第 47 頁。

②　如王恩田先生謂"疋、吕均魚部，音近可通"，見王恩田：《陶文字典》，齊魯書社 2007 年，第 305 頁。

③　何琳儀：《戰國古文字典――戰國文字聲系》，中華書局 1998 年，第 583 頁。

④　蔡一峰：《出土文獻與上古音若干問題探研》，中山大學博士學位論文（導師：陳偉武教授），2018 年，第 83—84 頁。

⑤　潘悟雲先生（東亞語言數據中心網站，最後檢索日期 2022 年 2 月 22 日）擬"間"作*gəra，若據此則"間"與"夏、雅"關係更近。

加編鐘“夏”字“頙”訛从“子”的變化可以平行互證。

四、餘　論

與通常所説的“省聲”有别,我們並没有見到“庞/定(庫)”和“閟/闕(間)”有从“夏”旁的寫法(與後來的“厦”非一字),可能是受限於當前所能見到的春秋文字資料,又或許就未曾實際出現過。從此角度講,“疋*”更像是從“頙(夏)”截取分化而來,分擔繼承了母字“夏”的讀音,已有一定的諧聲能産力,能與真正的“疋”和“疋”聲字在文字諧聲系統中達到互補平衡。類似如“竈(竈)”字中的“黽”形實係從“龝(秋)”字聲符“䵷”的異體“蠅”形下半截取而來,在“竈(竈)”中作聲符,後又與古文字其他來源的“黽”旁混同。① “疋*”與齊系文字關係極密切,相比在他系文字材料中則尚無確證。② 總之,“疋*”在東周時期應該已經存在,换句話説,起碼在六國文字尤其是齊文字中,“疋”已兼有“所菹切”和“五下切”二音,是來源不同的同形字造成的異讀。

經此一番疏證,“疋”“疋*”異同以及“疋*”的來源問題較以往更加清楚,也能據此對過去一些有關“疋”的疑難問題做出更合理的辨識。

里耶8－461號秦更名方中有“曰䢘曰荆”的規定,經多位學者考究,基本確定“䢘”就是指代楚國的“楚”,“䢘”爲秦文字啎逆之“啎”的異體,是从五从午的雙聲符字。以“䢘(啎)”表“楚”前所未見,二字究竟什麼關係,各家看法不同。游逸飛先生認爲是秦人避秦莊襄王名子楚之諱,“䢘”“楚”音近可通。③ 邢義田先生認爲這是秦楚交惡中秦對楚的惡詆。④ 翁明鵬先生同意“䢘(啎)”可讀爲“楚”,又綜合二家之説,認爲用

---

① 説詳陳劍:《説“竈”等字所从“黽”形來源》,《中國文字》二〇二一年夏季號,萬卷樓圖書股份有限公司2021年,第69—89頁。

② 晉璽“疋茖司馬”(《璽彙》0045)、“疋茖瓶”(《璽彙》3421),“疋茖”或讀爲“下落”;三孔布面文“邓與”(《貨系》2480),或讀爲“鬩與”。這些釋讀仍有疑點,遠非定説,尚不可據。

③ 游逸飛:《里耶8－461號“秦更名方”選釋》,《古代長江中游社會研究》,上海古籍出版社2013年,第79—80頁,又簡帛網2013年8月1日。

④ 邢義田:《“手、半”、“曰䢘曰荆”與“遷陵公”——里耶秦簡初讀之一》,《今塵集:秦漢時代的簡牘、畫像與文化流播》,中西書局2019年,第369—370頁,原載簡帛網2012年5月7日。

"齬(��)"既成功地避開了用"楚"來表示楚國之"楚",又表達了木方的作者或抄寫者對楚國是叛逆而秦人是正統的政治態度。①

各家所論皆有可取,不過按照本文説解,上古時疑母魚部的"齬(��)"是無法音通破讀爲純齒音的"疋"聲字"楚"(退一步講,若僅據韻部相同而以寬式音近視之,也已不是嚴格的通諧)。可以肯定,當時以"齬(��)"記"楚"是特定歷史背景下的產物。表達的語義和色彩貼切是主,兼顧讀音是次。這種摻雜了價值取向等其他因素造成的用字表詞的臨時變化,於古音擬測的語料價值必然也大打折扣。這是古音研究中尤其要注意的。

引書簡稱對照表

《集成》——《殷周金文集成》

《近出》——《近出殷周金文集録》

《銘圖》——《商周青銅器銘文暨圖像集成》

《銘續》——《商周青銅器銘文暨圖像集成續編》

《銘三》——《商周青銅器銘文暨圖像集成三編》

《璽彙》——《古璽彙編》

《璽考》——《古璽彙考》

《陶録》——《陶文圖録》

《齊陶》——《新出齊陶文圖録》

《新陶》——《新出古陶文圖録》

《貨系》——《中國歷代貨幣大系·先秦貨幣》

附記:拙文寫作及修訂承蒙陳偉武、陳劍、張富海、鄔可晶等師長賜教,在中國青州古文字與古代文明論壇(2023 年 8 月 13 日)上復蒙王志平先生指教,謹一併致以深謝! 近年劉釗先生有文《庫》(載《辭書研究》

---

① 翁明鵬:《從〈禹九策〉的用字特徵説到北大秦簡牘諸篇的抄寫年代》,《文史》2020 年第 1 輯,第 10 頁。

2023 年第 4 期)亦主張"定/庭(庫)"所从"疋"讀"夏/雅"音,讀者可一併參看。

2022 年 2 月 20 日初稿

2 月 27 日修改

2023 年 8 月 18 日改定

(作者單位:中山大學博雅學院,

"古文字與中華文明傳承發展工程"協同攻關創新平臺)

楚簡字詞釋讀平議三例

王　輝

　　楚簡中疑難字詞的釋讀往往頗多異説,這大概是因爲字形或詞義確實存在考證的難度。還有一個可能的原因是,持正確或基本合理看法的學者未作充分論證,以致未能取信於人。以下擬選取三例類似的情況,試作平議、補證,以期合理的看法能爲大家熟知。

卒王天下而不矣

　　《郭店·唐虞》簡 18—19:"……年不弋,君民而不喬(驕),卒王天下而不矣。方在下位,不以匹夫爲輕;及其有天下也,不以天下爲重。""矣",整理者讀爲"疑"(《郭店楚墓竹簡》第 158 頁),但未解釋句意。劉樂賢讀爲"喜",①陳偉、《十四種》從之。② 李鋭讀爲"肆",放恣之義。③ 羅婷婷讀爲"怡",與喜義近。④ 趙建偉讀爲"俟",引《説文》"俟,大也"訓爲自大。⑤ 湯志彪讀爲"乞",訓爲求取,在此用爲貶義。⑥

　　今按,以上除讀"疑"以外的説法均有問題:(1)"肆"(心-質)與"矣"(匣-之)古音遠隔,難言相通。(2)"乞"(溪-物)音亦不近,雖有相

---

　　① 劉樂賢:《讀郭店簡儒家文獻札記》,《古籍整理研究學刊》2002 年第 5 期,第 7 頁。

　　② 陳偉:《郭店竹書別釋》,湖北教育出版社 2003 年,第 73 頁。陳偉等:《楚地出土戰國簡册[十四種]》,經濟科學出版社 2009 年,第 198 頁。

　　③ 李鋭:《郭店楚墓竹簡補釋》,《華學》第六輯,紫禁城出版社 2003 年,第 89 頁。

　　④ 羅婷婷:《讀〈郭店楚簡〉札記一則》,《古漢語研究》2004 年第 2 期,第 8 頁。

　　⑤ 趙建偉:《楚簡校記》,《楚地簡帛思想研究(三)》,湖北教育出版社 2007 年,第 180 頁。

　　⑥ 湯志彪:《〈唐虞之道〉18 號簡補説及重新編連一則》,《古文字研究》第三十一輯,中華書局 2016 年,第 285—286 頁。

通綫索,①但説王天下之人"乞",意思明顯不合適。(3)"俟"之"大"義僅見於《説文》等字書,未見文獻實際用例。(4)楚簡"喜""歖"讀爲語氣詞"矣"之例甚多,而"矣"用爲喜悦之"喜"則未見有,楚文字習用"憙"表示喜悦義。(5)今从"台"諸字楚簡基本从㠯(形作 㠯、㠯、㠯等),用"矣"爲"怡"不合習慣。

結合用字與文義,仍以整理者讀"矣"爲"疑"的説法最爲合適。雖然不少學者贊同此説,但或未作釋義,如周鳳五②、涂宗流、劉祖信③、劉釗④等;或有譯文又不甚準確,如劉樂賢"君民者最終統治天下是無疑的"、⑤李柏武"君臨民衆而不驕縱,儘管稱王天下而不必有什麼疑慮"、⑥黃錫全"天子百姓而不驕傲,最終爲天下之王是無疑的".⑦ 因此未能取信於人而異説紛起。以下試作補證。

楚簡多以从矣从心之字表示"疑",亦有以"矣"表示者,如"是故矣(疑)陣敗,矣(疑)戰死"(上博四·曹沫44)、"毋使民矣(疑)"(曹沫52)、"古之先聖人所以自愛,不事問,不處矣(疑)"(清華五·湯丘15)等。可見整理者讀"矣"爲"疑"完全符合用字習慣。"不疑"即無所疑慮、不懷疑自己,指果決自信。這樣的用法古書多見:

(1)《國語·晉語六》:"其身果而辭順,順無不行,果無不徹。"韋昭注:"順者人從之,故無不行;果者志不疑,故無不徹。"

(2)《管子·兵法》:"進退若雷電而無所疑匱。一氣專定則傍通而不疑,屬士利械則涉難而不匱。進無所疑,退無所匱,敵乃爲用。"

---

① 《公羊傳》宣公六年"仡然從乎趙盾而入",《儀禮·鄉射禮》鄭玄注引"仡"作"疑"(高亨纂著,董治安整理:《古字通假會典》,齊魯書社1989年,第525頁),"疑"之聲符"矣"與"矣"爲一字。

② 周鳳五:《郭店楚墓竹簡〈唐虞之道〉新釋》,《"中研院"歷史語言研究所集刊》第七十本第三分,1999年,第740頁。

③ 涂宗流、劉祖信:《郭店楚簡先秦儒家佚書校釋》,萬卷樓圖書有限公司2001年,第54頁。

④ 劉釗:《郭店楚簡校釋》,福建人民出版社2005年,第157頁。

⑤ 劉樂賢:《讀郭店簡儒家文獻札記》,第7頁。

⑥ 翟信斌、鄭孝華主編:《郭店楚簡簡明讀本(四)》,湖北人民出版社2007年,第46頁。

⑦ 黃錫全:《〈唐虞之道〉疑難字句新探》,載長沙市文物考古研究所編:《長沙三國吳簡暨百年來簡帛發現與研究國際學術研討會論文集》,中華書局2005年,第225頁。

(3)《荀子·君道》:"是故窮則必有名,達則必有功。仁厚兼覆天下而不閔,明達用天地、理萬變而不疑。"王念孫曰:"'用天地而不疑',義不可通。'用'當爲'周',字之誤也,言其智足以周天地、理萬變而不疑。"[1]

正因爲如此,"不疑"可以作爲一種優秀品質,如《淮南子·道應》:"太子發勇敢而不疑,中子旦恭儉而知時。"古人或以此爲名寄託寓意,如漢武帝有名臣"隽不疑";《史記·外戚世家》"淮陰侯"《索隱》曰"名不疑";《萬石張叔列傳》有"塞侯直不疑",《索隱》曰:"直,姓也。不疑,名也。"

"疑""惑"與"驕"古書亦有連用、對舉,如:

(1)《孔子家語·子路初見》:"毋以其所不能疑人,毋以其所能驕人。"

(2)《呂氏春秋·不苟論·貴當》:"驕惑之事,不亡奚待?"

"不驕""不疑"在同一語義段中出現,見於《銀雀山漢墓竹簡·定心固氣》(簡2141—2143):

……□□□之行不止於身,蓋嚚然唯道之親而已矣。是以侍立不喬(驕),神怵而……□□而不疑,志定而不□□□□其志明獨見威……□時獨意……。

簡文"君民而不驕,卒王天下而不疑"意思是説:爲民衆之君而並未因此驕傲,成天下之王而並未因此心存疑慮(不自信)。"王天下而不疑"正與"及其有天下也,不以天下爲重"意思相應,表明聖人不論在上位還是下位,都能够泰然處之。清華簡十一《五紀》篇簡47:"參志上下以恭神,行事不疑","不疑"意思與此同。

讓 而 受 幽

《郭店·成之》簡33—34:"是故君子簟[2]席之上,讓而受學;朝廷之

① 王念孫撰:《讀書雜志》,江蘇古籍出版社2000年,第688頁。

② 用作"簟"之字作𥳑,李零、李學勤較早指出左下從尋,讀爲"簟"(李零:《郭店楚簡校讀記》,《道家文化研究》第十七輯,生活·讀書·新知三聯書店1999年,第515頁;李學勤:《續釋"尋"字》,《故宮博物院院刊》2000年第6期,第11頁。)

位,讓而處賤。”“受斈”一詞,諸家釋讀意見有所不同:或讀爲“受幼”,解釋爲容受幼小、受幼者之位、自謙爲少而處下位①等;或讀爲“授幼”。或釋“受”爲“爰”,讀爲“援幼”;或釋“受”爲“印”,讀爲“隱幽”。②

　　“受”作 形,與楚簡中的“受”(清華一·祭公 10、 上博二·子羔 7)、“爰”(清華三·芮良 24、 清華十一·五紀 87)字形皆不甚密合,應是二者的訛體。大部分學者讀“斈”爲“幼”,這類用法楚簡多見,如“老老而慈斈(幼)”(上博八·顔淵 12)、“成王猶斈(幼)”(清華一·金縢 6—7)等。然“斈”亦多用爲“幽”,如“斈(幽)明不再”(郭店·窮達 15)、“桀紂斈(幽)屬”(上博五·鬼神 2)、“宅在斈(幽)中”(上博八·蘭賦 1)。可見, 是“爰”還是“受”,“斈”用爲“幽”還是“幼”,當結合前後文義來論定。

　　今按,多位學者指出,與簡文類似的話見於《禮記·坊記》:“衽席之上,讓而坐下,民猶犯貴。朝廷之位,讓而就賤,民猶犯君。”“坐下”即坐於席之下位。據此,簡文當釋爲“受幽”。“受幽”與“處賤”表達意思相近。“受”爲接受,“處”爲處於,二字有異文之例:《漢書·霍光傳》“天下匈匈不安,光當受難”,顔師古曰:“受其憂責也。”宋祁曰:“受難改作處難。”《文選·三國名臣序贊》“武侯處之無懼色”,五臣本“處”作“受”。又可以對舉,如《大戴禮記·保傅》:“天子處位不端,受業不敬。”“幽”與其同義詞“隱”均可指不光顯之處,與貧賤義常連用,如:

　　　　(1)《後漢書·蔡邕傳》:“昔韓安國起自徒中,朱買臣出於幽賤。”《劉陶傳》:“訪覃幽微,不遺窮賤。”

　　　　(2)《文選·讓開府表》:“雖側席求賢,不遺幽賤。”

　　　　(3)《管子·七法》:“疏遠、卑賤、隱不知之人,不忘其勞。”

　　　　(4)《論衡·禍虛》:“非窮賤隱阨有非,而得封見官有是也。”

　　所謂“席”之“幽”者,即指坐席之中偏側靠後等不顯的位置。《後漢書·王常傳》“七年,使使者持璽書即拜常爲橫野大將軍,位次與諸將絕

---

①　劉釗:《郭店楚簡校釋》,第 143 頁。
②　各家意見參看單育辰:《郭店〈尊德義〉〈成之聞之〉〈六德〉三篇整理與研究》,科學出版社 2015 年,第 139—143 頁。

席”,注:“絕席謂尊顯之也。《漢官儀》曰：御史大夫、尚書令、司隸校尉皆專席,號‘三獨坐’。”“絕席”“專席”意思與之相反。

古書中“讓而受～”“讓而不受～”的説法習見不贅舉。簡文“讓而受幽”即辭讓並接受不顯之席位。《説苑·尊賢》:“楚有子玉得臣,文公爲之側席而坐。”《後漢書·臧洪傳》“來者側席,去者克己”注:“來者側席而待之,去者克己自責不責人也。”可見坐於側席有禮賢下士的謙讓意味。“簟席之上,讓而受幽;朝廷之位,讓而處賤”是修辭上的互文,意指君子在簟席、朝廷之中,都十分謙讓,使自己處於不顯貴的位置,即謙卑處下。

不能恃焉而走去之

《清華七·子犯子餘》載公子重耳“自楚迡秦,處焉三歲”,秦穆公召見其隨從子犯、子餘,分別進行了談話。語子犯曰:“子若公子之良庶子,胡①晉邦有禍,公子不能屰焉而走去之,毋乃猷心是不足也乎?”(簡 1—2)語子餘曰:“子若公子之良庶子,晉邦有禍,公[子不能]屰焉而走去之,毋乃無良左右也乎?”(簡 3—4)其中的“屰”字作𣥖,古文字首見,從之從止,構形明確,但學者的釋讀意見及對“不能屰焉”句意的理解有頗多不同,洪鼎倫有詳細搜集,②茲總結如下:

(1)“屰”從止之聲。① 讀爲“止”,訓爲居或阻止、停止。② “寺”字異體,讀爲“恃”,“不能恃焉”即不能趁着禍端從中爲自己謀取利益。③ ③ 讀爲“待”,訓爲禦。④ “持”字異體或讀爲“持”,訓爲掌握、把握,“不能持焉”即不能掌握時機從中得利,或訓“持”爲守。⑤ “丞”之形聲字,讀爲“拯”,救也。⑥ 讀爲“直”,訓爲正直、正義,“不能直焉”即不能讓晉國得到正直、正義。

(2)“屰”與甲骨文“置”(𡘖、𡘋)爲一字。① 訓爲立,“不能置焉”即不能自立爲太子。② 訓爲止。③ 棄置、處置。④ “自置”之省,訓爲處

---

① “胡”作“𦣻”,此從整理者讀。

② 洪鼎倫:《清華柒〈子犯子餘〉研究》,花木蘭文化事業有限公司 2020 年,第 76—80 頁。

③ 此爲筆者 2007 年 4 月 23 日在簡帛網-簡帛論壇-“清華七《子犯子餘》初讀”帖下第 4 樓,以“xiaosong”爲名發表的意見。

也,安身之義。

今按,上述意見各有道理,亦能講通文義,但均缺少可資參照的相關文獻。秦穆公此前曾幫助重耳之弟夷吾成爲晉國之君,即晉惠公。在即位之際,秦穆公曾召見惠公的師傅郤芮,二者也有一段對話,見於《左傳》僖公九年:

> 秦伯謂郤芮曰:"公子誰恃?"對曰:"臣聞亡人無黨,有黨必有讎。夷吾弱不好弄,能鬬不過,長亦不改,不識其他。"

孔穎達《正義》:"秦伯問'公子誰恃',問公子於晉國之臣,倚恃誰爲内主也。"類似的話又見於《國語·晉語二》,秦穆公問冀芮曰:"公子誰恃於晉?"對曰:"……夷吾不佞,其誰能恃乎?"將簡文與之對照,很自然會想到"弄"可以讀爲"恃"。"恃"的賓語是子犯、子餘,"焉"是句中語氣詞。"子若公子之良庶子,胡晉邦有禍/晉邦有禍,公子不能弄(恃)焉而走去之,毋乃猷心是不足也乎/毋乃無良左右也乎"意思是:"你如果①是公子的良庶子,爲何晉國有禍/晉邦有禍,公子卻不能依靠指望你,而是逃離了晉國,恐怕是你的謀略不足吧/恐怕是重耳身邊沒有能臣吧。"這樣的解釋能够與後文子犯、子餘的回答相吻合。

子犯回答説:"確實是我的謀略不足(誠如主君之言)。重耳不願從禍亂中得利,所以逃離晉國(吾主好定而敬信,不秉禍利,身不忍人,故走去之,以即中於天)。您如果説我在逐利這方面謀略不足的話(主如曰疾利焉不足),那實在是因爲重耳不想從中得利(誠我主固弗秉)。"子餘回答説:"確實是我們這些臣子不行(誠如主之言)。我們這些臣下不會去阻止箴言善人接近重耳,也願意分利、擔過(吾主之二三臣,不扞良規,不蔽有善,必出有[□。□□]於難,翟輚於志。幸得有利不忻獨,欲皆僉之。事有過焉,不忻以人,必身擅之),(言下之意是已經盡力做好輔佐的事情了)但重耳意志堅定要逃離晉國(吾主弱時而强志,不□□□,顧監於禍而走去之)。您如果説重耳身邊沒有能臣的話,那實在是因爲他獨

---

① "若",整理者訓爲"乃"(《清華柒》第94頁),若如此,"子若公子之良庶子"意即子乃是重耳的良庶子。但"若"用爲"乃是"這樣類似系詞的用法,在古漢語中幾乎没有。故此説不可從。

自決定(主如此謂無良左右,誠殹獨其志)。"

二人答語都首先承認自己謀略不足、非能臣。因爲重耳意志堅定,不論有多少謀略、如何忠心,都無法説服、輔佐重耳從禍亂中獲利,從這一點來看自己確實不是值得依靠的人。這實際是從側面贊揚重耳的爲人。

從以上三則内容可以看出,有些看似疑難的問題,其正確合理的解釋已經出現,但没有引起其後研究者的重視,可見充分論證的重要性。

(作者單位:山東大學語言科學實驗中心)

信陽遣册"柅"蠡測

劉國勝

信陽長臺關 1 號墓遣册 2 - 021 號簡記録有"一柅，貲角"。① 簡文"一"下三字依次作：②

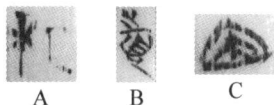

A   B   C

"一"字之上和 C 字之下均落有表示停頓的標識符號，可見這四個字屬於一件器物的記録，大家對此多無異議。對於 A、B、C 三字的釋讀，以往意見不一，也使得簡文所記爲何物未能落實。今在已有研究的基礎上就上述簡文的釋讀及其相關名實對應的問題談點看法。

先來看 C、B 兩字。C 字，舊多釋作"因"，我們認爲當是"角"字。信陽遣册 2 - 021 號簡中就有從"因"從"衣"的"裀"字，③作：

而 2 - 019 號簡有從"角"從"虍"之字，④作：

---

① 河南省文物研究所：《信陽楚墓》，文物出版社 1986 年，第 130 頁、圖版一二五。
② 爲便於討論，本文列舉的信陽遣册 2 - 021、2 - 018 號簡的文字圖像采用了"楚簡綜合整理與研究"項目課題組拍攝的紅外影像。
③ 劉雨：《信陽楚簡釋文與考釋》，《信陽楚墓》附録，文物出版社 1986 年，第 130 頁；商承祚編著：《戰國楚竹簡匯編》，齊魯書社 1995 年，第 32—33 頁。
④ 郭若愚：《戰國楚簡文字編》，上海書畫出版社 1994 年，第 79 頁。

不難看出,簡文的"因""角"在字形上區別較明顯。已知楚簡中的"因""角"實際上也很少有寫混的情況。將 C 釋爲"角"應無大礙。

關於 B 字,李家浩先生曾指出:"此'頁'字之上,原文从'之'。"①依此可將 B 字隸作"旹",舊多以爲"首"或"頁"的異體,沈培先生認爲當从"之"得聲,讀爲"戴",就其造字本義講,可以看作是爲"戴"而造的形聲字。② "旹"讀爲"戴"的意見可從。

再來看 A 字。此字左旁从"木",右旁不太清晰,考釋分歧較大,有釋柜、柁、柚、柤等。A 字釋法雖有不同,但多數學者都將其與下列的 2–018 號簡的兩字視爲同一字:

此三字同爲一字的看法可信。A 字,恐當釋爲"柅",从木,尼省聲。上博簡《中弓》8 號簡"仲尼"之"尼"作:③

信陽遣册三"柅"字的右旁,與此"尼"字"尸"之下的構形基本相同,可看作是省寫了"尸"形的"尼"。"柅",見於上博簡《周易》40 號簡"系於金柅",寫作:④

所从"尼"旁不省作。上博簡《從政》甲本 13 號簡的"遅"字,"尼"旁不省"尸",⑤而《民之父母》8 號簡、《容成氏》19 號簡的兩"遅"字的"尼"旁却都省寫了"尸"形。⑥ 可見,楚簡中的"尼"省去"尸"形的寫法不是孤例。

① 李家浩:《信陽楚簡"樂人之器"研究》,《簡帛研究》第三輯,廣西教育出版社 1998 年,第 19 頁。
② 沈培:《試釋戰國時代从"之"从"首(或从'頁')"之字》,簡帛網 2007 年 7 月 17 日。沈文提到,上博簡《慎子曰恭儉》5 號簡"首旹茅蒲"之"旹",劉洪濤先生引用劉建民先生的説法,將其讀爲"戴"。
③ 馬承源主編:《上海博物館藏戰國楚竹書(三)》,上海古籍出版社 2003 年,第 269 頁。
④ 馬承源主編:《上海博物館藏戰國楚竹書(三)》,第 190 頁。
⑤ 馬承源主編:《上海博物館藏戰國楚竹書(二)》,上海古籍出版社 2002 年,第 226 頁。
⑥ 馬承源主編:《上海博物館藏戰國楚竹書(二)》,第 165、264 頁。

　　下面我們討論 2 - 021 號簡所記"柅"指何物。這涉及簡文四字的句讀問題。沈培先生在討論"貴"字的文章裏就列舉了 2 - 021 號簡的這條辭例,釋文作"一柅貴因(絪)",他認爲:從句子結構上來講,"貴因(絪)"可讀爲"戴絪",是用來説明"柅"是什麽樣的"柅"。① 沈先生對該句結構的分析是準確的,實際上也就解決了句讀問題。

　　簡文記"一柅,戴角",説明"柅"這件器物的上部裝飾有角。《説文》:"柅,木也。實如梨。"柅用作器具名,見《易·姤》"系於金柅",王弼注:"柅者,制動之主。"孔穎達疏:"柅之爲物,衆説不同。王肅之徒皆爲織績之器,婦人所用。惟馬云:'柅者,在車之下所以止輪令不動者也。'王注云:'柅,制動之主。'蓋與馬同。"《玉篇·木部》:"柅,絡絲柎。"《廣韻·旨韻》同。《集韻·旨韻》:"柅,止車輪木。"又《脂韻》:"柅,絡杙。"柅,也通作檷。《集韻·旨韻》:"檷,絡絲柎,或从金。通作柅。"《説文》:"檷,絡絲檷,从木,爾省,讀若柅。"段注:"檷,絡絲柎也。"朱駿聲《説文通訓定聲》:"檷,今絡絲架子是也。"雖然上述有關柅、檷的字詞解釋不盡一致,不過從中我們可以總結出,稱作"柅"或"檷"的器物似當是有立柱的結構,置於地上比較穩固。

　　據發掘報告,在信陽 1 號楚墓的隨葬器物中,有兩件器物的上部是安裝有角的,一件是"鎮墓獸",一件是"彩繪雙角器"。對於"彩繪雙角器",報告描述説:

> 　　出於後室西北隅。器形與二號楚墓中出土的雙角器基本相同,但缺少雙角。通體塗黑地並施有鮮豔的紅、灰色相間的雲紋、鉤狀紋、鳥紋和三角紋。頂部之兩個長方銎爲插鹿角處。高 40、縱 34、橫 34 釐米。②

　　信陽 2 號楚墓隨葬的一件"鎮墓獸"及兩件"雙鹿角器"均在頂部插有鹿角,其中彩繪的 2 - 156 號"雙鹿角器"(圖一,采自發掘報告),與 1 號楚墓所出"彩繪雙角器"造型、風格十分接近,底部爲方墩狀座,座上立方柱,柱的上端又安一方頂,頂部插一對鹿角。而 2 - 157 號"雙鹿角器"

---

① 沈培:《試釋戰國時代从"之"从"首(或从'頁')"之字》。
② 河南省文物研究所:《信陽楚墓》,第 61 頁。

的方頂,報告説其"雕有獸面,面之兩側各插一支鹿角,儼然爲一獸頭的形象"。至於兩墓所出"鎮墓獸"的頂部則直接是雕刻的獸頭。

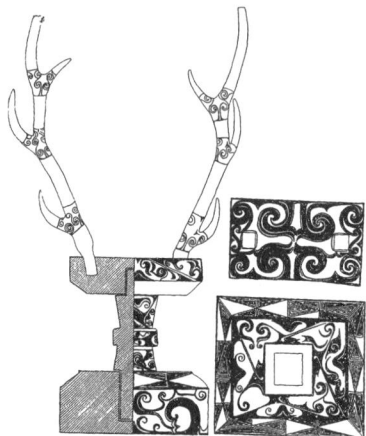

圖一

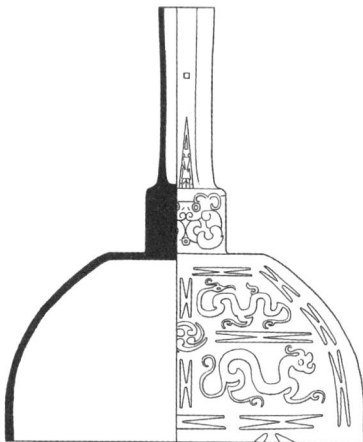

圖二

　　對照實物,我們認爲,遣册 2‒021 號簡所記的戴角的"柅"大概是指隨葬的"彩繪雙角器"或"鎮墓獸"。對於"鎮墓獸",李家浩先生有過考證,認爲遣册 2‒03 號簡所記的"一威盟之柜□土蔞"很可能是指該墓出土的"鎮墓獸"。① 如然,2‒021 號簡所記的戴角的"柅"似當指隨葬的"彩繪雙角器"。實際上,信陽 1、2 號楚墓出土的稱作"鎮墓獸"的器物,在形制上與出土的"彩繪雙角器"有差異,係整木雕琢成獸,以往楚墓並不多見。而類似"彩繪雙角器"的器物,戰國楚墓屢見出土,大多數的楚墓發掘報告或簡報是以"鎮墓獸"稱之。② 其器形一般由足柎、柱身、頭部、鹿角幾部分構成,其中足柎呈墩狀、柱身直立、頭頂插角是其典型特徵,而頭部的形態豐富多樣,有單面獸首形、雙面獸首形、人面首形等。結合文獻對柅、櫺字的注解,我們認爲,這類器物稱作"柅""櫺"蓋是針對帶足柎之立柱而言。值得注意的是,淅川和尚嶺春秋晚期 2 號楚墓出土有一件"銅鎮墓獸座"(圖二,采自發掘報告),③方墩狀底座,座上中央有直

---

① 李家浩:《信陽楚簡"樂人之器"研究》,第 16—17 頁。
② 湖北省荆州博物館:《荆州天星觀二號楚墓》,文物出版社 2003 年,第 187、191 頁;湖南省博物館等編著:《長沙楚墓》,文物出版社 2000 年,第 373—375 頁。
③ 河南省文物考古研究所等編著:《淅川和尚嶺與徐家嶺楚墓》,大象出版社 2004 年,第 109—111 頁。

立柱管,管壁有對稱的插銷穿孔,出土時柱管内有朽木。座的上面鑄有銘文,發掘報告釋文作:曾中(仲)伖(遠)君腏之且(祖)執。賈連敏先生考釋説:

> "且(詛)執",鎮墓獸自名。"且",疑讀爲"詛",鎮墓獸用以驅邪,或與詛有關。《説文》:"執,種也。"鎮墓獸何以稱"且(詛)執",有待研究。①

賈先生指出"且執"用作器名的意見正確,讀"且"爲"詛"亦有合理之處。"且執"之"且"可能是用來説明"執"的,屬於"執"的修飾語,"執"作器名。該器的銅柱管内原本插有木柱,從報告提供的墓底平面圖看,緊臨該器還有形迹較完整的鹿角,據此我們推測,鹿角可能與此銅方座有關,或許原本是安裝在插入銅柱管的木柱的頂部。這樣其形態就與上述"彩繪雙角器"比較接近,發掘報告以"鎮墓獸座"定名,蓋有緣於此。前面説過,遣册稱"彩繪雙角器"爲"柅",柅通橺。"執""爾"古音相近,這是大家都熟悉的,故我們認爲,"且執"之"執",似當讀爲"橺",與稱"彩繪雙角器"的"柅"實爲一詞。考慮到用字早晚的關係,我們也提出一種假設,即用來稱呼帶足柎之立柱的"柅""橺"字,可能是"執"或借"執"的"埶"字的分化字。如果遣册2–021號簡記録的"柅"是指"彩繪雙角器"這一看法符合事實的話,則"彩繪雙角器"之類器物大概還應屬當時的居家生活實用器,不爲墓葬獨有,似不宜稱作"鎮墓獸",儘管這類器有可能在日常實際使用中是起遏止、限制的作用。

最後我們談一下2–018號簡的"柅"。信陽遣册2–018號簡與2–03號簡是前後相連的兩簡,記録"樂人之器"。② "柅"分別出現在記編鐘、編磬的内容中,皆作"柅條、漆畫"。③ 對這句簡文,也有不同釋法。但一般都認爲這是針對鐘、磬架的記録,當可信。如果我們釋"柅"不誤的

① 賈連敏:《淅川和尚嶺、徐家嶺楚墓銅器銘文簡釋》,《淅川和尚嶺與徐家嶺楚墓》附録一,第359頁。
② 參看商承祚編著:《戰國楚竹簡匯編》,第24—25頁;李家浩:《信陽楚簡"樂人之器"研究》,第1頁。
③ 條、畫的釋讀從何琳儀:《信陽楚簡選釋》,《文物研究》第八輯,黃山書社1993年,第168—176頁。

話，"枳"就是指鐘、磬架的立柱。信陽1、2號墓出土的鐘架（圖三，采自發掘報告）、磬架的立柱都是帶足柎的，形制與上述"彩繪雙角器"的立柱及"鎮墓獸座"相仿。"枳條"的"條"可能就指鐘、磬架的横樑。

圖三

附記：拙文是一篇舊作，曾刊於簡帛網（2010年10月22日），蒙范常喜教授不棄，邀約在《古文字論壇》第四輯上正式發表，謹此致謝！

（作者單位：武漢大學簡帛研究中心，
"古文字與中華文明傳承發展工程"協同攻關創新平臺）

先秦簡牘史料中的"貸種"問題[*]

——從包山楚簡"貸金糴種"談起

梁　鶴

作爲農業大國,歷代統治者都非常重視保民耕種。對於因各種原因"無種"的人,統治者施行"貸種"就成爲了重要舉措。傳世典籍中關於"貸種"多有記載,如《管子·禁藏篇》:"賜鰥寡,振孤獨,貸無種,與無賦,所以勸弱民。"[①]《管子·揆度》篇:"無種者貸之新。"[②]出土先秦簡牘文獻中也有"貸種"的相關記録,綜合考之,爲我們進一步瞭解先秦"貸種"問題提供可能。

一、包山楚簡中的"貸金糴種"

1987 年湖北荆門出土的包山楚簡中有專門的記録貸金活動的"貸金簡",[③]是我們瞭解楚國當時借貸活動的主要材料,學者對其多有關注。[④]"貸金簡"據其內容可分爲兩組,由於第一組簡文中,都有"貸越異之

　　* 本文爲國家社科基金青年項目"出土先秦秦漢文獻所見貨幣史料整理與研究"(22CZS004)階段性成果。

　　① 黎翔鳳撰,梁運華整理:《管子校注》,《新編諸子集成》41,中華書局 2018 年,第 1125 頁。
　　② 黎翔鳳撰,梁運華整理:《管子校注》,第 1532 頁。
　　③ "貸金簡"之稱可參看李零《包山楚簡研究(文書類)》,《李零自選集》,廣西師範大學出版社 1998 年,第 131—147 頁。劉信芳:《包山楚簡解詁》,藝文印書館 2003 年,第 97 頁。
　　④ 后德俊:《"糴種"考》,《中國農史》1995 年第 4 期,第 25—75 頁;羅俊揚:《從包山楚簡貸金史料論楚國之金融》,《金融經濟》1997 年第 12 期,第 61—63 頁;李學勤:《楚簡所見黃金貨幣及其計量》,《中國錢幣論文集》第四輯,中國金融出版社 2002 年,第 61—64 頁;王穎:《從包山楚簡看戰國中晚期楚國的社會經濟》,《中國社會經濟史研究》2004 年第 3 期,第 14—17 頁;羅運環:《包山楚簡貸金簡研究》,《武漢金融》2005 年第 10 期,第 10—11 頁;張伯元:《爲"越異之金"進一解》,簡帛網 2012 年 1 月 19 日;王准:《包山楚簡"貸金糴種"問題的考察》,《中國農史》2016 年第 1 期,第 49—57 頁。

金……以糶種(種)"的記録,因此就有學者提出了"貸金糶種"問題。①
這也是目前所見文獻中關於"貸種"的最早記録,具有重要參考價值。

　　"貸金簡"第一組包含簡103—114,共12支簡,講述了楚國子司馬接
受王命,命令巽陵公黿、宜陽司馬強貸越異黄金來貸給鄗邜②用來糶種,
以及各地官員貸領金的情況。③ 關於簡文的内容,經過諸家的解讀,已經
有比較充足的認識,但是從"貸種"角度來看,還有更多的内容可供參考。

　　簡103是本組簡的首簡,介紹了本次貸金活動的時間、參與人物、記
録人員等重要信息。簡104記録貸金償還的約期。簡文如下:

> 　　大司馬邵(昭)鄢(陽)敗晉帀(師)於叡(襄)陵之歲(歲),宫月,
> 子司馬㠯(以)王命=(命命)巽陵公黿、宜昜(陽)司馬強貣(貸)邞
> (越)異之黄金,㠯(以)貣(貸)鄗娜(郿)㠯(以)糶(糶)種(種)。
> 【103】王妻逯戠(職)之。坒(匡)箇爲李。【103反】旹(幾)至屈柰
> (夕)之月賽金。【104】

本次借貸活動發生的時間是"大司馬昭陽敗晉師於襄陵之歲",這是楚國
常見的大事紀年法,著名的鄂君啓節也有記載。"大司馬昭陽敗晉師於
襄陵"即《史記·楚世家》記載"(楚悼王)六年,楚使柱國昭陽將兵而攻
魏"之事。④ 宫月,楚曆。貸金活動涉及的人物是中央的子司馬和地方官
員巽陵公和宜陽司馬。

　　貸金的過程如下:子司馬受王命命令巽陵公和宜陽司馬貸越異之金
來貸給郊縣地區,目的是用來糶種,並約定在屈夕之月償還。首簡中
"貸"字共出現兩次,對"貸"字含義的理解,直接影響到對借貸過程的判
斷。關於"貸"字含義,學者多言"貸",只有《十四種》中做了區分,指出
前一個"貸"指借入,後一個"貸"指借出。⑤ 很明顯,這樣理解的話,借貸

　　① 目前明確提出"貸金糶種"問題的是王准先生(參看其文《包山楚簡"貸金糶種"問題的
考察》,第49—57頁)。
　　② 關於"鄗邜"的讀法,我們從馬楠之説,讀爲"郊縣",係城邑及其所轄鄉遂稍縣之泛稱
(參看馬楠《清華簡第一册補釋》,《中國史研究》2011年第1期,第96頁)。
　　③ 朱曉雪:《包山楚簡綜述》,福建人民出版社2013年,第226—242頁。
　　④ 學者已有相關研究。可參看湖北荆沙鐵路考古隊《包山楚簡》,文物出版社1991年,第
46頁。
　　⑤ 陳偉等著:《楚地出土戰國簡册[十四種]》,經濟科學出版社2009年,第49頁。

行爲是有兩個過程的,即先由巽陵公、宜陽司馬借入越異之金,然後再借出給郊縣用來給他們糴種。但是,從簡 105—114 的内容來看,各地都是直言“貸越異之金”,未談及巽陵公和宜陽司馬,因此借貸行爲的施事者還應理解爲“越異”,而非巽陵公、宜陽司馬二人。第一個“貸”字理解爲其意動用法,“以越異之金貸……”,意思就比較明確,即子司馬命令巽陵公和宜陽司馬以越異之金來貸給郊縣用來購買種子。二人爲“貸越異之金”這一借貸行爲的中央一級的執行者,雖然受王命的是“子司馬”,但是執行者却是巽陵公和宜陽司馬。而且值得關注的是,巽陵和宜陽不在其後申領貸的諸地之中。後文兩個介詞“以”,前者表順承,後者表目的。第二組貸金簡首簡“命巽陵公邟黿爲鄁鄎貣(貸)郔(越)異之鋶金一百益(鎰)二益(鎰)四(兩)”,①直言“……爲……貸……”可以相證。

整個貸金活動是“貸越異之金以糴穜(種)”,“越異”是整個貸金活動的主體,關於“越異”的解釋,目前有三種意見:一是指專職救災的官府機構;②二是指地點;③三是指與封禪祭神相類的機構。④“越異”還見於“越異之司敗”(簡 46)、“越異之大帀(師)”(簡 52)等簡文中。從簡 103王能直接命令加以施予,結合里耶秦簡記録官吏出貸粟多從某倉中直接出的内容來看,“越異”解釋爲官府機構應該更能講通。

此次貸金的目的是“糴穜(種)”。關於“糴穜”,簡文“糴”寫作“䊮”或“䵼”。《說文》入部:“糴,市穀也。”“穜”,諸家大都作“種”,訓爲“種子”。“糴穜(種)”即購買種子。王准先生提出不同意見,他以《周禮》中“穜”字用例爲證,認爲“穜”與“種”不同,指某些穀物作爲食物而非種子。⑤ 關於“穜”和“種”的關係,段玉裁有過詳細論述:

> 《說文·禾部》:“穜,埶也。”段注曰:“丮部曰:埶,穜也。小篆埶爲穜。之用切。種爲先穜後埶。直容切。而隸書互易之。詳張氏《五經文字》。種者以穀播於土。因之名穀可種者曰種。凡物可種者皆曰

① 朱曉雪:《包山楚簡綜述》,第 243 頁。
② 劉信芳:《包山楚簡解詁》,第 98 頁。
③ 羅俊揚:《從包山楚簡貸金史料論楚國之金融》,第 61—63 頁。
④ 張伯元:《爲“越異之金”進一解》,簡帛網 2012 年 1 月 19 日。
⑤ 王准:《包山楚簡“貸金糴穜”問題的考察》,第 52 頁。

種。"《説文·禾部》："種,先種後孰也。"段注："此謂凡穀有如此者,《邠風》傳曰:後孰曰重。《周禮·內宰》注,鄭司農云:先種後孰謂之種。按《毛詩》作重。段借字也。《周禮》作種,轉寫以今字易之也。"①

王准先生所引用《周禮》"種"諸例,按照段玉裁的説法是當時漢人轉寫的。目前楚簡所見"種"字,僅清華玖《禱辭》簡19"百種皆顝（集）"作"種",其餘所見諸例均爲"種",而作爲"種"者兼有諸義。到了秦簡中,既作"種",又作"種"。王准先生通過辨別"種"和"種"來進行區分怕是不合適的。"種"和"種"完全可以看作是一組異體字。如是,"糴種"的"種"還是訓爲"穀種"最合理。

從借貸發生的時間來看,盲月,楚曆,但是具體是夏曆幾月,有不同的説法。或認爲楚六月（夏三月）,②或認爲楚六月（夏五月）,③也因此"賽金"之月"屈柰（夕）"有楚二月（夏十一月）④和楚二月（夏一月）⑤之別。如果盲月爲夏曆三月,正好是春種的季節,《漢書·昭帝紀》載"三月,遣使者振貸貧民毋種、食者"。⑥ 簡104"凸（幾）至屈柰（夕）之月賽金",記録"賽金"的時間是屈夕之月,夏曆十一月,正好是秋收之後,所以簡文大意是春耕時貸款給各地購種,而收穫後再還貸。按照目前兩湖地區耕種的季節來看也是相符的。學者也多有提及。⑦

簡105—114是諸地申領貸金情況的記録,包括申領人和貸金數量。從簡文看,申領貸金的人至少有兩人,有的是三人,這兩三人中除了簡105 鄂地出現了中央官員左司馬和安陵莫敖,其他的均爲本地官員,其官職涉及莫敖、攻尹、喬尹、喬佐、連敖、大辻尹等,雖然有些職掌不清楚,但都應是當地執政長官。⑧ 我們認爲這兩三個人中既有借貸的主體,也有

① 許慎撰,段玉裁注:《説文解字注》,浙江古籍出版社2006年,第321頁。
② 陳偉:《包山楚簡初探》,武漢大學出版社1996年,第3頁。
③ 劉彬徽:《楚國曆法建丑新證》,《江漢考古》2021年第4期,第81—86頁。
④ 陳偉:《包山楚簡初探》,第3頁。
⑤ 劉彬徽:《楚國曆法建丑新證》,第81—86頁。
⑥ 班固撰,顏師古注:《漢書》卷七,中華書局1962年,第220頁。
⑦ 陳偉:《包山楚簡初探》,第3頁。李學勤:《楚簡所見黃金貨幣及其計量》,第61—64頁。
⑧ 黃盛璋先生指出"至於地方貸越異之金,也由最高執政長官出面負責"（參看其文《包山楚簡中若干重要制度發覆與爭論未決諸關鍵字解難、決疑》,《湖南考古輯刊》第六集,第186—199頁）。

擔保人的存在,至於其身份的不同,或與其借貸的數量或者區域的地位有關。

與貸金簡的第二組內容相比,首簡 103 並未提及貸越異之金的總量,簡 105—114 所記載,諸地借越異之金總數量爲九十四益四兩,但是這只能看作是諸地"迠(過)旮(幾-期)不賽金"的量,而由巽陵公和宜陽司馬貸越異之金的數量尚不清楚。但是,從第二組貸金簡文來看,巽陵公爲郊縣貸越異之金一百益二益四兩,而簡 116—119 所列諸地貸金數量共七十五益半益四兩,與首簡總數不符,疑簡文所列僅爲不能"賽金"的地方,而還有地方已經按期賽金而不被記録在此册了。

包山"貸金糴種"簡向我們展示了楚國統治者通過"貸金"的方式來"糴種"。由中央命官員將越異之金貸給地方,目前來看受貸人爲縣級主要官員。地方政府負責"貸金糴種"的官員,過期不能"賽(報)"的,是要被追責的。[①] 但是已有材料對"貸種"這一活動的制度化問題不能提供更加詳細的材料,對於最終"糴種"的實現主客體也未有交代,只能説"貸金糴種"僅是存在的一種借貸形式。關於"貸金糴種"的原因,我們推測或與當年戰事頻發有關。《史記·楚世家》:"(楚懷王)六年,楚使柱國昭陽將兵而攻魏,破之於襄陵,得八邑。又移兵而攻齊……"[②]該年戰事連連,農事受影響,這與民貧無種應該是有關係的。楚悼王爲了鞏固統治,"貸金糴種"即借貸黃金去購買穀種,應該也是可以講通的,而至於去向誰糴種就不得而知了。

二、秦簡牘中的"貸種"

秦簡中也存在一些"貸種"材料。嶽麓秦簡壹《爲吏治官及黔首》有簡文云:

貸種食弗請 (77/1587)[③]

貸種食,整理者言:"種食,穀種和糧食。《漢書·文帝紀》:'民謫作縣官

---

①　"貸金簡"是諸家根據其內容對其所作劃分,然而從墓主人的身份(左尹)及其相關內容看,應也與司法相關。

②　《史記》卷四〇《楚世家》,第 1721 頁。

③　相關內容參看朱漢民、陳松長主編:《嶽麓書院藏秦簡(壹)》,上海辭書出版社 2010 年。

及貸種食未入、入未備者,皆赦之。"①按,此處"請"不是一般意義的告訴,應指向上級請示,簡牘文書中常見。作爲"此治官、黔首及身之要也。與它官課,有式令能最"的《爲吏治官及黔首》,此處主語應該要明確是指官吏。② 而此簡的内容與《法律答問》規定的"府中公金錢私貣用之,與盗同法"相類,私自借用都是不被允許的。

那麽"貸種"的行爲是如何進行的?《里耶秦簡(貳)》中有兩支簡的内容涉及"貸種"的問題,可以提供一些參考。其内容如下:

> 廿六年後九月辛酉,啓陵鄉守枯、佐□、稟人增出麥四斗以貸貧毋種(種)者貞陽不更佗。令史孫監。 ・自受及券。 □☑。
> (里耶貳 9－533+9－886+9－1927)
> ……佐操、稟人庠以貸貧毋種(種)者成里□☑ ☑令史□監。自受。☑
> (里耶貳 9－880+9－1023)

兩處簡文中都有"貸貧毋種者","毋"通"無","種"通"種",意爲貸給因爲貧窮而無穀種的人。《管子・禁藏》篇有"貸無種",此處"貧無種"應該只是其中的一種情況。根據比較完整的簡文内容來分析,整支簡記錄了貸種發生的時間地點、人物、記錄以及受貸情況。

時間是二十六年後九月辛酉日,"後九月",秦代以十月爲歲首,所以閏月稱爲後九月。③ 秦簡牘材料中多見,如睡虎地秦簡《編年紀》"五十六年後九月,昭死";《秦律十八種・倉律》"日食城旦,盡月而以其餘益爲後九月稟報"。里耶秦簡中更是多有其例。"貸貧毋種者"的時間爲什麽在"後九月"?《管子・輕重乙》:"涇水十二空,汶淵洙浩滿三之於,乃請以令使九月種麥,日至日穫,則時雨未下而利農事矣。"④通過文獻記載可知,"九月種麥"是利農事的。如果不能在九月種麥,而是因爲某種原因

---

① 陳松長主編:《嶽麓書院藏秦簡釋文修訂本》,上海辭書出版社 2018 年,第 38 頁。
② 朱紅林先生指出貸種食弗請,就是説官吏向百姓貸種食没有向上級請示。這種行爲是違法的。貸種食以支持農民的農業生産,這是中國古代重農思想指導下政府的一貫措施。參看朱紅林:《嶽麓簡〈爲吏治官及黔首〉分類研究(一)》,簡帛網 2011 年 5 月 27 日。
③ 關於秦代曆法研究較多。出土簡牘資料豐富了秦曆的研究,如張培瑜、張春龍:《秦代曆法和顓頊曆》,湖南省文物考古研究所編著:《里耶發掘報告》附録,嶽麓書社 2007 年。
④ 黎翔鳳撰,梁運華整理:《管子校注》,第 1607 頁。

如"貧",向後拖延至後九月的,作爲重農的秦朝,[1]就會有一定的措施,而這似乎就是舉措之一。

施貸者是啓陵鄉守枯、佐□和稟人。啓陵鄉,遷陵縣下的鄉名;鄉守,官職名,指代理鄉嗇夫之職者;[2]佐,應即鄉佐,《續漢書·百官志》:"鄉佐屬鄉主民收賦稅。"[3]稟人,即廩人,管理穀物的收藏出納。[4] 出貸的對象是"麥"。受貸者的身份是"貞陽不更"。貞陽,《校釋》言"當是啓陵鄉下之里名"。[5] 不更,《漢書·百官公卿表》:"爵:一級曰公士,二上造,三簪裊,四不更,五大夫……二十徹侯。皆秦制,以賞功勞。"[6]其屬於秦軍功爵的第四級爵,其身份應該是要受到注意的,因爲他並不是平民。令史,官名,職掌文書等事,[7]整個借貸過程由令史記錄。

"自受及券"又作"自受券"或作"自受"。"自受"當指由不更佗本人接受所貸之"麥"。券,《説文》刀部:"券,契也……券別之書,以刀判契其旁,故曰契券。"[8]用於買賣、債務等契據,《戰國策·齊策》:"使吏如諸民當償者,悉來合券",注曰:"凡券,取者、予者各收一,責則合驗之。"[9]目前發現的簡牘材料中,有相當一部分屬於契券,爲我們瞭解當時的借貸活動提供了依據。簡文言"自受及券"應該是對"別券"的描述。

整支簡記録了廿六年後九月辛酉,啓陵鄉守枯、佐□、稟人繪出麥四斗,用來借貸給因爲貧窮而沒有穀種來耕種的貞陽不更佗,令史孫監負責記録,(佗)自己接受貸種及別券。此"貸種"活動的實施者是鄉級各類官員如鄉守、佐、廩人,受貸者爲不更,可見,"貸種"的實施是要由鄉級官員負責的。

嶽麓叁收録了秦王政時代的司法文書,案例一四《學爲僞書案》講述

① 蔡萬進:《秦國糧食經濟研究(增訂本)》,大象出版社 2009 年,第 17—20 頁。

② 陳治國:《里耶秦簡之"守"和"守丞"釋義及其他》,《中國歷史文物》2006 年第 3 期,第 55—60 頁。

③ 范曄撰,李賢等注:《後漢書》,中華書局 1965 年,第 3624 頁。

④ 陳偉主編:《秦簡牘合集 釋文注釋修訂本(壹)》,第 129 頁。

⑤ 陳偉主編:《里耶秦簡牘校釋(第二卷)》,武漢大學出版社 2018 年,第 151 頁。

⑥ 班固撰,顏師古注:《漢書》卷十九,第 739—740 頁。

⑦ 陳偉主編:《里耶秦簡牘校釋(第一卷)》,武漢大學出版 2012 年,第 19 頁。

⑧ 許慎撰,徐鉉校訂:《説文解字》,中華書局 2013 年,第 87 頁。

⑨ 劉向集録,范祥雍箋證,范邦瑾協校:《戰國策箋證》卷十一《齊有馮諼者》,上海古籍出版社 2006 年,第 621 頁。

了學冒充五大夫馮毋擇的兒子,以毋擇之名私信給胡陽丞希望其向癸借貸錢、穀種、糧食等來種地,結果被識破所書是僞書而被羈押的事情。①其中就有關於"貸種"的記載。此篇奏讞文書中共談到三次"貸種"活動,涉及的人物有癸、丞繒、五大夫馮毋擇、胡陽丞主等。第一次提到的是"毋擇【□□□段(假)錢二】萬及糧(種)食胡陽,以田",是丞繒所描述的其收到的私信關於毋擇【□□□】從胡陽借錢借貸錢二萬、穀種和糧食去種田的内容。由於簡文有殘缺,毋擇如何主導此次借貸活動不得而知。但是後面從"癸私書"的内容可知,假託毋擇之名,以老者身份向胡陽丞主囑託借貸之事,"臣老,癸與人出田,不齎錢、糧(種)。願丞主段(假)錢二萬貸(貸)、食支卒歲"。即癸與人出行種田,没帶錢和穀種,希望丞主能借二萬錢和足够支撐一年的糧食。第二次提到應是學被要求做情况説明時提到的"毋擇令癸□【□□】糧(種)食,以田。不爲僞書"。雖然簡文有殘缺,但是應是假貸錢、種、食之詞。第三次提到的是學自作私信"丈人詔令癸出田南陽,因種(種)食、錢貸(貸),以爲私【書】",再次明確老人家(馮毋擇)令他去南陽種田,因爲穀種、糧食和貸錢的事情,寫了一封私人書信。

如果説里耶秦簡中的兩支簡向我們展示了貸種的過程,即由鄉官直接出貸給借貸者。那麽嶽麓秦簡《學爲僞書案》則向我們展示了有借貸需要的人如何向有關人員申請借貸的過程,至少也是其中的一種。學假託毋擇之子名,通過僞書毋擇和自己的兩種私書,期望向胡陽丞主貸錢、種和食。胡陽是秦縣名,《漢書·地理志》作"湖陽",屬南陽郡,治在今河南唐河縣西南湖陽鎮。② 丞,《續漢書·百官志》"縣鄉條"本注曰:"丞署文書,典知倉獄。"③是地方官員的總領。受信者爲丞繒,根據下文所述是指少内丞,《漢書·魏相丙吉傳》"少内嗇夫白吉祥"顏師古注曰:"少内掖庭主府藏之官也。"④少内是縣下屬機構,職掌府庫。可知,有需要者可以直接向少内丞提出申請,少内丞向丞進行匯報之

① 參看陶安:《嶽麓秦簡〈爲獄等狀四種〉釋文注釋》,上海古籍出版社 2021 年,第 152—160 頁。本文所録釋文來自陶文。
② 班固撰,顏師古注:《漢書》,第 1564 頁。
③ 范曄撰,李賢等注:《後漢書》,第 3623 頁。
④ 班固撰,顏師古注:《漢書》,第 3149—3150 頁。

後,才可決定是否貸種。信中所言"癸田新野,新野丞主幸叚(假)癸錢、食一歲"也可作爲參考。

三、入秦之變: 從"貸金糴種"到"貸種"

包山楚簡出土於湖北荆門市,睡虎地秦簡出土於湖北雲夢縣,里耶秦簡出土於湖南湘西龍山縣。嶽麓秦簡非科學發掘品,但是從其簡牘形制及收藏時的狀態來看,屬於兩湖地區的問題應該不大。本文所討論的材料從地域來看都應屬於舊楚的範圍。從包山楚簡的"貸金糴種"到秦簡的"貸種",是入秦之變的一種表現形式。

從包山楚簡的"貸金糴種"到秦簡的"貸種",二者的區別與聯繫是明顯的。首先,楚是通過"貸金"來"糴種"以達到"貸種"的目的的,而秦時直接"貸種";其次,楚的"貸金糴種"是一種由中央到地方縣級的借貸行爲;而秦是通過縣鄉級官員實施"貸種"行爲,最終受體是與土地有直接關係的人。但是,無論是楚的貸金糴種,還是秦的直接貸種,都是一種政府行爲,且都是被法律規範並被嚴格控制的。

包山楚簡中的"貸種"是通過"貸金"以"糴種"來實現的。"貸金"的過程是從中央到地方,且由地方的主要官員負責,如果逾期不"賽(報)",是要被追究法律責任的。而"糴種"的具體過程尚不清楚,但是應該是由地方官員來安排實施的。除了"貸金"之外,還要"賽金",賽金的獲得又是值得研究的問題,但是因爲材料有限,暫時未有進展。秦簡的内容則説明,到了秦代"貸種"行爲已經直接演變爲了一種政府行爲,不用通過其他途徑來實現。"貸種食"這種行爲是被約束的,必須要"請",否則"食不得償"。"貸種"是由鄉級官員如鄉守、佐和稟人直接負責進行的,借貸人爲秦軍功爵的第四級爵"不更",他們是直接與土地有關係的人。關於"貸種"的申請,從《學爲僞書案》中的私信内容可知,其是可向相關官員申請的,而關於償還,僞書中曾言"稼埶倍償",從簡文所披露的其他借貸行爲來看,償還數量是要多於所貸之量。

這種"變"的導向應該是與秦代日益完善的倉儲制度或者説與秦直接儲存穀種有關。管子曰:"倉廩實而知禮節。"楚國官璽有"郢粟客璽"(《古璽彙編》5549)、"群粟客璽"(《古璽彙編》5549),一般認爲"粟客"

爲主管糧食的官。① 但是由於史料缺失,我們不清楚楚國糧食的生産與管理的具體情況。與楚簡資料不同的是,秦簡牘材料中,有很多關於倉儲制度的内容,爲我們瞭解秦代的倉儲制度提供支持。② 睡虎地秦簡《秦律十八種·倉律》簡 39—40 對種子的使用和儲藏有明確的記録,其言:"種:稻、麻畝用二斗大半斗,禾、麥畝一斗,黍、荅畝大半斗,叔(菽)畝半斗。利田疇,其有不盡此數者,可殹(也)。其有本者,稱議種之。縣遺麥意爲種用者,殹禾以臧(藏)之。"周家臺秦簡簡 354 也有相關記載:"取户旁腏黍,裹臧(藏)。到種禾時,燔冶,以殹種種,令禾毋閵(稂)。"兩條簡文説明,縣有直接管理穀種的預留和儲存的責任,而這也就直接導致了與楚簡"貸金糴種"的不同。

四、結 語

從包山楚簡的"貸金糴種"到秦簡的"貸貧無種者"向我們展示了出土先秦文獻中的"貸種"的形式和情況。造成楚"貸金糴種"和秦"貸種"不同的直接原因是秦有專門的律令規定,縣有直接管理穀種的預留和儲存的責任,但是其背後應該是更加複雜的土地制度問題。而在秦國軍功爵制度下,國家施行授民授田,目前材料所指向的"貸種"之人非普通百姓黔首,而是二十等爵的人,因此這只能代表了秦時政府借貸行爲的一種形式。

《管子》之後,傳世典籍中關於"貸種"的明確記載要到《漢書》。《漢書》中"貸種"之説共四見。文帝時,"春正月丁亥,詔曰'夫農,天下之本也,其開籍田,朕親率耕,以給宗廟粢盛。民讁作縣官及貸種、食未入、入未備者,皆赦之'",③顏師古注曰:"種者,五穀之種也。食者,所以爲糧食也。"古來統治者會在春天舉行籍田之禮,正如韋昭曰"借民力以治之,以奉宗廟,且以勸率天下,使務農也"。④ 文帝詔書言"夫農,天下之本也",足見其對農業的重視。在舉行"籍田"禮時,順便頒佈詔令以嚮民人,減

---

① 石泉:《楚國歷史文化辭典(修訂本)》,武漢大學出版社 1997 年,第 400 頁。
② 最新的研究成果可參看謝坤:《秦簡牘所見倉儲制度研究》,上海古籍出版社 2021 年。
③ 班固撰,顏師古注:《漢書》,第 117 頁。筆者按,原書爲"貸種食",中無點斷,根據注解内容,此處應點斷。
④ 參看韋昭注,班固撰,顏師古注:《漢書》,第 117 頁。

輕其負擔,即民人中被罰去給官府做工的,向官府借貸種子、糧食未還的,或者只還一部分未全部還的,全都赦免。到了昭帝時,"三月,遣使者振貸貧民毋種、食者。秋八月,詔曰'往年災害多。今年蠶麥傷,所振貸種、食勿收責,毋令民出今年田租'"。① 宣帝時,"三年春三月,詔曰……又曰:'鰥寡孤獨高年貧困之民,朕所憐也。前下詔假公田,貸種、食。其加賜鰥寡孤獨高年帛。二千石嚴教吏謹視遇,毋令失職'"。② 元帝時,初元三月"丙午,立皇后王氏。以三輔、太常、郡國公田及苑可省者振業貧民,訾不滿千錢者賦貸種、食"。③ 可見,到了漢代,春耕時節由國家賑貸穀種和糧食已經成爲常例。

(作者單位:中山大學歷史學系,
"古文字與中華文明傳承發展工程"協同攻關創新平臺)

---

① 班固撰,顏師古注:《漢書》,第 220 頁。
② 班固撰,顏師古注:《漢書》,第 248 頁。
③ 班固撰,顏師古注:《漢書》,第 279 頁。

清華簡《五紀》考釋一則

張振謙

清華簡《五紀》簡 16—17"索眯因傹逯记"句,原書注釋曰"未詳"。①在此,我們拋磚引玉,擬對其作一個初步的探討。句子所在簡文摘録如下:

> 后曰:"日佳(唯)尚(常),而月佳(唯)則,星佳(唯)型,唇(辰)佳(唯)緷(綜),哉(歲)爲絽(紀),專(敷)杘(設)五章。索眯因傹(憲)逯(傳)记(起),五算【16】酓(合)參,豊(禮)義所止。忢(愛)中(忠)楠(輔)息(仁),建才(在)父母,巨(矩)方徧(規)員(圓),行用共(恭)祀。"

"索",搜索、尋求。《説文》:"索,艸有莖葉,可作繩索。"又"索,入家搜也。"現通作"索"。《離騷》:"路曼曼其修遠兮,吾將上下而求索。"《韓非子·喻老》:"居五日,桓侯體痛,使人索扁鵲,已逃秦矣。"

"眯",原書注曰:"疑'穆'字之訛。"可從。在傳世文獻中,作爲謚號,"穆""繆"通用;作爲差繆、謬誤之"繆",也寫作"謬"。《説文》:"繆,枲之十絜也。一曰綢繆。"段注:"亦叚爲謬誤字,亦叚爲謚法之穆。"《説文》:"謬,狂者之妄言也。"段注:"古差繆多用從糸之字。"《莊子·盜跖》:"多辭繆説,不耕而食,不織而衣。"《漢書·司馬遷傳》:"差以毫釐,謬以千里。"

"傹"爲"陟"字古文,《説文》:"陟,登也。𨙫,古文陟。"見齊陶文。

---

① 清華大學出土文獻研究與保護中心編,黄德寬主編:《清華大學藏戰國竹簡(拾壹)》,中西書局 2021 年,第 95 頁注釋【三】。

字形分別寫作:

清華簡拾壹·五紀 16　　　　《説文》古文

陶録 3·196·1　　　　　　　 陶録 3·195·1

“陟”可讀爲“識”。陟爲端紐職部字,識爲章紐職部字,音近可通。首先,“陟”可與“德”相通。《周禮·春官·大卜》“三曰咸陟”,鄭注:“陟之言得也,讀如‘王德翟人’之‘德’。”其次,“德”聲字常與“戠”聲字通假,如“膱”與“㯖”,“殖”與“職”,“植”與“膱”,“埴”與“熾”相通。① 故“陟”可讀爲“識”。

“識”訓爲志、記。《周禮·春官·保章氏》:“保章氏掌天星,以志星辰日月之變動。”鄭注:“志,古文識字,記也。”《周禮·春官·小史》:“小史掌邦國之志,奠繫世、辨昭穆。”後鄭引先鄭注曰:“志謂記也。《春秋傳》所謂周志,《國語》所謂鄭書之屬。”

《傳》《志》見於先秦漢晉文獻,主要用於記載古史、訓釋古義。如先秦的“春秋三傳”《左傳》《公羊傳》《穀梁傳》,漢晉的《毛詩故訓傳》《漢書·藝文志》《地理志》《三國志》等。此外還有《記》,如《禮記》《史記》等,功用基本相同。到後世,《傳》《志》《記》逐漸演變成爲可以浪漫虛構的文學體裁,如明清小説《水滸傳》《蕩寇志》《西遊記》等。

上博簡《志書乃言》簡 1 有“寺箸”一詞,原釋“志書”,或釋“持書”“侍書”“時書”,②辭義訓釋雖小有區別,但基本意思相通,都有類似《周禮》鄭注之意。本簡的《志》或許還不是用於專門的書體名稱,僅僅用來表示記載起居、古史的意思,或不當加書名號,但其基本的意思和功用應是相同的。漢、晉有《志》書,據本篇及上博簡《王居》篇内容,佐以傳世文獻及其傳注,可以推知,先秦當有《志》書,或秦火後亡佚,或更名而已。

“索趹因僄遀记”讀作:“索繆因,《志》《傳》起。”意思爲:尋求錯誤的由來,於是《志》《傳》就興起了。意指人們反省糾錯,不斷自我總結。這

① 高亨纂著,董治安整理:《古字通假會典》,齊魯書社 1989 年,第 409—410 頁。
② 參俞紹宏、張青松:《上海博物館藏戰國楚簡集釋(第八册)》,社會科學文獻出版社 2019 年,第 111—112 頁。

是本段的關鍵句,它和後一句"五算合參,禮義所止"一起,把前文的"五紀"與後文的"五德"聯繫起來,即"五紀"通過"五算"與"五德"對應起來。

此段簡文可讀爲:"后曰:'日唯常,而月唯則,星唯型,辰唯綜,歲爲紀,敷設五章。索繆因,《志》《傳》起。五算合參,禮義所止。愛忠輔仁,建在父母,矩方規圓,行用恭祀。'"

大意爲,后説:"日、月、星、辰、歲"行爲各有屬性準則,鋪設成爲"五章"。人們尋求錯誤的由來,於是《志》《傳》就興起了。人的自我糾錯總結與"五紀"綱常相互參照促進,禮義最終產生。"愛、忠"輔以"仁"的品德,是父母所建立。不管是日常行用,還是恭敬祭祀,都要依照規矩行事。

其含義爲,"五紀:日、月、星、辰、歲"分別有"常、則、型、綜、紀",即"五紀"有綱常,是上天之準則,叫作"五章"。上天的"五章"準則與人的自我糾錯總結相互作用,叫作"五算","五算"的最高成果是"五德"。"五德:禮、義、愛、忠、仁",是父母培養,符合矩方規圓、人倫道德行爲規範,是生活處世的準則。這就是"五紀""五章""五算""五德"之間哲學上的因果邏輯關係。

（作者單位：河北大學文學院）

從清華簡《五紀》看
《書·洪範》的"五紀"*

石小力

《洪範》是《尚書》的重要篇章,相傳爲箕子向周武王陳述的"天地之大法",今人或認爲係春秋戰國後期或兩漢儒者所作。《洪範》的核心內容,即所謂的"天乃錫禹洪範九疇"之"九疇",其中第四疇曰"五紀",即五種記時方法,具體內容爲:

> 一曰歲,二曰月,三曰日,四曰星辰,五曰曆數。①

這五種記時方法並非一類,其中第五"曆數"乃是對前四種記時方法的一個總結,歲、日、月、星辰都屬於曆法的範疇。但千百年來,學者鮮少對此提出質疑。《史記·宋微子世家》引五紀,與《洪範》同。② 僞孔傳曰:

> 所以紀四時。所以紀一月。紀一日。二十八宿迭見以叙氣節,十二辰以紀日月所會。曆數節氣之度以爲曆,敬授民時。③

孔穎達疏:

> "五紀"者,五事爲天時之經紀也。一曰歲,從冬至以及明年冬至爲一歲,所以紀四時也。二曰月,從朔至晦,大月三十日,小月二十九日,所以紀一月也。三曰日,從夜半以至明日夜半,周十二辰爲一

* 本文爲國家社科基金重大項目"上古漢語字詞關係史研究"(22&ZD300)、國家社科基金冷門絕學研究專項"清華簡數術類文獻整理與研究"(22VJXG053)階段性成果,曾在"澳門漢字學會第八屆年會暨慶祝曾憲通先生米壽學術研討會"(佛山,2022年8月6—7日)上宣讀。

① 阮元校刻:《尚書正義》,《十三經注疏(清嘉慶刊本)》,中華書局2009年,第401頁。
② 司馬遷撰:《史記》,中華書局1959年,第1613頁。
③ 阮元校刻:《尚書正義》,第401頁。

日,所以紀一日也。四曰星辰,星謂二十八宿,昏明迭見;辰謂日月別行,會於宿度,從子至於丑爲十二辰。星以紀節氣早晚,辰以紀日月所會處也。五曰厤數,筭日月行道所歷,計氣朔早晚之數,所以爲一歲之厤。凡此五者,皆所以紀天時,故謂之五紀也。五紀不言"時"者,以歲月氣節正而四時亦自正,時隨月變,非厤所推,故不言"時"也。五紀爲此節者,歲統月,月統日,星辰見於天,其曰"厤數",揔厤四者,故歲爲始,厤爲終也。①

孔穎達也發現了五者並非一類,但他曲爲之説,極力維護僞孔傳:

歲、月、日、星,傳皆言"紀",厤數不言"紀"者,歷數數上四事爲紀,所紀非獨一事,故傳不得言"紀"。但成彼四事爲紀,故通數以爲五耳。

現代的一些《尚書》注本,雖然對"五紀"的具體闡釋有不同看法,但基本没有對《洪範》的文本産生懷疑。比如曾運乾的《尚書正讀》,②周秉鈞的《尚書易解》,③顧頡剛、劉起釪的《尚書校釋譯論》,④等等。

五紀的内涵納入"曆數",除了《洪範》,未見於其他先秦兩漢古書,故學者抱有懷疑,但隨着《尚書》列爲五經之一,學者不敢輕易對文本提出質疑。經過秦代的焚書,原有的《尚書》抄本幾乎全部被焚燒,給《尚書》的流傳帶來了毁滅性的打擊。流傳至今的《尚書》,有今文和古文兩種傳本,皆非先秦古書的原貌。今文尚書由漢代的伏生口授,用隸書抄寫而成。古文尚書由西漢時魯恭王壞孔子宅而得。利用清華大學藏戰國竹簡中的書類文獻,學者糾正了《尚書》中的很多訛誤。

新出清華大學藏戰國楚簡《五紀》,有"五紀"的明確記載,這爲《洪範》"五紀"的重新解讀,提供了新的契機。

《五紀》共計 130 支簡,每簡下端有編號,爲内容基本完整的佚書。整理者指出,全篇藉托"后",論述爲政之五紀,且以禮、義、愛、仁、忠與五

---

① 阮元校刻:《尚書正義》,第 401 頁。
② 曾運乾:《尚書正讀》,華東師範大學出版社 2011 年,第 138 頁。
③ 周秉鈞:《尚書易解》,華東師範大學出版社 2010 年,第 129 頁。
④ 顧頡剛、劉起釪:《尚書校釋譯論》,中華書局 2005 年,第 1161—1162 頁。

色、度量衡、人體部位、星辰曆象、人事行用、祭祀對象等相配,與《尚書·洪範》頗爲類似。① 簡文第一個"后曰"就是"五紀",故整理者以《五紀》名篇。

《五紀》開篇描述昔日洪水"乘亂天紀"的局面,與楚帛書"日月星辰,亂失其行"的局面類似,后帝爲了改變這個局面,采取了一系列措施,其中最重要的就是"修歷五紀":

> 后帝情己,修歷五紀,自日始,乃旬簡五紀。五紀既敷,五算聿度,大參建常。天地、神示、萬皃(貌)同德,有昭明明,有洪乃呈(彌),五紀有常。 　　　　　　　　　　　　　(簡 2—3)

后帝通過對五紀的修歷,恢復了五紀運行的規律,混亂得以平息。后帝對"五紀"的内涵,作了明確的説明:

> 后曰:日、月、星、辰、歲,唯天五紀,文后經德自此始。　(簡 3)

整理者注釋即引《洪範》之五紀予以對照,很明顯,《洪範》的五紀就是由清華簡《五紀》演變而來的。《五紀》還有"五時"的記載:

> 一風,二雨,三寒,四暑,五大音,天下之時。　　　　　(簡 5)

這與《洪範》的"次八曰念用庶徵"之"庶徵:曰雨,曰暘,曰燠,曰寒,曰風"可相參照。

《五紀》有"五德":

> 后曰:一曰禮,二曰義,三曰愛,四曰仁,五曰忠,唯后之正民之德。 　　　　　　　　　　　　　　　　　(簡 9—10)

這與《洪範》的"二五事:一曰貌,二曰言,三曰視,四曰聽,五曰思。貌曰恭,言曰從,視曰明,聽曰聰,思曰睿。恭作肅,從作乂,明作哲,聰作謀,睿作聖"也有關,這表明《洪範》與清華簡《五紀》的關係非常密切。

五紀,指日、月、星、辰、歲,其實早就有學者指出了。《漢書·律曆志》在講曆數的起源時説:"至周武王訪箕子,箕子言大法九章,而五紀明

---

① 清華大學出土文獻研究與保護中心編,黃德寬主編:《清華大學藏戰國竹簡(拾壹)》,中西書局 2021 年。

曆法。"顔師古注:"大法九章即《洪範》九疇也。其四曰協用五紀也。"並引孟康《漢書音義》曰:"歲月日星辰,是謂五紀也。"①孟康是三國曹魏時期的著名學者,精通天文、地理、小學,所言"五紀"之内涵,並未據《洪範》文本,而是另爲新説,應該是有他的依據。他見到的《洪範》就是如此,或是另有所本,則不得而知了。

在古書中,"日""月""星""辰"四者常連言,"日月星辰"與"歲"並舉,古書雖然少見,但也能尋到端倪。

《左傳》昭公六年記載晉侯向伯瑕詢問何爲"六物":

> 公曰:"何謂六物?"對曰:"歲、時、日、月、星、辰是謂也。"公曰:"多語寡人辰而莫同,何謂辰?"對曰:"日月之會是謂辰,故以配日。"②

伯瑕認爲"六物"指"歲、時、日、月、星、辰",就是五紀再加上"時"。晉侯還詢問"何謂辰",可見在春秋晚期,"辰"爲何物,已異説紛紜,就連晉侯也搞不清楚了。

《周禮》一書中在介紹馮相氏和硩蔟氏的職掌時,"日、月、星、辰、歲"五者並舉:

> 馮相氏:掌十有二歲、十有二月、十有二辰、十日、二十有八星位,辨其叙事,以會天位。冬夏致日,春秋致月,以辨四時之叙。
>
> (《周禮·春官·宗伯》)③
>
> 硩蔟氏:掌覆夭鳥之巢。以方書十日之號、十有二辰之號、十有二月之號、十有二歲之號、二十有八星之號,縣其巢上,則去之。
>
> (《周禮·秋官·司寇》)④

鄭玄在"硩蔟氏"下注認爲五者分别指:

> 日謂從甲至癸,辰謂從子至亥,月謂從娵至荼,歲謂從攝提格至

---

① 班固撰,顏師古注:《漢書》,中華書局 1962 年,第 974 頁。
② 阮元校刻:《春秋左傳正義》,《十三經注疏(清嘉慶刊本)》,中華書局 2009 年,第 4454 頁。
③ 孫詒讓著,汪少華整理:《周禮正義》,中華書局 2015 年,第 2531 頁。
④ 孫詒讓著,汪少華整理:《周禮正義》,第 3531 頁。

赤奮若,星謂從角至軫。

因此,根據清華簡《五紀》和其他古書記載,可以論定《洪範》之五紀最初並不包括"曆數",其内涵應該是"一曰歲,二曰月,三曰日,四曰星,五曰辰"。最初的文本可能和清華簡《五紀》一樣,没有"一曰、二曰、三曰、四曰、五曰"的序數,星、辰二紀原是分開的,但由於戰國秦漢時期"星"和"辰"多連言。如:

天之高也,星辰之遠也。　　　　　　　　　　（《孟子·離婁下》）

動己而天地應焉,四時和焉,星辰理焉,萬物育焉。

（《禮記·樂記》）

天地以合,日月以明,四時以序,星辰以行,江河以流,萬物以昌,好惡以節,喜怒以當,以爲下則順,以爲上則明,萬變不亂,貳之則喪也。　　　　　　　　　　　　　　（《荀子·禮論》）

聖人慎守日月之數,以察星辰之行,以序四時之順逆,謂之厤。

（《大戴禮記·曾子天圓》）

天地不變,日月不易,星辰不没,正也。　　（《論衡·無形》）

再加上"辰"之含義衆多,導致二紀誤合爲一。"曆數"本爲"歲、月、日、星、辰"之總括,古人誤合"星""辰"二紀後,爲了拼湊"五"之數,將"曆數"計入"五紀",遂成後來流傳之"五紀"。據此,《洪範》"五紀"的文本最早應作"五紀:歲、月、日、星、辰,曆數"。序數應該是誤合"星""辰"二紀後加的。今本《洪範》文本可復原作"五紀:一曰歲,二曰月,三曰日,四曰星,五曰辰,曆數"。

接下來探討"日、月、星、辰、歲"的具體所指。五紀雖然是五種記時方法,但是其最初應該指五種天象,清華簡《五紀》言"唯天五紀"（簡3）,就是明證。這五種天象的運行形成了五種不同的記時方法,即"日月星辰,嬴絀短長,名日和辰,數以爲紀綱"（《五紀》簡43—44）。

日、月、星三紀的所指都很明確。日,指太陽,一晝夜爲一日,用來記一天。即孔穎達所言"從夜半以至明日夜半,周十二辰爲一日,所以紀一日也"。古人又常以十天,即一旬爲一單位,如甲骨卜辭屢見卜旬卜辭。在一旬之内有十天,爲了表示十天,古人發明了天干,最初稱作"十日"。

《左傳》昭公七年："天有十日,人有十等。"杜預注："甲至癸。"《山海經》等古書的"十日"傳說即來源於此。

　　月,指月亮。月亮繞地球一周約 29.5 天,從朔至晦,古人分爲大小月,大月三十日,小月二十九日。一年十二月,既可用數字表示,也有專門的稱謂。《爾雅·釋天》："正月爲陬,二月爲如,三月爲寎,四月爲余,五月爲皋,六月爲且,七月爲相,八月爲壯,九月爲玄,十月爲陽,十一月爲辜,十二月爲涂。"十二月名還見於楚帛書,作"取(陬)、女(如)、[秉]、余、欿(皋)、戲(且)、倉(相)、臧(壯)、玄、昜(陽)、姑(辜)、荼(涂)"。清華簡《五紀》中也出現了十二月名,作:"取(陬)、若(如)、秉(寎)、余、咎(皋)、盧(且)、倉(相)、牔(壯)、玄、昜(陽)、古(辜)、夆(涂),十又(有)二成戠(歲)。"(簡 21)名稱與《爾雅》、楚帛書的記載基本一致。

　　星,指二十八宿。古人很早就通過觀測星象來確定一年的季節。《堯典》根據鳥、火、星、虛四星初昏南中來定春、夏、秋、冬四季。《禮記·月令》記載了一年十二月每月的太陽位置和昏旦中星。《五紀》中有完整的二十八宿名稱:

　　　后曰:禮、義、愛、仁、忠,六德合五建,四維算行星:建星、堅₌(牽牛)、�娞₌(婺女)、虛、佨(危)、瑩(營室)、昌閈(壁)、夲(奎)、婁₌(婁女)、胃、鼎(昴)、蜀(濁)、參、發(伐)、狼、瓠(弧)、雅(咮)、張、崔₌(七星)、異(翼)、軫、大角、天艮(根)、杲(本)角、馹、心、膚(尾)、筭(箕)。神掌南門,后正北抖(斗)。　　　　　　　　　　　(簡 25—26)

名稱和順序與後來的二十八宿多有不同,而與《史記·律書》的記載較爲接近,這反映了早期二十八宿流傳的多樣性。①

　　辰、歲二紀的所指爭議較大。先看辰。《洪範》之"辰",因爲與"星"連言,過去學者或認爲所指爲一事,指星辰,或與"星"分開解釋。現在看來,"星"與"辰"當爲二事。就是分開作解,各家爭議也比較大。單就《洪範》之"辰"來講,有以下幾種説法:一是日月之會,形成從子至丑之十二辰(僞孔傳、孔穎達)。二是一日之十二辰(王鳴盛)。從五紀皆指天象的認識看,以上二説均不可從。辰的含義衆多,宋代的沈括曾指出"天事以

---

① 詳參拙文《清華簡〈五紀〉中的二十八宿初探》,《文物》2021 年第 9 期,第 82—86 頁。

辰名者爲多",與天象有關的就有好幾種:"日、月、星謂之三辰,北極謂之北辰,大火謂之大辰,五星中有辰星,五行之時謂之五辰。""星有三類,一經星,北極爲之長;二舍星,大火爲之長;三行星,辰星爲之長,故皆謂之辰。"①《書‧堯典》:"乃命羲和,欽若昊天,曆象日月星辰,敬授人時。"曆象日月星辰,《史記‧五帝本紀》作"數法日月星辰",曆法的推算取象於日、月、星、辰的運行。周秉鈞認爲《堯典》的"辰"指北辰,即北極星,並引《白虎通‧聖人》"堯曆象日月璇、璣、玉衡",以璇、璣、玉衡當星辰,璇、璣即北極,玉衡即北斗爲證。② 其實,璇、璣、玉衡皆屬北斗,③古人常常將北斗和極星作爲一個整體來認識,稱爲"斗極"。《爾雅‧釋地》:"北戴斗極爲空桐。"邢昺疏:"斗,北斗也。極者,中宮天極星。"④北斗是古人觀象授時所用的標志之一,北斗七星一晝夜繞北極旋轉一周,有指示時間的作用,並且每日變動一度,一月變動約三十度,一年而回到原來狀態。《史記‧天官書》:"斗爲帝車,運於中央,臨制四鄉。分陰陽,建四時,均五行,移節度,定諸紀,皆繫於斗。"清華簡《五紀》:"北斗其號曰北宗、天規,建常,秉愛,匡天下,正四位,日某。"(簡41—42)北斗所指,稱作斗建,如夏曆十一月稱建子,十二月建丑。清華簡《五紀》:"建子、丑、寅、卯、辰、巳、午、未、申、酉、戌、亥,紀參成天之堵。"(簡20—21)因此,《洪範》五紀之"辰"指的是北辰和北斗。

歲,僞孔傳認爲"所以紀四時",孔穎達疏"從冬至以及明年冬至爲一歲,所以紀四時也",認爲與"年"相當。歲,對應的天象是歲星,也稱木星。歲星在五大行星中最亮,在一年中可以看到的時間最久,古人認識極早。殷商時代的甲骨文中已有記載,周初的利簋有"歲鼎"(《集成》04131)之語,學者多認爲"歲"即指歲星。⑤《周禮‧保章氏》鄭玄注:"歲謂大歲。歲星與日同次之月,斗所建之辰也。歲星爲陽,右行於天,大歲爲陰,左行於地,十二歲而小周。其妖祥之占,《甘氏歲星經》,其遺象

---

① 沈括撰,金良年點校:《夢溪筆談》,中華書局2015年,第62頁。
② 周秉鈞:《尚書易解》,第4頁。
③ 《史記‧天官書》:"北斗七星,所謂璇璣玉衡,以齊七政。"
④ 阮元校刻:《爾雅注疏》,《十三經注疏(清嘉慶刊本)》,中華書局2009年,第5691頁。
⑤ 于省吾:《利簋銘文考釋》,《文物》1977年第8期,第10—12頁。

也。"①可知在戰國時期就有對歲星觀測的專門著作。根據上文"五紀"最初應爲天象的認識，《洪範》之"歲"也應指歲星。《説文》："歲，木星也。越歷二十八宿，宣徧陰陽，十二月一次。从步，戌聲。律歷書名五星爲五步。"古人認識到歲星約十二年運行一周天，其軌道與黄道相近，因將周天分爲十二分，稱十二次。歲星每年行經一次，即以其所在星次來紀年，故稱歲星。《爾雅·釋天》載十二歲名爲：

> 大歲在寅曰攝提格，在卯曰單閼，在辰曰執徐，在巳曰大荒落，在午曰敦牂，在未曰協洽，在申曰涒灘，在酉曰作噩，在戌曰閹茂，在亥曰大淵獻，在子曰困敦，在丑曰赤奮若。②

十二歲名也即《周禮·秮蔟氏》之"十有二歲之號"。十二歲名又見於清華簡《司歲》篇，作"奰（攝）曋（提）、蟬（單）菾（閼）、執余（徐）、亢（荒）駱（落）、皐（敦）牁（牂）、劦（協）含（洽）、滚（涒）難（灘）、乍（作）噩（鄂）、業（閹）茅（茂）、大困（淵）、困皐（敦）、奮若（若）"，③名稱與《爾雅》略有差異。

綜上，《書·洪範》中五紀"一曰歲，二曰月，三曰日，四曰星辰，五曰曆數"的文本可能有誤，據新出清華簡《五紀》和其他文獻記載，其原文疑應作"一曰歲，二曰月，三曰日，四曰星，五曰辰，曆數"，"曆數"是對"五紀"的總括，"星""辰"二紀原是分開的，由於"星"和"辰"多連言，加上"辰"之含義眾多，導致二紀誤合爲一，古人爲拼湊"五"之數，將"曆數"納入五紀之内。

（作者單位：清華大學出土文獻研究與保護中心，

"古文字與中華文明傳承發展工程"協同攻關創新平臺）

---

① 孫詒讓著，汪少華整理：《周禮正義》，第 2552 頁。
② 阮元校刻：《爾雅注疏》，第 5672—5673 頁。
③ 清華大學出土文獻研究與保護中心編，黄德寬主編：《清華大學藏戰國竹簡（拾）》，中西書局 2020 年，第 144—145 頁。

清華簡《邦家處位》"斁"字試解[*]

李美辰

清華簡第八册《邦家處位》篇,强調了用人以"度"的重要性,其中有兩句是以正反對比的方式分析不同的用人之道導致的不同結果。如下:

> 與(舉)介執【1】事=(事,使)是諰(謀)人=(人,人)甬(用)唯遇利,御必审(中)亓(其)備(服)。女(如)莳(前)尻(處)既奴(若)無芺(察),唯澈(浚)良人能敓(造)御柔,吏(使)人甬(用)壴(倚)典政,還内(入)它(弛)政,斁(弊)政【2】橮(更)政(正)。

> 子立弌(代)父,自窦(莫)於遝(後)事,臚(階)啻(嫡)丈(長),皋(罪)逴(卓)誷(辭),反炎(兑)爰(稱)愳(偽),放(炕)政眩(眩)邦,劵(倦)叠(厭)政事,均壴(踦)政宔(主),君乃無從貼(規)下之蟲□。【3】①

對這兩段話的性質與文本結構,陳穎飛女士有過很好的判斷,詳録如下:

> "舉介執事,使是謀人"與"子立代父,自定於後事"是正反對比的兩種用人與行政方式。前者通過推舉的方式任用官員,這些官員謀求人才,共同處理政事;後者基於血緣而兒子繼承父親原有職官,這些官員獨自裁斷繼任後的政事。這一對比又可分解爲兩個層次:"舉介執事"和"子立代父"就任用職官的途徑對比,前者是推舉選

* 本文爲廣東省哲學社會科學"十三五"規劃 2020 年度學科共建課題"《清華大學藏戰國竹簡》(1—10 册)釋文簡注"(GD20XZW10)階段性成果。

① 釋文來自整理者,見清華大學出土文獻研究與保護中心編,李學勤主編:《清華大學藏戰國竹簡(捌)》,中西書局 2018 年,第 128 頁。

拔,後者則是父子相繼;"使是謀人"和"自定於後事"就行政的共治性對比,前者謀求人才共同治理政務,後者獨斷專行不與他人共治。①

按照陳氏所説,"舉介執事"（下稱"舉介"句）爲作者所推崇的用人方式,"子立代父"（下稱"子立"句）爲作者所批評的用人方式。準此,則簡文中的一些字詞有必要重新釋讀。

"舉介"句末"吏（使）人甬（用）𧻚（倚）典政還内（入）它政斀政櫺政",該句諸家頗有歧見。整理者將"倚"訓爲"依","典"訓爲"法",並指出"典政"即"法典政令";"它政"即"弛政",即"去除苛政","斀"疑爲"敝"字異體,讀爲"弊","弊政"即"惡政";"櫺政"讀爲"更正",更,改也。故全句斷讀爲:

吏（使）人甬（用）𧻚（倚）典政,還内（入）它（弛）政,斀（敝）政櫺（更）政（正）。②

陳民鎮先生認爲該句與下文"子立代父"句屬同一個語段,將"倚"訓爲"偏","典"訓爲"常","還"讀作"旋",表"隨即","内"讀作"納";"它政、斀政、櫺政"三者並舉,均非善政。"它政"讀爲"施政","施"訓爲"邪曲";"斀政"讀爲"弊政",即壞政;"櫺"讀爲"猛","猛政",即"嚴酷之政"。陳氏將該句斷讀爲:

吏（使）人甬（用）𧻚（倚）典政,還（旋）内（納）它（施）政、斀（弊）政、櫺（猛）政（政）。③

劉信芳先生斷句與陳民鎮先生同,也認爲"它政、斀政、櫺政"乃負面語。劉先生將"典"訓爲"職","倚"訓爲"恃","它政"指背離國家法令之吏臣之政。④ 蕭旭先生也認爲"它政斀政櫺政"三者平列,末"政"

① 陳穎飛:《清華簡〈邦家處位〉補釋與再析》,《古文字研究》第三十三輯,中華書局 2020年,第 499—502 頁。

② 清華大學出土文獻研究與保護中心編,李學勤主編:《清華大學藏戰國竹書（捌）》,第128 頁。

③ 陳民鎮:《清華簡（捌）讀札》,清華大學出土文獻研究與保護中心網 2018 年 11 月17 日。

④ 劉信芳:《清華藏八〈邦家處位〉章句一則》,簡帛網 2018 年 11 月 24 日。

字不應改讀,且指出"它"讀作"迤","迤政"即"邪政",不正之政,"楄"讀爲"荒"。① 馬楠女士將"它政"讀爲"施政",無説。② 子居先生指出"倚"當訓爲"邪辟","典"從劉信芳先生訓爲"主""職";"它政"讀爲"詑政",即以欺詐爲政;"楄"讀爲"病",訓爲"敗",義與"敼(弊)政"同。③

據上可知,關於"舉介"句句末的這句話,學者主要分歧有二:一是對句子的理解不同;二是對相關字詞的解釋有所不同。陳民鎮、劉信芳、子居幾位學者均認爲"它政敼政楄政"三政平列,且均表示惡政,陳穎飛女士獨以爲表示善政,諸家共同的意見在於"敼"字的釋讀,均認爲該字讀爲"敝",用爲"弊",也是由此,陳穎飛女士才未將三政平列。按照文義,"舉介"句應是指作者所推崇的用人方式,故三政應表示"善政",並非"惡政"。將"它政敼政楄政"三政平列,沒有問題,整理者將"它政"訓爲"弛政",可從。關鍵在於"敼政""楄政"二詞的釋讀。

"楄政"中的"楄"有"猛""病""荒"幾種讀法,從"善政"的角度看,均不可從。整理者讀"楄"爲"更",④符合楚簡的用字習慣,但不必將"政"改讀爲"正"。《説文》"更,改也",又"革,更也"。《公羊傳》成公二年:"使頃公取飲,頃公操飲而至,曰:'革取清者。'何休注:革,更也。""更政"即"革政",謂改革政令。可參看《史記·趙世家》篇:"及主君之後嗣,且有革政而胡服。"

"敼政"之"敼",諸家均以爲"敝"用爲"弊",其實不然。"敝"字最早見於甲骨文,寫作"巾""敝""敝"。⑤ 裘錫圭先生指出:"左旁可以省作'巾'。從甲骨文字形看,'敝'字顯然象擊巾之形,巾旁小點表示擊巾時揚起來的灰塵。從'攴'從'巾',擊巾的意思已能表示出來,所以巾旁小

---

① 蕭旭:《清華簡(八)〈邦家處位〉校補》,復旦大學出土文獻與古文字研究中心網 2018 年 11 月 22 日。
② 馬楠:《清華簡〈邦家處位〉所見鄉貢制度》,《出土文獻研究》第十七輯,中西書局 2018 年,第 98 頁。
③ 子居:《清華簡〈邦家處位〉解析》,中國先秦史網 2019 年 3 月 20 日。
④ 清華大學出土文獻研究與保護中心編,李學勤主編:《清華大學藏戰國竹書(捌)》,第 130 頁。
⑤ 劉釗主編:《新甲骨文編(增訂本)》,福建人民出版社 2014 年,第 470 頁。

點有時被省去。”①“㪤”在甲骨文中應是一個會意字。金文中“㪤”則從一個會意字變成了形聲字,如“”(散盤《銘圖》14542)字上部作“釆”形,“釆”屬並母元部,“㪤”屬並母月部,字音相近。李家浩②和陳偉武③二位先生認爲,“釆”是“㪤”字聲化的結果。楚文字中“㪤”字寫法與金文同,如:

 包山·260	 清壹·程寤 7	 清壹·越公 71	 清柒·子犯 4	 清捌·政道 18

《清華壹·程寤》篇有字作“”,原整理者釋爲“祓”,④裘錫圭先生指出:“字當爲‘㪤’,甲骨文‘㪤’字有省作‘帗’形者。說不定‘㭊’就是由這種簡省之形變來的。在《程寤》篇中,‘㭊’‘㪤’二字同見,用法不同。也許‘㪤’‘㭊’本爲一字異體,但二者的用法後來已經有所分化,也有可能‘㭊’是較晚出的从‘攴’‘市’聲之字,其本義不一定與‘㪤’有關。”⑤古文字中“㪤”均从“市”形,無一例外,“市”應該是構成“㪤”字必不可少的偏旁。而“𢿌”字寫作(《清捌·邦位》2),字从羊从攵从釆,釆旁爲其聲符,該字應不是“㪤”,在此處可考慮讀爲“播”。“播”字不見於甲骨文,金文中確釋之“播”見於師旂鼎,寫作“”,⑥字从釆从攵,楚文字增田旁,寫作“”(信 1·24),⑦也作“”(上七·凡甲 15)、“”(上一·緇衣 15)⑧等形,隸作“𢿒”或“番”,在簡文中的用法相當於傳世文獻的

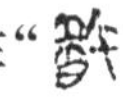

① 裘錫圭:《說字小記·說“㪤”》,《裘錫圭學術文集·金文及其他古文字卷》,復旦大學出版社 2012 年,第 411 頁。

② 李家浩:《包山楚簡“蔽”字及相關之字》,《第三届國際中國古文字學研討會論文集》,問學社 1997 年,第 559—560 頁。

③ 陳偉武:《戰國文字聲符化與非聲符化補説》,載楊榮祥、胡敕瑞主編:《源遠流長:漢字國際學術研討會暨 AEARU 第三届漢字文化研討會論文集》,北京大學出版社 2017 年,第 30 頁。

④ 清華大學出土文獻研究與保護中心編,李學勤主編:《清華大學藏戰國竹簡(壹)》,中西書局 2010 年,第 137 頁。

⑤ 裘錫圭:《説清華簡〈程寤〉篇的“㭊”》,《裘錫圭學術文集·簡牘帛書卷》,復旦大學出版社 2012 年,第 540—544 頁。

⑥ 董蓮池主編:《新金文編》,作家出版社 2011 年,第 1612 頁。

⑦ 李守奎:《楚文字編》,華東師範大學出版社 2003 年,第 676 頁。

⑧ 字形取自禤健聰:《戰國楚系簡帛用字習慣研究》,科學出版社 2017 年,第 49 頁。

"播"。傳抄古文也有"敝"字,寫作"𢼰"(四4·31碧)、"𩁱"(汗1·14)①,與金文楚簡字形相合。李春桃先生指出:"傳抄古文中字形從'攴'從'采'字古文,應是'敝'之異體,此處借用爲'播'。"②據此字形,可知"敷"讀爲"播",問題不大。且從語義角度來説,也比較通順。"播"有"敷佈、施行"義,"播政"即"敷政""施政",有施行教化之義。如《詩經·商頌·長發》篇云:"不競不絿,不剛不柔,敷政優優,百祿是遒。"

據此,則該句應斷作:

> 叓(使)人甬(用)查(倚)典政,還內(入)它(弛)政、敷(播)政、櫺(更)政。

陳民鎮先生將"倚"訓爲"偏","典"訓爲"常",可從。③"還"字不煩破讀,可訓爲"隨即",楊樹達先生指出:"還,時間副詞,表疾速。讀與瞏同。今言'隨即'。"④從陳氏所釋亦可。故該句意爲"使人(執事之人)偏重於常政,隨即進入除去苛政、施行教化、改革政令(的善政的狀態中)"。

如"敷"字所釋不誤,則《邦位》篇簡4亦可解。簡4有句作:

> 夫不啟(度)政者,印(抑)歷(勞)⑤無訛,宔(主)賃(任)百(役),乃敷(敝)於亡。

"敷"字整理者讀爲"敝",訓爲"衰壞";⑥子居先生亦同意讀爲敝,但訓"敝"爲"疲敝"。⑦此處"敷"亦當讀爲"播","播"有流亡、遷徙義,如《書·大誥》:"予惟以爾庶邦,於伐殷逋播臣。""乃敷於亡"是指"不度"的情況之下,臣民有流亡的危險,即國家有亡國之危。《晏子春秋·雜下十二》有句作:"君之內隸,臣之父兄,若有離散,在於野鄙,此臣之罪也。君之外隸,臣之所職,若有播亡,在於四方,此臣之罪也。"句中的"播亡"

---

① 字形取自徐在國:《傳抄古文字編》,綫裝書局2006年,第1216頁。

② 李春桃:《古文異體關係整理與研究》,中華書局2016年,第314頁。

③ 陳民鎮:《清華簡(捌)讀札》。

④ 楊樹達:《詞詮》,中華書局2004年,第127頁。

⑤ 關於"歷"字釋讀從陳斯鵬先生意見。見於陳斯鵬:《金文"蔑歷"及相關問題試解》,《出土文獻》2021年第3期。

⑥ 清華大學出土文獻研究與保護中心編,李學勤主編:《清華大學藏戰國竹書(捌)》,第130頁。

⑦ 子居:《清華簡〈邦家處位〉解析》。

明顯是流亡、逃亡義。《邦位》篇較《晏子春秋》成書年代早,“乃𢿱於亡”或是“播亡”的早期表述形式,又因“播亡”與“流亡”義近,詞彙形成途徑也較爲相似,故而在二者的競爭中“播亡”逐漸被淘汰,後世基本只用“流亡”。綜上,簡4句大義爲:不“度”的執政者,没有經過考察,掌管百事,(臣民)於是流亡。[①] 至此,兩處“𢿱”均可讀爲“播”,一例表示施行,一例表示流亡。

關於“𢿱”字从羊,我們大膽猜測,該字或是“蕃”的專造字,專爲表示鳥獸蕃息義而造。《玉篇·艸部》:“蕃,滋也,息也。”《周禮·地官·大司徒》:“以土宜之法,辨十有二土之名物,以相民宅而知其利害,以阜人民,以蕃鳥獸,以毓草木,以任土事。”《左傳》桓公六年:“夫民,神之主也,是以聖王先成民而後致力於神。故奉牲以告曰‘博碩肥腯’,謂民力之普存也,謂其畜之碩大蕃滋也。”簡帛文字中以改換形旁表達專門意思的用法並不少見,如“羖”是公羊之專字,包山簡另有“豰”字,是公豬的專字。[②] 又如“祥”表示“吉凶”,清華簡中吉祥之{祥}寫作“羕”,妖祥之{祥}則寫作“羊”;“緒”有“頭緒、開端、事業”等義,清華簡中表示事業義之{緒}則寫作“堵”。[③] 值得注意的是,後世字書有字作“䍿”。《龍龕手鏡》:“䍿,音煩,生養之貌。”[④]又《正字通》:“䍿,舊注音煩,生養蕃也。按經傳通作蕃。”[⑤]此字構形可與“𢿱”相參看。但專字不專用,此處假爲“播”。

本文將“𢿱”讀爲“播”,在《邦家處位》篇中訓“敷”或“流亡”。但該字應是“蕃”字異構,是“鳥獸蕃息”義的專造字,在清華簡兩處文例中專字不專用,均假爲傳世文獻之“播”。

附記:2021年7月小文初稿曾在東北師範大學主辦的第四届“古文

---

① 此處“播亡”是“逃亡”還是“危亡”義,尚待更多材料驗證。

② 可參看陳偉武:《新出楚系竹簡中的專用字綜議》,《愈愚齋磨牙集·古文字與漢語史研究叢稿》,中西書局2014年,第222—234頁。

③ 可參看李美辰:《清華簡字詞關係專題研究》,中山大學博士學位論文(導師:陳斯鵬教授),2020年。

④ 釋行均:《龍龕手鏡》,中華書局1985年,第291頁。

⑤ 張自烈、廖文英編,董琨整理:《正字通》,中國工人出版社1996年,第1319頁。

字與出土文獻語言研究"學術研討會上宣讀,得到與會專家的批評指正,受益匪淺。會後略有修改,過程中凌嘉鴻君幫忙校正頗多,謹此一併致謝。

(作者單位: 廣州中醫藥大學基礎醫學院中醫醫史文獻學系)

楚帛書研究八十年的回顧與展望[*]

李三梅

1942 年 9 月楚帛書在長沙子彈庫墓地被盜墓者發掘，1944 年秋蔡季襄作《晚周繒書考證》首次公佈了楚帛書材料，開啓了楚帛書研究的序章。李零[①]、曾憲通[②]、李守奎[③]、曹可寒[④]先後對楚帛書三十年、四十年、六十年和近十五年(2004—2018)的相關研究成果作過總結。近年來，隨着楚帛書高清數碼照片、地下新材料的刊佈以及不同領域學者的加盟，楚帛書研究在文字釋讀、神話學、天文曆法等方面都有了新突破。站在歷史的節點上，我們嘗試對楚帛書近八十年的研究成果作簡要的回顧與展望。

一、楚帛書的結構和性質研究

楚帛書由完整帛書和帛書殘片兩部分構成。完整帛書結構特殊，由兩組圖像(十二月神像、四木)和三部分文字(八行文、十三行文、邊文)組成，中間八行文、十三行文正反倒置，邊文及圖像旋轉排列。帛書的擺法

　＊　本文爲國家社科基金重大項目“戰國文字詁林及數據庫建設”(17ZDA300)、國家社科基金重大項目“戰國文字研究大數據雲平臺建設”(21&ZD307)、2022 年度中山大學饒宗頤研究院“饒學”研究生論文資助計劃(RYB22001)階段性成果。

　①　李零：《長沙子彈庫戰國楚帛書研究》，中華書局 1985 年。
　②　曾憲通：《楚帛書研究四十年》，載饒宗頤、曾憲通合著：《楚帛書》，中華書局香港分局 1985 年，第 152—220 頁。後改名爲《楚帛書研究述要》，載饒宗頤、曾憲通合著：《楚地出土文獻三種研究》，中華書局 1993 年，第 362—404 頁。又更名爲《長沙楚帛書研究述要》，載氏著《曾憲通學術文集》，汕頭大學出版社 2002 年，第 126—170 頁。
　③　李守奎：《出土楚文獻文字研究綜述》，《古籍整理研究學刊》2003 年第 1 期，第 11—12 頁。
　④　曹可寒：《楚帛書近十五年研究簡述》，《文教資料》2018 年第 34 期，第 68—70 頁。

和讀法是學界討論的焦點。目前，自李學勤發現帛書邊文與《爾雅·釋天》月名相關，饒宗頤證成其說，曾憲通推定楚用夏正之後，邊文始"取"終"荼"的閱讀順序已成定論。八行文、十三行文的擺法和閱讀順序尚存爭議，目前有三種意見：（1）帛書置圖上南下北，八行文先讀，十三行文後讀。代表人物有蔡季襄、蔣玄佁、陳槃、饒宗頤、林巳奈夫、巴納、高明、江林昌、鄭禮勛、黃儒宣。（2）帛書置圖上北下南，十三行文先讀，八行文後讀。代表人物有董作賓、李學勤、商承祚、嚴一萍、安志敏、陳公柔、陳邦懷、許學仁。（3）帛書置圖方向無定，十三行文先讀，八行文後讀，代表人物爲李零。前兩說經過了很長時間的博弈，早期由於蔡季襄未説明擺法、讀法的依據，加之十二月名的釋出，第二種意見在很長一段時間裏占據上風。後來，李學勤發現楚地古圖似以"南爲上"爲傳統，改正舊的觀點，主張恢復蔡説；①饒宗頤從《甲篇》以"曰故"發語、《乙篇》所論爲王者失德故作倒書、祝融爲楚祖先必居南三個方面闡釋了蔡氏擺法爲正的理由，②並指出"甲篇辨四時之叙，乙篇誌天象之變，丙篇從而辨其每月吉凶。甲篇道其常，而乙篇言其變。故甲篇居前，乙篇列後；甲篇順寫，乙篇倒書，所以昭其順逆"。③ 從内容結構上道出了中間兩篇顛倒爲文的奧秘，一時，第一種意見開始出現轉機。近年來，王家臺《政事之常》圖版的公佈，又引起了學者對帛書圖文佈局的討論。王明欽發現《政事之常》圖版（圖一）與楚帛書的排列（圖二）相類，其邊文的起始位置是從左下方開始（BⅠ），位置剛好對應楚帛書"取"之處。④ 黃儒宣受此啓發，考察了先秦兩漢出土文獻中有關十二月份環繞四方的佈圖方式，發現皆以順時針方向旋轉，正月都位於左下方，由此認爲邊文從左下方開始是當時的佈圖習慣。⑤ 認爲第一種意見正確可從。

① 李學勤：《論楚帛書中的天象》，《湖南考古輯刊》第一輯，嶽麓書社 1982 年，第 68 頁。又載氏著《簡帛佚籍與學術史》，更名爲《楚帛書中的天象》，江西教育出版社 2001 年，第 37—39 頁。
② 饒宗頤：《楚帛書之内涵及其性質試説》，載饒宗頤、曾憲通合著：《楚地出土文獻三種研究》，中華書局 1993 年，第 306 頁。
③ 饒宗頤：《楚帛書之内涵及其性質試説》，第 306 頁。
④ 王明欽：《王家臺秦墓竹簡概述》，載艾蘭、邢文編：《新出簡帛研究》，文物出版社 2004 年，第 39—42 頁。
⑤ 黃儒宣：《〈日書〉圖像研究》，中西書局 2013 年，第 233—236 頁。

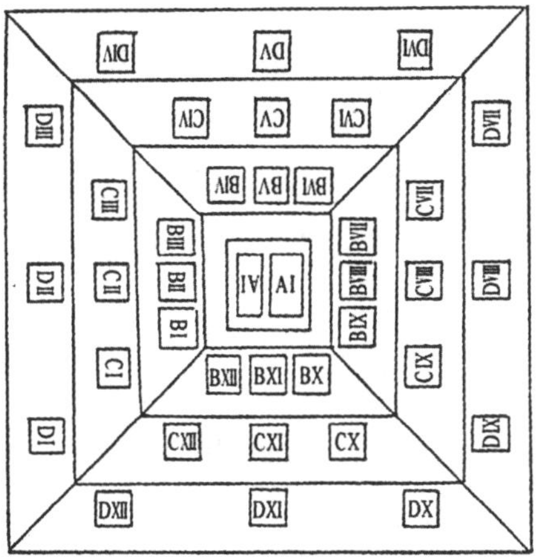

圖一 《政事之常》排列示意圖 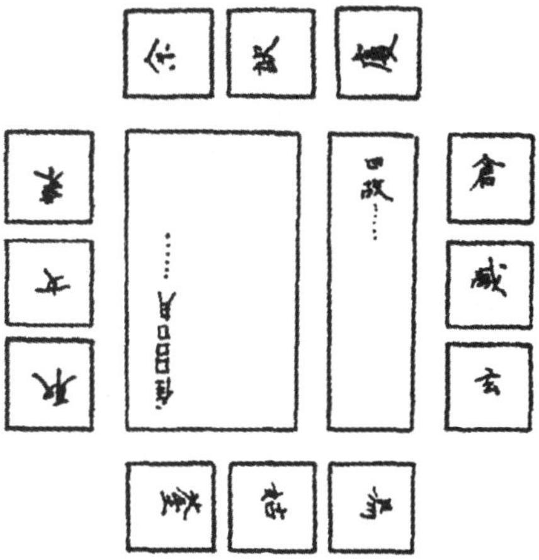　　　　　圖二 楚帛書排列示意圖①

　　第三種意見由李零提出,李零長期關注帛書的圖文佈局,觀點屢有修訂。早期,他贊同"上北下南"説,②後來,他通過排比甲骨文、金文和傳世文獻中的方向資料,認爲古代存在上北下南和上南下北"兩種方向",帛書的置向應將二者結合。還指出先秦古書多以單篇流行,篇與篇、章與章相對獨立,分合不定,且帛書三篇在内容上亦不銜接,以往學者以帛書的開頭形式確定閱讀順序不足爲據。③ 近年,他再次修訂舊説,以爲"帛書的圖文佈局體現的是陰陽交錯、四時流轉,如'循環之無端',所以是轉圈畫、轉圈寫,轉圈讀。過去,大家爭南北上下何爲正,其實全是無謂之争。楚帛書的佈圖順序和閱讀順序,只和循環起點有關,和朝哪邊看無關。方向正反只取決於觀察者的視角,一要定位,二要定向,而帛書却没有固定視角"。主張帛書擺法無定,並從帛書佈局、轉圈讀法、帛書内容三個方面重申了帛書當以十三行文先讀。④

　　古往今來,萬物皆有定向,饒宗頤先生對帛書置向和讀法的分析合乎

<hr />

　　① 圖一、圖二取自艾蘭、邢文編:《新出簡帛研究》,第41頁。
　　② 李零:《長沙子彈庫戰國楚帛書研究》,第30頁。又載入氏著《楚帛書研究(十一種)》,中西書局2013年,第29頁。
　　③ 李零:《長沙子彈庫戰國楚帛書研究補正》,中國古文字研究會成立十周年紀念論文,1988年7月。又載《古文字研究》第二十輯,中華書局2000年,第162頁。又載氏著《楚帛書研究(十一種)》,第127—128頁。
　　④ 李零:《子彈庫帛書》第陸部分"帛書釋文",文物出版社2017年,第43—45頁。

情理,首章以"曰故大熊雹戲"發語,史墙盤以"曰古文王"開頭亦可爲證,皆是後人追述始祖的發語辭。古代圖像資料中,神像的佈局一般具有方位性,這種方位與方術相聯繫,如漢鏡銘文四靈博局圖中的青龍、白虎、朱雀、玄武分列東、西、南、北,三首神祝融爲南方楚地祖先,其所在方位當位居南方。此外,王家臺《政事之常》圖版的出土,也再一次證明了上南下北的置圖佈局。

楚帛書的性質衆説紛紜,曾憲通《楚帛書研究四十年》總結爲文告説、巫術品説、月令説、曆書曆忌説、陰陽數術家説、天官書説。① 李零對以上六説作過歸納,認爲"文告説"有誤,"巫術品説"和"陰陽數術家説"並非特殊一類,帛書與之皆相關。"天官書説"着眼中間兩文,認爲其與曆忌之書關係密切,但屬於五行類。"月令説"與"曆忌説"着眼邊文,關係密切,李氏從帛書少説禮色彩,形式原始角度定爲"曆忌説"。饒宗頤對曆忌之説提出過質疑,認爲李氏所舉有關曆忌諸書皆極晚出,且内容上與帛書不盡相符。② 對此,李零回應帛書與曆忌書中的月諱性質相近,並非依據《隋志》中的書名,因而也不涉及其年代早晚問題。③ 黄儒宣從"曆忌説",將楚帛書徑稱爲"歲月之傳"。④

二、楚帛書照片及摹本的流傳

楚帛書摹本、照片的派生關係,曾憲通《楚帛書研究四十年》一文介紹最爲詳盡,文章將帛書照片摹本的派生分爲三個階段,並繪製了派生譜系圖,使人一目了然。我們以曾憲通所繪譜系圖爲底本,增補各類摹本、複製本以及新公佈的帛書資料,試作譜系如下(圖三)。蔡季襄本、弗利爾全色照片本、大都會紅外綫本的祖本情況,李零、曾憲通已作過詳細説明,此處不再贅述。在此,我們僅對最新公佈的弗利爾-賽克勒高清數碼照片以及帛書殘片作簡要補充。

弗利爾-賽克勒高清數碼照片:該照片由賽克勒基金會和弗利爾-賽

① 曾憲通:《楚帛書研究四十年》,載饒宗頤、曾憲通合著:《楚帛書》,第198—203頁。
② 饒宗頤:《楚帛書之内涵及其性質試説》,第303頁。
③ 李零:《長沙子彈庫戰國楚帛書研究補正》,《古文字研究》第二十輯,第163—164頁。
④ 黄儒宣:《〈日書〉圖像研究》,第209—212頁。

克勒美術館 2012 年提供,2017 年李零刊佈於《子彈庫帛書》,包括完整帛書和同出的殘片,其中完整帛書包括彩色照片一套,紅外綫照片兩套,弗利爾-賽克勒所藏殘片皆爲彩色照片,包括所有揭剥部分和三塊未揭剥的殘片塊。

帛書殘片照片及摹本的流傳:殘片根據流傳情況分爲兩部分,一部分是商承祚所藏殘片,共 14 塊,最大 1 塊是國內所藏唯一原件,另外 13 塊小殘片,只有商老的手摹本和由文物出版社史敬如於 1964 年拍攝的黑白照片。商氏所藏殘片來源於蔡季襄,①他曾在《戰國楚帛書述略》中云:"此殘片文字,日後我另有文報導。"後來由於種種原因,一直未著文公佈。李學勤很重視這批材料,曾專門寫信給商承祚之子商志醰,建議他早日公佈這批珍貴材料,以作爲對商先生保存此珍貴文物功績的最好紀念。商志醰於 1992 年 6 月和 11 月在《文物》上先後刊佈了所有殘片資料。同年,饒宗頤、李學勤對公佈的材料進行了考釋,認爲其屬於占術,伊世同、何琳儀將殘片記載與具體星象聯繫,進一步肯定了其星占性質。此後,肖攀、李零也對這些殘片重新做了釋讀。

一部分殘片現藏於美國華盛頓弗利爾-賽克勒美術館。這批殘片原件的流傳和揭剥情況,李零作過詳細梳理,可供參看。② 這批殘片於 1993 年、2001 年進行過兩次揭剥,但揭剥結果一直未見公佈。國內,李零《簡帛古書與學術源流》刊佈過其中四張彩色照片,③肖攀據其中三張揭剥照片作過摹本和釋文。李零《子彈庫帛書》公佈了這批殘片的全部高清數碼照片,並附有商氏所藏殘片照片,使我們得以一睹殘片全貌。從整理結果看,帛書中文字的釋讀、殘片的復原依然有進一步探討的空間。此外,反印文值得重視。梅原末治首次發現反印文,林巳奈夫作了摹本,並指出

---

① 商承祚云:"還有些殘帛書,徐楨立生前曾拿出給我看過,從殘帛斷片瞭解內容,仍是些占辭術語。據徐老先生説,是得自蔡季襄手中一部分。"參見商承祚:《戰國楚帛書述略》,《文物》1964 年第 9 期,第 9 頁。

② 帛書殘片流傳和揭剥時間綫索參考李零《子彈庫帛書》"自序"及"楚帛書年表"。參見李零:《子彈庫帛書》,第 1—7、170—175 頁。

③ 四張彩色圖片包括一張未揭剥的帛書殘片塊,三張彩色照片。三張彩色照片與李零 2017 年公佈高清數碼照片間的對應關係是:"圖版六"(包括兩張,一張爲原大照片,一張爲放大照片)爲對應數碼照片 W11(75+85);"圖版七"對應數碼照片的 G116;"圖版八"對應數碼照片 001-2 section c,該圖版是作者 2001 年 9 月的復原。此外,李零《簡帛古書與學術源流》2008 年再版中,"圖版六"中只刊佈了一張原大照片,刪除了放大照片。

```
                                                                    ┌→ 鄭振鐸複製本 1950
                                                                    ├→ 饒宗頤複製本 1954
                                            ┌→ 蔣玄佁摹本 1950 ───────┼→ 《書道全集》複製本 1954
                                            ├→ 陳槃摹本 1953          ├→ 澤古昭次複製本 1956
                                            ├→ 董作賓複製本 1955       ├→ 李學勤複製本 1960
                                            ├→ 《參考資料》複製本 1955  └→ 錢存訓複製本 1962
                         ┌→ 蔡修渙臨寫本 1944 ─┤  《抗議美帝掠奪我國文物》複
                         │                   ├→ 製本 1960
                         │                   ├→ 《文物》複製本 1963
                         │                   └→ 莊申複製本 1983
                         │                   ┌→ 梅原末治局部摹本 1954 ──→ 李學勤複製本 1959
                         │                   ├→ 饒宗頤摹本 1958
                         │                   │  巴納《楚帛書初探》棋格式摹
                         │                   ├→ 本 1958
                  ┌→ 完整 ─┼→ 弗利爾彩色照片 1947 ┼→ 李棪臨寫本 ──────────→ 鄭德坤複製本 1963
                  │  帛書  │                   ├→ 商承祚摹本照片 1964 ──────→ 楊寬複製本 1980
                  │       │                   ├→ 林巳奈夫摹本 1964
                  │       │                   └→ 《書道全集》照片 1965
                  │       │                   ┌→ 林巳奈夫摹本 1966
                  │       │                   ├→ 沙可樂摹本 1967
                  │       │                   ├→ 饒宗頤摹本 1968
                  │       │                   │  巴納《楚帛書及其他中國古代
                  │       │                   ├→ 出土文書》摹本 1972
                  │       │                   │  巴納《對一部中國古文書─楚
  ┌→ 楚 ──────────┤       │                   ├→ 帛書進行釋讀、翻譯和歷史考
  │  帛          │       └→ 大都會紅外照片 1966 ┤  證之前的科學鑒定》摹本 1972
  │  書          │                            ├→ 嚴一萍摹本 1967
  │              │                            ├→ 高明摹本 1982
  │              │                            ├→ 李零摹本 1980
  │              │                            ├→ 李零摹本 1990
  │              │                            ├→ 鄭禮勛複製本 2007
  │              │                            └→ 陳嘉凌摹本 2009
  │              └→ 弗利爾-賽克勒高清數碼 2012
  │                    ┌→ 商承祚藏殘片摹本 1992.6
  │                    │                        商承祚藏殘片照片及摹本 1992.11 ──→ 饒宗頤複製本 1992
  └→ 帛書 ─┬→ 商承祚藏殘片 ─┼→ 肖攀複製本 2009
     殘片  │             └→ 李零複製本 2017
          │              ┌→ 林巳奈夫反印文摹本 1964 ──→ 巴納反印文復原圖 1972
          └→ 弗利爾-賽克 ──┼→ 李零彩色照片 2004 ────────→ 肖攀摹本 2009
             勒藏殘片      └→ 弗利爾-賽克勒數碼照片 2012
```

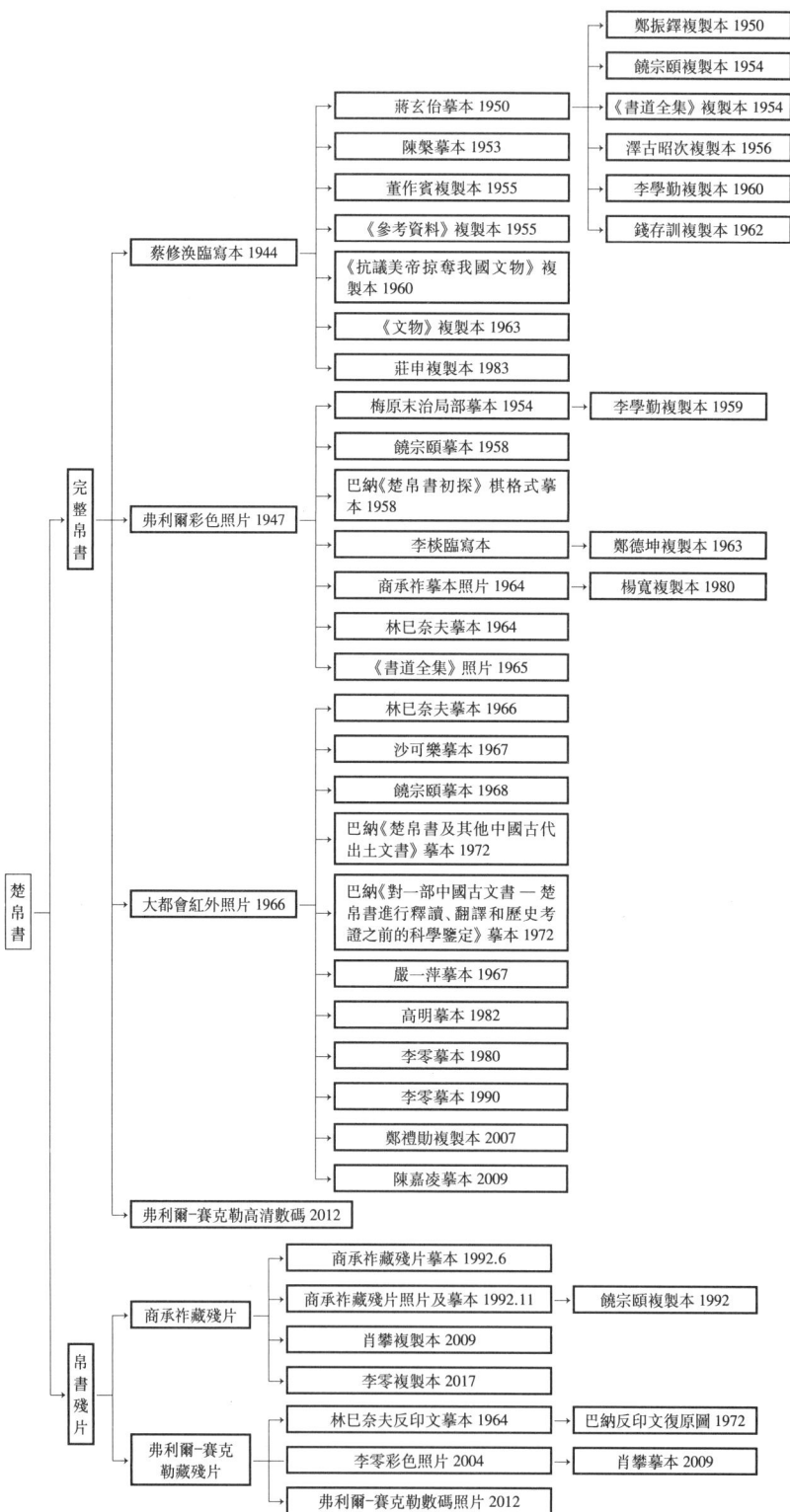

圖三　楚帛書照片、摹本譜系

該摹本在完整帛書左上角"玄司秋"處,爲朱書殘畫,約三行,每行約六七字。後來,巴納公佈了更爲精細的摹本和復原圖,並説明了該殘片與完整帛書的摺疊關係,李學勤據巴納復原圖作了釋文。但據李零考證,巴納所作復原圖其實是由《文物》1966 年 5 期第 51 頁所載望山一號墓出土占卜簡的文字,加上原書的"司君""絲"三字,以及從完整帛書中挑出的幾個字拼湊而成的,與原圖和摹本相差甚遠,而巴納又未作説明,以致李氏上當。① 此後,肖攀亦將李文中的釋文作爲殘片的一種作了疏證,顯然也是受此誤導。該反印文具體内容以及與其他殘片的關係還待考。

三、楚帛書的文字學研究

楚帛書文字考釋與帛書文本的處理技術、新材料的刊佈息息相關。據此,帛書的文字釋讀可大致分爲以下四個階段。

第一階段:1944 年蔡季襄《晚周繒書考證》②首次公佈楚帛書摹本,此後蔣玄怡、陳槃、饒宗頤、董作賓、李學勤等學者紛紛加入研究行列,③如蔡季襄釋"㠯"爲陵;陳槃讀"寺"爲"時";④饒宗頤釋"四時""五木""五正"及帛書所見楚先公、楚方言古語、古文奇字;⑤董作賓釋"佳""帝夋"⑥;李學勤釋出或隸定"罡""參""欽""祀""牆"等字。⑦ 由於蔡本所摹文字不及原文一半,多是殘詞斷句,而各家據蔡本所作重摹本亦多誤摹、漏摹,⑧加上早期可供參證的出土資料相對匱乏,因而,這一時期的文

---

① 李零:《楚帛書的再認識》,《中國文化》1994 年第 10 期,第 42—62 頁。又載氏著《李零自選集》,廣西師範大學出版社 1998 年,第 255—256 頁。

② 蔡季襄:《晚周繒書考證》,1944 年石印本。又見藝文印書館(影印本)1972 年。又見中西書局(影印本)2013 年。

③ 蔡本發表後因出版數量較少,影響有限,後蔣玄怡據蔡本重摹,才使之廣爲人知。饒宗頤《長沙楚墓時占神物圖卷考釋》據蔣本再摹,董作賓《論長沙出土之繒書》、李學勤《戰國題銘概述(下)》所附摹本皆據蔣本複製。

④ 陳槃:《先秦兩漢帛書考》,《"中研院"歷史語言研究所集刊》第二十四本,"中研院"歷史語言研究所 1953 年,第 185—197 頁。

⑤ 饒宗頤:《長沙楚墓時占神物圖卷考釋》,《東方文化》1954 年第 1 卷第 1 期,第 70—78 頁。

⑥ 董作賓:《論長沙出土之繒書》,《大陸雜誌》1955 年第 10 卷第 6 期。

⑦ 李學勤:《戰國題銘概述(下)》,《文物》1959 年第 9 期,第 58—61 頁。

⑧ 據安志敏、陳公柔統計,蔣本較蔡本字畫脱訛三十餘處,饒本較蔣本譌脱二十餘處,較蔡本譌訛五十餘處(參見安志敏、陳公柔:《長沙戰國繒書及其有關問題》,《文物》1963 第 9 期,第 49 頁)。

字考釋難免有猜測成分，一時難有突破。

第二階段：1952 年弗利爾美術館將帛書拍成全色照片，開啓了楚帛書研究的新局面。這一時期，大量漫漶不清的字得以確釋，已經可以通讀某些比較完整的句子。[①] 梅原末治、饒宗頤、巴納等學者率先據照片繪製摹本，李學勤、安志敏、陳公柔據上述摹本展開了研究。代表性意見有：饒宗頤《長沙出土戰國繒書新釋》新作摹本和釋文比蔡本多出一百餘字，其中"四海""青陽""祝融"的釋讀頗具見地；[②]巴納首創棋格式摹寫法用以復原帛書摹本；[③]李學勤指出邊文神名即《爾雅·釋天》月名，並引陳世輝之説釋"哉"爲"歲"；[④]陳夢家將古代時令與帛書作系統比較，認爲帛書爲戰國中期楚國月令；[⑤]安志敏、陳公柔指出《乙篇》似爲韻文，並釋"▨"爲"國"；[⑥]商承祚首次公佈了弗利爾美術館照片和其所繪彩色摹本，釋出"德匿"即"側匿"，"側匿"與日月贏縮、妖祥災異有關，對推進《乙篇》的理解意義重大。[⑦]

第三階段：1966 年大都會博物館將帛書拍攝成紅外綫照片，楚帛書研究迎來了新突破。原本模糊不清的文字不考自破，[⑧]一些疑難字的釋讀也因文意的疏通而破譯或獲得新思路，文字考釋"朝着全面釋讀並向縱深方向發展"。[⑨] 海外及港澳臺學者率先利用紅外綫文本進行研究，代

---

① 曾憲通：《楚帛書研究四十年》，載饒宗頤、曾憲通合著：《楚帛書》，第 184 頁。

② 饒宗頤：《長沙出土戰國繒書新釋》，香港義友昌記印務公司 1958 年。

③ Noel Barnard. *The Chu Silk Manuscript—Translation and Commentary*, *Studies on the Chu Silk Manuscript*, *part 2*, *monographys on far Eastern History 5*, Canberra：Australian National University，1973.

④ 李學勤：《補論戰國題銘的一些問題》，《文物》1960 年第 7 期，第 67—68 頁。

⑤ 據陳夢家《戰國帛書考》文末記載，該文最早寫於 1962 年 9 月至 10 月，後經過李零等人整理，發表在《考古學報》1984 年第 2 期。發表於學報上的文章有引用商承祚《戰國楚帛書述略》的摹本，關於二者的矛盾，饒宗頤在與曾憲通的往來書信中有提及。1984 年 6 月 25 日："寄來《考古學報》陳夢家論帛書文，已細讀二遍。……陳文自信 1962 年寫成，而注中引及商老六四年之作，分明爲整理者所加，而忘其時間上大有矛盾，不太用心。陳文對四時月名所司，瞭若指掌，分明是讀過後來各篇。因 62 年時從余之摹本，無從看出四司之痕迹，否則余已先言之，不必待赴美之後，親見原物，才有《十二月名覈論》之作。是時紫外像尚未使用，對四司尚有一二不明不白之處，陳氏依據早期四摹本而能得此結論，似有可疑。不知兄意如何？總之，世民兄稱全照原稿迻録，毫無增羼，衡以事理，似無可能。"（參見曾憲通：《選堂書札：致曾憲通》，中西書局 2019 年，第 73 頁。）

⑥ 安志敏、陳公柔：《長沙戰國繒書及其有關問題》，第 48—60 頁。

⑦ 商承祚：《戰國楚帛書述略》，《文物》1964 年第 9 期，第 8—20 頁。

⑧ 李守奎：《出土楚文獻文字研究綜述》，第 11 頁。

⑨ 曾憲通：《楚帛書研究四十年》，載饒宗頤、曾憲通合著：《楚帛書》，第 187 頁。

表人物有林巳奈夫、嚴一萍、金祥恒、陳槃、饒宗頤、唐健垣、巴納等。林巳奈夫《長沙出土戰國帛書考補正》修訂舊説共計 217 處；①嚴一萍首次指出《甲篇》所述神話人物爲伏羲和女媧，②金祥恒進一步證實了"雹虛"即"伏羲"，③二人的破譯在帛書神話人物考證上意義重大。饒宗頤《楚繒書疏證》逐句疏釋了帛書全文，被陳槃評論爲"勝義絡繹，深造有得，精思卓識，斯可謂難能矣"。④ 唐健垣《楚繒書新文字拾遺》對《乙篇》作了大量考釋；⑤巴納在文字摹寫方法上有所創新，分別以隸古定和通行體例列出每字釋文，並標注該字在字表中的編號，甚便核對。同時他還在帛書文字結構及書寫方法上提出了"文字結構的永恒不變性"原則，據此對一些未釋字、誤釋字作了考證、修訂。⑥ 70 年代末，紅外綫照片才經曾憲通《楚月名初探——兼談昭固墓竹簡的年代問題》⑦一文傳入大陸，迅速掀起一股研究熱潮。重要的單篇論文，如陳邦懷《戰國楚帛書文字考證》⑧、吳九龍《簡牘帛書中的"夭"字》⑨、高明《楚國繒書研究》⑩、曹錦炎《楚帛書〈月令〉篇考釋》⑪、何琳儀《長沙帛書通釋》⑫、朱德熙《長沙帛書

① 林巳奈夫：《長沙出土戰國帛書考補正》，《東方學報》第三十七册，昭和四十一年（1966）。

② 嚴一萍：《楚繒書新考（上、中、下）》，《中國文字》第二十六册，臺灣大學文學院 1967 年，第 2941—3098 頁。

③ 金祥恒：《楚繒書"雹虛"解》，《中國文字》第二十八册，臺灣大學文學院 1968 年，第 3187—3204 頁。

④ 陳槃：《楚繒書疏證跋》，《"中研院"歷史語言研究所集刊》第四十本（上），1968 年，第 33 頁。

⑤ 唐健垣：《楚繒書新文字拾遺》，《中國文字》第三十册，臺灣大學文學院 1968 年，第 3321—3359 頁。

⑥ Noel Barnard. *The Chu Silk Manuscript—Translation and Commentary*, *Studies on the Chu Silk Manuscript*, part 2, *monographys on far Eastern History 5*, Canberra：Australian National University, 1973.

⑦ 曾憲通：《楚月名初探——兼談昭固墓竹簡的年代問題》，《中山大學學報（哲學社會科學版）》1980 年第 1 期，第 97—107 頁。又載《古文字研究》第五輯，中華書局 1981 年，第 303—320 頁。又載饒宗頤、曾憲通合著《楚地出土文獻三種研究》，中華書局 1993 年，第 343—361 頁。又載氏著《曾憲通學術文集》，汕頭大學出版社 2002 年，第 181—200 頁。

⑧ 據曾憲通《楚帛書研究四十年》記載，該文寫於六十年代中期，所據摹本爲弗利爾美術館全色照片及摹本，寫作過程中曾與商老反復討論，舊稿考證共三十四則，發表前據巴納摹本修訂，删存二十八則。參見曾憲通：《楚帛書研究四十年》，第 193—194 頁。

⑨ 吳九龍：《簡牘帛書中的"夭"字》，《出土文獻研究》第一輯，文物出版社 1985 年，第 250—252 頁。

⑩ 高明：《楚繒書研究》，《古文字研究》第十二輯，中華書局 1985 年，第 363—395 頁。

⑪ 曹錦炎：《楚帛書〈月令〉篇考釋》，《江漢考古》1985 年第 1 期，第 63—67 頁。

⑫ 何琳儀：《長沙帛書通釋》，《江漢考古》1986 年第 1—2 期，第 51—57、81—87 頁。

考釋(五篇)》①、陳秉新《長沙楚帛書文字考釋之辨正》②、李零《長沙子彈庫戰國楚帛書研究補正》③等。重要的考釋意見,如陳邦懷釋"禹","朕迿"讀"騰傳";曹錦炎讀"箊"爲"敦",訓爲"擿";何琳儀對"迻""泿""慮""襦"的釋讀頗有見地,且於篇末附以今譯,便於尋繹文意;朱德熙釋"**傃**"爲"備",讀爲"崩",釋"**峢**"爲"峽",讀爲"弛","豙女"讀爲"致女","腜"讀爲"瘠","**散**"隸定爲"散"等。

這一時期,李學勤連續發表了《論楚帛書中的天象》《楚帛書中的古史與宇宙觀》《長沙楚帛書通論》《再論楚帛書十二神》,多有新見。饒宗頤精益求精,在《長沙出土戰國繒書新釋》《楚繒書疏證》基礎上,吸收最新研究成果,修訂成《楚帛書新證》。④重要的研究論著,如李零《長沙子彈庫戰國楚帛書研究》,饒宗頤、曾憲通合著《楚帛書》《楚地出土文獻三種研究》等。重要字編,如曾憲通《楚帛書文字編》⑤廣泛吸收了當時學界最新研究成果,增釋、改釋文字達 60 例,⑥"集中反映了當時的識字水平"。⑦臺灣學者許學仁碩士論文《先秦楚文字研究》⑧中附有《楚繒書諸家隸定句讀異同表》,以列表的形式逐行比較了各家釋文,使人一目了然,作者按斷亦多有創見。文後附的楚繒書單字合文檢字表,是關於楚帛

---

① 朱德熙:《長沙帛書考釋(五篇)》,《古文字研究》第十九輯,中華書局 1992 年,第 290—297 頁。後載氏著《朱德熙古文字論集》,中華書局 1995 年,第 203—210 頁。又載氏著《朱德熙文集》第 5 卷,商務印書館 1999 年,第 203—210 頁。該文前四篇曾以《長沙帛書考釋(四篇)》爲題,載入慶祝王力先生學術活動五十周年《語言文字學術論文集》(知識出版社 1989 年)。

② 陳秉新:《長沙楚帛書文字考釋之辨正》,《文物研究》1988 年第 4 期,第 187—193 頁。

③ 李零:《長沙子彈庫戰國楚帛書研究補正》,第 154—178 頁。

④ 饒宗頤對楚帛書文字的考釋和文意的通讀作過多次探索,1958 年據弗利爾全色照片作《長沙出土戰國繒書新釋》,1968 年據大都會紅外綫照片作《楚繒書疏證》,此後,饒氏根據新見出土資料及最新研究成果,於 1985 年作《楚帛書新證》,後又於 1993、2002 年作了兩次修訂。

⑤ 曾憲通:《楚帛書文字編》,載饒宗頤、曾憲通合著《楚帛書》,中華書局香港分局 1985 年。後又於 1993 年修訂出版,更名爲《長沙楚帛書文字編》。

⑥ 趙誠:《曾憲通〈長沙楚帛書文字編〉讀後》,《書品》1994 年第 2 期。又載中山大學古文字研究所編:《康樂集——曾憲通教授七十壽慶論文集》,中山大學出版社 2006 年,第 7—9 頁。

⑦ 李守奎:《出土楚文獻文字研究綜述》,第 12 頁。

⑧ 許學仁:《先秦楚文字研究》,臺灣師範大學國文研究所碩士論文(導師: 李殿魁教授),1978 年。

書的最早的一部字表。綜述性文章有曾憲通《楚帛書研究四十年》、劉彬徽《楚帛書出土五十周年紀論》①等。

　　第四階段：20 世紀 90 年代至今，由於大批楚簡和帛書高清數碼照片的公佈，一些懸而未決的疑難字成功破譯，一些以往認爲確不可易的字，也有了新的改釋意見，這一時期楚帛書文字研究進入了全面攻堅階段。

　　90 年代以來，郭店簡、包山簡等楚系竹簡資料的刊佈，爲楚帛書疑難字的釋讀提供了新的綫索。比較重要的文章，如劉釗《説"卥"、"呈"二字來源並談楚帛書"萬"、"兒"二字的讀法》、馮時《楚帛書研究三題》、吳振武《楚帛書"夸步"解》、劉信芳《楚帛書解詁》、曾憲通《楚帛書文字新訂》、李零《讀〈楚系簡帛文字編〉》、李學勤《"桓"字與真山楚官璽》、楊澤生《楚帛書从"之"从"止"之字考釋》、徐在國《新蔡葛陵楚簡札記（二）》、蘇建洲《〈郭店〉、〈上博二〉考釋五則》、陳斯鵬《戰國楚帛書甲篇文字新釋》、裘錫圭《是"恒先"還是"極先"？》等。重要的考釋意見，如吳振武釋"夸步"爲"踵步"；曾憲通釋"成""妻""鳶""笑""躟""百"；李零釋"(圖)氣(圖)氣"爲"熱氣寒氣"；②李學勤據郭店簡以爲"(圖)"即"桓"繁形，讀爲"柱"，"天柱"爲星名；③楊澤生將舊多釋爲"步"的字形改隸定爲"坒"，讀爲"止"；④蘇建洲據"(圖)（上博·容 38）""(圖)（包山 82）"，釋"(圖)"爲"叡"；⑤徐在國對比新蔡簡、包山簡認爲"(圖)"讀爲"厭"，義爲厭祭；⑥陳斯鵬引曾侯乙墓所見"真""填"二字及上博簡《周易》"遺"字寫法，從字形上證實"(圖)"爲"填"；⑦裘錫圭利用辭例押韻，並結合馬王堆帛書、郭店簡相關文例，以爲"(圖)"釋讀爲"亟

　　①　劉彬徽：《楚帛書出土五十周年紀論》，《楚文化研究論集》第四集，河南人民出版社 1994 年，第 577—584 頁。

　　②　李零：《古文字雜識（五則）》，《國學研究》第二卷，1995 年，第 267—269 頁。

　　③　李學勤：《"桓"字與真山楚官璽》，《國學研究》第八卷，2001 年，第 173—175 頁。

　　④　"咎而坒達"中"咎"舊釋爲"晷"，李學勤在《簡帛佚籍與學術史》中認爲"咎"疑讀爲軌或者規。楊澤生文爲李文提供證據，認爲李説讀爲"軌"可從，軌當遵循講。

　　⑤　蘇建洲：《〈郭店〉、〈上博二〉考釋五則》，《中國文字》新二十九期，藝文印書館 2003 年，第 221—225 頁。

　　⑥　徐在國：《新蔡葛陵楚簡札記（二）》，簡帛網 2003 年 12 月。

　　⑦　陳斯鵬：《戰國楚帛書甲篇文字新釋》，《古文字研究》第二十六輯，中華書局 2006 年，第 343—345 頁。又載氏著《簡帛文獻與文學考論》，中山大學出版社 2007 年，第 2—4 頁。

（極）”，表準則、法度之義；①劉信芳以爲“三〇（亟）”猶“三極”，可能也是作“〇（極）”用。② 此外，鄔可晶、王凱博對“亟”“〇”的用法做過詳細辨析。③

進入 21 世紀，上博簡、清華簡、安大簡陸續公佈，爲楚帛書疑難字的釋讀提供了新的對比資料。陳劍釋“〇”爲“亢”，疑“亢步”爲“過度行走”；④張峰將“亢”改讀爲“更”，訓爲“更改”；⑤裘錫圭指出“罷（一）”和“羆（熊）”在字形上爲一字分化，語音相近，因而“大（太）羆（熊）”可能被誤讀爲“大（太）罷（一）”。⑥ 馮勝君、黃鶴將“〇”摹寫作“〇”，改隸爲“逞”，“朕逞”疑讀爲“沈升”，“〇”讀爲“位”；⑦李零據“〇”字放大照片亦將其重新隸定爲“逞”，聯繫《容成氏》簡 31“以〇（甄）於溪谷，淒（濟）於圭（廣）川”，讀“〇”爲“越”，訓爲“治”。⑧ 王寧認爲“〇”字是“血”旁加“矢”的會意字，是楚文字中表示傾覆、傾倒、傾側之“傾”的一種獨特寫法；⑨徐在國、管樹强通過與安大簡《詩經·卷耳》對讀，認爲“〇”可分析爲從“矢”“血”聲的形聲字，爲“傾”之異體；⑩劉傳賓認爲“〇”爲“釐”的省變，與《説文》訓爲“果”的“李”關係複雜；⑪劉文將甲骨文

① 裘錫圭：《是“恒先”還是“極先”？》，2007 中國簡帛學國際論壇論文，臺灣大學 2007年 11 月 10—12 日。又載復旦大學出土文獻與古文字研究中心網 2009 年 6 月 2 日。又載氏著《裘錫圭學術文集》第 5 卷，復旦大學出版社 2012 年，第 328 頁。

② 劉信芳：《子彈庫楚墓出土文獻研究》，藝文印書館 2002 年，第 84 頁。

③ 關於“亟”“〇”“極”的辨析，可參見鄔可晶《馬王堆漢墓帛書〈十大經〉補釋二則》，簡帛網 2009 年 6 月 11 日。王凱博：《出土文獻資料疑義探研》，吉林大學博士學位論文（導師：林澐教授）2018 年，第 27—29 頁。

④ 陳劍：《試説戰國文字中寫法特殊的“亢”和從“亢”諸字》，《出土文獻與古文字研究》第三輯，復旦大學出版社 2010 年，第 152—182 頁。

⑤ 張峰：《試説楚帛書甲篇的“亢步”》，《中國書法報》2020 年 4 月 7 日。

⑥ 裘錫圭：《“東皇太一”與“大羆伏羲”》，原載陳致主編：《簡帛·經典·古史》，上海古籍出版社 2013 年，第 1—16 頁。後載氏著《裘錫圭學術文集》第 2 卷，復旦大學出版社 2012 年，第 547—561 頁。

⑦ 馮勝君、黃鶴：《讀楚帛書小札》，《古文字研究》第二十九輯，中華書局 2012 年，第474—476 頁。

⑧ 李零：《子彈庫帛書》第陸部分“釋文部分”，第 61 頁。

⑨ 王寧：《釋楚帛書中的“傾”》，復旦大學出土文獻與古文字研究中心網 2013 年 9 月6 日。

⑩ 徐在國、管樹强：《楚帛書“傾”字補説》，《語言科學》2018 年第 3 期，第 244—249 頁。

⑪ 劉傳賓：《“李”字補論（節選）》，《古文字研究》第三十輯，中華書局 2014 年，第 296—302 頁。又見劉傳賓：《“李”字釋讀的整理與研究》，《語言研究集刊》2015 年第 2 期，第 312—330 頁。

"㭪"、金文"㭪"與郭店簡中的"甾"認同值得懷疑，①且帛書殘片《五行令》"樹桑、桃、李"之"李"亦作"李"，從用字習慣看，鄭剛釋爲"李"更爲可靠。趙平安結合清華簡《湯在啻門》中"地祇"稱爲"地真"，認爲帛書中"女填"應讀爲"女真"，"真"爲"真人"之"真"，真人可引申表示聖人、至人或帝王，女媧爲創世之神，可以稱"女真"。② 李春桃認爲以往釋爲"繫"的字當改釋爲"紳"，讀爲"申"；③楊鵬樺據清華簡《八氣五味五祀五行之屬》中"▢"字形，認爲帛書"▢"爲"渴"之省形，表示竭盡。④ 王磊⑤亦持有相同意見。何家興則結合包山簡169"▢"字形，認爲"▢"應從馮時觀點，釋爲"湛"，可訓爲"深"；⑥楊文將該字釋爲"渴"，於字形、文例、押韻最爲順暢。王寧認爲"敇"爲"抒"的本字，讀爲"標"；⑦王輝則認爲"敇"應讀爲"拊"，安撫之義；⑧林志鵬認爲"▢"當從何琳儀釋爲"豸"，並補充"猛獸獵物多舉足撲殺之，此蓋'豸'省一足作'▢'之由"。⑨ 此外，劉玉玲釋"堯羊"爲"撓殃"，指四時招致殃咎，運轉失常；⑩

---

① 劉洪濤、周波在對戰國早期及更早的楚文字資料中"㭪"旁進行梳理時，只列舉了包山簡、望山簡、曾侯乙簡、上博簡中寫作"贅""聲"的字形，讀爲"甾"，但並未將之與郭店簡"甾"進行認同。參見劉洪濤：《論掌握形體特點對古文字考釋的重要性》，北京大學博士學位論文（導師：李家浩教授），2012年，第142—147頁。周波：《戰國銘文分域研究》，上海古籍出版社2019年，第283—294頁。

② 趙平安：《"地真""女真"與"真人"》，《管子學刊》2015年第2期，第104—105頁。

③ 李春桃：《釋"紳""敤"——從楚帛書"紳"字考釋談起》，《簡帛研究 二〇一五（春夏卷）》，廣西師範大學出版社2015年，第15—21頁。

④ 楊鵬樺：《"有淵厥渴"考》，見簡帛論壇"清華捌《八氣五味五祀五行之屬》初讀"一帖，2018年11月18日第一樓，署名"kaven"。又載黃德寬主編：《第七屆中國文字發展論壇論文集》，河南大學出版社2020年，第113—119頁。又載楊鵬樺：《簡帛韻文釋論》，中山大學博士學位論文（導師：楊澤生教授），2020年，第49—55頁。

⑤ 王磊：《楚帛書"渴"字考》，《戰國文字研究》第一輯，安徽大學出版社2019年，第179—186頁。

⑥ 何家興：《楚帛書與戰國文字研究》，《中國書法報》2020年4月7日第006版。

⑦ 王寧：《釋〈楚帛書·甲篇〉的"降奠三天"與"抒奠四極"》，復旦大學出土文獻與古文字研究中心網2018年1月27日。

⑧ 王輝：《楚簡帛"敇""厃"補釋》，《古文字研究》第三十三輯，中華書局2020年，第368—370頁。

⑨ 林志鵬：《子彈庫楚帛書"豸"字小議——兼説楚簡讀爲"一"之字》，載徐少華、谷口滿、羅泰主編《楚文化與長江中游早期開發國際學術研討會論文集》，武漢大學出版社2021年，第358—362頁。

⑩ 劉玉玲：《説"堯"和"無"兼談漢字的同形字現象》，《遺產與保護研究》2018年第9期，第147—149頁。

吴春亮指出"凼"爲古楚語詞，表小水坑義。① 以往視爲星名的"天柱"，賈連翔將之與清華簡《五紀》"四柱"聯繫，以爲"天柱"非星名，而相當於帛書四角所繪"四色之樹"，是起承天作用的支柱，在宇宙中應位於四個角隅方位。② 李豪認爲將"笑"分析爲从犬，从犬等聲韻部不够密合，結合上博簡《競建内之》中讀爲"笑"的"狀"字以及"笑"在閩方言中的白讀情況，指出"笑"字的讀音來源於清流音，上古音構擬爲 $^*\text{sl}[\text{e/a}]\text{ws}$。③ 上古幽、宵二部關係最爲密切，且諧聲包括音同諧聲和音近諧聲兩種情況，並不一定要完全密合，該字釋讀還有進一步討論的空間。

這一時期還有一些重要的學術專著、字編和學位論文，學術著作如劉信芳《子彈庫楚墓出土文獻研究》，李零《楚帛書研究（十一種）》《子彈庫帛書》，其中《子彈庫帛書》是李零第七次精讀楚帛書的結果，是楚帛書的"搶救性的復原報告"，也是楚帛書研究的一個階段性總結。該書首次披露了楚帛書流美的珍貴書信資料，刊佈了弗利爾－賽克勒美術館最新拍攝的完整帛書和殘片的高清數碼照片以及各類早期摹本圖版，並據此編寫了文字編。文字釋讀上多有新見，如"桓"讀爲"澍"，"〔圖〕"釋爲"烏"，"〔圖〕"釋爲"徒"，"〔圖〕"隸定爲"遑"，"〔圖〕"讀爲"越"，"〔圖〕"釋爲"味"，"〔圖〕"釋爲"蒼"等。此外，書中還修訂了以往因摹本不清而造成的誤釋，如高清照片作"〔圖〕"的字，以往學者誤摹爲"〔圖〕""〔圖〕""〔圖〕""〔圖〕"，釋爲"万"或"亥"，李零對比帛書殘片中確定的"亥"作"〔圖〕""〔圖〕"，將"〔圖〕"作爲未釋字歸入字編附録。工具書，如徐在國《楚帛書詁林》是第一部對楚帛書考釋成果進行全面收集、系統整理、精研按斷的集成性著作。學位論文，有劉波《〈楚帛書·甲篇〉集釋》、陳媛媛《〈楚帛書·乙篇〉集釋》、肖攀《楚帛書丙篇及殘片集釋》、魏瑋《楚帛書詞法研究》等。

綜上，楚帛書經過幾代學人近八十年的研究，甲、乙、丙三篇文字基本

① 吴春亮：《釋楚帛書古楚語詞"凼"——兼談南方方言"凼"的來源》，《漢語史學報》2019年第1期，第193—201頁。

② 賈連翔：《清華簡關於戰國時期"百科全書"的新發現》，《光明日報》2021年10月30日第11版。

③ 李豪：《古文字的諧聲系統及相關問題研究》，復旦大學博士學位論文（導師：劉釗教授），2022年，第72—73頁。

都能通釋,尚無定論的疑難字所剩不多,如"⿰亻帚""⿰⿱⿰""⿰⿱"等,帛書疑難字的釋讀以及内容的理解,有待將來更多相關文獻資料的出土。

四、楚帛書的神話學研究

楚帛書神話學研究聚焦於《甲篇》。張開焱①、曹可寒②、譚梅③先後對《甲篇》的神話學研究成果作過概述,劉信芳、蔡先金在書中專設章節討論過帛書神話,④馬俊賢的碩士論文⑤專門以《甲篇》神話爲研究對象。目前,帛書神話研究成果可概括爲以下五個方面。

(一) 創世神話性質、類型及結構研究

《甲篇》已經具備了完備的創世神話體系。蔡季襄已經意識到《甲篇》具有古代祠神文告的屬性,隨後,李學勤、李零也指出帛書是有關日月四時形成的神話。連劭名⑥將帛書神話與中國古代哲學的宇宙生成論對比,以《周易·繫辭》"太極生兩儀,兩儀生四象,四象生八卦"的宇宙生成模式比附《甲篇》伏羲、女媧爲兩儀、四子爲四象,認爲帛書具有創世神話的屬性。院文清首次從神話學角度出發,正式確立其爲創世神話,⑦他認爲帛書神話是中國最爲古老的創世神話版本,可稱爲"中國的前奧林匹斯神話",其學術價值可與巴比倫《埃努瑪·埃立什》泥版、印度的創世神話比肩,打破了西方學者"中國没有創世神話"的異説。

---

① 張開焱:《楚帛書甲篇創世神話研究述評》,《湖北師範學院學報(哲學社會科學版)》2014 年第 1 期,第 63—68 頁。

② 曹可寒:《楚帛書近十五年研究簡述》,第 68—70 頁。

③ 譚梅:《70 年來出土簡帛神話研究述評與前瞻》,《中國史研究動態》2020 年第 4 期,第 15—27 頁。

④ 劉信芳《出土簡帛宗教神話文獻研究》中專設"楚帛書研究"一章,討論了伏羲、女媧、四子、四神、四時、共工等神名,並結合具體釋文,對遠古天地蒙昧時代人類的生存活動作了研究,參見劉信芳:《出土簡帛宗教神話文獻研究》,安徽大學出版社 2014 年,第 6—42 頁。蔡先金《簡帛文學研究》結合釋文,對照傳世文獻,對《甲篇》的創世過程、神話譜系、創世神話思維作了系統考察,參見蔡先金:《簡帛文學研究》,學習出版社 2017 年,第 48—87 頁。

⑤ 馬俊賢:《〈戰國楚帛書·甲篇〉神話研究》,長春理工大學碩士學位論文(導師: 劉波講師),2021 年。

⑥ 連劭名:《長沙楚帛書與中國古代的宇宙論》,《文物》1991 年第 2 期,第 40—46 頁。

⑦ 也有一部分學者提出反對意見,主要是以李學勤爲首的歷史學家,他們多將《甲篇》當作古代華夏諸族或楚國上古歷史傳説。

帛書的創世神話類型歸屬尚存争議。以往有"生殖創世型"①、"世界父母型"②、"世界祖宗型神話"③三種説法,譚梅指出帛書本身融合了多種創世類型,④馬俊賢從其説,從創世方式入手,以爲《甲篇》采用了生殖和推步兩種方式創造世界。⑤

帛書的神話結構,院文清、楊寬、陳斯鵬、高莉芬、蔡先金、張兵、李佩瑶、張開焱多有討論,目前一致認爲帛書神話包括原創世和再創世兩階段。

（二）神話譜系與神名研究

楚帛書神話已經形成了較爲系統的神話體系,但在譜系構擬上還存在分歧。院文清從神靈等級與職能出發,認爲《甲篇》神祇系統由主宰神(伏羲、炎帝、帝俊、共工)—輔助神(女媧、祝融)—職能神(四子、五木精、日月、百神)三個層次构成。⑥ 曾憲通以血緣關係爲紐帶,以爲伏羲、女媧、四神爲創世神,其他爲帶楚系神話色彩的南方諸神,共分四組,炎帝、祝融一系,帝俊單獨成組,共工、夸父一組,少昊、句龍一組,與帛書有關的神人世次爲:炎帝—祝融—共工—后土(句龍)—夸父。⑦蔡先金、張兵、李佩瑶據"炎帝神農氏繼伏羲而起",將前後相繼的世系聯繫,整個創世諸神譜系勾勒爲:伏羲、女媧—四時神—禹、契—帝俊—炎帝、祝融—共工。馬俊賢以爲黿戲爲宇宙主神,女填爲偶神,他們之後是四子與炎帝,炎帝之下是祝融和共工,譜系爲:黿戲、女填—四子/炎帝—

① 董楚平:《中國上古創世神話鉤沉——楚帛書甲篇解讀兼談中國神話的若干問題》,《中國社會科學》2002 年第 5 期,第 151—163 頁。

② 陳斯鵬:《戰國楚帛書甲篇文字新釋》,《古文字研究》第二十六輯,第 343—345 頁。

③ 張開焱:《世界祖宗型神話——中國古代創世神話類型研究》,《中國文學研究》2016 年第 2 期,第 25 頁。

④ 譚梅:《70 年來出土簡帛神話研究述評與前瞻》,第 16—17 頁。

⑤ 馬俊賢:《〈戰國楚帛書·甲篇〉神話研究》,第 16—18 頁。

⑥ 院文清:《楚帛書中的神話傳説與楚祖先譜系略證》,載王光鎬主編:《文物考古文集》,武漢大學出版社 1997 年,第 258—271 頁。

⑦ 曾憲通:《楚帛書神話系統試論》,載清華大學主辦"第二屆中國古典文學國際研討會——紀念聞一多先生百周年誕辰"論文,清華大學國際會議廳 1999 年 10 月 23—24 日。又載朱曉海主編《新古典新義:紀念聞一多先生百周年誕辰國際研討會論文集》,學生書局 2002 年,第 33—44 頁。又載氏著《曾憲通學術文集》,汕頭大學出版社 2002 年,第 201—214 頁。

祝融、共工。① 各家對神話譜系的劃分標準不同,導致構擬的神話譜系各異。此外,帛書神名釋讀也直接影響神話譜系的建構,如上述神名中,"夸父"實際應爲"亢步",非神名;②"🜚"爲"愚"而非"禹"。③

帛書中神名及神名間的關係備受學界矚目。帛書中的神名,伏羲、女媧、炎帝、祝融、帝俊、共工已成定論,以往神名"禹"非"禹","契"的讀法待考,"四神""十二神像"具體所指尚有爭議。"四神"以往研究傾向於將其與傳世文獻中所載"四神"對照,然傳世文獻中的"四神"莫衷一是。④ 還有些學者提出"四神"兼具時空觀念。⑤ 以往學者多將"十二神像"拆開與文獻或其他圖像中不成系統的材料作對比,⑥李零主張十二神像名與所附圖像應視爲一個系統,不可拆分解讀,並推測可能爲楚地流行的一種演禽系統。劉信芳以爲十二神是方位、季節崇拜的神祇體系與物候崇拜神祇體系綜合的產物,正月爲獺、二曰爲駕、四月爲蛇、五月爲鳩、七月爲鷹、八月爲螳螂、十月爲狼、十一月爲鹿。⑦ 黃儒宣受到楊泓⑧的啓發,推測十二神像與歲末大儺的"十二獸"有關,用以驅逐疫鬼。⑨ 帛書十二神像怪異,各家所述神物與帛書神像在形體上尚有一定距離,隨着各類畫像磚、漢鏡銘文紋飾等圖像資料的出土,或許會爲該問題的解決提供一些啓發。還有一部分學者關注伏羲、女媧、四子、祝融、共工等神話人

---

① 馬俊賢:《〈戰國楚帛書·甲篇〉神話研究》,第 4 頁。

② 陳劍:《試説戰國文字中寫法特殊的"亢"和从"亢"諸字》,第 152—182 頁。

③ 陳嘉凌:《〈楚帛書〉文字析議》,臺灣師範大學博士學位論文,2009 年,第 96—101 頁。

④ 曾憲通以爲"四神"即《尚書·堯典》所記掌管分至的羲仲、羲叔、和仲、和叔;何新以爲"四神"即《爾雅·釋天》之"青陽、朱明、白藏、玄英"和《史記·樂書》之"青陽、朱明、西皞、玄冥"。此外,其他傳世文獻中亦有成組的四神記載,但名稱各異,《禮記》《淮南子》《吕氏春秋》皆云四神爲句芒、朱明、蓐收、玄冥,《山海經》四神謂句芒、祝融、蓐收、禺疆,《管子·五行》四神謂蒼龍、祝融、大封、后土。

⑤ 張開焱:《楚帛書四神時空屬性再探——兼論中國上古神話空間優勢型時空觀》,《文學遺産》2021 年第 3 期,第 161—173 頁。

⑥ 蔡季襄以爲圖當是所崇祀之山川五帝,人鬼物魅形;李學勤認爲與"六壬"十二神有淵源;商承祚認爲是四季主神及其從屬神;陳槃以爲是所祀神及祀神牲獸;林巳奈夫、巴納皆將十二月神與其他文物圖案對比;饒宗頤以爲五月神可能爲祝融,四月神爲肥遺。

⑦ 劉信芳:《中國最早的物候曆月名——楚帛書月名及神祇研究》,《子彈庫楚墓出土文獻研究》,藝文印書館 2002 年,第 129—166 頁。

⑧ 楊泓:《戰國繒畫初探》,《文物》1989 年第 10 期,第 54 頁。

⑨ 黃儒宣:《〈日書〉圖像研究》,第 223—226 頁。

物的形象分析，①伏羲、女媧的原型、起源及關係②考察。

（三）神話中的宇宙觀

李學勤認爲帛書神話中五木奠四極，四色名四神，分別代表着五行的空間分佈和時間循環，反映了帛書神話的宇宙間架是以五行説爲原則。連劭名則認爲帛書中天地四方起源、日月九州的出現、共工神話分別代表着宇宙創造的初創、過渡、完成三階段。江林昌認爲伏羲、女媧等諸神是太陽神形象，《四時》篇與整幅帛畫的方位結構與太陽循環有關，③隨後他又指出，帛書神話所記"步以爲歲""步十日四時"，表明宇宙的創造與神推步日月星辰有關。④ 劉信芳認爲追求生存空間的拓展、追求生存時間的延展是楚帛書所反映的宇宙觀，而這一宇宙觀以人爲中心，人是起點也是終點。⑤ 高莉芬分析了帛書神話宇宙演化的過程、狀態及秩序外，還指出神話中出現的系列數位，是宇宙時空秩序轉換的關鍵。⑥ 陳忠信保留了"水

---

① 李學勤：《談祝融八姓》，《江海論壇》1980 年第 2 期，第 74—77 頁。裘錫圭：《"東皇太一"與"大龍伏羲"》，原載《"簡帛·經典·古史"國際論壇會議論文集》，香港浸會大學，2011 年 11 月 30 日至 12 月 2 日。後載氏著《裘錫圭學術文集》第 2 卷，復旦大學出版社 2012 年，547—561 頁。曾憲通：《長沙子彈庫楚帛書與帛書之解讀》，載氏著《古文字與出土文獻叢考》，中山大學出版社 2015 年，第 219—220 頁。李秀亮：《先秦兩漢時期共工形象演變考》，《煙臺大學學報（哲學社會科學版）》2017 年第 1 期，第 83—89 頁。王劍：《伏羲畫卦的神話學考察》，《周易研究》2004 年第 1 期，第 10—14 頁。劉玉堂、吴成國：《楚帛書女媧形象鈎沉——兼談女媧與庸國》，《武漢大學學報（人文科學版）》2010 年第 6 期，第 705—711 頁。劉亞虎：《伏羲女媧、楚帛書與南方民族洪水神話》，《百色學院學報》2010 年第 6 期，第 29—34 頁。劉建明：《出土簡帛中的神話人物探析——兼論中國古代地理參照的源頭及變遷》，《商丘師範學院學報》2013 年第 8 期，第 56—60 頁。李春艷：《楚帛書四季原型及其原始文化意蘊》，《湖北民族學院學報（哲學社會科學版）》2014 年第 6 期，第 111—115 頁。

② 吕威：《楚地帛書、敦煌殘卷與佛教僞經中的伏羲女媧故事》，《文學遺産》1996 年第 4 期，第 16—29 頁。陳斯鵬：《楚帛書甲篇神話構成、性質及其神話學意義》，《文史哲》2006 年第 6 期，第 5—14 頁。劉波：《伏羲女媧神話原型及相關問題研究述論》，《長春理工大學學報（社會科學版）》2020 年第 6 期，第 126—131 頁。

③ 江林昌：《長沙子彈庫楚帛書〈四時〉篇宇宙觀新探——兼論古代太陽循環觀念》，《長江文化論集》，湖北教育出版社 1995 年，第 372—379 頁。又載《楚辭與上古歷史文化研究——中國古代太陽循環文化揭秘》，齊魯書社 1998 年，第 272—286 頁。

④ 江林昌：《子彈庫楚帛書"推步規天"與古代宇宙觀》，《簡帛研究》第三輯，廣西教育出版社 1998 年，第 122—128 頁。

⑤ 劉信芳：《子彈庫楚墓出土文獻研究》，第 182 頁。

⑥ 高莉芬：《神聖的秩序：楚帛書甲篇與創世神話》，臺灣政治大學中國文學系、"中研院"文哲研究所簡帛資料文哲研讀會主辦"出土簡帛文獻與古代學術國際研討會"論文，2005 年 12 月 2—3 日。

化宇宙”與“氣化宇宙”兩種宇宙生成論。① 王勇認爲楚帛書中關於宇宙的生成模式中蘊含着“道”的觀念、氣一元論、陰陽五行的思想以及天人感應的思維模式。② 馬俊賢從水化宇宙、氣化宇宙、陰陽化生三個角度來解釋楚帛書中世界的生成創造。③ 此外,劉書惠、張開焱、葉舒憲對楚帛書的宇宙觀也有論説。④

(四) 神話的民族性、原生性問題

以往學者多認爲《甲篇》反映的是楚民族的神話,近來,張玉新、李立指出帛書創世與傳世文獻所載顓頊命重黎絕地天通的楚人創世神話幾乎没有共同點,⑤譚梅也認爲重黎斷絕的是溝通天地的方式,與盤古開天闢地的天地分離型神話有根本區別,不可將其與帛書甲篇神話置於同一類型下討論。⑥

楚帛書創世神話的產生年代和原生性問題鮮有人涉及,目前所見僅有張開焱《楚國帛書創世神話產生的時代問題》、何駑《楚帛書創世章與良渚玉琮蘊含的創世神話比較研究》兩篇文章。張開焱利用帛書中神話人物產生的時間來推定帛書創世神話產生的時間下限不會早於春秋晚期,並指出帛書神話並非先秦唯一創世神話,而是一個帶有明顯組合性和草創性的創世神話。⑦ 何駑則將楚帛創世神話與良渚文化中的玉琮構圖作比較,認爲帛書創世神話系統的源頭即良渚文化創世神話。⑧

---

① 陳忠信:《試論長沙子彈庫楚帛書之混沌創世神話》,《嘉大中文學報》2009 年第 2 期,第 257—279 頁。

② 王勇:《楚帛書的宇宙觀與古代思想》,《湖南大學學報(哲學社會科學版)》2011 年 3 期,第 10—14 頁。

③ 馬俊賢:《〈戰國楚帛書·甲篇〉神話研究》,第 20—23 頁。

④ 劉書惠:《出土文獻中的創世神話與〈周易〉宇宙生成》,《長春師範學院學報》2010 年第 11 期,第 80—85 頁。張開焱:《楚帛書甲篇創世神話研究述評》,第 63—68 頁。葉舒憲:《從“太初有熊”到“太一生水”——四重證據探索儒道思想的神話起源》,臺灣中興大學中國文學系,2010 年第 12 期。

⑤ 張玉新、李立:《楚帛書〈四時〉篇神話研究》,《清華大學學報(哲學社會科學版)》2013 年第 2 期,第 126—131 頁。

⑥ 譚梅:《70 年來出土簡帛神話研究述評與前瞻》,第 17—18 頁。

⑦ 張開焱:《楚帛書創世神話產生的時代問題》,《東方叢刊》2009 年第 2 期,第 169—184 頁。

⑧ 何駑:《楚帛書創世章與良渚玉琮蘊含的創世神話比較研究》,《江漢考古》2021 年第 6 期,第 184—191 頁。

五、楚帛書的天文曆法研究

天文曆法觀念貫穿帛書始終。

《甲篇》神話在討論世界創造的過程中,將曆法的完善和創世進程融合在一起。李學勤指出"帛書四神之名表明了五行與四時相配,以五行說爲原則的宇宙間架論已表現得相當完整"。[①] 饒宗頤認爲"推步"即五帝紀中提到的"數法日月星辰",[②]是數術家中測算曆法的一種。連劭名認爲帛書所記共工步十日四時的故事,實際上是叙述曆法的産生。[③] 馮時指出殷墟卜辭中,日、夕對貞,朝、暮(或昏)對貞,與帛書朝、宵、晝、夕分別對舉相同,體現了古老的時辰觀念。[④] 劉信芳認爲帛書述及歲、月、四時、四極(分、至)、紀日之起源等,是楚國曆譜的一種。[⑤] 武家璧則認爲帛書神話在創世前期有四神推步形成"四時(季)"曆,重建階段則由共工推步産生"十日"曆。[⑥] 上述論斷揭示出《甲篇》神話與古老曆法的聯繫,其所展現的創世過程亦在曆法推定中逐步推進。

《乙篇》性質探討時,饒宗頤提及星歲紀年法,鄭剛進一步指出《乙篇》保留了歲星占的較早形態,並且與歲星紀年構成一個整體。

《丙篇》中邊文與四角所繪四木皆涉及天文曆法問題。關於四木中蘊含的天文曆法觀念,鄭禮勛[⑦]、陳嘉凌[⑧]、黃儒宣[⑨]對前人説法作過詳細整理,並有新見,鄭禮勛認爲所繪四木以五色配五行,四木根部朝所居方位,具有表示方位和四時的功能。陳嘉凌以爲繪畫者以四色繪四木,四神

---

① 李學勤:《楚帛書中的古史與宇宙觀》,《楚史論叢(初集)》,湖北人民出版社 1984 年,第 152 頁。又載氏著《簡帛佚籍與學術史》,江西教育出版社 2001 年,第 53 頁。

② 饒宗頤、曾憲通:《楚帛書》,第 16 頁。

③ 連劭名:《長沙楚帛書與中國古代的宇宙論》,第 40—46 頁。

④ 馮時:《中國天文考古學》,社會科學文獻出版社 2001 年,第 48 頁。

⑤ 劉信芳:《出土簡帛宗教神話文獻研究》,第 14 頁。

⑥ 武家璧:《楚帛書〈時日〉篇中的天文學問題》,《考古學研究》2012 年,第 729—747 頁。

⑦ 鄭禮勛:《〈楚帛書〉文字研究》,臺灣中正大學碩士學位論文(導師:黃靜吟教授),2007 年。又載許錟輝主編:《中國語言文字研究輯刊·四編(第 9 册)》,花木蘭文化出版社 2013 年,第 35—44 頁。

⑧ 陳嘉凌:《〈楚帛書〉文字析議》,臺灣師範大學博士學位論文(導師:季旭昇教授),2009 年,第 12 頁。又載潘美月、杜潔祥主編:《古典文獻研究輯刊·十一編(第 20 册)》,花木蘭文化出版社 2010 年,第 10—16 頁。

⑨ 黃儒宣:《〈日書〉圖像研究》,第 215—225 頁。

名稱不嚴格與四隅顔色吻合,可能是繪畫者或書寫者爲將陰陽五行神聖化,故將四子以四色命名,由此可見陰陽五行思想似乎尚未完全固定。黄儒宣通過與馬王堆帛書《刑日》四隅所書"春始""夏始""秋始""冬始",包山楚墓 M2 出土子母口盦以及臨淄郎家莊一號東周殉人出土漆畫殘片對照,認爲帛書四木代表四季的開始,四木除西南隅白木以雙勾描繪外,其他三木僅顔色有别,懷疑楚帛書可能没有反映五木改火之説。① 邊文月名曆法的研究多集中於文字的釋讀和月名對應關係的討論,如曾憲通《楚月名初探——兼談昭固墓竹簡的年代問題》,鄭剛《楚帛書中的歲星紀年和歲星占》,王志平《楚月名新探》《楚帛書"姑月"試探》等。蕭放則將月令與中國古代宗教政治建築聯繫,認爲帛書所描繪的楚地月令圖像結構是古代時空觀念並置的有力物證。② 日本學者森和③指出楚帛書中實際存在邊文月、十三行月和楚月名三種月名,並開始對月名系統進行研究。王光華詳細討論了邊文篇中月忌内容。④ 此外,薛夢瀟將楚、齊月令作對比,指出楚、齊月令同源異流,楚月令的月忌内容與《日書》的相似程度更高。⑤

帛書殘片内容或言星占術,或言方色配物,或講攻城守城方向、日辰宜忌,亦與天文曆法相關。

六、楚帛書的圖像、書法研究

楚帛書作爲一種圖文並茂的出土資料,其獨特的書寫風格和神奇瑰麗的圖像資料備受學界關注。

(一)圖 像 研 究

楚帛書包含的圖像資料有四木、十二神像及同墓所出《人物御龍圖》。

① 黄儒宣:《〈日書〉圖像研究》,第 223—226 頁。
② 蕭放:《明堂與月令關係新證》,《民族藝術》2001 年第 1 期,第 78—84 頁。
③ 森和:《試論子彈庫楚帛書群中月名與楚曆的相關問題》,《江漢考古》2006 年第 2 期,第 73—79 頁。
④ 王光華:《簡帛禁忌研究》,四川大學博士學位論文(導師:彭裕商教授),2007 年。
⑤ 薛夢瀟:《"五音"配置與齊、楚月名源流》,《江漢考古》2015 年第 5 期,第 119—123 頁。又載氏著《早期中國的月令與"政治時間"》,上海古籍出版社 2018 年,第 55—69 頁。

　　四木、十二神像的圖像研究,主要集中在三個方面:一是從繪畫技法、圖像學和美術史等角度審視這些圖像。如王政從時空美學的發生學角度解讀四木、十二神,認爲帛書是由十二神像組成的"方陣"形的"四方之御"的巫術,用於對付凶險幽冥的環境,與原始巫術"方形御凶"的渾重基座密切聯繫。① 曹陽以爲十二神像與周系美術的繁複凝重有別,而與古《山海圖》《五嶽真形圖》接近。二是立足帛書整體,討論其對楚文化的影響。如張漢軍認爲帛書内容是楚國崇尚巫術風俗的產物。② 三是帛書圖像資料與傳世文獻或國外圖像資料對比研究。如陳維艷《楚國"地毯式"繪畫與古埃及壁畫表現手法比較》、李進寧《出土文物文獻中神話圖像對楚辭神話的印證及補充》③等。

　　《人物御龍圖》的考察主要圍繞圖像闡釋、内涵釋讀兩方面展開。圖像闡釋上,學界普遍認爲畫中男子形象是墓主人或墓主人的靈魂,而男子所乘之物有龍④、龍舟⑤、卷雲紋⑥之説。畫面右下角的魚,有鯉魚⑦、龍魚⑧、北方靈異"魚婦"⑨、白魚⑩之爭。關於帛書的主體,學界一般認爲是引魂升天,劉信芳則以爲這種設計的意圖在於招魂,⑪賀西林以爲這幅圖像不僅强調升天意圖,也刻意表達了從死到再生的契機。⑫

　　① 王政:《由楚帛書、楚辭看楚巫文化與美學發生學》,《中國楚辭學》第十一輯,2007 年,第 397—421 頁。

　　② 張漢軍:《從長沙楚帛書看楚文化入湘後湖南地區的文化藝術發展》,《長江論壇》2006 年第 5 期,第 83—86 頁。

　　③ 李進寧:《出土文物文獻中神話圖像對楚辭神話的印證及補充》,《中華文化論壇》2021 年第 6 期,第 150—151 頁。

　　④ 湖南省博物館:《新發現的長沙戰國楚墓帛書》,《文物》1973 年第 7 期,第 3 頁。

　　⑤ 蕭兵:《引魂之舟——楚帛畫新解》,《湖南考古輯刊》第二輯,1984 年,第 167—174 頁。

　　⑥ 黃震雲:《長沙戰國楚墓帛畫圖考》,《中國文化研究》2009 年夏之卷,第 112 頁。

　　⑦ 湖南省博物館:《新發現的長沙戰國楚墓帛畫》,《文物》1973 年第 7 期,第 4 頁。

　　⑧ 黃宏信:《楚帛畫瑣考》,《江漢考古》1991 年第 2 期,第 48 頁。

　　⑨ 賀西林:《從長沙楚墓帛畫到馬王堆一號漢墓漆棺畫與帛畫——早期中國墓葬繪畫的圖像理路》,《藝術史研究》第五輯,中山大學出版社 2003 年。又載《中國漢畫學會第九屆年會論文集》,2004 年,第 452 頁。

　　⑩ 黃震雲:《長沙戰國楚墓帛畫圖考》,第 112 頁。

　　⑪ 劉信芳:《關於子彈庫帛畫的幾個問題》,《楚文藝論集》,湖北美術出版社 1991 年,第 111—112 頁。

　　⑫ 賀西林:《從長沙楚墓帛畫到馬王堆一號漢墓漆棺畫與帛畫——早期中國墓葬繪畫的圖像理路》,第 452 頁。

還有學者將之與《楚辭》諸篇、馬王堆漢墓出土帛畫聯繫,如石川三佐男、王曉平①、巴根②等。

(二) 書 法 研 究

楚帛書是迄今爲止我國所見最早的一幅圖文並茂的墨書真迹,行款講究,設計獨特,具有很高的藝術價值。早期,馬國權③、饒宗頤④、曾憲通⑤對帛書書法研究較多,其中饒宗頤對帛書書法的見解尤爲獨到,曾憲通對此作過精準概括,"帛書字體介於篆隸之間,形體扁平,用筆圓中帶方,書寫特點是橫寫先作縱勢,收筆略帶垂鉤,縱寫故作欹斜,整個結體以不平不直取態,故能挺勁秀峻,精妙絕倫"。⑥ 鄭禮勛、陳嘉凌在碩士論文中亦專門討論過帛書書法特徵。陳松長從書體演變的角度分析了楚帛書的書法魅力,否定了以往將帛書文字構型扁平取勢與抄寫載體聯繫,並認爲是篆書隸變的標志的觀點。⑦ 近年來,一些學者關注楚帛書的藝術特徵和書法史意義,如劉文文、王鑫玥、葉倍伯、王祖龍等。此外,王曉光從縱向歷時角度,討論了楚帛書與殷周文字和秦簡文字的異同。

七、學者對楚帛書研究論著的述評

李學勤曾言"學術史一定包含若干對該門學術起重大作用的學術人物。考察這樣的學術人物,會使人們更多地瞭解該門學術的進步歷程,從

---

① 石川三佐男、王曉平:《從楚地出土帛畫分析〈楚辭·九歌〉的世界》,《中國楚辭學》第一輯,2002 年,第 205—218 頁。

② 巴根:《馬王堆漢墓帛畫與楚帛畫的淵源關係》,《文學研究》2010 年,第 173 頁。

③ 馬國權:《戰國楚竹簡文字略説》,《古文字研究》第三輯,中華書局 1981 年,第 153—159 頁。

④ 曾憲通:《選堂先生與楚帛書研究》,載氏著《選堂訪古留影與饒學管窺》,花城出版社 2013 年,第 129 頁。

⑤ 曾憲通:《戰國楚地簡帛文字書法淺析》,原載長沙市文物考古研究所編《長沙三國吳簡暨百年來簡帛發現與研究國際學術研討會論文集》,中華書局 2005 年,第 283—293 頁。又載氏著《古文字與出土文獻叢考》,中山大學出版社 2005 年,第 64—65 頁。又載氏著《曾憲通自選集》,中山大學出版社 2017 年,第 245—257 頁。

⑥ 曾憲通:《戰國楚地簡帛文字書法淺析》,長沙市文物考古研究所編:《長沙三國吳簡暨百年來簡帛發現與研究國際學術研討會論文集》,第 291 頁。

⑦ 陳松長:《楚帛書及相關問題雜識》,《中國書法報》2020 年 4 月 7 日第 4 版。

而窺見其在將來的發展方向"。① 一個領域研究到一定階段,及時總結作出重大貢獻的學者的學術成就,將有助於推動該領域的進一步發展。楚帛書成績斐然,其中涌現出的優秀成果常被學界稱頌。

總結學者在楚帛書研究史上的貢獻。曾憲通先後對商承祚、饒宗頤兩位先生的楚帛書研究作過述評。他先後撰寫了《商承祚先生的生平和學術貢獻》②、《商錫永先生與楚帛書之緣及其貢獻》③,肯定了商老在確定楚帛書出土時間和地點、提供精確度更高的帛書摹本、考釋疑難字、推動帛書原件回國等方面作出的貢獻。此外,曾憲通又撰有《選堂先生與楚帛書研究》④、《選堂先生與荆楚文化研究》⑤,總結了饒宗頤在楚帛書摹本、文字的考釋、圖像研究等方面的突出成就,並詳細記錄了饒先生在美國哥倫比亞大學舉辦的學術會議上舌戰群儒,力證帛書真實性,並獲得十二倍放大紅外綫照片的精彩過程。此外關於饒宗頤楚帛書研究貢獻的文章還有周世榮《淺談饒宗頤先生對湖南出土竹帛書的研究》⑥、李均明《饒宗頤先生與簡帛學》⑦等。陳偉武師⑧對曾憲通先生在楚帛書研究上的造詣也有精當評述。

---

① 李學勤:《〈容庚青銅器學〉序》,初載陳英傑:《容庚青銅器學》,學苑出版社 2015 年,第5 頁。後收入李學勤:《清華簡及古代文明》,江西教育出版社 2017 年,第 436—438 頁。

② 曾憲通:《商承祚先生的生平和學術貢獻》,載《中國考古學年鑒》,文物出版社 1994 年。後載氏著《曾憲通學術文集》,汕頭大學出版社 2002 年,第 361—365 頁。又載氏著《曾憲通自選集》,中山大學出版社 2017 年,第 290—296 頁。

③ 曾憲通:《商錫永先生與楚帛書之緣及其貢獻》,《大學書法》2021 年第 3 期,第 14—18 頁。

④ 曾憲通:《選堂先生與楚帛書研究》,載饒宗頤、曾憲通合著:《楚帛書》,中華書局香港分局 1985 年,第 152—220 頁。又載鄭煒明編:《論饒宗頤》,三聯書店(香港)有限公司 1995 年。

⑤ 曾憲通:《選堂先生與荆楚文化研究》,《華學》第二輯,中山大學出版社 1996 年,第127—134 頁。又載《饒宗頤學術研討會論文集》,香港翰墨軒出版有限公司 1997 年,第 37—38頁。又載氏著《曾憲通學術文集》,汕頭大學出版社 2002 年,第 366—383 頁。又載氏著《選堂訪古留影與饒學管窺》,花城出版社 2013 年,第 104—118 頁。又載氏著《曾憲通自選集》,中山大學出版社 2017 年,第 297—309 頁。

⑥ 周世榮:《淺談饒宗頤先生對湖南出土竹帛書的研究》,《華學》第二輯,中山大學出版社 1996 年,第 87—92 頁。又載《饒宗頤學術研討會論文集》,香港翰墨軒出版有限公司 1997 年,第 57—58 頁。

⑦ 李均明:《饒宗頤先生與簡帛學》,《華學》第七輯,中山大學出版社 2004 年,第 46—56 頁。

⑧ 陳偉武:《曾師經法先生學術成就述略》,載中山大學古文字研究所編:《康樂集——曾憲通教授七十壽慶論文集》,中山大學出版社 2006 年,第 421—428 頁。

　　總結學者論著的優劣得失。林劍鳴評價曾憲通《楚月名初探》一文，認爲曾先生的楚月名研究將帶動戰國楚簡中其他一些有關曆法問題的解決。① 趙誠評價曾憲通《長沙楚帛書文字編》，認爲該書"在文字編發展史上有着重要貢獻，在編撰方法上有着創造性的發展，是楚帛書文字研究的一個階段性總結"。② 李守奎亦評價該書集中反映了當時的識字水平。③ 劉信芳評價徐在國《楚帛書詁林》一書，認爲該書的貢獻集中體現在作者"按語"中，按語能對目前存在文字釋讀分歧提出判定性的意見，對有關釋讀意見提供進一步證明並且提出新的釋讀意見，肯定了其對楚帛書研究作的文獻學、學術史回顧的必要性。④

　　總結帛書照片摹本等的優劣。楚帛書摹本衆多，各有千秋，李零就對楚帛書研究三十多年來各家摹本優劣作了比較，以爲"帛書的照片和行款復原以巴納的《楚帛書》爲最佳，摹寫以饒宗頤 1968 年發表的摹寫本爲最佳，考釋則推嚴一萍《新考》與饒宗頤《疏證》。李學勤《爾雅》十二月名説在帛書邊文研究中可稱爲定論，陳夢家引據文獻考證帛書性質，内容最爲全面"。⑤

八、楚帛書研究存在的問題與展望

　　縱觀楚帛書八十年的研究史，得益於楚帛書本身的魅力和前輩學者孜孜不倦的辛苦耕耘，成果斐然。但我們也應該清楚地意識到，楚帛書研究中依然存在一些不足和有待進一步深化拓展的空間。

　　（一）疑難字詞仍待繼續破譯。完整帛書中的未釋字和疑難字依然存在，新公佈的帛書殘片文字釋讀也還有進一步討論的空間。疑難字的釋讀依然是楚帛書繼續深入研究的基礎性、攻堅性任務。

　　（二）帛書殘片的復原，殘片與完整帛書之間關係探討的條件成熟。

　　① 林劍鳴：《曲徑通幽處 高樓望路時——評介當前簡牘〈日書〉研究狀況》，《文博》1988年第 3 期，第 60 頁。

　　② 趙誠：《曾憲通〈長沙楚帛書文字編〉讀後》，中山大學古文字研究所編：《康樂集——曾憲通教授七十壽慶論文集》，中山大學出版社 2006 年，第 7—9 頁。

　　③ 李守奎：《出土楚文獻文字研究綜述》，第 12 頁。

　　④ 劉信芳：《〈楚帛書詁林〉讀後記》，《古籍研究》2013 年第 1 期，第 310—312 頁。

　　⑤ 李零：《長沙子彈庫戰國楚帛書研究》，第 27 頁。

帛書殘片高清數碼照片全部公佈,爲殘片的復原提供了條件。李零在殘片復原上已經做了一部分工作,但礙於殘片殘損嚴重,文例有限,殘片復原依然有進一步研究的空間。已復原的殘片文例與完整帛書間之間在性質、結構、内容上的關係亦是可以進一步思考的問題。

(三)相關材料間的縱橫比較有待加强。新出的楚、秦、漢簡中涉及神話、天文曆法、帛畫的材料丰富,將相關材料與楚帛書進行橫、縱向的比較研究還不够。如郭店簡、上博簡、清華簡、睡虎地簡、王家臺簡、馬王堆簡帛中的神話内容,新出土的六壬式、日晷等圖式實物以及近年來大量出土的漢代畫像磚,都是可供參考的資料。

(四)國外學術成果的利用有待提高。楚帛書曲折的流傳史以及豐富的内涵,成就了它在國際上的學問地位。但受制於語言、觀念的制約,很多國外的研究成果並没有得到很好的利用。[1] 梅原末治、林巳奈夫、澤谷昭次、巴納、梅蕾等學者很早就加入楚帛書的研究行列,但其相關成果在國内不易見到,且至今還没有中文翻譯本通行。

(五)楚帛書學術史的梳理成爲必要。學術史是一門學科發展到一定階段的必然產物。楚帛書作爲一門以中國大陸爲研究主體,輻射中國港臺以及日本、美國、澳洲的國際性學問,在前輩學者的耕耘下,已走過八十年的征程。站在歷史的節點上,我們確實需要鈎玄索隱,系統梳理楚帛書研究的成果,釐清發展脈絡,總結得失,從而推動帛書的進一步科學研究。

(作者單位:西北師範大學文學院)

---

① 柯馬丁:《超越本土主義:早期中國研究的方法與倫理》,《學術月刊》2017 年第 12 期。

北大秦簡《禹九策》"霝下""四虡"考*

范常喜

北京大學藏秦簡《禹九策》是一種失傳的數術占卜之書,整篇共 51
簡。整理者將其分爲序説、禹九策、專題性占卜三個部分。全篇以韻語寫
成,卜問內容以疾病、出行爲主,大概是當時一種流行的占卜。①《禹九
策》中涉及的占測術語、神靈名稱等非常豐富,而且頗多難解之處,本文
着重對其中的"霝下""四虡"兩詞略作考釋。

一、霝　下

《禹九策·之五》簡 18—21:"五曰:心大如鼓,孰敢當吾。武士
瑣=(瑣瑣),大步奇=(踦踦)。前甚恐,後而徐可。心亦不清(静),足
亦不定。毋恐毋瞿(懼),鼠(予)若長命,吉。·一占曰:鸞肥牛肥
羊,繫(系)贅(累)父兄。逆此街鬼,心亓傷=(傷傷),·祟街鬼及
行。·一占曰:右畀(鼻),尊沮(俎)之室=(秩秩),鐘鼓具在,君子
大喜,亓祟五祀、大神,祭鬼凶。·五祀者,門、户、壁、炊者、霝(櫺)
下。·大神者,河、相(湘)、江、漢也。"

本段簡文中提到的"五祀"神祇與古書所載有所不同,尤其是"霝下"
頗值得注意。李零先生對簡文"五祀者,門、户、壁、炊者、霝下"注釋曰:
"補釋上文'五祀'。壁指牆。炊者指竈。霝下讀櫺下,指檐下。古書多

---

　* 本文爲國家社科基金重大項目"戰國文字研究大數據雲平臺建設"(21&ZD307)階段性
成果。
　① 李零:《北大藏秦簡〈禹九策〉》,《北京大學學報(哲學社會科學版)》2017 年第 5 期,第
42—52 頁。

以户、竈、中霤、門、行爲五祀,與此不同。"①子居(網名)先生進一步指出:

> "霤下"當指天窗之下,清代徐鼐《讀書雜釋》卷十三"鎦即劉
> 字"節②:"中央曰中霤,古者複穴後室之霤,當今之棟,下直室之中,
> 古者霤下之處也。《公羊·哀六年傳》注:'中央曰中霤。'疏引庾蔚
> 之《禮記·月令説》曰:'中霤、複穴皆開其上取明,故雨霤之。是以
> 因名中室爲中霤也。'今俗謂之開天窗。燒片瓦空其中,俗謂之'屋
> 漏',是其遺意也。"所説"天窗",實即"窗"的本義,《説文·囪部》:
> "囪,在牆曰牖,在屋曰囪。"屋即現在所説的屋頂,故天窗之下,也即
> 先秦時所稱的中霤,故中霤可稱"霤下"。③

可見,李零先生將"霤下"讀作"欄下",訓爲房檐之下。子居先生則
進一步認爲當指天窗之下,即先秦時所稱的"中霤"。我們認爲將"霤下"
讀作"欄下"未必可從,進而解作天窗之下則更有添字解經之嫌,但將其
與古書所記"五祀"之一的"中霤"相對應則可信。可以稍作補充的是,
"霤下"當與新蔡葛陵楚墓出土卜筮祭禱簡中的"霤君子"所指相同,都是
"中霤"的異稱。新蔡簡甲三76:"☐霤君子、户、步④、門☐。"又簡乙一
28:"夏桑之月,己丑之日,以君不釋(懌)志(之)古(故),遝(就)禱霤君
子一猪;遝(就)禱門、户屯一羖(殺);遝(就)禱行一犬。"⑤研究者多將
"霤君子"之"霤"讀爲"靈",認爲或即"五祀"中竈的異名,⑥或即《史記·
封禪書》中荆巫所祠的"巫先",⑦或者籠統視爲"巫之屬"。⑧ 陳偉武先生

---

① 李零:《北大藏秦簡〈禹九策〉》,第47頁。
② 按:應該是"霤廇溜"節,參見徐鼐撰,閆振益、鍾夏點校:《讀書雜釋》,中華書局1997年,第204—205頁。
③ 子居:《北大簡〈禹九策〉試析》,中國先秦史網2017年8月26日。
④ 按:"步"指步神,亦爲"五祀"之一。宋華强先生指出:"從葛陵簡中出現的神靈組合來看,'步'的位置正跟'行'相當……據《禮記·祭法》鄭玄注,'行'神主管道路、行作。……作爲神靈的'行'與'步'的關係,大概是'行'主司其物,即道路;'步'主司其事,即行作。不過從上揭三條簡文都是有'行'即無'步',有'步'即無'行'來看,似當時二者尚未完全分化。"參見宋華强:《新蔡葛陵楚簡初探》,武漢大學出版社2010年,第228—230頁。
⑤ 河南省文物考古研究所:《新蔡葛陵楚墓》,大象出版社2003年,第191、203頁,圖版八四、一二九。
⑥ 袁金平:《對〈新蔡簡兩個神靈名簡説〉的一點補充》,簡帛網2006年7月12日。
⑦ 宋華强:《新蔡葛陵楚簡初探》,第231—234頁。
⑧ 晏昌貴:《巫鬼與淫祀:楚簡所見方術宗教考》,武漢大學出版社2010年,第177頁。

分析指出：

> 學者均讀新蔡簡"霝君子"之"霝"爲"靈"，其實可讀與"零"同，《詩・鄘風・定之方中》"靈雨其零"，毛傳："零，落也。""霝"與"零"是音同義通的同源詞。《説文・雨部》："霝，雨零也。從雨，㗊象[雨]零形。《詩》曰：'霝雨其濛。'"今本毛氏《詩・豳風・東山》作"零雨其濛"。又："零，雨零也。從雨，各聲。"段玉裁注："此下雨本字，今則落行而零廢矣。""霝君子"的"君子"用以尊稱神，其得名理據關鍵在於"霝"，字用本義，指雨水滴下。"霝君子"即中霤之神，"五祀"之一。……"中霤"本指屋室正中之處。遠古穴居，於穴頂開洞以利采光通風，雨水自洞口滴下，故稱爲"中霤"，劉熙《釋名・釋宫室》："中央曰中霤。"《説文・雨部》："霤，屋水流也。從雨，留聲。"屋水往下流稱爲"霤"，與下雨稱爲"霝"或"零"正相彷彿。故"中霤"之神可尊稱爲"霝君子"。[①]

基於上述陳先生對新蔡簡中祭禱對象"霝君子"的分析可知，《禹九策》中的"霝下"同樣也應該源自雨水從屋室中央零落而下，與"中霤"之取意相同。可以看出，"霝下"與戰國楚簡中的"霝君子"屬於同一"五祀"系統中對"中霤"的稱謂。北大秦簡《禹九策》中有"女子神者雲中（簡9—10）""楚人邦君（簡13）""大神者，河、湘、江、漢也（簡21）""北宗（簡33）"等許多具有楚地特色的神靈名，所以很可能本即楚人所作或流行於楚地的占筮之書。此處用"霝下"指稱"中霤"應該也是這一特點的反映。[②]

二、四　廖

《禹九策・陳頡》簡48—49："毋券（卷），是曰陳頡。四廖（矩）

---

① 陳偉武：《釋"霝君子"——兼論出土文獻中字詞的神我之別》，《古文字論壇》第三輯，中西書局2018年，第341頁。

② 補記：楊繼承先生已指出《禹九策》之"霝下"應即新蔡簡中的"霝君子"，然未言及其得名緣由。參見楊繼承：《北大秦簡〈禹九策〉所見鬼神考釋》，《簡帛研究 二〇一九（秋冬卷）》，廣西師範大學出版社2020年，第219頁；又收入王子今主編：《秦史與秦文化論集》，中國社會科學出版社2020年，第350—351頁。

在室,莫敢韋(違)隷(戾)。卜行必陵(遂),反復無著(吝)。見人得志,是胃(謂)大吉。"

李零先生注曰:"毋券:券讀卷或綣,訓屈,與直相反。這是解釋陳頡一詞的話,意思是不可彎曲。""陳頡:與卷相反,意思是伸直。陳可讀伸,有伸長延展之義。頡是脖子直。""四廩在室,莫敢韋隷:四廩讀四矩,指屋舍的四隅。韋隷讀違戾。隷、戾都是來母月部字。這裏是說,屋子都是四四方方,横平豎直,絶不能反之,修成彎彎曲曲的樣子。"①

子居先生針對"四廩在室,莫敢韋隷"一句指出,"隷"字並非月部,實屬質部,故與"室"字押韻。"戾"字是脂部字。"違戾"見陸賈《新語·懷慮》:"違戾相錯,撥剌難匡。""四廩"當讀爲"四禦"。"四禦在室"應是指屋宅四角各埋一石,因爲這是鎮宅的道具,所以才說"莫敢違戾"。② 王寧先生認爲此句中的"廩"當指大豬,《説文》引司馬相如曰:"廩,封豕之屬。""室"指豕室,古或稱"牢",《詩·大雅·公劉》:"執豕於牢。"《莊子·達生》:"祝宗人玄端以臨牢筴。"陸德明釋文引李注:"牢,豕室也。"此二句是説四頭大豬同在一個豬圈裏,却不能互相衝突。③

《説文》豕部:"廩,鬥相戹不解也。从豕虍。豕虍之鬥,不解也。讀若蘭藜草之藜。司馬相如説:廩,封豕之屬。一曰虎兩足舉。"據《説文》可知,"廩"有豕虍相鬥不解、封豕、虎兩足舉三個意思。《爾雅·釋獸》:"廩,迅頭。"郭璞注:"今建平山中有廩,大如狗,似獼猴,黄黑色,多髯鬣,好奮迅其頭,能舉石摘(擿)人,玃類也。"由此可知,"廩"又似指玃猿類動物。然而將"廩"的上述義項置諸簡文"四廩在室"均不易講通前後文意。

我們懷疑此處的"廩"可讀作"虡"。"廩"與"虡"皆從虍聲,二聲之字多相通假,例不贅舉。④ "虡"在《説文》中作"鐻""鐻""虡",指鐘鼓的支架。《説文》虍部:"虡,鐘鼓之柎也。飾爲猛獸,从虍,異象其下

---

① 李零:《北大藏秦簡〈禹九策〉》,第 51 頁。

② 子居:《北大簡〈禹九策〉試析》。

③ 王寧:《北大秦簡〈禹九策〉補箋》,復旦大學出土文獻與古文字研究中心網 2017 年 9 月 27 日。

④ 參見高亨纂著,董治安整理:《古字通假會典》,齊魯書社 1989 年,第 877—878 頁。白於藍:《簡帛古書通假字大系》,福建人民出版社 2017 年,第 358—359 頁。

足。鐻,虡或从金豦聲。𧇾①,篆文虡省。"研究者已經指出,《説文》此處的"虞"實爲"虡"之訛,故當以"虡"爲正篆,以"鐻"爲重文。"虡"源於"𠦝",其本義應即古代懸掛鐘磬的架子兩端下起支撐作用的立柱。② 古書中"虡""鐻"均多見用例,如《詩·周頌·有瞽》:"設業設虡,崇牙樹羽。"毛傳:"植者曰虡,橫者曰栒。"《周禮·春官·典庸器》:"及祭祀,帥其屬而設筍虡,陳庸器。"鄭玄注引杜子春曰:"橫者爲筍,從(縱)者爲鐻。"陸德明釋文:"鐻音距,今作虡。"《史記·秦始皇本紀》:"收天下兵,聚之咸陽,銷以爲鐘鐻金人十二,重各千石,置廷宮中。"《漢書·賈鄒枚路傳》:"縣(懸)石鑄鐘虡,篩土築阿房之宮。"

　　可能由於編鐘支架經常雕飾成猛獸之形,故"虡"在古書中亦多訓作神獸之名。③《周禮·考工記·梓人》:"梓人爲筍虡……恒有力而不能走,其聲大而宏。有力而不能走,則於任重宜;大聲而宏,則於鐘宜。若是者以爲鐘虡。"《莊子·達生》:"梓慶削木爲鐻,鐻成,見者驚猶鬼神。"成玄英疏:"鐻者,樂器,似④夾鐘。亦言鐻似虎形,刻木爲之。雕削巧妙,不類人工,見者驚疑,謂鬼神所作也。"《文選·揚雄〈長楊賦〉》:"建碣磋之虡。"吕延濟注:"虡,懸鐘架,刻猛獸於其上。"《漢書·郊祀志下》:"建章、未央、長樂宮鐘虡銅人皆生毛,長一寸所,時以爲美祥。"顏師古注:"虡,神獸名也,懸鐘之木,刻飾爲之,因名曰虡也。"《文選·司馬相如〈上林賦〉》:"撞千石之鐘,立萬石之虡。"張揖注:"虡,獸,重百二十萬斤,以俠鐘旁。"《後漢書·董卓列傳》:"又壞五銖錢,更鑄小錢,悉取洛陽及長安銅人、鐘虡、飛廉、銅馬之屬,以充鑄焉。"李賢注引《前書音義》曰:"虡,鹿頭龍身,神獸也。"可見,"虡"既用爲鐘鼓支架名也用爲其底座所雕飾猛獸的名稱。

---

① 按:原篆作𧇾,故抑或隸定作"虡"。
② 曾憲通:《從曾侯乙編鐘之鐘虡銅人説"虡"與"業"》,載氏著《古文字與出土文獻叢考》,中山大學出版社 2005 年,第 32—35 頁。季旭昇:《説文新證》,福建人民出版社 2010 年,第 418 頁。李學勤主編:《字源》,天津古籍出版社 2013 年,第 436 頁。
③ 參見宗福邦、陳世鐃、蕭海波主編:《故訓匯纂》,商務印書館 2003 年,第 1998 頁。
④ 按:此處"似"當爲"以"之誤。參見段玉裁:《説文解字注》,上海古籍出版社 1981 年,第 210 頁。

　　漢代賦文中對"虡"有更加具體的描述。張衡《西京賦》："洪鐘萬鈞，猛虡趭趭，負筍業而餘怒，乃奮翅而騰驤。"①賈誼《虡賦》："妙雕文以刻鏤兮，象巨獸之屈奇兮，戴高角以峨峨，負大鐘而顧飛。美哉爛兮！亦天地之大式。"②西漢海昏侯劉賀墓出土銅鐘虡兩套 4 件，其中一套是一對有翼神獸。這對神獸頭面部似龍，頭頂生有彎曲的雙角，吻上兩鼻中間有一肉角，身體兩側生有雙翼，前胸伸出部分以及身後長尾均貼地以達到穩定支撐的作用（圖一）。③　西漢江都王劉非墓也出土了兩件極爲相似的鎏金銅磬虡（圖二）。④　這些出土的鐘磬銅虡神獸與漢賦中的相關描寫可謂若合符節。

圖一　西漢海昏侯劉賀
　　　墓出土銅鐘虡

圖二　西漢江都王劉非
　　　墓出土銅磬虡

　　神獸"虡"的形象也見於漢代紋飾，此類紋飾稱作"虡文""櫨文"或"雲櫨文"。《後漢書·禮儀志》："東園匠、考工令奏東園秘器，表裏洞赤，虡文畫日、月、鳥、龜、龍、虎、連璧、偃月。"《後漢書·輿服志上》："乘輿、金根、安車、立車，……櫨文畫輈，羽蓋華蚤。……太皇太后、皇太后法駕，皆禦金根，加交路帳裳。非法駕，則乘紫罽軿車，雲櫨文畫輈，黃金塗五

---

①　張衡著，張震澤校注：《張衡詩文集校注》，上海古籍出版社 2009 年，第 26—27 頁。

②　該賦文已經過後人輯校，參見賈誼：《賈誼集》，上海人民出版社 1976 年，第 219 頁。

③　曹斌：《西漢海昏侯劉賀墓銅器定名和器用問題初論》，《文物》2018 年第 11 期，第 76、78 頁。

④　南京博物院、盱眙縣文廣新局：《江蘇盱眙縣大雲山西漢江都王陵一號墓》，《考古》2013 年第 10 期，第 22、23 頁。

末、蓋蚤。……諸車之文：乘輿，倚龍伏虎，樲文畫轕，龍首鸞衡，重牙班輪，升龍飛軨。皇太子、諸侯王，倚虎伏鹿，樲文畫轕輴，吉陽筩，朱班輪，鹿文飛軨，旂旗九斿降龍。"此處是説漢代皇室、大臣的車轅、車箱上，都畫有"樲文"或"雲樲文"。孫機先生對此有專門考論，他指出："漢代文物中常見的那類以各種靈禽異獸穿插奔馳於雲氣中的圖案，原來就是所謂雲虡紋或虡紋。……漢馬王堆 1 號墓所出之黑地彩繪外棺，所繪無疑即雲虡紋。"①該"雲虡紋"中所繪神獸虡龍首有尾，頭生鹿角，身披羽翼，兩手各執一板狀物，張臂而舞（圖三）。② 這一形象與前述漢墓中出土的鐘磬銅虡神獸頗爲相近。

圖三　馬王堆一號漢墓出土黑地彩繪外棺左側"雲虡紋"局部

由於神獸"虡"可以飛翔，古書中又稱作"蜚虡"或"飛遽"。《史記·司馬相如列傳》："彎繁弱，滿白羽，射遊梟，櫟蜚虡。"裴駰集解引郭璞曰："蜚虡，鹿頭龍身，神獸。"此處的"蜚虡"在《漢書·司馬相如傳》中作"蜚遽"，在《文選·司馬相如〈上林賦〉》中作"飛遽。"張揖注："飛遽，天上神獸也，鹿頭而龍身。"西漢海昏侯劉賀墓出土孔子衣鏡漆書中則寫作"蜚

---

① 孫機：《幾種漢代的圖案紋飾》，《文物》1982 年第 3 期，第 63—65 頁。
② 湖南省博物館、中國科學院考古研究所：《長沙馬王堆一號漢墓》，文物出版社 1973 年，上集第 25 頁，下集第 21 頁。傅舉有：《東方的神秘——漢代漆器雲樲紋主題畫》，《廣州文博》2017 年第 1 期，第 10 頁、彩版四。

虖",其前後語境爲:"新就衣鏡兮佳以明,質直見請(清)兮政(正)以方。幸得承靈兮奉景光,脩容侍側兮辟非常。猛獸鷙蟲兮守户房,據兩蜚虖兮劢[①]凶殃,傀偉奇物兮除不詳(祥)。右白虎兮左倉(蒼)龍,下有玄鶴(鶴)兮上鳳凰。西王母兮東王公,福憙(熹)所歸兮淳惡臧,左右尚之兮日益昌。"[②]其中的"蜚虖",郭永秉先生讀作"飛遽",並指出:"飛遽爲神獸,見於司馬相如《上林賦》(此承孫飈君示知),它與下文所描述的四靈——白虎、蒼龍、玄鶴、鳳凰,以及西王母、東王公,都見於衣鏡描繪。"[③]楊軍等先生將此處"蜚虖"釋作"蜚居"[④],並謂"蜚居"即"飛虡",此句是説固定鏡框的兩側立柱上雕刻有飛禽走獸,出土鏡框的兩個銅環就套在"飛虡"之上。[⑤] 發掘者也指出,在鏡框的下部兩側有兩個銅環(圖四),據衣鏡賦内容可知,這兩個銅環可能套在以猛獸爲底座的立柱支架上。[⑥]但是由於發掘現場並未發現固定衣鏡的立柱支架,所以此處"蜚虖"的圖像只能暫付闕如。[⑦]

由此看來,《禹九策》簡文所云"四虖(虡)在室"應該是指室内有四個神獸"虖(虡)",不過這裏的"四虖"很可能是雕畫在室中立柱或柱礎上。我國古代宫室建築多爲柱式結構,人們對柱的設置和裝飾都非常重視,其上多雕畫神獸圖案。《西京雜記》卷四:"哀帝爲董賢起大第於北闕下,重五殿,洞六門,柱壁皆畫雲氣華蘤,山靈水怪,或衣以綈錦,或飾以金

---

① 此字原漆書不甚清晰,似非"劢"字。

② 王意樂、徐長青、楊軍、管理:《海昏侯劉賀墓出土孔子衣鏡》,《南方文物》2016 年第 3 期,第 64 頁。按:釋文據漆書照片稍有調整,參見郭永秉:《最晚在戰國時代,鳳凰應該已經分出了性別》,《文匯報·筆會》,2018 年 4 月 14 日。

③ 郭永秉:《最晚在戰國時代,鳳凰應該已經分出了性別》,《文匯報·筆會》,2018 年 4 月 14 日。

④ 按:"居"似爲"虖"之誤排。

⑤ 楊軍、恩子健、徐長青:《海昏侯墓衣鏡畫傳"野居而生孔子"考》,《江西師範大學學報(哲學社會科學版)》2018 年第 1 期,第 106 頁。

⑥ 王意樂、徐長青、楊軍、管理:《海昏侯劉賀墓出土孔子衣鏡》,第 62 頁。

⑦ 按:有學者認爲神獸"飛遽"應該是戰國楚墓中常見用的以鹿角爲裝飾的鎮墓獸形象(王琳:《也説楚墓出土的鳥架鼓鎮墓獸及其他》,《陝西師範大學繼續教育學報》2003 年第 1 期,第 42 頁),亦可參看。此外,還有學者認爲"巨虚""岠虚""距虚"等也是漢代對神獸"虖"的異稱(孫機:《幾種漢代的圖案紋飾》,第 63—65 頁)。漢鏡銘文中亦有"角王巨虚辟非羊(祥)""角王巨虚日得意"的記述(張宏林:《角王巨虚銘文鏡的類型内涵與時代》,《收藏家》2013 年第 10 期,第 29—31 頁;王綱懷:《漢鏡銘文圖集》下,中西書局 2016 年,第 391 頁)。《急就篇》卷四:"豹、狐、距虚、豻、犀、兕。"顏師古注:"距虚即蛩蛩也,似馬而有青色。一曰距虚似羸而小。"據此可知,"巨虚"當是驢騾類的動物,似與可以飛翔的"虖"有别。

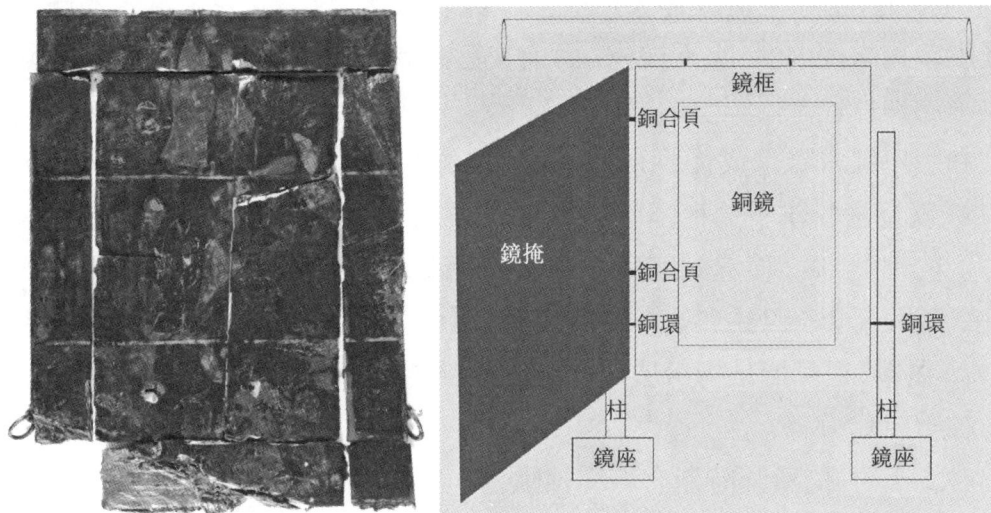

圖四　海昏侯劉賀墓出土衣鏡鏡框背板拼合圖及整個衣鏡復原示意圖

玉。"出土漢代建築明器的楹柱上也常見怪獸裝飾，如河南項城老城東漢墓出土陶樓，即用獸面裝飾的扁柱承托斗拱、抬梁。[1]　漢畫像磚石墓中的立柱上也多雕刻有怪獸，如河南洛陽澗河西岸東漢早期墓中間磚柱雕成立獸形，[2]與其上部所承空心磚陰刻鏤空的龍虎圖像形成圖案組合；[3]山東臨沂吳白莊漢畫像石墓出土立柱、支柱、角柱及柱礎上雕有翼龍、翼虎、怪獸、異獸騎羊、羽人、神人等圖案。[4]　山東省蒼山縣城前村北發掘的東漢桓帝元嘉元年（151）畫像石墓，墓門左中右三立柱上刻有西王母、四結龍、門吏侍女等圖像，此三幅圖像與墓中同出題記對照，相應文字爲"堂三柱，中□□龍□非詳（祥）。左有玉女與仙人。右柱□□請丞卿，新婦主侍給水漿"。此外，該墓前室南壁中柱上刻一斑紋猛虎，題記稱作"中行白虎"；前堂與後室相接的北中立柱刻雙結龍，題記云："中直（？）柱，隻

---

① 周口地區文化局文物科：《項城縣老城漢墓出土陶樓》，《中原文物》1984 年第 3 期，第 107 頁。河南博物院：《河南出土漢代建築明器》，大象出版社 2002 年，第 60—61 頁。

② 河南文物工作隊第二隊：《洛陽 30.14 號漢墓發掘簡報》，《文物參考資料》1955 年第 10 期，第 44 頁。

③ 霍宏偉：《大英博物館藏漢代人像磚柱出土時間地點及功能探微》，《故宮博物院院刊》2020 年第 2 期，第 77 頁。

④ 管恩潔、霍啓明、尹世娟：《山東臨沂吳白莊漢畫像石墓》，《東南文化》1999 年第 6 期，第 45—55 頁。

(雙)結龍,主守中雷辟邪央(殃)。"①可以看出,建築立柱上雕畫的神靈怪獸多用來辟凶邪、除不祥。② 而前文已經指出,神獸"虞"源於"筍",其本義應即古代懸掛鐘磬的架子兩端下起支撐作用的立柱和底座。這些立柱和底座經常雕畫成怪獸形狀,此種裝飾手法久相沿襲形成定制以後,"虞"就逐漸變作了這種怪獸的專名。③ 可以想見,將雕畫於其他器物立柱上的神獸"虞"移置到宮室立柱上也應當是很自然的事情。我國古代柱式建築又以"四柱三窗"最爲常見,因此《禹九策》簡文中所説"四虞(虞)在室"很可能是指房屋四柱上都裝飾有神獸"虞",泛指室内各處都有神獸"虞"守護。

綜上可知,秦漢時期有一種神獸稱作"虞",抑或寫作"鐮""虞""樍"等,因其有角或稱作"角虚",又因其善於飛翔,故又稱作"蜚虞""飛遽""蜚虞"等。這一神獸鹿首龍身、孔武有力,人們將其繪製到漆器、銅鏡等器物上辟不祥、除凶殃。北大秦簡《禹九策》中的"虞"也應當如此理解,可逕讀作"虞"。簡文"四虞(虞)在室,莫敢韋(違)隸(戾)"中的"四虞(虞)"應指屋室四柱都裝飾有神獸"虞",泛指室内各處都有神獸"虞"守護。整理者將"韋隸"讀作"違戾"可從,"違戾"即違反、違背之義。《淮南子·覽冥》:"舉事戾蒼天,發號逆四時。"高誘注:"戾,反也。"《後漢書·范升傳》:"時難者以太史公多引《左氏》,升又上太史公違戾《五經》,謬孔子言。"《後漢紀·光武帝紀二》:"謝尚書不量力,内與蕭王違戾,外失河北之心,公所知也。"《禹九策》"四虞(虞)在室,莫敢韋(違)隸(戾)"兩句大意應該是説四個神獸"虞(虞)"在屋室之内,没有敢違反、抵逆之物。這與前述海昏侯墓出土孔子衣鏡漆書"據兩蜚虞兮囹凶殃"一句中用"蜚虞"辟除凶殃屬於同類情況。

(作者單位: 中山大學中國語言文學系,
"古文字與中華文明傳承發展工程"協同攻關創新平臺)

---

① 山東省博物館、蒼山縣文化館:《山東蒼山元嘉元年畫象石墓》,《考古》1975 年第 2 期,第 131 頁;方鵬鈞、張勳燎:《山東蒼山元嘉元年畫象石題記的時代和有關問題的討論》,《考古》1980 年第 3 期,第 271—278 頁。

② 霍宏偉:《大英博物館藏漢代人像磚柱出土時間地點及功能探微》,第 66—83 頁。

③ 孫機:《幾種漢代的圖案紋飾》,第 63 頁。

睡虎地秦簡《爲吏之道》
簡 37—46 第三欄文字柬釋*

楊鵬樺

睡虎地秦簡《爲吏之道》簡 37—46 第三欄主要講官吏的一些不良表現,但其簡序需要調整。林素清女士據王家臺秦簡《政事之常》,將簡 42、43 移至簡 37 之後;①凡國棟先生結合嶽麓秦簡《爲吏治官及黔首》相關內容,也將簡 42、43 移出,但認爲放在簡 45 之後。② 北大秦簡《從政之經》證明林女士的編聯方案可信,③今據之重排此段文字:

臨事不敬,興事不時,緩令急徵,倨驕母人,苛難留民,變民習浴(俗),須身旓(遂)過,夬(決)獄不正,不精於材,澻(廢)置以私。

(37.3+42.3+43.3+38.3—40.3+44.3—46.3)

以上文段大意不難懂,但有部分字詞釋讀可進一步完善。

一、倨驕母人

"母",整理者釋文作"毋(無)",④論者引用時多從之,⑤《秦簡牘合

---

* 本文爲教育部人文社會科學研究規劃青年基金項目(21YJC740071)、廣東省哲學社會科學規劃學科共建項目(GD22XZY05)、廣東省普通高校青年創新人才類項目(2021WQNCX059)階段性成果。

① 林素清:《秦簡〈爲吏之道〉簡序及相關問題》,"中國人民大學國學院成立五週年暨馮其庸先生從教六十週年國際學術研討會"論文,2010 年 10 月;林素清:《秦簡〈爲吏之道〉與〈爲吏治官及黔首〉研究》,《簡帛》第八輯,上海古籍出版社 2013 年,第 279—307 頁。

② 凡國棟:《嶽麓秦簡〈爲吏治官及黔首〉與睡虎地秦簡〈爲吏之道〉編連互徵一例》,簡帛網 2011 年 4 月 8 日;後載《江漢考古》2011 年第 4 期,第 107—110 頁。

③ 朱鳳瀚:《北大藏秦簡〈從政之經〉述要》,《文物》2012 年第 6 期,第 77、80 頁。

④ 睡虎地秦墓竹簡整理小組編:《睡虎地秦墓竹簡(綫裝本)》,文物出版社 1971 年,第 171 頁;睡虎地秦墓竹簡整理小組編:《睡虎地秦墓竹簡(平裝本)》,文物出版社 1978 年,第 286 頁;睡虎地秦墓竹簡整理小組編:《睡虎地秦墓竹簡(精裝本)》,文物出版社 1990 年,第 170 頁。

⑤ 王化平:《秦簡〈爲吏之道〉及相關問題研究》,四川大學碩士學位論文(導師:(轉下頁)

集》及其釋文注釋修訂本則作"母〈毋(無)〉"。①

案,該字作" ",確係"母",只是這裏無論是"母人""毋人"還是"無人",都不好理解,且難以很好地與上下文連貫。

筆者認爲"母"可讀"侮"。雖然秦簡牘他處似未見"母"用作"侮"之例,但漢簡帛有之:

图	北大漢簡《老子》166"其下母(侮)之"
图	馬王堆《老子》甲 124"其下母(侮)之"
图	馬王堆《稱》12 下"行母(侮)而索敬"

其中第三例"女"形中間部分應爲兩點連寫,馬王堆簡帛此類寫法的"母"還有一些,②當無問題。③ 漢簡及傳世文獻還有以"侮"表"侮"之例,見居延新簡 EPT51.230"常爲衆所欺侮(侮)"、《漢書·五行志》"慢侮之心生"(顏注"侮,故侮字")等。《說文》《汗簡》等所收古文"侮"也有作"侮"形者。④

此外,清華叄《周公之琴舞》簡 1"無愍亯(享)君,罔巐(墜)亓(其)考

(接上頁)彭邦本教授),2003 年,第 12 頁;魯普平:《秦簡官箴文獻研究》,西南大學碩士學位論文(導師:王化平副教授),2014 年,第 73 頁;王輝主編,楊宗兵、彭文、蔣文孝編著:《秦文字編》,中華書局 2015 年,第 1789 頁;林素清:《秦簡〈爲吏之道〉相關問題研究》,載朱淵清、汪濤主編:《文本·圖像·記憶》,華東師範大學出版社 2015 年,第 267 頁;夏利亞:《睡虎地秦簡文字集釋》,上海交通大學出版社 2019 年,第 341 頁;徐富昌:《睡虎地秦簡文字辭例新編》,萬卷樓圖書股份有限公司 2020 年,第 1030 頁。

① 湖北省博物館、湖北省文物考古研究所編,陳偉主編:《秦簡牘合集〔壹〕》,武漢大學出版社 2014 年,第 331 頁;陳偉主編,彭浩、劉樂賢等撰著:《秦簡牘合集釋文注釋修訂本(壹、貳)》,武漢大學出版社 2016 年,第 209 頁。翁明鵬先生采用此說,作爲秦簡牘唯一一個以"母"表⸢無⸥之例,參翁明鵬:《秦簡牘字詞關係研究》,中山大學博士學位論文(導師:陳斯鵬教授),2020 年,第 216 頁。

② 劉釗主編,鄭健飛、李霜潔、程少軒協編:《馬王堆漢墓簡帛文字全編》,中華書局 2020 年,第 1272—1273 頁。

③ 周波先生曾將以上後兩例以及馬王堆《老子》乙 58/232 下的" "改釋作"母"(《"侮"字歸部及其相關問題考論》,簡帛網 2007 年 9 月 5 日),後來正式出版時保留對" "的改釋(《"侮"字歸部及其相關問題考論》,《古籍研究》2008 卷下,安徽大學出版社 2009 年)。

④ 徐在國編:《傳抄古文編》,綫裝書局 2006 年,第 792 頁;李春桃:《古文異體關係整理與研究》,中華書局 2016 年,第 3 頁。

(孝)"的"愖",陳偉武先生讀"侮",①於文意較好;蔣文女士續有補證,指出戰國中晚期"母""毋"分化尚未完成,當時既然有以"愖"表{侮}之例(上博六《孔子見季桓子》簡 25),則以"愖"表{侮}應屬合理。②

出土文獻以"母"表{侮}現象以馬王堆《老子》甲本爲最早,該篇當抄寫於漢高祖時期,③去秦未遠;清華簡以"愖"表{侮}之例如能成立,這類用法更可提前到戰國時代;《説文》"侮"之古文"䧃"雖然存在受漢隸"侮"影響的可能性,④但傳抄古文中至少還有四例"䧃(侮)",⑤似不宜都認爲受漢隸影響而作,以"䧃"表"侮"仍有較大可能在漢代之前已經出現,只是出土文獻尚未見到而已。⑥ 因此,結合戰國及西漢早期的用例,《爲吏之道》"倨驕母人"完全可能讀作"倨驕母(侮)人"。⑦

"侮"有輕慢、欺侮之義,正與其前"倨驕"相關。古書"侮"與"倨""驕""傲""慢"等連言、並舉的例子有不少,如:

> 慮事廣肆,則曰草野而倨侮。　　　　　　　　　　（《韓非子·説難》）

---

① 陳偉武:《讀清華簡〈周公之琴舞〉和〈芮良夫毖〉零劄》,《清華簡研究》第二輯,中西書局 2015 年,第 28—32 頁。

② 蔣文:《清華簡〈周公之琴舞〉"周公作多士敬毖"詩解義——兼及出土及傳世文獻中幾例表"合於刑"的"刑"》,《出土文獻與古文字研究》第八輯,上海古籍出版社 2019 年,第 189—190 頁。案,蔣女士之所以要提到當時"母""毋"分化未完成,主要是爲了更好地進行"愖""愖"職用的比較互證,而非説明"母""毋"未分化是"愖"表{侮}的前提——二者在秦漢文字中已有比較明顯的分化,而當時除了"母","毋"和"愖"也可表{侮}(分別見馬王堆《老子》乙 58/232 下、《春秋事語》91)。也即,"母""毋"在某批共時材料中都可表{侮},反映出它們讀音仍然近同,但不一定分化未完成。

③ 國家文物局古文獻研究室編:《馬王堆漢墓帛書〔壹〕》之《出版説明》,文物出版社 1980 年,第 1 頁;湖南省博物館、復旦大學出土文獻與古文字研究中心編纂,裘錫圭主編:《長沙馬王堆漢墓簡帛集成(肆)》,中華書局 2014 年,第 1 頁。

④ 周波:《"侮"字歸部及其相關問題研究》,第 104 頁。

⑤ 此外,古文"侮"還有作"䍩""𢡔""𢞫"者,劉偉浠先生認爲是"母"形之變,詳其文《傳抄古文與出土文字合證》,中山大學博士學位論文(導師:陳偉武教授),2020 年,第 155—156 頁。

⑥ 中山王鼎雖有"䧃"字,但用作{姆}而非{侮}。

⑦ 至於"母/毋"及"母/毋"聲字爲何能表{侮},周采泉、周祖謨、李新魁、趙彤、楊建忠、徐丹、周波、王康瑋、劉波等學者都有過解釋或推論,涉及的問題頗爲複雜。初步梳理諸家觀點並結合新見用例,目前僅有一個粗淺的推測:"母/毋"在先秦應是之部字,但似乎至少在戰國時代起就有另一與侯部相近的讀音,這個讀音在漢代以前表現爲楚系簡帛以"愖/愖"表{侮}、睡虎地秦簡以"母"表{侮};在漢代則表現爲"母"與其他上古魚、侯部字在通假、押韻、異文、故訓等材料中的接觸,其中就包括漢簡以"母/毋/愖"表{侮}、《漢書》以"侮"表{侮}等;中古時"母"入厚韻,也是反映了這種讀音。有了楚簡、秦簡的用例,傳抄古文"䧃"的出現年代也不一定要往後推到漢代了。

今襄子不誅驕侮之臣,而賞無功之赫。　　　(《韓非子·難一》)

羣臣無不有驕侮之心。　　　　　　　(《淮南子·氾論》)

大則攻小也,强則侮弱也,衆則賊寡也,詐則欺愚也,貴則傲賤也,富則驕貧也,壯則奪老也。　　　　　　　(《墨子·天志下》)

陛下慢而侮人,項羽仁而愛人。　　　　　(《史記·高祖本紀》)

四人者年老矣,皆以爲上慢侮人,故逃匿山中,義不爲漢臣。

　　　　　　　　　　　　　　　　　(《史記·留侯世家》)

其中第一例是君對臣的評價,第二、三的主體也是“臣”,末二例爲“侮人”連用,均可與簡文相參。① “倨驕母(侮)人”與上文“臨事不敬”、下文“苛難留民”等相類,是臨事待人時的不良態度和行爲。

二、須身㢮(遂)過

　　整理者注:“須,疑讀爲懦。此句大意是不敢糾正自己的錯誤。”②戴世君先生懷疑“須”是“順”之訛,“順身”即“自順”。③ 夏利亞女士認爲“須”和“懦”“聲母相差甚遠,故整理小組之説疑難成立,戴氏之説似有理”。④《秦簡牘合集》及其釋文注釋修訂本引《吕氏春秋》“遂桀、紂之過”和“遂上之過”,指出簡文“‘遂’也應該是長、成一類意思”。⑤

　　案,“遂過”可按《合集》意見解釋,但“須”字不好落實。此字北大秦簡《從政之經》也作“須”,⑥則誤字之説可以排除。整理者讀“須”爲“懦”,問題並不在“聲母相差甚遠”,⑦而在於“懦身”費解。

---

① 《史記·陳丞相世家》有“大王恣侮人”,《孟子·離婁上》有“恭者不侮人”,也可參看。

② 睡虎地秦墓竹簡整理小組編:《睡虎地秦墓竹簡(平裝本)》,第 288 頁;睡虎地秦墓竹簡整理小組編:《睡虎地秦墓竹簡(精裝本)》,第 171 頁。

③ 戴世君:《雲夢秦律注譯商兑(續二)》,簡帛網 2008 年 5 月 27 日。

④ 夏利亞:《秦簡文字集釋》,華東師範大學博士學位論文(導師: 詹鄞鑫教授),2011 年,第 431 頁;夏利亞:《睡虎地秦簡文字集釋》,第 341 頁。

⑤ 湖北省博物館、湖北省文物考古研究所編,陳偉主編:《秦簡牘合集〔壹〕·睡虎地秦墓簡牘》,第 335 頁;陳偉主編,彭浩、劉樂賢等撰著:《秦簡牘合集釋文注釋修訂本(壹、貳)》,第 312 頁。

⑥ 朱鳳瀚:《北大藏秦簡〈從政之經〉述要》,第 75 頁,圖一。

⑦ “懦”之聲符“需”上古與“須”同屬心紐,潘悟雲先生分別擬作 s-no 和 slo,白-沙分別擬作s-no 和 C-[s.n]o,均較近。見復旦大學東亞語言數據中心·漢語上古音查詢,http://ccdc.fudan.edu.cn/linguae/ochPhonology.jsp; The Baxter-Sagart reconstruction of Old Chinese(Version 1.1, 20 September 2014), http://ocbaxtersagart.lsait.lsa.umich.edu/。

筆者認爲"須"可讀"愉"。上古二者均屬侯部,中古"須"爲心母三等合口字,"愉"爲喻母三等合口字,與之同聲系的"緰""隃"亦屬心紐,潘悟雲先生將"須""愉"分別擬作 slo 和 lo,① 體現其密切關係。古書中"須"聲與"俞"聲字可相通,如《公羊傳》隱公二年經文"紀履緰來逆女"之"緰",《漢書·外戚傳》顏注引作"須"。② "需"聲與"須"聲、"俞"聲字相通之例更多,③ 不贅引。

"須(愉)身"即愉悅自身。古書"身"可指自身、自己,與"人""君"等相對,如《論語·子路》:"不能正其身,如正人何?"《楚辭·九章·惜誦》:"吾誼先君而後身兮,羌衆人之所仇。"在這個意義上"身"與"己"同。先秦秦漢古書似未見"愉身"之説,但有"樂身""樂人""自樂""娛己""自娛"等:

> 故曰有德之君,以所樂<u>樂人</u>;無德之君,以所樂<u>樂身</u>。<u>樂人</u>者其樂長,<u>樂身</u>者不久而亡。　　　　(《後漢書·吳蓋陳臧列傳》)
>
> 故樂非獨以<u>自樂</u>也,又以<u>樂人</u>;非獨以自正也,又以正人。
> 　　　　　　　　　　　　　　　　　　　　　(《説苑·修文》)
>
> 靡曼皓齒,鄭、衛之音,務以<u>自樂</u>,命之曰伐性之斧。
> 　　　　　　　　　　　　　　　　　　　　(《呂氏春秋·孟春紀》)
>
> 知利之可<u>娛己</u>也,不知其稱而必有也。　　(《潛夫論·遏利》)
>
> 天生聖人,蓋爲萬民,非獨使<u>自娛</u>樂而已也。
> 　　　　　　　　　　　　　　　　　(《漢書·王貢兩龔鮑傳》)

此外,《史記·秦始皇本紀》:

> 秦王足己不問,遂過而不變。

這裏的"足己"和"遂過",與簡文的"須(愉)身謎(遂)過"非常接近。"足己"指自我滿足,與"須(愉)身"指自我愉悅相類。無論是自我滿足還是自我愉悅,都容易使人忽視並滋長過錯。

---

　　①　復旦大學東亞語言數據中心·漢語上古音查詢,http://ccdc.fudan.edu.cn/linguae/ochPhonology.jsp。

　　②　班固撰,顏師古注:《漢書》,中華書局 1962 年,第 3934 頁。

　　③　張儒、劉毓慶:《漢字通用聲素研究》,山西古籍出版社 2002 年,第 280、281 頁。

三、不 精 於 材

“材”,整理者讀作“財”,①學者引述時未見異議,②《秦簡牘合集》及其釋文注釋修訂本均從之。③

案,“不精於財”大概是説在財務方面不够專精或精確,但前後文“決獄”“廢置”等都與財務没有直接關係,讀“財”未免突兀。筆者認爲“材”應讀“裁”。睡虎地秦簡常見此用法,如《日書甲種》“裁衣”之“裁”多寫作“材”。④ 漢帛書用例如馬王堆帛書《戰國縱橫家書》行36—37“王能材(裁)之”等。⑤ 另外,《荀子·富國》“治萬變,材萬物,養萬民”,楊倞注:“材與裁同。”⑥《國語·鄭語》“材兆物”,韋昭注:“材,裁也。”⑦

簡文“不精於材(裁)”指在裁斷方面不够專精或精準,聯繫其前“夬(決)獄不正”,“裁”應特指賞罰、定罪量刑方面的裁斷。

至於北大秦簡《從政之經》,與“材”字對應之字圖版作“”,⑧雖不够清晰,但右側應該還是“才”,則仍可讀爲“裁”。

通過以上改釋,可將此段大致翻譯作:遇事不够恭敬,做事不合時宜,命令緩而徵召急,傲慢驕矜欺侮人,盤詰留難平民,變更百姓習俗,愉悦自身滋長過錯,判決獄訟不够公正,不精於裁斷,憑私心任免。

(作者單位:廣東第二師範學院文學院)

①　睡虎地秦墓竹簡整理小組編:《睡虎地秦墓竹簡(綫裝本)》,第171頁;睡虎地秦墓竹簡整理小組編:《睡虎地秦墓竹簡(平裝本)》,第286頁;睡虎地秦墓竹簡整理小組編:《睡虎地秦墓竹簡(精裝本)》,第170頁。

②　王化平:《秦簡〈爲吏之道〉及相關問題研究》,第12頁;魯普平:《秦簡官箴文獻研究》,第73頁;王輝主編,楊宗兵、彭文、蔣文孝編著:《秦文字編》,第888頁;林素清:《秦簡〈爲吏之道〉相關問題研究》,第267頁;白於藍編著:《簡帛古書通假字大系》,福建人民出版社2017年,第46頁;夏利亞:《睡虎地秦簡文字集釋》,第341頁;翁明鵬:《秦簡牘字詞關係研究》,第240頁;徐富昌:《睡虎地秦簡文字辭例新編》,第513頁。

③　湖北省博物館、湖北省文物考古研究所編,陳偉主編:《秦簡牘合集〔壹〕·睡虎地秦墓簡牘》,第331頁;陳偉主編,彭浩、劉樂賢等撰著:《秦簡牘合集釋文注釋修訂本(壹、貳)》,第209頁。

④　白於藍編著:《簡帛古書通假字大系》,第46頁。

⑤　白於藍編著:《簡帛古書通假字大系》,第46頁。

⑥　王先謙撰,沈嘯寰、王星賢點校:《荀子集解》,中華書局1988年,第180頁。

⑦　徐元誥撰,王樹民、沈長雲點校:《國語集解》,中華書局2002年,第471頁。

⑧　中國文化遺產研究院編:《出土文獻研究》第十四輯,中西書局2015年,圖版壹,第15號簡第3欄。

談武威漢簡《儀禮》的一處異文[*]

魏宜輝

武威漢簡《儀禮·甲本特牲》篇簡 12 中有這樣一段内容：

主婦▲枡，宵衣，立于房中，南面。主人及賓、兄弟、群執事即位于門外，如初。

其中的▲字寫作：[①]

竹簡整理者將此字隸定作"䋶"，校記指出："䋶枡，今本作纚笄。"[②] 纚，本指束髮之帛。《儀禮·士冠禮》："緇纚，廣終幅，長六尺。"鄭玄注："纚一幅長六尺，足以韜髮而結之矣。"[③]纚笄，即束髮加簪。《儀禮·士昏禮》："姆纚笄，宵衣，在其右。"鄭玄注："纚，韜髮；笄，今時簪也。"[④]

對於《儀禮·特牲》簡本與今本的此處異文，學者們有不同的理解。王關仕《〈儀禮〉漢簡本考證》懷疑"䋶"爲"纚"誤省。[⑤]

甲本纚爲䋶。笄作枡；下同；丙本喪服今同本作笄。纚，鄭注："首服。"《説文》："冠織也。"（所綺切）《士冠》："纚，廣終幅，長六

———————————

＊ 本文爲古文字與中華文明傳承發展工程項目"馬王堆漢墓簡帛資料庫建設"（G1808）階段性成果。

① 甘肅省博物館、中國科學院考古研究所編著：《武威漢簡》，文物出版社 1964 年，圖版肆。
② 甘肅省博物館、中國科學院考古研究所編著：《武威漢簡》，第 96、163 頁。
③ 阮元校刻：《十三經注疏》，中華書局 1980 年，第 950 頁。
④ 阮元校刻：《十三經注疏》，第 965 頁。
⑤ 王關仕：《〈儀禮〉漢簡本考證》，臺灣學生書局 1975 年，第 19 頁。

尺。”“纊,絮也。(苦謗切)”重文作絖。音義甚遠,疑書誤省纚爲絖。

沈文倬認爲“絖”爲“紞”之訛字,而“紞”與“纚”義近。[①]

今本“絖”作“纚”。纚,《内則》作“縰”。《問喪》“雞斯徒跣”,鄭注:“‘雞斯’當作‘笄纚’,聲之誤也。”《説文·系部》:“纚,冠織也。”段注:“凡繒布不須翦裁而成者謂之織成。”“此纚蓋織成,緇帛廣二尺二寸,長祇六尺。”“本爲韜髮之偶。”韜,藏也。用未加翦裁之繒帛作帶裹藏髮辮謂之纚,如《詩·采菽》“紼纚維之”,毛傳:“纚,緌也。”《後漢書·張衡傳》録《思玄賦》“纚朱鳥以承旗”,李賢注:“纚,繫也。”是也。絖爲纊之或體,《説文·系部》:“纊,絮也。从糸,廣聲。絖,纊或从光。”與纚異義。《大戴禮記·子張問入官》云:“黈絖塞耳,所以弇聰也。”段玉裁、朱駿聲均以“絖”爲“紞”之形譌,又《系部》:“紞,冕冠所以縣塞耳者。”塞耳即瑱,紞爲懸瑱之纚帶。然則纚與紞縱有長短、闊狹、韜髮懸瑱之不同,其用相似而同於《采菽》毛傳之“緌”、《思玄賦》李注之“繫”矣。段玉裁又云:“自紞譌絖,漢初諸儒不能辨證。”故簡本用紞之譌字絖爲纚。

陳榮傑則認爲“絖”與“纚”可以相通。[②]

《説文·系部》:“纊,絮也。絖,纊或从光。”“絖”爲“纊”的或體。簡本“絖”,今本用作“纚”。《説文·系部》:“纚,冠織也。从糸,麗聲。”纊(絖)的上古音是溪紐陽部。纚的上古音是生紐支部。絖和纚的古音韻近可通。簡本的“絖”和今本的“纚”當屬通假關係。而沈文倬根據段玉裁、朱駿聲的説法,把“絖”認爲是“紞”的訛誤字的觀點是不可信的。

“纚”與“絖”字在形體上有相當大的差距,王關仕認爲省“纚”爲“絖”的看法缺乏説服力。沈文倬認爲“絖”爲“紞”之訛字,而“紞”與“纚”義近,但“紞”與“纚”畢竟是兩種不同的東西,認爲二者義近的説法

---

① 沈文倬:《〈禮〉漢簡異文釋》,《文史》第34輯,中華書局1992年,第54—55頁;後收入《宗周禮樂文明考論》,杭州大學出版社1999年,第310頁。

② 陳榮傑:《〈武威漢簡·儀禮〉整理研究》,西南大學碩士學位論文(導師:張顯成教授),2006年,第105頁。

難以讓人信服。而"綩"字與"纚"字古音關係並不近,陳榮傑的説法也不可信。

我們認爲簡文中的"**綩**"字,應該是"統"字的誤寫。"先"與"光"字形近,古書中就存在"先""光"兩字相混的情況。《後漢書·袁紹劉表列傳》"劉光尚書令",《集解》引惠棟説,謂"光"《魏志》作"先",即上別駕劉先也。《零陵先賢傳》亦作"先"。① 《宋書》卷七七中的"柳先宗",此人於《宋書》卷二八、七九又作"柳光宗"。② 《宋書》卷二五中的"吕光",於卷四七又作"吕先"。③ 《淮南子·主術》:"是故威立而不廢,聰明先而不弊,法令察而不苛,耳目達而不闇,善否之情,日陳於前而无所逆。"王念孫指出"聰明先而不弊"中的"先"與"不弊"義不相屬,"先"當爲"光",字之誤也。光,明也。《太平御覽·皇王部二》引此正作"光"。④ 《潛夫論·志氏姓》:"姑氏之別,有闕、尹、蔡、光、魯、雍、斷、密須氏。"彭鐸按語指出,秦嘉謨《世本輯補》引"光"作"先",謂與佹、姄同。⑤ 傳世文獻中所載十二月神名中有"勝光",或作"勝先",未知孰是。⑥

下面我們從古音的角度談談"纚"與"統"字的關係。關於"麗"及從"麗"聲之字的讀音問題,郭永秉有過比較詳細的討論,他指出:

> "麗"字先秦没有作韻脚的例子,所以對其韻部的推斷主要是從諧聲、通假的角度進行的,因此爭議很大,比如段玉裁對"麗"字歸部就自相矛盾,在《説文解字注》中歸十五部(脂部),在《六書音均表》中則歸十六部(支部)。"麗"和從"麗"得聲的字,雖然現在一般多歸爲歌部,段玉裁歸"麗"爲脂部的意見是有問題的,但是的確有一些從"麗"聲的字跟上古脂部字有密切關係,如《廣韻》上聲薺韻盧啓切禮小韻"鱧"字的異體作"鱺",同小韻還收從"麗"聲的"歔"和"欐"字。"鱧"上古是來母脂部字,這幾個從"麗"聲的字跟脂部字

---

① 范曄:《後漢書》,中華書局 1965 年,第 2429 頁。

② 張忱石編:《南朝五史人名索引》,中華書局 1985 年,第 521 頁。

③ 張忱石編:《南朝五史人名索引》,第 549 頁。

④ 王念孫撰,徐煒君、樊波成、虞思徵、張靖偉校點:《讀書雜志》,上海古籍出版社 2014 年,第 2160 頁。

⑤ 王符著,汪繼培箋,彭鐸校正:《潛夫論箋校正》,中華書局 1985 年,第 411 頁。

⑥ 程少軒:《〈肩水金關漢簡(伍)〉方術類零簡輯校》,《出土文獻與中國古典學》,中西書局 2018 年,第 87 頁。

的讀音應該是很接近的。

……

"灑"與"洒"("汛"、"洗")的密切關係,正説明"灑"字上古音跟脂部及其陽聲真部以及微部的陽聲文部,讀音都很接近。①

認識到一些从"麗"聲之字上古音與脂部字關係密切,對我們解釋"纚"與"絻"字的關係具有很大的幫助。"纚"字古音爲心母歌部字,②"先"字爲心母文部字,而从"先"得聲的字有的歸入脂部,如"洗滌"之"洗"即爲心母脂部字。簡文中从"先"聲的"絻"字,其讀音也當與心母脂部相同或與之相近,那麼與"纚"字的讀音關係就非常密切了,讀作"纚"也就講得通了。這樣看來,簡本《儀禮》的"絻"字與今本《儀禮》的"纚"字當屬於異字同詞的情況。

附記:本文曾於 2021 年 10 月在開封舉辦的中國古文字研究會第二十三屆年會上宣讀。

（作者單位：南京大學文學院）

---

① 郭永秉:《補説"麗"、"瑟"的會通——從〈君人者何必安哉〉的"㤶"字説起》,載氏著《古文字與古文獻論集續編》,上海古籍出版社 2015 年,第 24—25 頁。
② 關於"纚"字的歸部,學者有不同的認識,本文依據陳復華、何九盈的歸部。參見陳復華、何九盈:《古韻通曉》,中國社會科學出版社 1987 年,第 185 頁。

東漢墓券疑難字詞考釋二則[*]

李明曉

墓券包括買地券與鎮墓券。其中,買地券是中國古代主要以地契形式放置於墓葬中的一種迷信隨葬品。而鎮墓券是西漢時期出現的用朱砂或墨汁寫在鎮墓材料上的解殃文辭,目的主要是爲世上生人除殃祈福,爲地下死者解謫袪過,免再受罰作之苦;同時也是爲了隔絕死者與其在世親人的關係,使之不得侵擾牽連生人。本文通過考察東漢墓券中的"適"與"爲地置根,爲人立先"二則疑難字詞,以期從詞彙學角度爲東漢道教史與契約史提供新的研究資料。

一、適

在東漢買地券中,與"適"相關的文例主要有以下五條:

1. 建寧四年三月三日,中鄉男子周世雅買順陽郭元輔所有宛襄門亭部兒氏丘陵田卅五畝,睕町瓦宅一區,根生地著,中有伏財寶物,上至天,下至皇(黃)湶(泉)。一錢以上悉並行,賈(價)錢十三萬五千,錢即日畢。若田爲人所仞賕,元輔當爲諟(是)政(證),市如故。田東比王季氏,南盡佰(陌),西比陳土、劉平,北比尹儒,車路水道如古。故即日**相可適**,對共爲卷(券)書。時彭(旁)人:虞文方、尹孝德、梁真、王叔邁、李藏明、劉佃農、謝威平,皆並知券約狀。車道當與

　＊ 本文爲國家社會科學後期資助項目"漢魏六朝鎮墓文校釋及相關問題研究"(19FYYB014)階段性成果。

陳土共路,沽酒各半,錢千少卅。

(河南南陽出土東漢建寧四年〔171〕周世雅買地券①)

2. 熹平四年四月十七日,河南雒陽男子蘇氏爲叔山從河南雒陽男子虞景升、升弟萇、共衍,賣所有塚上故石屏風、榻床、侍機,賈錢六千,錢即日畢。時知者侯田。即日**先相可適**,爲券書。沽酒各半,官錢千無六十,行錢無五十。

(日本兵庫縣西宮市黑川古文化研究所
藏東漢熹平四年〔175〕蘇氏墓券②)

3. 光和元年十一月十一日,成皋男子李叔雅,從鞏男子左叔陵、子男萇生買所名有□亭部北勇上一佰(陌)北田南頭西畔田十四畝,賈(價)錢畝千八百六十五錢,並爲二萬六千一百卅錢起沽。錢畢。田中根生伏財,上至倉(蒼)天,下到皇(黃)泉,悉行。田西比左卅賢,東比左卅賢,北卅賢,南至佰(陌)。錢千無五十。時旁人豪卅華、趙叔聘、子敬,共青卻□,興爲卷(券)書。即日**自相可適**,共爲手書。

(河南鞏義出土東漢光和元年〔178〕李叔雅買地券③)

4. 赤烏八年十二月丁未朔六日壬子日,郎中蕭整從無(蕪)湖西鄉土主葉敦買地三頃五十畝,賈(價)錢三百五十萬,即日交畢。鄉尉蔣玫、里帥謝達,證知敦賣,證知整買。**先相可適**,以爲析令。

(安徽南陵出土東吳孫權赤烏八年〔245〕蕭整買地券④)

5. 建衡元年□□月□巳朔五日辛酉,相府吏繆承,今還丹楊(陽)業建□鄉梅府里,卜安塚宅,從地主古糸買地三頃五十畝,直

① 南陽市文物考古研究所:《南陽東漢建寧四年周世雅墓發掘簡報》,《中原文物》2020年第3期,第31頁。釋文略有調整。
② 小南一郎:《漢代の神靈觀念》,《東方學報》第66册,京都大學人文科學研究所1994年,第8頁。
③ 張雷:《河南鞏義市北窑灣漢墓出土東漢買地券研究》,《華夏考古》2014年第1期,第100頁。
④ 兩面均刻有文字,内容相同。見安徽省文物工作隊:《安徽南陵縣麻橋東吳墓》,《考古》1984年第11期,第978頁。

(值)錢三百五十萬。鄉吏朱恂證知糸賣承買，對共破莂①。**先生可適**，乃爲手書。

（江蘇南京出土東吳建衡元年〔269〕繆承買地券②）

其中，第一則周世雅買地券中的"適"，《簡報》③、翟京襄先生④、楊濤先生⑤均釋作"這"。張晨陽先生釋作"適"，意指合適。⑥ 張文指出"適"之字形由"適"演變而來，其中"啻"訛變成"商"，"商"與"言"形近易混，隸變之後俗體作"這"，如東漢李叔雅買地券即作"**這**"。牛清波、高豔利先生亦從之。⑦ 此字張雷先生⑧、南陽市文物考古研究所釋爲"信"，翟京襄先生、楊濤先生釋作"這"，皆非。

在肩水金關漢簡 T07：200，T21：096 中有二例"適"形近"這"，可爲張晨陽先生之釋的有力佐證。⑨

———————

① 第一則周世雅買地券有"對共爲卷（券）書"，第五則繆承買地券有"對共破莂"，類似説法在其他地券中亦多次出現，如安徽當塗出土東吳鳳凰三年（274）孟贇買地券有"鳳皇（凰）三年八月十九日，對共破券"。浙江紹興出土西晉太康五年（284）楊紹買地莂有"太康五年九月廿九日，對共破莂"。而湖北鄂州出土南朝宋元嘉十六年（439）蕭謙買地券、廣東始興出土元嘉十九年（442）妳女買地券、江蘇南京出土元嘉二十二年（445）羅健夫婦買地券、廣東廣州出土元嘉二十七年（450）龔韜買地券、江蘇南京出土元嘉三十年（453）羅道訓買地券，以上五方南朝宋時買地券均有"沽酒各半，共爲券莂"的固定用語。其中"沽酒各半"，指買賣雙方各出一半價錢買酒，在場買方、賣方、證人皆得飲之，這是當時買賣成交後的習慣儀式。"共爲券莂"，與"對共破莂"意同。毛遠明先生指出"破莂"指製作文書契券。"對共破莂"應指買賣雙方當面共同製作契約文書，見毛遠明：《釋"破券""破莂"及相關的一群詞語》，《中國語文》2009 年第 3 期。另，上述第三則李叔雅買地券有"共爲手書"，河南洛陽出土東漢中平五年（188）□□卿買地券有"對爲券書"，江蘇揚州出土東漢熹平五年（176）劉元臺買地券有"共爲卷（券）書"，廣西靈川出土梁天監十五年（516）熊薇買地券有"共爲券"，廣西靈川出土梁普通四年（523）熊悦買地券有"共爲券誓"，意義相近，皆指一起製作（共同完成）契約文書。

② 南京市江寧區博物館：《南京濱江開發區 15 號路六朝墓清理簡報》，《東南文化》2009 年第 3 期，第 39 頁。

③ 南陽市文物考古研究所：《南陽東漢建寧四年周世雅墓發掘簡報》（此稱"《簡報》"），第 31 頁。

④ 翟京襄：《東漢建寧四年南陽周世雅買地和瓦宅券考》，《南都學壇》2020 年第 6 期，第 14 頁。

⑤ 楊濤：《出土東漢周世雅買地券探析》，《中國文物報》2020 年 11 月 24 日第 006 版。

⑥ 張晨陽：《東漢周世雅買地券補釋》，安徽大學漢字發展與應用中心網 2020 年 9 月 28 日；後載《漢字漢語研究》2021 年第 3 期，第 39 頁。

⑦ 牛清波、高豔利：《南陽出土的東漢周世雅買地券補論》，《南都學壇》2022 年第 5 期，第 118 頁。

⑧ 張雷：《河南鞏義市北窖灣漢墓出土東漢買地券研究》，第 100 頁。

⑨ 黃豔萍、張再興：《肩水金關漢簡字形編》，學苑出版社 2018 年，第 242 頁。

A1. 　　A2.

“適”即指“合適”。《莊子·天下》：“以反人爲實，而欲以勝人爲名，是以與衆不適也。”成玄英疏：“不能和適於世者也。”《漢書·王貢兩龔鮑傳》：“吸新吐故以練臧，專意積精以適神。”顏師古注：“適，和也。”券文“即日相可適”，指買賣雙方認爲交易合適，無異議。

上述第四則蕭整買地券中的“先相可適，以爲析令”，諸家理解均有不同。

原報告（第 978 頁）釋作“先相可這從爲析令”。張勳燎、白彬先生指出：原釋“先相可這從爲析令”，義不可解，參照他券之例，當以釋作“先有居者，以爲律令”爲宜。① 韓理洲先生釋作“先相可，這以爲析令”。② 張傳璽先生指出當作“先相可，這以爲析令”。“先相可”，當作“先相和可”；“以爲析令”當作“以爲律令”。③ 魯西奇先生則釋作“先相可，遂以爲律令”。④ 黃景春先生⑤釋作“先相可這以爲析令”，黃景春先生後又釋作“先相可這（信），以爲析令”。⑥

在新疆吐魯番文書中常用“和”來表達交易買賣雙方協商一致簽訂契約文書，固定組合有“和可”“和合”“和同”等形式。如：

《北涼玄始十年（421）馬雒賃舍券》：“賈即畢，舍即付。二主先和後可，乃爲券書。券成之後，各不得反（返）悔。”⑦

《北涼建平四年（440）高昌田地縣支生賈賣田券》：“田即付，毯即畢。各供（共）先相和可，後成券。”⑧

《北涼建平五年（441）高昌張鄯善奴夏葡萄園券》：“二主先相和可，不相副強，乃爲券書。”⑨

① 張勳燎、白彬：《中國道教考古》第二卷，綫裝書局 2006 年，第 820 頁。
② 韓理洲等輯校：《全三國兩晉南朝文補遺》，三秦出版社 2013 年，第 22 頁。
③ 張傳璽主編：《中國歷代契約粹編》上冊，北京大學出版社 2014 年，第 105—106 頁。
④ 魯西奇：《中國古代買地券研究》，廈門大學出版社 2014 年，第 85 頁。
⑤ 黃景春：《早期買地券、鎮墓文整理與研究》，華東師範大學博士學位論文（導師：詹鄞鑫教授），2004 年，第 157 頁。
⑥ 黃景春：《中國宗教性隨葬文書研究——以買地券、鎮墓文、衣物疏爲主》，上海人民出版社 2018 年，第 360 頁。
⑦ 王素：《略談香港新見吐魯番契券的意義——〈高昌史稿·統治篇〉續論之一》，《文物》2003 年第 10 期，第 74 頁。
⑧ 王素：《略談香港新見吐魯番契券的意義》，第 74 頁。
⑨ 王素：《略談香港新見吐魯番契券的意義》，第 74 頁。

《北涼承平八年（450）翟紹遠買婢券》："二主先和後券，券成之後，各不得返悔。"①

《高昌永康十二年（477）閏月十四日張祖買奴券》："二主和合，共成券。書之後，各不得返（反）悔。"②

《高昌鄭鳳安買田券》："二主先相和可，後成卷（券）信。卷（券）成之後，各不得反悔。"③

《高昌張參從鄭鳳安邊舉麥券》："二主先和可，後城（成）卷（券）信。卷（券）城（成）之後，各不得反悔。"④

《高昌延和元年（602）□□宗從左舍子邊舉大麥券》："二主和同立卷（券），卷（券）成之後，各 不 得 反 悔。"⑤

《高昌延和五年（606）某人舉錢殘契》："二主先相和可，後爲卷（券）要。卷（券）成之後，各不得返悔。"⑥

《唐貞觀二十二年（648）洛州河南縣桓德琮典舍契》："兩共和可，畫指爲驗（驗）。"⑦

《唐永徽二年（651）孫寀仁夏田契》："兩主和可，獲（畫）指爲信。"⑧

《唐開元二十一年（733）石染典買馬契》："兩共和可，盡指爲記。"⑨

《唐顯慶三年（658）西州高昌縣范歡進雇人上烽契》："兩 主和可立契，獲指爲信。"⑩

其中，"和可"是最常見的組合形式，"和"指協商達成一致，"可"是好的意思，"和可"，指協商同意。"和可"亦有"先和後可""先和可""先相和可"等靈活形式，指買賣雙方先自行商議，或者説是先相互之間商量好，而

① 《吐魯番出土文書》第一册，文物出版社 1981 年，第 187—188 頁。
② 二主和合，指買賣雙方自願簽訂契約。見榮新江、李肖、孟憲實主編：《新獲吐魯番出土文獻》上册，中華書局 2008 年，第 125 頁。
③ 中國文化遺産研究院、新疆維吾爾自治區博物館：《新疆博物館新獲文書研究》，中華書局 2013 年，第 209 頁。
④ 中國文化遺産研究院、新疆維吾爾自治區博物館：《新疆博物館新獲文書研究》，第 211 頁。
⑤ 《吐魯番出土文書》第三册，文物出版社 1981 年，第 5 頁。
⑥ 《吐魯番出土文書》第三册，第 19 頁。
⑦ 《吐魯番出土文書》第四册，文物出版社 1983 年，第 269 頁。
⑧ 《吐魯番出土文書》第五册，文物出版社 1983 年，第 20 頁。
⑨ 《吐魯番出土文書》第九册，文物出版社 1990 年，第 48 頁。
⑩ 《吐魯番出土文書》第五册，第 142 頁。

在這類用法之後往往又緊接"後成券(信)"。而東漢買地券亦是前有"先相可適",後有"爲券書",與"先相和可"的用法無疑一致。吐魯番文書中與"和可"文意基本一致的還有"平和""平章",平和指評處(評估)、商酌而達成一致,平章指評處、商酌(而達成一致,包括買賣時討價還價)。如:

《唐大曆三年(768)僧法英佃菜園契》:"兩家平和,畫指爲記。"①

《唐張小承與某人互佃田地契》:"兩共平章,恐人無信,故立此契爲記。"②

《唐大曆十六年(781)龜兹楊三娘舉錢契》:"□恐人無信,兩共對面平章,畫指爲記。"③

"兩家平和,畫指爲記",是指買賣雙方商量之後達成一致,簽訂契約時用指頭畫符號,比畫出男左手女右手中指各節長短,代替本人之簽字畫押,以備日後驗證,作爲憑證。"兩共對面平章",是指立契雙方對面訂立契約,強調的是雙方在場,兩廂情願,在協商一致的情況下簽訂,符合雙方合意原則。

至於第五則繆承買地券中的"先生可適",張學鋒先生指出,"'生'爲'立'之誤。'這',券文字形近'這',故《簡報》用簡化字'这'。但'這'字在唐宋以來口語中用作指代詞之前未見用例,《説文解字》也不見'這'字,因此券文中出現'這'字難以理解。據文意和字形,或爲'信'字。如此,則此句爲'先立可信',與下文的'乃爲手書'意合,是指鄉吏朱恂在驗證古系與繆承塚地買賣合同(破莂)可信的基礎上,爲其書寫地券"。④ 而魯西奇先生指出,繆承買地券中的"先生"應即本券之書券人。⑤ 也就是説,"可"不是"和可"之省,"可這"應連指表"可信"之意。東漢至南北朝買地券中基本沒有出現書寫地券人,更罕見將書寫地券的人稱作"先生",隋唐以後買地券中開始明確標明書寫地券人,稱謂多是"書券人""代書人""代筆人""依口書人""依口代書人""代口書契人""倩書"等。

而結合周世雅買地券來看,以上五方墓券中的"相可適""先相可適"

① 《吐魯番出土文書》第十册,文物出版社1991年,第293頁。
② 《吐魯番出土文書》第十册,第303頁。
③ 小田義久:《大谷文書集成》第三卷,法藏館2003年,第220頁。
④ 張學鋒:《南京濱江開發區吴墓出土建衡元年買地券補釋》,《東南文化》2010年第1期,第60—61頁。
⑤ 魯西奇:《中國古代買地券研究》,第92頁。

"先生可適"之"適"均不應讀作"這"或者"信",意指買賣雙方認爲交易合適,無異議,故而達成一致,共同書寫地券。具體來説,"相可適"或是"先相可適"之省,指買賣雙方認爲土地交易合適,先行達成一致。而"先生可適"則指在場的書寫地券人認爲土地交易合適之後"乃爲手書"(爲其書寫地券)。

　　河南洛陽出土東漢中平五年(188)□□卿買地券有"□□□□,對爲券書",前四字(部分圖版見圖一),趙振華、董延壽先生原釋作"矢口所這",解爲"施行此事"。[①] 魯西奇先生改釋作"矢如無信",[②]但其他地券中未見有此種用法,故以上釋讀均可疑。綜合買地券中"可適"的用法,並從圖版輪廓來看,頗疑此四字是"先□可適",亦指買賣雙方認爲交易合適,無異議。

圖一[③]

二、爲地置根,爲人立先

　　"爲地置根,爲人立先"是東漢魏晉鎮墓券中常見的習語,其中"爲地置根"又作"爲土立根"。

　　陝西咸陽出土東漢永壽三年(158)鎮墓陶瓶,上有:

　　　永壽三年十月九日丙申,黄神使者**爲**地置根,爲人立先,除央(殃)去咎,利後子孫。令死人無適(謫),生人無患。建立大鎮,慈、礜、雄黄、曾青、丹沙(砂),五石會精,衆藥輔神,塚墓安寧,解猨□草。□□爲盟。如律令。[④](圖二)

---

　　① 趙振華、董延壽:《東漢雒陽縣男子□□卿買地鉛券研究》,《中原文物》2010 年第 3 期,第 77 頁。

　　② 魯西奇:《中國古代買地券研究》,第 43 頁。

　　③ 趙振華、董延壽:《東漢雒陽縣男子□□卿買地鉛券研究》,第 75 頁。

　　④ 咸陽市文物考古研究所:《咸陽教育學院漢墓清理簡報》,《文物考古論集——咸陽市文物考古研究所成立十周年紀念》,三秦出版社 2000 年,第 231—233 頁。[注]《簡報》原釋作"永平初三年",即永平三年,漢明帝劉莊年號,公元 60 年。而陳亮先生指出:"根據發掘簡報的釋讀,其銘文的開首幾個字當釋作'永平初三年',故而將其斷代於公元 60 年。然而筆者在田野考察中,將該瓶銘文用噴壺噴濕之後,發現銘文的摹本不太準確,而且'永平初'的紀年方式不符合漢代紀年的常規,故而重新審視了一下,認定這段銘文應當釋讀作'永壽三年',相應於公元 158 年。"可參陳亮:《東漢鎮墓文所見道巫關係的再思考》,《形象史學》2019 年第 1 期(總第十三輯),社會科學文獻出版社 2019 年,第 67—68 頁。

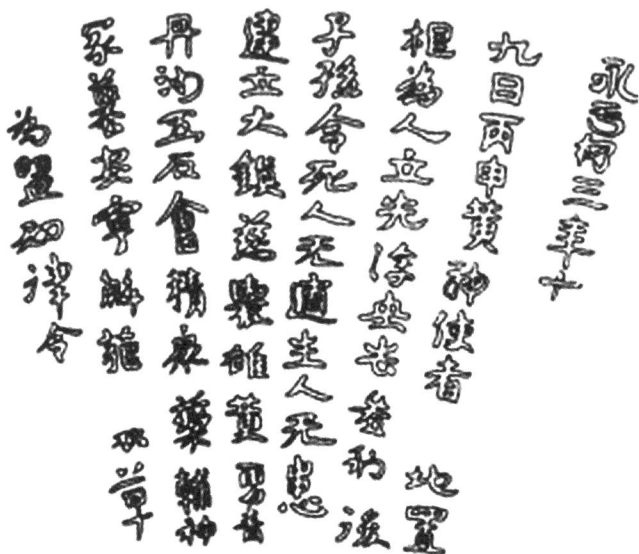

圖二①

　　"爲地置根"之"爲",許飛先生②未釋,劉衛鵬先生③、《咸陽碑刻》下册④補作"買",張勳燎、白彬先生⑤從之。劉昭瑞先生補作"爲"⑥,黃景春先生⑦同。劉衛鵬先生指出:"鎮墓瓶同買地券在某種程度上有相似之處,所以'□地置根'當爲'買地置根'。塚地須向冥府登記並且購買才能'置根',成爲私有。……此句意即:黃神使者劃出一塊地作爲死人的住所,爲生人建立他們先人(祖先)的墳墓。"⑧此説具有一定合理性,但"黃神使者"作爲賣方,只是提供土地,不可能爲亡者買地。而甘肅省敦煌市五墩鄉新店臺村南的佛爺廟灣—新店臺墓群出土三國曹魏正始七年(246)竇氏鎮墓陶瓶,上有"……爲人立先",魏正元二年(255)竇氏鎮墓

　　① 咸陽市文物考古研究所:《咸陽教育學院漢墓清理簡報》,第233頁圖六。
　　② 許飛:《慎終始遠——漢魏晉南北朝墓葬觀念研究》,上海交通大學出版社2021年,第319頁。
　　③ 劉衛鵬:《漢永平三年朱書陶瓶考釋》,《文物考古論集——咸陽市文物考古研究所成立十周年紀念》,三秦出版社2000年,第165頁。
　　④ 陝西省古籍整理辦公室、咸陽市文物考古研究所編:《咸陽碑刻》下册,三秦出版社2003年,第381—382頁。
　　⑤ 張勳燎、白彬:《中國道教考古》第一卷,綫裝書局2006年,第133頁。
　　⑥ 劉昭瑞:《考古發現與早期道教研究》,文物出版社2007年,第279頁。
　　⑦ 黃景春:《中國宗教性隨葬文書研究》,第343頁。
　　⑧ 劉衛鵬:《漢永平三年朱書陶瓶考釋》,第165頁。

陶瓶、甘露三年（258）竇阿氏鎮墓陶瓶①均有"爲地置根，爲人立先"。甘肅敦煌祁家灣出土西晉咸寧二年（276）呂阿徵鎮墓陶瓶（圖三），上有"爲地置根，爲人立先，移央（殃）傳咎，後利父母及以兄弟"。② 其中"爲地置根，爲人立先"，原報告釋作"□地置祁□人□失"，有誤。由上述材料來看，劉昭瑞先生（2007）所釋可從。

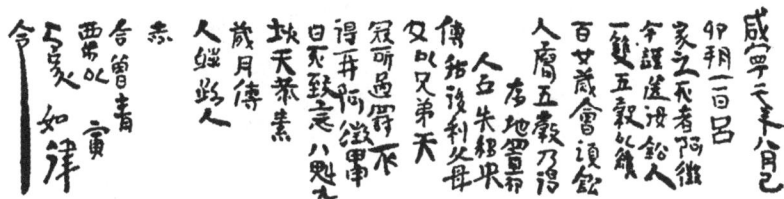

圖三③

陝西扶風出土東漢初平二年（191）嚴世厚鎮墓陶瓶，上有"爲[人]立[先]，爲土立根"④（圖四）。"爲人立先，爲土立根"與"爲地置根，爲人立先"的説法近同。

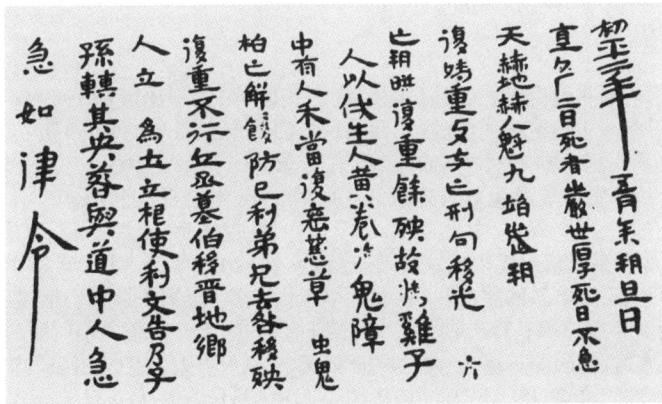

圖四⑤

① 甘肅省文物考古研究所：《甘肅敦煌佛爺廟灣——新店臺墓群曹魏、隋唐墓 2015 年發掘簡報》，《文物》2019 年第 9 期，第 30—31 頁。

② 甘肅省文物考古研究所：《敦煌祁家灣——西晉十六國墓葬發掘報告》，文物出版社 1994 年，第 100 頁。

③ 甘肅省文物考古研究所：《敦煌祁家灣——西晉十六國墓葬發掘報告》，第 102 頁圖七一。

④ 羅宏哲：《陝西扶風出土兩件東漢朱（墨）書陶瓶考釋》，《考古與文物》2007 增刊《漢唐考古》，第 119—122 頁。

⑤ 羅宏哲：《陝西扶風出土兩件東漢朱（墨）書陶瓶考釋》，第 121 頁圖四。

　　河南洛陽出土東漢初平二年(191)鎮墓陶罐,上有"告丘丞墓伯,移置他鄉,爲人立先,□立丘□"①(圖五)。頗疑"□立丘□"四字實際上是"爲土立根"之誤摹。

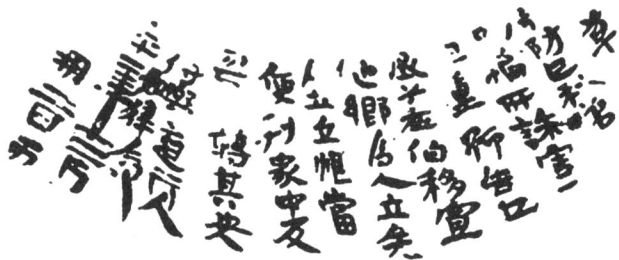

圖五②

　　陝西咸陽出土東漢熹平四年(175)宋氏朱書陶瓶(圖六),上有"天帝使者爲宋氏之家塚墓立根,爲生人除殃,爲死人解適(謫)。告四丘五墓③、土君、墓伯、地下二千石、倉林君、武夷王"。④

　　此則鎮墓文中"爲宋氏之家塚墓立根"應與上述材料中"爲地置根""爲土立根"的説法近同。

---

① 中國科學院考古研究所:《洛陽中州路(西工段)》,科學出版社1959年,第134頁。

② 中國科學院考古研究所:《洛陽中州路(西工段)》,第134頁圖一〇三。

③ "四丘五墓",劉衛鵬先生認爲或即熹平二年張叔敬鎮墓文中的"三丘五墓"(山西忻州出土東漢熹平二年(173)張叔敬鎮墓文瓦盆,上有"熹平二年,十二月乙巳朔,十六日庚申,天帝使者告張氏之家、三丘五墓、墓左墓右、中央墓主、塚丞塚令、主塚司命、魂門亭長、塚中遊擊等。"劉衛鵬:《陝西咸陽畢源路東漢墓出土宋氏朱書陶瓶》,《文物》2019年第3期,第88頁。見陳直:《漢張叔敬朱書陶瓶與張角黃巾教的關係》,《西北大學學報》1957年第1期;又見《文史考古論叢》,天津古籍出版社1988年,第390—392頁)。三丘五墓即熹平四年胥氏瓶文中所説的"三曾五祖",指死者的三曾、五祖之藏,或同葬一墓,或同塋域而異塚。"三丘五墓""四丘五墓"均是虛擬的陰間官吏。上海博物館藏敦煌文獻48(41379)《後唐清泰四年(935)八月十九日曹元深等謝墓祭神文》有:"曹元深等,敢昭告於后土地神祇、五方帝、五嶽五瀆、山川百靈、廿四氣、七十二候、四時八節、太歲將軍、十二時神、墓左墓右、守塚大夫、丘承(丞)墓伯、四封都尉、魂門停(亭)長、地下府君、阡陌遊擊、三丘五墓、家親丈人。"上海博物館、上海古籍出版社編:《上海博物館館藏敦煌吐魯番文獻②》,上海古籍出版社1993年,第46頁。疑"三丘五墓"是墓中主管亡人的低級官吏。法藏敦煌文書P.3081V《推人占法》有"推人三丘五墓,知人生死,十二月忌日,三丘五墓臨病人□□治之慎,春三月三丘亥五墓午,夏三月三丘巳五墓卯,秋三月三丘寅五墓未,冬三月三丘申五墓丑"。法國國家圖書館、上海古籍出版社編:《法國國家圖書館藏敦煌西域文獻(21)》,上海古籍出版社2002年,第263頁;另見陳於柱:《敦煌吐魯番出土發病書整理研究》,科學出版社2016年,第166頁。陸森《玉靈聚義》云:"凡卜家欲得三丘五墓,并以三丘爲地形,五墓爲塚形。三丘者,春丑夏龍(辰)秋未三冬逢犬(戌)是三丘。五墓者,春未夏戌秋丑冬辰。"以上"三丘五墓"是五行墓庫。

④ 劉衛鵬:《陝西咸陽畢源路東漢墓出土宋氏朱書陶瓶》,第87頁。

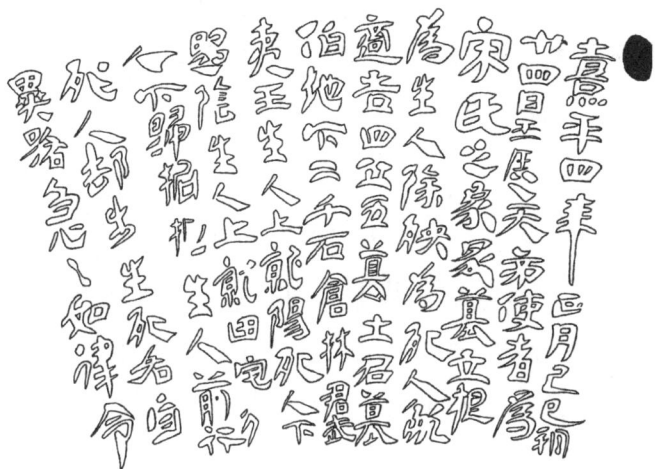

圖六①

　　"立根"或者"置根",是漢代人的一種埋葬方法。漢代人認爲埋葬即是"初置根種"。《太平經》卷五十《葬宅訣第七十六》云:

　　　　葬者,本先人之丘陵居處也,名爲初置根種。宅,地也,魂神復當得還,養其子孫,善地則魂神還養也,惡地則魂神還爲害也。五祖氣終,復反(返)爲人。天道法氣,周復反其始也。欲知地效,投小微賤種於地,而後生日興大善者,大生地也;置大善種於地,而後生日惡者,是逆地也;日衰少者,是消地也。

人死後雖然埋葬在地下,但仍將根據死者埋葬地或善或惡的性質,而相應地對生者及後世子孫的生活與命運産生利害作用。因此,人們運用投種於地的堪輿的選擇方法,根據種子的發芽、生長情况,判斷墓地是屬於"生地""逆地"還是"消地",從而做出吉凶的判斷。因此,"爲塚墓立根"的擇墓法是埋葬亡者的重要前提。

　　"爲人立先",學者多從前列劉衛鵬先生之説認爲"先"指先人、祖先,此句是指"爲生人建立他們先人(祖先)的墳墓"。② 但張勛燎、白彬先生指出:"'爲人立先','立先'一詞,未見他例,如'先'字隸定無誤,我們認爲也不應當把他簡單地解釋爲祖先,而是指葬入墓中的先死之人,係就家

　　① 劉衛鵬:《陝西咸陽畢源路東漢墓出土宋氏朱書陶瓶》,第89頁圖二。
　　② 劉衛鵬:《漢永平三年朱書陶瓶考釋》,第165頁。

中生人而言，先死者除了父祖長輩之外，也包括夫妻、兄弟、姐妹、子女、侄媳等同輩或晚輩之人在内，意指不讓墓中先死者成爲注鬼注害家中生人，它器文中屢見‘塚中前死安’，‘先’即前死之意。"① 爲亡者買墓在買地券中多見，如江蘇揚州出土東漢熹平五年（176）劉元臺買地券，上有"熹平五年七月庚寅朔十四日癸卯，廣武鄉樂成里劉元臺，從同縣劉文平妻 買 得 代夷里塚地一處，買錢二萬，即日錢畢"。② 但買地券中未見爲祖先立墓地者。在南北朝買地券中亦常見"地下先人、蒿里父老"的固定搭配，由此可見"地下先人"指埋葬地下的先亡者，並不一定是長輩，而可能是同輩甚至晚輩。山西臨猗出土東漢延熹九年（166）韓祔興鎮墓瓶，上有"地下羝羊，令韓祔興塚中前死安，千秋萬歲，物（勿）復相求動伯（迫）"。③ 羝，指公羊，具有壓勝避邪、祈祥趨吉的功用。前死，考其文意，應指以前安葬在韓祔興墓地（此應指祖墳）的先亡之人。由此看來，前舉張勳燎、白彬先生認爲"爲人立先"之"先"不能簡單地解釋爲祖先，而是指葬入墓中的先死之人的看法是正確的。"爲人立先"，可指買下一塊公共墓地，埋葬先死之人。

陝西西安出土初平四年（193）王氏鎮墓陶瓶，上有"天帝使者謹爲王氏之家後死黃母，當歸舊閬，慈（兹）告丘丞莫（墓）伯（伯）、地下二千石、蒿里君、莫（墓）黃（皇）、莫（墓）主、莫（墓）故夫人、決曹尚書：令王氏塚中先人，无驚无恐，安隱（穩）如故"。舊閬，指舊穴、舊地，即祖墳地。張勳燎、白彬先生指出："它是以行術人天帝使者的口吻，爲王家黃姓婦人擇日葬屍墓室，向丘丞、墓伯、地下二千石、蒿里君、墓皇、墓主、墓故夫人、決曹尚書等主管事宜的神祇傳達天帝的命令，要他們保證先已葬入墓中的王家祖先保持安定，不要因爲重新開啓墓室入葬王黃氏一事而引起驚恐，從而讓王家子孫後代無災無禍，人丁興旺，家道富昌。"④ 實際上，"王氏塚中先人"並不一定僅限於王家祖先，亦應包括早逝的同輩甚至晚輩。在内蒙古呼和浩特和林縣出土北魏延和二年（433）張正子父母鎮墓石，

---

① 張勳燎、白彬：《中國道教考古》第一卷，第 134 頁。
② 蔣華：《揚州甘泉山出土東漢劉元臺買地磚券》，《文物》1980 年第 6 期，第 57 頁。
③ 王澤慶：《東漢延熹九年朱書魂瓶》，《中國文物報》1993 年 11 月 7 日第三版。
④ 張勳燎、白彬：《中國道教考古》第一卷，第 172 頁。

上有"正子世有此土,今得吉卜,奉先考素士靈柩,合葬於先妣鄒氏孺人塋域"。[①] 文中所説"世有此土",即指張正子家有一塊土地,作爲父母的墓地。

在"爲地置根,爲人立先"這一詞組搭配中,"爲地置根"是擇墓地,"爲人立先"是買墓地,固定組合之後意指選擇一塊吉地作爲先死之人的墓地。丘陵墳墓所在地原非其所有,通過黄神使者、天帝使者一類神明提供土地,買地之後居住生根,後代子孫就自然以此爲祖塋而祔葬於此。

(作者單位: 西南大學漢語言文獻研究所、

出土文獻綜合研究中心)

---

① 張麗華:《〈北魏張正子爲亡父母合葬立鎮墓石〉淺識》,《中國書法》2005 年第 10 期,第27 頁。

漢蜀郡"節義顛没"等字殘碑考*

韋玉熹

《1996—2017 北京圖書館新藏金石拓本菁華（續編）》收録了一件新出的四川漢代殘碑（書中稱"節義顛没等字殘碑"），①碑文現存八行，有行無列，除第五、七行漫漶不清外，他行字迹大體可辨，字徑約 4 釐米，大小略有參差。此碑字體爲成熟隸書，筆畫波挑明顯，結體方整，書風健樸天然，與王孝淵墓銘、孟孝琚殘碑風格相近；碑周四邊飾以席紋，熊長云、王家葵等學者業已指出，這種裝飾方式和李君碑、裴君碑一致，流行時代大概在桓靈之際。② 首先按我們的理解，將該碑碑文釋寫如下：

> ……哀哉。節義顛没，賢□……閔傷。建章其辭曰：/……文，聞壹遲（知）二。從……□魯《詩》。遭叔(?)□□/……涉難匡邪，禮以……/勤，辭親志衆。節性/……謁忠，事親謹敬。……施（陁）隁真（貞）□，詽（研）(?)躬□/……喪身……/……不弁主，禁而……曷，

---

* 本文爲廣西民族大學科研基金資助項目"漢代石刻文字材料整理與字詞專題研究"（引進人才科研啓動項目，2021SKQD35）階段性成果。

① 該碑上窄下寬，呈楔形，已斷爲二截，僅存下半截，周圍環飾邊框，框外左右兩側密刻陰綫鑿紋。拓片寬 55.5 釐米，高 74 釐米，由王映暉（星漢齋）製拓，上鈐"熊氏""長云千萬"連珠印、"星漢齋傳拓記"白印、"息見堂讀碑記"朱印。北京大學圖書館金石組胡海帆、湯燕：《1996—2017 北京大學圖書館新藏金石拓本菁華（續編）》，北京大學出版社 2018 年，第 101 頁。

② 熊氏跋語云："此碑近出蜀中，書風淳古，而碑之左右皆佈以鑿紋，其式類裴李二君之碑，蓋是一時風氣也。乙未二月識於燕園，熊長云。"王氏跋語云："星漢齋藏殘石一品，製作略同於李君、裴君，字體尤近李君，大約皆桓靈之際所作者。殘文有'節義'字樣，商之長云兄，題名'節義'殘碑。文辭斷爛，難於卒讀，字體則可爲臨池之助。"前者見上注，後者見王家葵：《題節義殘碑》，新浪博客，2016 年 4 月 17 日。

痛徹倉天。羣□□/……者，教子力田。……財年。□表章……/①

一、字 詞 解 讀

（一）節義顛没、閔傷、建章

首行此句大意謂墓主爲人節義却不幸亡故，賢士衆人爲之哀憫悲悼。"節義"，即有節操、奉義行之意。《後漢書·安帝紀》："貞婦有節義十斛，甄表門閭，旌顯厥行。"李賢注曰："節謂志操，義謂推讓。"②漢碑中多見稱頌某人"節義"之語，如《子游殘碑》云"昔者顯祖，節義高明"、③《李翊夫人碑》云"節義踰古，訓導不煩"④等。"顛没"，婉指墓主謝世，類似的表達還有"顛沛""顛隕"等，如《鄭固碑》云"隕命顛沛，家失所怙"、⑤《祝長嚴訢碑》云"獨遭災霜，顛賈徂落"等。⑥ "閔傷"，謂閔悼悲傷，《郭擇趙氾碑》有"時陳溜高君下車，閔傷犁庶"句，與此碑同。此外《賈武仲妻馬姜墓記》"皇上潤悼"、《子遊殘碑》"士庶閔悼，遠近同哀"等語，大意近似。"建章"，疑爲"建石以章"之省言，意思與後世墓誌"刊石記功，以彰厥德"之類相近。⑦

（二）聞壹遲（知）二

碑文"聞壹遲（知）二"之"遲"，作 ，右部與漢簡草書 （肩水伍 73EJD：260A，遲）⑧類寫法相近，是"遲"字的異體，在句中讀爲"知"。遲是定母脂部字，知是端母支部字，二字上古音聲母同爲舌音，韻部關係密

---

① 采用寬式釋文，可確定字數的闕字用"□"表示，不能確定字數的闕字用"……"表示，一行之末用"/"表示。

② 范曄撰，李賢等注：《後漢書》，中華書局 2012 年，卷五，第 229—230 頁。

③ 徐玉立主編：《漢碑全集（六）》，河南美術出版社 2006 年，第 1972—1984 頁。

④ 洪适：《隸釋 隸續》，影印洪氏晦木齋刻本，中華書局 1985 年，卷十二·十六—十七，第 143—144 頁。

⑤ 洪适：《隸釋 隸續》，卷六·十九，第 77 頁。

⑥ 洪适：《隸釋 隸續》，卷二十四·十一，第 254 頁。

⑦ 趙超：《漢魏南北朝墓誌彙編》，天津古籍出版社 1992 年，第 266 頁。

⑧ 韓鵬飛：《〈肩水金關漢簡（肆·伍）〉文字整理與釋文校訂》，吉林大學碩士學位論文（導師：周忠兵教授），2019 年，第 160 頁。

切,讀音相近。“知”字的聲符“矢”即脂部字,而“知”字讀音則在支部。
文獻中亦不乏脂、支部互相通假的例子,如《荀子·非十二子》:“以不俗
爲俗,離縱而跂訾者也。”楊倞注:“訾,讀爲恣。”①訾,從母支部字;恣,精
母脂部字。因此“遲”讀爲“知”是符合音理的。“聞一知二”,典故出自
《論語·公冶長》:“回也聞一知十,賜也聞一知二。”②漢碑裏類似的稱贊
墓主聰敏的套語,又見於《安平相孫根碑》“受性明叡,聞一知十”、③《太
傅胡廣碑》“生而知之,聞一睹十”,等等。④

(三) 涉難、匡邪

涉難,即經歷危難之意,是古書中習用的表達,見《管子·兵法》:“厲
士利械,則涉難而不匱。”⑤《説苑·立節》:“臨敵涉難,止我以利,是污吾
行也。”⑥匡邪,意思是糾正邪惡,《文子·下德》曰:“匡邪以爲正,攘險以
爲平,矯枉以爲直。”⑦《楚辭·九嘆》:“撥讒諛而匡邪兮,切澳涩之流
俗。”⑧此處似爲記叙墓主經歷種種磨難,而能堅持糾邪辟惡,保持一身正
氣的高尚行徑,爲下文的贊頌之辭做鋪墊。

(四) 痛 徹 倉 天

“痛徹倉(蒼)天”,謂痛苦足以上達青天,形容内心極度痛苦。從文
獻記載來看,“痛徹蒼天”之語,最早似見於東漢早期辭賦家馮衍所寫的
書信。《後漢書·馮衍傳》記有馮衍老而出其妻一事,李賢注引《馮衍集》
所載《與婦弟任武達書》曰:“痛徹倉天,毒流五臓,愁令人不賴生,忿令人
不顧禍。”⑨此處當是借用馮氏之辭來形容墓主的親人或與之有關的衆人

---

① 王先謙撰,沈嘯寰、王星賢點校:《荀子集解(上)》,中華書局 2013 年,第 119 頁。
② 何晏等注,邢昺疏:《論語注疏》,影印清嘉慶二十年南昌府學重刊宋本十三經注疏,中
華書局 1982 年,卷五·四,第 2473 頁下欄。
③ 洪适:《隸釋 隸續》,卷十·十一,第 115 頁。
④ 嚴可均輯:《全上古三代秦漢三國六朝文(第 2 冊·後漢)》,河北教育出版社 1997 年,
第 714 頁。
⑤ 黎翔鳳撰,梁運華整理:《管子校注(上)》,中華書局 2004 年,第 322 頁。
⑥ 劉向撰,向宗魯校證:《説苑校證》,中華書局 1987 年,第 85 頁。
⑦ 彭裕商:《文子校注》,巴蜀書社 2006 年,第 191 頁。
⑧ 王泗原:《楚辭校釋》,中華書局 2014 年,第 426 頁。
⑨ 范曄撰,李賢等注:《後漢書》,卷二十八下,第 1002—1003 頁。

對墓主的亡逝深感悲哀，以致痛苦不堪的心情。

（五）隕真（貞）

"真""貞"上古音一爲章母真部，一爲端母耕部，聲母同屬舌音，韻部爲陽聲韻旁轉，語音關係密切，在古書中常有通假的例子，比如郭店楚簡《老子》乙本："攸（修）德之身，其惪（德）乃貞（真）。"① 馬王堆帛書《老子》乙本和今本，均作"其德乃真"。② 故"隕真"可讀爲"隕貞"，意爲貞良隕殁，大概是在表達對墓主身爲貞良之士，却不幸亡故的感嘆和惋惜之情。《北軍中候郭仲奇碑》有"殘隕貞良"之句，大意與此相近。③

二、文 體 特 徵

根據目前文體學研究的相關成果，成熟的碑文文體，大都遵循"前序後銘"的結構，"序"部分用散文形式寫成，主要叙述墓主的名諱、家世、品行和功業等情况，有時會加入撰文者的評價議論，接下來以"其辭曰"作爲分隔，通常另起一段，以韻文的形式贊頌墓主的品德，表達哀悼懷念之情。這部分韻文一般爲四字句，稱爲"銘"。從漢代碑文文體的發展過程來看，"序"的篇幅比例是逐漸增加的，到東漢中後期，"序"部分往往在字數上要比"銘"部分多出不少。何如月在《漢碑文學研究》中詳細討論了碑文體式的形成過程和演進軌迹，描述了每個階段文體的不同形式特徵，並通過比較東漢中晚期碑刻文化中心地區與南方邊地碑文文體的地域性差異，指出同一時期蜀中地區的碑文體式成熟程度較中心地區更低，但受誄文和楚辭影響則較之更深的現象。④

上述研究爲我們從文體角度探索蜀郡"節義隕没"等字殘碑的製作時代，提供了有益的參照系。雖然這塊碑刻目前只能見到下半截的文字，

---

① 荆門市博物館：《郭店楚墓竹簡》，文物出版社 1998 年，第 118 頁。

② 白於藍：《簡帛古書通假字大系》，福建人民出版社 2017 年，第 1110 頁。

③ 相關語句爲："……臨孔明，殘隕貞良。卒被氛氣，奄忽徂亡。"洪适：《隸釋 隸續》，卷九·二，第 99 頁。

④ 何氏認爲和帝永元年間至桓帝初年是漢碑文體的演進定型時期，桓帝元嘉年間至靈帝時期是成熟時期。何如月：《漢碑文學研究》，商務印書館 2010 年，第 88—99 頁。

但從剩餘部分的行款和内容信息,能够推知部分和碑文文體結構相關的情况。首先,"節義顛没"等字殘碑出現了"其辭曰"三字,説明碑文很可能已經具備前序後銘的體式結構;其次,"其辭曰"所處的行列位置(第一列末尾),可以推斷出前序部分占碑文整體的篇幅不長(約 1/8)。這兩處信息反映出"節義顛没"等字殘碑的文體結構,似乎更符合漢碑文體完全成熟之前階段的一些特徵。像安帝永初七年(113)的張禹碑、順帝永建三年(128)的王孝淵墓碑,碑文體式結構就體現出前序較短、後銘較長的特點,前者"序"部分約占全文的 2/15,後者序部分約占全文的 1/4。① 就蜀中地區現存的碑刻文體情况而言,直到桓帝本初(146)、元嘉(153)年間的李君碑和裴君碑,仍然還是前序短、後銘長的結構(李君碑的序部分占全文約 1/4,裴君碑約 1/8)。② 考慮到蜀中地區碑文文體的成熟,往往相對於中原、山東等地更晚,從文體結構方面的信息推測,"節義顛没"等字殘碑的製作年代,上限大概不會早於東漢中期的早段,下限不會晚於東漢中、晚期之交。

三、書體風格、書刻方式和裝飾手段

"節義顛没"等字殘碑的書體風格,屬於敦樸一派,與王孝淵墓碑的書風有近似的地方,比如起收多用圓筆,筆畫粗細均匀,波磔明顯等。不過"節義顛没"等字殘碑用筆更顯灑脱,結體偏舒展,佈局上參差相

---

① 值得注意的是,儘管張禹碑没有以"其辭曰"的形式區分開"序"和"銘"兩個部分,但從碑文的寫作形式和各部分承擔的實際功能來看,整篇碑文已經具備前散後韻的"序+銘"結構雛形了。張禹碑圖版及碑文内容研究詳見黄明蘭、朱亮編著:《洛陽名碑集釋》,朝華出版社 2003年,第 9—12 頁;趙振華、王竹林:《〈張禹碑〉與東漢皇陵》,《古代文明研究通訊》2004 年第 23期,第 37—46 頁;趙振華、王竹林:《〈張禹碑〉與洛陽東漢皇陵》,《湖南科技學院學報》2006 年第4 期,第 110—113 頁;王竹林、朱亮:《東漢安鄉侯張禹墓碑研究——兼談東漢南兆域陵墓的有關問題》,《西部考古》第 1 輯,三秦出版社 2006 年,第 341—355 頁;陳劍:《張禹碑銘雜識》,《出土文獻》2022 年第 1 期,第 82—92、157 頁;韋玉熹:《張禹碑銘補釋》,《出土文獻》2021 年第 2 期,第 95—101 頁。王孝淵碑圖版釋文參見徐玉立主編:《漢碑全集(二)》,第 386—397 頁;于淼:《東漢王孝淵碑釋文補釋》,《中國文字》新 40 期,藝文印書館 2014 年,第 219—225 頁。

② 李君碑、裴君碑圖版及釋文參見北京大學圖書館金石組胡海帆、湯燕:《1996—2012 北京圖書館新藏金石拓本菁華》,北京大學出版社 2013 年,第 44—45 頁。成都文物考古研究所:《成都天府廣場東御街漢代石碑發掘簡報》,《南方民族考古》第 8 輯,科學出版社 2012 年,第 1—8 頁;羅開玉:《成都新出土〈李君碑〉、〈裴君碑〉初探》,《南方民族考古》第 8 輯,第 21—32 頁;趙超、趙久湘:《成都新出漢碑兩種釋讀》,《文物》2012 年第 9 期,第 62—70 頁。

間,頗有錯落自然之趣。從拓本紙紋反映的刻痕情況來看,刻工采用的是雙刀刻法,從筆畫兩側下刀,形成中間深兩邊淺的 V 形溝槽,因而能較好地還原書丹筆迹的特色。字迹筆畫呈現出向右下傾斜的趨勢(比如橫畫多左高右低),相較同時代其他行款工整嚴謹的碑刻,更有簡牘書迹的韻味。

　　另外,前文已有學者指出,"節義顛没"等字殘碑碑周用席狀平行鑿紋裝飾的現象,和裴、李二君碑是一致的。更早的時候,席狀平行鑿紋只是石工在平整石面時附帶留下的痕迹,不具有裝飾意義,常常能在漢代各類建築石刻裏看到,比如廚城門石柱礎、任城王漢墓黄腸石、成都王伯魚闕等等。① 刻工會直接在平整好的石面上刻字,大部分都是附屬性刻銘。到東漢中期,有些刻工在將中部刻銘的部分打磨至光滑的同時,選擇保留碑面四周的鑿紋,作爲分隔和裝飾帶,比如王孝淵墓碑、簿書殘碑、②裴君碑和李君碑。這種裝飾習慣,流行於四川地區,不限於碑刻,在崖墓群題記周圍也經常能見到,時間持續到東漢晚期,比如周代造崖墓題記、柏樹林崖墓題記、索恩崖墓題記等。③ 與此同時,中原、山東地區的碑刻,東漢中期後很少有保留鑿紋作爲裝飾帶的習慣,體現出不同地域的審美偏好差異。不過,川渝地區時代更晚一些的碑刻,比如熹平二年(173)的景雲碑,由於工藝的進步,碑周已不再用鑿紋裝飾,而代以精細的卷雲紋了。④

小　　結

　　通過對蜀郡"節義顛没"等字殘碑碑文字詞、文體特徵、書體風格、書刻方式和裝飾手段的分析和研究,我們可以確定該碑的製作年代,應在東

---

① 上述石刻圖版分别參見劉瑞、李毓芳、王志友、徐雍初、王自力、柴怡:《西安市漢長安城北渭橋遺址》,《考古》2014 年第 7 期,第 2、34—47 頁;胡廣躍編著:《任城王漢墓出土黄腸石題刻全集》,三秦出版社 2017 年;徐玉立主編:《漢碑全集(一)》,第 204—205 頁。

② 北京大學圖書館金石組胡海帆、湯燕:《1996—2017 北京大學圖書館新藏金石拓本菁華(續編)》,第 91 頁。

③ 北京大學圖書館金石組胡海帆、湯燕:《1996—2017 北京圖書館新藏金石拓本菁華(續編)》,第 74—75 頁;高文、高成剛:《四川歷代碑刻》,四川大學出版社 1990 年,第 27、16 頁。

④ 重慶中國三峽博物館、重慶博物館編:《重慶中國三峽博物館 重慶博物館》,文物出版社 2005 年,第 96—97 頁。

漢中期偏後段,時間範圍大概不早於順帝初年,不晚於桓帝末年。

附記：小文初稿蒙施謝捷先生、廣瀨薰雄先生、郭永秉先生審閲並賜示修改意見,謹致謝忱。

（作者單位：廣西民族大學文學院,
廣西民族文化保護與傳承研究中心）

讀書偶劄六則[*]

李　煜

本文所録讀書劄記六則，私心管見，不敢自矜，或有紕謬，尚祈指正。

"漢語"別義

研究漢語的人不少，説漢語的人就更多了。"漢語"一詞，《辭海》雖收録，惜未論及其由來，新舊版《辭源》均失録，《漢語大詞典》采入，謹節録如次：

> 1. 漢朝人的文字語言。明·唐順之《答皇甫百泉郎中書》："其於文也，大率所謂宋頭巾氣習，求一秦字漢語了不可得。"《説文·水部》"玀，逐禽也"清·王筠句讀："依《類篇》引改以校玀説玀者，以漢語釋古語也。《孟子》'玀較'即此。較、校通。" 2. 漢族的語言。……北周·庾信《奉和法筵應詔》："佛影胡人記，經文漢語翻。"唐·元稹《縛戎人》詩："中有一人能漢語，自言家本長安窟。"……①

"漢語"一詞的含義，《大詞典》所釋近是，本指"漢朝人的文字語言"，引申而指"漢族的語言"。近讀三家注本《史記》，偶得一例，似可補《大詞典》之闕。《孝文本紀》云："自當給喪事服臨者，皆無踐。"南朝·宋·裴駰集解："……孟康曰：'踐，跣也。'晉灼曰：'《漢語》作跣。跣，徒跣也。'"司馬貞索隱："《漢語》是書名，荀爽所作也。"據《後漢書·荀爽

　＊　本文爲教育部人文社會科學研究一般項目"清華簡與《左傳》比勘合證平議研究"（18YJA740023）階段性成果。

　①　羅竹風主編：《漢語大詞典》縮印本，上海辭書出版社2007年，第3404頁。

傳》,知荀爽"集漢事成敗可爲鑒戒者,謂之《漢語》"。《漢書·文帝紀》:"自當給喪事服臨者,皆無踐。"顏師古注:"伏儼曰:'踐,翦也,謂無斬衰也。'孟康曰:'踐,跣也。'晉灼曰:'《漢語》作跣。跣,徒跣也。'師古曰:'孟、晉二説是也。'"中華書局標點本加了書名號,甚是。①《漢語》是一本輯録有關漢朝政治得失事迹的書,《漢語大詞典》應作爲獨立的詞條收録。

説 "大"

"大"是常用詞,似無足説,也不無可説。

沈赤然《寄傲軒隨筆》云:"湖州人呼姊爲大,而仍連行第,長曰大大,二曰二大,三曰三大,嘗怪其鄙陋無義,而不知其所由來也。"②見怪不怪,今天,粤方言區的順德話有稱母爲大,稱舅父爲大,稱姐姐爲大;東北人稱父及父輩男子爲大,如歐陽山小説《高幹大》之大。疊音作大大,吳方言區的丹陽話用以稱父親,上海市、嘉興、平湖等地稱祖父,紹興却用來稱姐姐。③

"大""大大"亦作"達""達達"。《濟寧縣志》卷四:"大,父也。濟寧稱父曰大,亦有稱達者,疑即爹字轉音。"④這説明稱父爲達是方音略異,並無辨義作用。《醒世姻緣傳》第四十八回:"你達替俺那奴才餂定。"《聊齋俚曲集·牆頭記》:"你達達無正經。""達""達達"均指父親。《金瓶梅》第二十七回西門慶説:"你達不愛别的。"後文説:"既然如此,你爹胡亂耍耍罷。"足證"達""爹"同義。《金瓶梅》還用"達達"作男女間的昵稱,如第七十三回:"婦人叫西門慶:'達達,你取我的抉腰子,墊在你腰底下。'"⑤宜興、淄博、掖縣、濟寧亦稱爹爹爲"達達"。

"大、大大、達、達達"或指父母,或指祖父,或指舅父,或指姐姐,這就是稱謂習俗中行輩失序和男女無别的現象,古代十分常見。"公""爺"既是祖父之稱,也是父親之稱;"姐""姊"既指母親,也指姐姐。女子可稱

---

① 班固撰,顏師古注:《漢書》,中華書局 1962 年,第 133 頁。

② 引自梁章鉅:《稱謂録》,天津市古籍書店 1987 年,第 333 頁。

③ 閔家驥等編:《簡明吳方言詞典》,上海辭書出版社 1986 年,第 11 頁。

④ 袁紹昂等纂:《濟寧縣志》卷四"方言篇",1927 年,第 27 頁。

⑤ 參白維國:《〈金瓶梅詞話〉特殊詞語例釋》,《學習與參考》1981 年第 6 期,第 69 頁。

“公”“先生”,唐代尼姑也稱爲“和尚”。這些都是行輩失序和男女無别的稱謂。

“大”稱長輩和平輩之長者,古書中尚未多見。不過,我認爲它是以其他面目出現的。“大”就是“大人”,古書中“大人”可稱父,如《史記·高祖本紀》:“始大人常以臣無賴,不能治産業,不如仲力。”可稱母,如《後漢書·范滂傳》:“惟大人割不可忍之恩,勿增感戚。”可稱家姑,如古樂府《孔雀東南飛》:“三日斷五匹,大人故嫌遲。”還可用於尊稱非親族的成年人。由此可見“大人”用作長者尊稱與近現代的“大”是頗爲一致的。

古代的“大”還表現爲與“多、爹、㚊、爺、奢、媎、社、姐和祖”等詞的意義聯繫上。前引《濟寧縣志》謂“疑即爹之轉音”,所疑良是。“大”,《廣韻·泰韻》作“徒蓋切”;“爹”,《廣韻·哿韻》作“徒可切”,云:“爹,北方人呼父。”“大”與“爹”聲紐相同,若往上古追溯,則“大”屬李新魁先生所説的次入韻祭部,“爹”从多得聲,多隸於歌部,歌部祭部相對應。回紇人稱父爲“多”,見《隋書·回紇傳》,又見《唐書·德宗紀》。似可説稱父之“多”與漢語的“爹”等有更古遠的淵源關係。

《方言》卷六:“南楚瀑洭之間母謂之媓,謂婦妣曰母㚊,稱婦考曰父㚊。”《説文》女部:“媞……江淮之間謂母曰媞。”《廣雅·釋親》:“妻之父謂之父㚊,妻之母謂之母㚊。”王念孫《疏證》引《説文》“江淮之間謂母曰媞”後指出:“媞與㚊聲義相近。”“父㚊”“母㚊”的“父、母”猶言男女,本來應是同稱“㚊”或“多”。這很像湖南岳陽臨湘一帶爸爸和媽媽均稱“爸”,僅加“大、細”分辨男女。《説文通訓定聲》在《説文》“㚊”字下説:“俗字作爹。”“爺”與“爹”同源,前人已論定,毋庸贅述。

《廣雅·釋親》:“爹、奢,父也。”王念孫《疏證》:“爹、奢聲相近。”並引高誘注《淮南子·説山》之説:“雒家謂公爲阿社。”謂“社與奢聲相近”。《淮南子·説山》:“西家子見之,歸謂其母曰:‘社何愛速死?’”合高注觀之,即知父、母均可稱爲“社”。

更有進者,錢大昕謂古人多舌音,後人也多論及齒音與舌音關係,“祖、姐”屬精紐字,與屬舌音的“大、爹、㚊”等字在音義上也有種種牽聯。《説文》女部:“姐,蜀謂母曰姐,淮南謂之社。从女,且聲。”據《玉篇·女部》,姐字古文作毑和她,聲符“也”,在更早的時期念爲舌音,歌部。《字彙》：“姐，與姐同，又羌人呼母爲姐。”祖字甲骨文作“且”，稱祖父或祖父以上長輩男子。從形體而言，爹與妼對應，祖與姐對應，姐與奢對應，表女性的字均屬後起。

綜之，由近現代“大”“達”作長輩或平輩之長者的稱謂，推至中古的“多”“爹”“爺”“奢”“妼”“姐”“社”“姐”和上古的“且”（祖），儘管隨着時代、地域的不同，它們的形音義小有差異，但重合點更多，源流關係尚可清理。《説文》謂“天大地大人亦大，故大象人形”，推因雖未準確，説“大象人形”則契合於甲金文材料。“大”字象人正面站立之形，或許當初即表“大人”之義，只是後來常用爲小大之大，稱謂的意義就轉由其他形式如“大人”表示，或由一些同源詞承擔了它的有關稱謂諸意義。“大”字本來的稱謂義至近現代始復活。

前

《吳越春秋·王僚使公子光傳》第三：“伍子胥者，楚人也，名員。員父奢，兄尚，其前名曰伍舉。”宋·徐天祐校云：“前名當作前人，舉即奢之父，員之祖。”按，“前”，先也，可作祖宗泛稱。“前名”連讀誤。不煩改字。

對　曹

《急就篇》云：“犯禍事危置對曹。”顏師古注：“犯禍，犯法而致禍也。事危，其事傾危也。既被驗問，則置立對辭於曹府也。”今按，“曹”當訓儔，“對曹”指敵對之輩。意義類似的詞有“對手”“對偶”“對當”“對頭”等。

指　麾

《史記·淮陰侯列傳》：“雖有舜、禹之智，吟而不言，不如瘖聾之指麾也。”王伯祥先生注：“雖有舜、禹那樣智慧的人，若光是呻吟而不發言，竟不如啞吧、聾子的會得指揮調度了。”[1]今按，郭在貽先生《訓詁學》已正其“吟”字之解，訓爲噤口不語。[2]“指麾”一詞，亦作“指撝”“指揮”，此處王

---

①　王伯祥選注：《史記選》，人民文學出版社 1973 年，第 372 頁。

②　郭在貽：《訓詁學》，湖南人民出版社 1986 年，第 12—13 頁。

氏亦注誤,實當解爲"比劃指點",並無"指揮調度"義。銀雀山漢簡《守法守令十三篇》一:"……舉手指摩(麾),姦詐之所橐(托)也。"整理小組注:"《號令》:'舉手相探,相指,相呼,相歷,……及非令也,而視敵動移者斬',畢沅謂相歷之'歷'當作'麾',甚是。簡文'摩'字當讀爲'麾',二字皆從'麻'聲,音近相通。'橐'讀爲'托',亦以音近相通。"①銀雀山簡"指麾"的用法與《史記》相同。

希　慢

《三國志·魏書·袁紹傳》注引《典略》:"自此紹頁御希慢。"吳金華先生認爲:"'希慢'疑爲'希簡'之誤。'希簡'亦作'稀簡',同義之字平列,簡亦稀也。……可見'希簡'亦當時習語。'希慢'連文頗生硬,此二字《後漢書·袁紹傳》《資治通鑒》卷六十二均作'稀簡',似宜從之。"②按,"慢"亦簡也,複合詞尚有"簡慢"。"希簡"固宜,"希慢"亦未非。

（作者單位：廣州大學人文學院）

① 銀雀山漢墓竹簡整理小組編:《銀雀山漢墓竹簡［壹］》,文物出版社 1985 年,第 128、130 頁。
② 吳金華:《三國志校詁》,江蘇古籍出版社 1990 年,第 45—46 頁。

《現代漢語詞典》第 6、7 版
古器物配圖釋義商補

楊澤生

　　2012 年《現代漢語詞典》（以下簡稱"《現漢》"）第 6 版對 2005 年第 5 版有 9 項較大的修改，其中 1 項便是"配合釋義增補了近百幅古代器物方面的插圖"。[①]　之所以説增補，是因爲第 5 版原有 46 幅配圖。[②]增加具體形象的插圖，可以幫助讀者理解詞義，達到事半功倍的效果。此前一百年即 1912 年同樣由商務印書館出版的《新字典》，其突出創新便是"重要實物，皆附圖畫"，難怪蔡元培《新字典序》説之前流行了兩百年的《康熙字典》最大的缺點是"全書不附一圖"，並對其所作創新大加贊賞；之後《辭源》《辭海》直至《現漢》等辭書皆有配圖釋義。《現漢》第 6 版在《新字典》百年之後大量增補插圖，頗有承傳意味。2016 年《現漢》第 7 版由於時間間隔短，有關修訂"規模較小"，古器物方面的釋義可謂一仍其舊。

　　誠如參與《現漢》第 5、6 版修訂的譚景春所説，"《現漢》是一部精品辭書，具有廣泛的社會影響。編纂出一部好的辭書很難，把一部好辭書修訂好也不容易，尤其是像《現漢》這樣的精品辭書"，[③]所以第 6 版《現漢》

　　①　中國社會科學院語言研究所詞典編輯室編：《現代漢語詞典》第 6 版、第 7 版，商務印書館 2012 年、2016 年，"第 6 版説明"、"2012 年第 6 版説明"；江藍生：《〈現代漢語詞典〉第 6 版概述》，《辭書研究》2013 年第 2 期，第 3 頁。
　　②　江藍生：《〈現代漢語詞典〉第 6 版概述》説"《現漢》第 5 版原有配圖約 50 幅"（第 18 頁），經核對，第 5 版共 41 處 46 幅，包括第 350 頁"多面體"3 幅，第 754 頁"卡鉗"、第 1209 頁"人的身體"、第 1463 頁"細胞"各 2 幅。
　　③　譚景春：《詞典釋義中的語義歸納與語法分析——談〈現代漢語詞典〉第 6 版條目修訂》，《中國語文》2012 年第 6 期，第 561 頁。

出版後很快就有學者在高度評價它的同時也提出一些商権意見。① 由於興趣和工作需要,筆者翻閲了《現漢》第 6、第 7 版對古器物的説解,覺得絕大部分釋義很精當,②而有些地方也存在不足,其中有些没有配圖的也可以考慮增加插圖。下面寫出來,供讀者和編者參考。

(1) 6:76—77、7:77 編磬:古代打擊樂器,在架子上懸掛一組音調高低不同的石製的磬,用小木槌敲打奏樂。

按,此處有兩點不妥。第一,"磬"雖然多爲石製而並不限於石質。《現漢》6:1064、7:1071"磬"字第一義項就説"用玉或石製成",《新華字典》第 405 頁也説"用玉或石做成",《漢語大字典》第 1025 頁則説"用石、玉或金屬製成"。③《辭源》第 1330 頁"編磬"條説懸掛的是"石磬或玉磬",《辭海》第 1338 頁、《漢語大詞典》9.982"編磬"條皆説懸掛的磬是"石製或玉製"。④ 第二,通常懸掛的編磬從排列看不是一排,從演奏聲調組合看不是一組;⑤《辭海》第 1338 頁説編磬"由懸掛在木架上的一系列石製或玉製的磬組成",《漢語大詞典》9.982 説"一般爲十六枚,……分兩排懸於木架上",《辭源》第三版第 1780 頁説"多枚磬按音高編組懸掛,稱編磬",⑥也都没有説是一組。

(2) 6:219、7:219 琮:古代一種玉器,方柱形,中有圓孔。

按,前引譚景春文在談到《現漢》條目修訂時曾指出:"用品類名物詞的釋義主要由用途、形狀、材料三個要素組成,在這三個要素中'用途'最

---

① 如林玉山:《品質的躍升——評第 6 版〈現代漢語詞典〉》,《漢字文化》2013 年第 1 期,第 93—96 頁;張博:《〈現代漢語詞典〉第 6 版釋義修訂的類型及特徵》,《辭書研究》2013 年第 2 期,第 25—33 頁;等等。

② 其中有的是沿用 2005 年第 5 版的,如 6:488(冒號前後分別爲版次、頁碼,下同)與 5:513"圭1"釋義完全相同;有的是新修訂的,如 5:515 鬲:"古代陶製炊事器具,有三個空心的足。"6:490 改作:"古代陶製或銅製的一種炊事器具,有三足(多爲空心),有柄和嘴兒。"

③ 中國社會科學院語言研究所編修:《新華字典》第 12 版,商務印書館 2020 年;漢語大字典編輯委員會編:《漢語大字典》縮印本,四川辭書出版社、湖北辭書出版社 1993 年。

④ 廣東廣西湖南河南辭源修訂組、商務印書館編輯部編:《辭源(合訂本)》,商務印書館 1988 年;辭海編輯委員會編:《辭海(縮印本·1989 年版)》,上海辭書出版社 1990 年;漢語大詞典編輯委員會編:《漢語大詞典》第 1 版,漢語大詞典出版社 1995 年,"9.982"指第 9 册第 982 頁。

⑤ 參看李純一:《中國上古出土樂器綜論》,文物出版社 1996 年,第 55—58 頁。

⑥ 何九盈、王寧、董琨主編,商務印書館編輯部編:《辭源》第三版(合訂本),商務印書館 2019 年。

重要,是不可或缺的,因爲認識一種用品,最主要的是要知道它的用途。所以《現漢》對用品類名物詞的釋義一般都含有'用途'這一要素。"而此處琮作爲名物詞並沒有用途説明。《漢語大詞典》4.597 解釋説:"瑞玉。方柱形,中有圓孔。用爲禮器、贄品、符節等。"《漢語大字典》第 472 頁説:"古代的一種玉質禮器,方形,也有作長筒形者,中有圓孔。"兩書除了解釋形狀和圓孔的位置,還有琮用爲禮器等的用途説明。

(3) 6:255、7:256 瓿:古代一種口小腹大的陶製瓶子。

按,此説欠妥。第一,瓿又作罈,並不限於陶製,容庚《商周彝器通考》所録國差罈、龍形四耳罈皆青銅器,[1]《現漢》可據以增加插圖。第二,容庚以"巨腹斂口,廣肩無足"描述國差罈的器形,[2]而斂口並不等同於小口。第三,瓿和常見的瓶子有較大差别,《辭海》第 1536 頁就説是"罎子一類"、《漢語大詞典》5.296 説是"罍類",朱鳳瀚《中國青銅器綜論》則説"罈之形制特徵與罍有相近處"。[3]第四,沒有瓿作爲酒器的用途説明。綜上,瓿是古代一種大腹斂口的酒器。

(4) 6:355、7:356 幡:一種窄長的旗子,垂直懸掛。

按,"垂直懸掛"並不排除像錦旗那樣掛在牆上,而通常見到的幡是不掛牆的,《新華字典》第 122 頁就説它是"用竹竿等挑起來直着掛的長條形旗子",所以"垂直懸掛"四字顯然過於籠統。

(5) 6:405、7:406 簠:古代祭祀時盛穀物的器皿,長方形,有足,有蓋,有耳。

按,簠的器用不限於祭祀,《漢語大詞典》8.1241 就説"古祭祀、宴享時用",《漢語大字典》第 1257 頁説簠是"古代食器,也用作祭器"。

(6) 6:464、7:465 "觚"字第二義項:古代寫字用的多棱形木簡:操 ~(寫文章)。

按,將其外形描述爲"多棱形"是非常精確的,1977 年甘肅玉門漢代

---

① 容庚:《商周彝器通考》,上海人民出版社 2008 年,第 825 頁。
② 容庚:《商周彝器通考》,第 342 頁。
③ 朱鳳瀚:《中國青銅器綜論》,上海古籍出版社 2009 年,第 218 頁。

烽燧遺址出土的西漢木觚作七棱柱形,①《現漢》可據以增加插圖;而將
"觚"看作"木簡"也是常見語文辭書的做法,如《辭海》第 2224 頁、《辭
源》第三版第 2074 頁、《漢語大字典》第 1632 頁都説是古代用來書寫的
木簡,再如《漢語大詞典》10.1357 解釋説:"木簡。古人用以書寫或記事。
《急就篇》卷一:'急就奇觚與衆異。'顏師古注:'觚者,學書之牘,或以記
事,削木爲之,蓋簡之屬也……其形或六面,或八面,皆可書。觚者,棱也,
以有棱角,故謂之觚。'《文選·陸機〈文賦〉》:'或操觚以率爾,或含毫而
邈然。'李善注:'觚,木之方者,古人用之以書,猶今之簡也。'"因此它比
5:487 解釋作"古代寫字用的木板"是有進步的,但顏注、李注把觚看作
簡一類用來書寫的東西,也並没有將它等同於簡。事實上簡扁長可編聯,
與多棱柱形的觚不同,故"多棱形木簡"可改作"多棱形木方"或"多棱形
木柱"。

  (7) 6:573、7:576 璜:半璧形的玉。

按,附圖約相當於玉璧三分之一,與所説半璧形不符,也無用途説明。
《辭海》第 1374 頁、《漢語大詞典》4.628、《漢語大字典》第 477 頁都説它
是古代朝聘、祭祀、喪葬時所用的禮器,也作裝飾用。結合具體的出土實
物,璜其實是一種弧形片狀玉器,約相當於玉璧的一半或三分之一,用作
禮器或裝飾。

  (8) 6:1064、7:1071 磬:古代打擊樂器,形狀像曲尺,用玉或石
   製成。

按,磬雖然形狀曲折,但多數並不像作直角的曲尺。鄭祖襄曾用考古
學類型學的方法,對出土的磬和編磬劃分出"不規則形""鈍三角形""倨
句形"三種類型,②只有第三種類型接近曲尺。另外,釋義中的玉、石雖然
是並列關係,但磬用石材更爲常見,故石應在玉前,前面(1)所引《漢語大
字典》《辭源》《辭海》就是如此。

———————————

① 參看文化部文物局、故宫博物院編:《全國出土文物珍品選 1976—1984》,文物出版社
1987 年,圖 267;過去一般説觚作六面體或八面體,此實物證明並不限於這兩種形體。
② 鄭祖襄:《出土磬和編磬的考古類型學分析》,《黄鐘(中國·武漢音樂學院學報)》2005
年第 3 期,第 61—68 頁。

（9）6：1104、7：1110 如意：一種象徵吉祥的器物，用玉、竹、骨等製成，頭呈靈芝形或雲形，柄微曲，供賞玩。

按，有關用材、形狀和用途的表述皆不完備。關於用材，《辭源》第三版第 551 頁和《漢語大詞典》4.275 所説除了骨角、竹木、玉石之外還有銅鐵等金屬；關於形狀，《辭源》第三版第 551 頁説"柄端作手指形……又有柄端作心形者"；關於用途，《漢語大詞典》4.275 説"用以搔抓……或作指劃和防身用"，《辭海》第 1238 頁説"供搔背或賞玩等用"。

（10）6：1333、7：1341 瓦當：我國傳統建築鋪在房檐邊上的滴水瓦的瓦頭，呈圓形或半圓形，上有圖案或文字。

按，並非所有瓦當都有圖案或文字，正如《漢語大詞典》5.285 所説："其上多有紋飾或文字，作爲裝飾之用。"

（11）6：1397、7：1405 璽：帝王的印：玉～|掌～大臣。

按，所説不完全符合事實。正如《辭源》第三版第 1520 頁和《漢語大字典》第 481 頁所説，秦以前"尊卑通用"；而《辭海》第 1827 頁説："本爲通稱，秦以來始專指皇帝的印。"《漢語大詞典》4.654 説："秦以前以金玉銀銅製成，尊卑通用。秦以來專指皇帝的印，以玉製。"這是大體不差的，至於秦以後出土實物中也有"皇后之璽"等，但畢竟少見。

（12）6：1533、7：1543 匜：古代盥洗時用來注水的器具。

按，《現漢》6：1704、7：1704 説"注水"是"把水注入其他物體中"，故此處用"注水"似不甚妥。雖然容庚也説"匜，盥手注水之器也"，但那是文言説法。[1]《現漢》5：1604 説是"古代盥洗時舀水用的器具，形狀像瓢"，有意避開了文言，只是説"舀水用"也未確。《辭源》第三版第 294 頁説："古代洗手盛水的用具。洗手時，把匜中的水，倒在手上，下邊用盤盛接。"這比較完整正確。

（13）6：1582、7：1592 卣：古代盛酒的器具，口小腹大。

① 容庚：《商周彝器通考》，第 351 頁。

按，所説“口小”不確，形狀説明也不夠完整。容庚曾這樣描述卣：“其狀橢圓，碩腹斂口，上有蓋，蓋有紐，下有圈足，側有提梁，四面有棱。”[①]此外，《辭源》第三版第 325 頁和《漢語大詞典》1.994 説卣一般作橢圓形，大腹、斂口、圈足，有蓋與提梁；《辭海》第 205 頁和《漢語大字典》第 40 頁説它橢圓口、深腹、圈足，有蓋和提梁，這些説明都比較全面，也都没有説“口小”。説“口小”大概是對“斂口”這個器物描述術語的誤解；當然插圖蓋上的紐部也很容易被看作口，不排除其由此而誤。

（14）6：1608、7：1619 鉞：古代兵器，青銅或鐵製成，形狀像板斧而較大。

按，鉞雖然有鐵製的，但相對於玉石仍較少見，故有關用材的表述有欠準確；另外也没有用途説明。《辭海》第 1921 頁、《漢語大字典》第 1741 頁和《漢語大詞典》11.1229 都説它青銅製，又有玉石製，多用於禮儀。

（15）6：1695、7：1706 胄[2]：是古代打仗時戴的保護頭部的帽子：甲~。

按，胄[2]本作“冑”，其作用不限於防護頭部，朱鳳瀚《中國青銅器綜論》説：“盔，即冑，在作戰時防護頭頸部。”“由於盔冑較深，可以有效地保護頭部，盔下遮及雙耳與頸的兩側及後部，所以有較好的防護功能。”[②]因此胄[2]是古代打仗時用來防護頭頸部的裝備。

中國是文明古國、文物大國，而很多語文辭書並不能很好地關注出土材料及相關研究，《現漢》亦莫能外，上面（1）（6）（8）等就是很好的例子。當然，與配圖釋義無關的此類例子也有不少。比如 6：375、7：377 説“騑（騑）”字“古代指駕在轅馬兩旁的馬”，這並不準確，裘錫圭早在 1979 年就根據出土竹簡指出騑是指駕六匹馬時最外面的兩匹馬。[③]

另外，江藍生曾説 2012 年第 6 版“此次修改對其中兩幅圖（太陽系、

---

① 容庚：《商周彝器通考》，第 314 頁。
② 朱鳳瀚：《中國青銅器綜論》，第 439 頁。
③ 參看裘錫圭：《談談隨縣曾侯乙墓的文字資料》，載《裘錫圭學術文集 3》，復旦大學出版社 2012 年，第 349 頁；原載《文物》1979 年第 7 期。此字《辭源》第三版 2512 頁説“四馬駕車時，中間兩馬夾轅者名服馬，兩旁之名騑馬，亦稱驂馬”，同樣不準確；而“兩旁之名騑馬”當有錯漏。

輪子)有所修改",①其實 6：78、7：79"扁率"和 6：825、7：830"菱形"兩幅圖也有嚴重瑕疵,前者將"a 半長軸"和"b 半短軸"畫出扁球體之外,導致 a、b 的長度有欠清晰;後者將菱形的對角綫畫了出來,讓人看起來像正四面體或三菱體。又 6：1064、7：1071"磬"字"(見圖一)""(見圖二)"和 6：1235、7：1242"耜"字"(圖見一)""(圖見二)"表述不一,考慮到《現漢》常見"(見右圖)""(見下圖)"等,"(圖見一)""(圖見二)"應統一作"(見圖一)""(見圖二)"。

　　釋義準確科學是語文辭書的生命。限於水準,我們上面所説也不一定都對,權當拋磚引玉。而編纂語文辭書需要多關注出土材料及相關研究,這個方向一定是對的。

　　附記:本文 2013 年一稿,2014 年二稿,2020 年三稿、四稿,2022 年定稿;三稿曾得到楊鵬樺博士的幫助,謹志謝忱。

(作者單位:中山大學中國語言文學系,
"古文字與中華文明傳承發展工程"協同攻關創新平臺)

---

① 江藍生:《〈現代漢語詞典〉第 6 版概述》,第 18 頁。

論今隸時期隸草字形的相互影響

趙立偉

兩漢時期,隸書和草書長時間並存,歷來學術界對兩種書體的關注較多,成果異常豐富,然而鮮有學者關注到兩種書體彼此之間的關係以及在長期並存的過程中所產生的相互影響。本文以今隸時期的漢代簡牘文獻爲研究材料,從字形來源、形體的發展演變等多個角度探討兩種字體相互之間的關係及深遠影響。

一、草 從 隸 出

(一) 草書字形源於隸書字形

關於草書字形的來源,學術界主要有兩種觀點:一種觀點認爲草書源於篆書,如陸錫興認爲漢代草書直接從篆書演變過來,指出:“從漢代草字材料可以清楚地看到,隸變不是篆書直接演變爲隸書或楷書,而是經過篆字草化,由草字轉化爲隸書或楷書。”[1]楊宗兵《秦文字“草化”論析》通過對秦簡中具有草書萌芽字的構形分析,認爲秦簡中的草化字形,對漢簡草書的形成與趨於成熟,具有導源意義和示源作用。[2] 第二種觀點認爲,漢代草書出自古隸和成熟隸書,裘錫圭指出“早在秦國文字的俗體演變爲隸書的過程裏,就出現了一些跟後來的草書相同或相似的草率寫法……隸書形成之後,這些草率寫法作爲隸書的俗體繼續使用,此外還出

---

① 陸錫興:《〈漢代簡牘草字編〉編後》,《辭書研究》1990 年第 5 期,第 142 頁。
② 楊宗兵:《秦文字“草化”論析》,《中國歷史文物》2006 年第 2 期,第 32 頁。

現了一些新的草率寫法。"①古隸的某些草書寫法對後世草書字形有直接影響。秦永龍認爲:"在古隸發展的過程中便發生了兩種傾向:其工整的正體逐漸規範成熟爲以波磔右展、長掠左伸爲特徵的八分,其草率的俗體通過適當的簡化和變動逐漸改造成爲以點畫省變並大量運用使轉筆形爲標志的草書……作爲正體隸書的輔助字體而行世,這是早期的草書。"②李洪智繼承並發展了秦永龍的觀點,認爲:"漢代草書的來源應該有兩個:古隸和八分,其中,古隸是漢代草書最主要的來源。而且,對於漢代草書的形成,以楚文字爲代表的東方六國文字應該通過古隸間接發揮了重要作用。"③以楚文字爲代表的六國文字對草書的形成發揮了推動作用。李永忠認爲:"漢代草書的兩個主要來源可以概括地稱爲草率的篆書和草率的隸書,二者既有相互聯繫的一面,又存在着明顯的區別……出自草率的篆書的漢代草書字形遠遠少於出自草率的隸書的草書字形。"④"在草率的古隸與草率的八分之間很難畫出一條分別的界限,所以我們將其統稱爲草率的隸書。"⑤總之,對草書的來源學術界比較一致的看法是草書源於草率的早期篆書和時代稍晚的草率隸書。通對草寫字形與同時代規範隸書字形以及前代古隸字形的逐字比較我們發現,漢代草書字形少數源於古隸,多數來源於漢代隸書的省簡字形。

1. 小部分字形來源於古隸

戰國後期文字的書寫沖破了篆書的束縛,在隸變發生的過程中,同樣出於赴急就速的目的,由於書寫草率和連筆方法的使用,從而催生了一種新的草寫字形,這便是草書的萌芽。因此在秦末漢初的簡帛文字中有許多字形已經使用了草書的寫法,特別是時代偏晚的銀雀山漢簡文字中包含草書的字形更爲多見,其草寫方法幾乎與隸變方法相同,只是書寫風格更加草率,更多地運用連筆書寫,這些草寫字形與規範隸書同時並存,在字形長期發展的過程中保存了下來,並且在漢代後期草書

① 裘錫圭:《文字學概要》,商務印書館 2013 年,第 91 頁。
② 秦永龍:《漢字書寫漫談》,《語文建設》1997 年第 6 期。
③ 李洪智:《試論漢代草書的來源——兼談以楚文字爲代表的六國文字對漢代草書的影響》,《新世紀:高等書法教育學術研討會論文集》,中國文聯出版社 2006 年,第 255 頁。
④ 李永忠:《草書流變研究》,南方出版社 2009 年,第 94 頁。
⑤ 李永忠:《草書流變研究》,第 102—103 頁。

形成之後繼續使用,與其他異寫字形同時存在。如:

字頭	後漢草書字形	秦至漢初隸草
天	五敦煌 1714　天居延 24.15	天銀 699　天銀 677
走	走尹灣 6J123　走額 99ES16SF3：1A	走銀 98　走銀 353
是	是東 15 背　是居新 EPT59.6	是銀 901　是張·奏 20
足	足敦煌 831　足肩水 73EJT7：81	足馬·遣 201　足張·奏 181
左	左肩水 73EJT22：1　左肩水 73EJT21：51	左銀 166　左睡·法 52
之	之肩水 73EJT24：148　之肩水 73EJT21：60	之銀 806　之張·二 176

　　通過上表的比較不難看出,草書與古隸的草書寫法相一致的字形大多見於常用字和高頻部件,草寫方式以綫條相連和筆形的改變爲主,其實這也是隸書改造篆書的主要方式,所以草書方法其實是隸變方法的延續和發展,所不同者在於草寫常常是多個綫條依次連結,有時表現爲部件之間的連結或並不符合書寫生理的逆序相連,隸變則更多表現爲相鄰兩個筆畫的順序相連。就筆形變化而言,隸變是以平直方折的筆畫代替篆書屈曲圓轉的綫條,草化則是出於赴急趨速爲目的以一種方便書寫易於連接並且可以大大縮短運筆距離的綫條來改變原有的篆書綫條的屈曲圓轉。此類字形的草化大多僅僅局限於組字部件的最低層級,並且連結的範圍僅限於相鄰的兩個部件之間。另外,還需説明的是這類草字的演變具有較強的類推性,即相同的字形或部件通常會沿同一路徑草化。

　　上述表格中作爲參照比較對象古隸草字形以時代最晚的銀雀山漢簡草字居多,而睡地秦簡最少,這充分説明時代越晚,古隸中的草字越多,字形與成熟隸書愈接近,草書起源後便不斷在草化的道路上繼續向前發展,文字體勢由與古隸相對應的縱勢逐漸演變爲與今隸相對應的橫勢。

　　2. 大多草書字形由成熟隸書省簡草寫而來

　　漢代後期,隸草並用的特點在大部竹簡中皆能得到很好的體現,具體表現在字形十分規範的隸書簡和全然草化的草字簡都比較少見,多數竹簡的書寫風格介於隸草之間,由於亦草亦隸的書寫風格以及個人書寫習慣的深遠影響,大量隸體風格的異寫字形不斷湧現,而相應的草體字形亦同時應運而生,因此草書字形除少數源於古隸之外,其實更多字形依附於新出隸書異寫字形。不出自省簡字形而是來源於點畫相對繁多的隸書字形的草字是很少見的,如下表各類草書字形皆其例。

字頭	隸　　書	草　　書
天	居新 EPF22・193 居延 478・5	敦煌 1714 居延 133・11
闓	居延 10・6 居延 10・6	居延 178・6 居延 488・4
告	居延 36・2 居延 156・49	居新 51・123 居延 430・9
得	居延 270・20 居延 58・17	居延 110・14 尹 129
記	居延 154・4 居延 193・27	居新 EPT52・544 居新 EPF22・188
第	居新 EPT52：130 居新 EPT53：34	居延 257・8 額 2000ES9SF4：13

上舉字例或省或連,字形省簡者又有直接省簡部件和省簡筆畫保留輪廓等不同的情況,然而其共同的特徵是草書字形皆由成熟隸書直接草化而形成。

在今隸時期的漢簡文字中另一類草字則源於簡化後的隸書字形,即隸書字形在草化之前經多次省簡,規範的隸書字形與草書字形之間往往並不存在對應關係。因此極簡的草書字形並不能單獨表意,它們大多出現在程式化極強的公文中,對語境的依賴性極強,離開語境便無法説解。雖然如此,這類草寫字形的來源多可追溯,草化過程皆可以得到合理的解釋。如:

"百"古隸作百(張・二 55)、百(銀 159),從一從白,銀雀山漢簡始見草寫字形作百(銀 882)、百(銀 921)。今隸"百"承古隸字形作百(肩水 73EJT10：96)、百(肩水 73EJT10：101),隸草作百(肩水 73EJT15：

12)、🈀（肩水 73EJT21：4），再簡化作🈀（額 2000ES7SF1：17）、🈀（居延 137.16），綫條被點代替作🈀（尹灣 6D1 正）、🈀（肩水 73EJT3：104），三點變爲兩點作🈀（尹灣 6D1 正）、🈀（尹灣 6D1 反），上述"百"字的各類草書寫法皆由其隸草字形草寫形變而來。

草書對隸書依附性最直接的表現是發生變異的草書部件與隸書字形之間具有非常整齊的對應關係，草書字形是對隸書結構有系統的變異，草書的構形系統依附於隸書字形而存在，隸書字形的部件和結構影響到草書字形的演變。如部件"門"在漢簡文字中反復出現，而所有草書寫法與隸書字形之間具有整齊的對應關係。

字頭	隸　書	草　　　　書		
門	門肩水 73EJT23：616	居延 55.19	敦煌 18960	居延 156.49
問	問居新 PDF22.30	居新 EPT68.26A	居新 EPF22.191	居新 EPT59.652A
聞	聞肩水 73EJT4：119	尹灣 6J123	肩水 73EJT23：919A	居新 EPF22.325
間	間肩水 73EJT23：146	敦煌 2278A	居新 EPT59.189A	居新 EPT59.39
關	關肩水 73EJT6：9	肩水 73EJT10：152	肩水 73EJT21：35B	肩水 73EJT23：655

另有部分草書字形雖然並不是由規範隸書直接草化而來，但只有借助隸書字形，才能爲字形草化的原因和過程找到合理的解釋，這也是草書對隸書依附性的重要表現之一。如：

"鼓"字古隸作🈀（馬·春 095）、🈀（張·引 1），今隸作🈀（居延 71.9）、🈀（肩水 73EJT24：24A），或省部件"口"作🈀（居新 EPT68.164）、🈀（肩水 73EJT23：842B），形體進一步省簡草寫作🈀（尹灣 6J34）、🈀（尹灣 6J57），再變作🈀（尹灣 6J37）、🈀（尹灣 6J40），《急就章》"彭"字作"🈀"，與此相類。

"錢"字規範隸書作 ![字形]（肩水 73EJT15：11A）、![字形]（居新 EPF22.3），聲符稍變作 ![字形]（居新 EPT53.186）、![字形]（肩水 73EJT1：110），筆畫相連作 ![字形]（肩水 73EJT6：56）、![字形]（肩水 73EJT23：1020）。"錢"或省簡聲符作 ![字形]（敦煌 1799）、![字形]（肩水 73EJT6：65），形變作 ![字形]（居新 EPT51.373）、![字形]（居延 514.2），筆畫相連作 ![字形]（肩水 73EJT3：100）、![字形]（額 99ES16ST1：19）、![字形]（居新 EPT51.82A），再省簡則作 ![字形]（肩水 73EJT23：355）、![字形]（居延 163.16），右邊的簡化符號與聲符"戔"已經找不到任何聯繫。

上述字例雖然字形草化程度有强有弱，部件省簡有多有少，然而處於演變序列末端的草書字形皆需借助其所從出的隸書字形才能爲其來源和構形理據找到合理的解釋。另外需要説明的是，漢代草書異寫字樣的産生亦依附於隸書字形的變異，作爲變異字體，漢簡草書字形是對隸書字形有系統的變異，因此，它的字形依附於隸書字形而存在，隸書字形與草書字形之間從而形成整齊的對應。

總之，作爲變異字體，漢簡中的草書字形依附於隸書而存在，草書字形源於隸書字形而産生，有相當一部分草書字形源於隸書字形的屢次簡化或數度變異。有相當一部分草書字形與古隸字形有非常整齊的對應關係，同時也不難發現更多的草書字形由成熟隸書變異而來，一般而言是隸書字形常常先簡化，然後再草寫，從而形成通用的草書字形。

相對於其他時代的草書字形，漢簡草書字形與主流字體隸書之間存在着更爲密切的關係。草書幾乎與隸書同時産生，草化與隸變方式亦有相通之處，因此，我們認爲在今隸時期的漢簡文字中，草書與隸書一樣作爲通行字體而存在，草書不僅見於各類官方文書之中，即使是像武威漢簡《儀禮》這樣字形規範工整的經學文獻中，草書的身影亦頗爲常見，書寫工整即爲隸書，追求書寫速度多用連筆即爲草書。對於今隸時期的大多數簡牘文獻來講，其書寫風格多是草隸兼具，字形則是亦草亦正。

（二）草寫方式受隸變方式的影響

草書與隸書幾乎同時産生，草書草寫方式是隸變方式的延伸，隸書筆畫間連接方式的連續使用則演變爲草書；另有一部分草書字形則來源於隸書字形的不斷省簡。

1. 筆畫等相連

在隸書演變爲草書的過程中,連筆書寫無疑是其中最重要的推動力,筆畫或部件的相連常常會伴隨筆形的變化或筆畫交接方式的不同,而草化過程中筆畫和部件的省變皆因連筆書寫而起。正是基於以上原因,歷來學者討論漢代草書皆對於此類現象給予較多關注,對連筆書寫的條例作了較好的歸納,對於此類問題我們不作過多討論。我們對漢代草書字形與隸書字形進行系統比較後發現,漢代草書在字形草化的過程中,筆畫相連的範圍,不再局限於早期部件之內的筆畫,還表現爲獨體字的筆畫相連或部件之間筆畫相連,甚至是由於筆畫相連而引起整字的輪廓化等新的構形特點,下面分別舉例說明。

（1）筆畫相連

草書字形	對照字形	草書字形	對照字形
氐 居延 403.3	武 居新 EPT7.8	左 肩水 73EJT21：51	左 武醫 26
可 肩水 73EJT21：269	可 肩水 73EJT24：41	淮 敦煌 88	淮 肩水 73EJT23：621
武 敦煌 225	武 居延 45.23	獲 武醫 84 乙	獲 武醫 91 乙
少 肩水 73EJT23：221	少 武威·特牲 6	久 尹灣 6D1 正	六 肩水 73EJT7：63
乙 武醫 7	久 武醫 1	走 敦煌 62	走 居延 74.18

（2）部件與部件之間因筆畫相連而黏合,草書與隸書整齊對應

草書字形	對照字形	草書字形	對照字形
爲 武醫 79	掃 居延 59.34.B	表 居新 EPT5.1604	表 肩水 73EJT10：179
希 肩水 73EJT23：410	崩 肩水 73EJT24：312	左 居延 40.1	左 武威 土相 1

續　表

草書字形	對照字形	草書字形	對照字形
敦煌 67	肩水 73EJT10：315	肩水 73EJT21：435	肩水 73EJT7：15
肩水 73EJT15：2	居新 EPF22.164	肩水 73EJT1：40	東 145 背

（3）部件與部件相連，因筆畫相連而形成的草書改變了原來的字形結構

草書字形	對照字形	草書字形	對照字形
肩水 73EJT24：416	居新 EPT40.205	敦煌 64	額 2000ES7SF1：2
居新 EPT27.11	定·文 642	尹灣 6J51	居延 393.5
居延 27.26	肩水 73EJT6：179	居延 318·38	肩水 73EJT6：22A7
尹灣 6J30	武威 特牲 5	居新 EPT20.6	香 234
肩水 73EJT9：29A	尹灣 6D15 反	額 99EST1：12	肩水 73EJT8：51

（4）筆畫相連保留字形輪廓

草寫字形	對照字形	草寫字形	對照字形
居延 100.39	尹灣 6D9 反	敦煌 48	敦煌 25
敦煌 243A6	肩水 73EJT21：102	居延 115.3	肩水 73EJT24：22
敦煌 48	武威 少牢 3	居延 503.13	武威·士相 21
居新 EPF22.200	肩水 73EJT23：566	居延 156.49	肩水 73EJT23：616

　　上述五類因筆畫連寫而形成的草書字中,其中第一類和第三類字形最多,第一類字形大多承自古隸及早期簡牘草字而來,從而保持了草書字形的穩定性,而第三類草書字形則保證了草書字形的系統性,這類字形的參構部件不僅具有較高的構字能力,而且當它們作爲其他字形的構字部件時亦保持了較强的系統性。而其他三類字則是草書字體成熟以後産生的新字形,其突出特點便是筆畫連接較多,同類部件較少,因此釋讀此類草書字形時應格外留意。

　　2. 字形省簡

　　爲達到簡單易寫的目的,今隸時期的漢簡文字中常會出現直接省簡部件,或爲書寫方便而省簡某些部件或筆畫的現象,字形草化的過程中亦會有字形省簡現象發生,不過草書字形往往省簡的幅度較大,字形變化相當劇烈。今隸時期的漢簡草書,大多是以方便書寫爲目的的直接省簡。如:

薄	🖼居延 5·1 🖼居延 479.14	🖼居延 49.35 🖼居延 286.28
等	🖼居新 EPT40.205 🖼肩水 73EJT5:71	🖼敦煌 4970 🖼居新 PDF22.851
食	🖼額 2000ES7SF1:2A 🖼居延 206·24	🖼居新 EPT4.44 🖼額 2000ES7S:16A
	🖼肩水 73EJT10:69 🖼肩水 73EJT7:14	🖼敦煌 102 🖼敦煌 63
虜	🖼額 99EST1:4 🖼居延 14.11	🖼居延 457.18 🖼敦煌 48
傳	🖼肩水 73EJT10:67 🖼肩水 73EJT10:80	🖼武醫 53 🖼居延 495.8
長	🖼肩水 73EJT2:90 🖼肩水 73EJT3:65	🖼肩水 73EJT9:69 🖼居新 EPT52.361
	🖼肩水 73EJT7:51 🖼居新 EPT68.141	🖼居延 89.17 🖼居延 146.60
時	🖼肩水 73EJT24:24 🖼肩水 73EJT6:22	🖼居延 254.12 🖼肩水 73EJT7:25

　　省簡和連接是草書變異標準隸書最常見的方式，許多草書字形爲達到方便連接的目的，常常將不利連續書寫的部件和筆畫直接去掉，比如左右結構的字形草寫時常會爲方便連寫省去左下或右上的部件或筆畫群，進而將原本獨立的兩個部分連接在一起。如下列諸字爲方便連寫省去了右上的部件筆畫群：

錢	錢 肩水 73EJT4：213 錢 居新 PDF22.24	馬 肩水 73EJT24：76 馬 額 99ES16ST1：19
孫	孫 武醫 84 乙 孫 武威 甲服 18	孫 肩水 73EJT6：177 孫 尹灣 6D7 反
謹	謹 尹灣 614 反 謹 居延 103.31	謹 額 2000ES7SF4：13 謹 肩水 73EJT8：56
將	將 武醫 92 甲 將 武威 士相 1	將 敦煌 64 將 敦煌 86
賢	賢 尹灣 6D16 反 賢 居延 504.4	賢 居新 EPT52.361 賢 居延 180.19

　　同樣的道理，另有部分字例爲方便連筆而省簡左下部件或筆畫群，如：

尉	尉 居新 EPT59.260 尉 居新 EPF22.73	尉 居新 EPF22.158 尉 居新 EPT48.75
都	都 肩水 73EJT8：51 都 肩水 73EJT23：17	都 敦煌 185 都 肩水 73EJT3：7
部	部 額 99EST1：9 部 肩水 73EJT23：15A	部 居新 EPT20.13 部 肩水 73EJT21：183
起	起 居新 EPT40.202 起 肩水 73EJT23：623	起 額 2000ES7S：16A 起 肩水 73EJT24：416
趣	趣 居新 EPT：108 趣 肩水 73EJT23：658	趣 肩水 EJT1：45 趣 敦煌 614
誼	誼 居延 28·15 誼 居延 283·14	誼 居延 84·21 誼 肩水 73EJT23：15

　　上下結構的字如果橫畫較多或字形相對複雜也會因方便連寫省去其繁雜的筆畫或橫畫較多的部件，如：

負	負 武威 泰射 46 負 肩水 73EJT10：131	矢 居新 EPF22.186 矢 居新 EPF22.199
責	責 額 99EST1：9 責 肩水 73EJT5：120	責 居延 265.45 責 居延 288.17
賈	賈 居延 254·17 賈 肩水 73EJT7：33	賈 肩水 73EJT23：804A 賈 敦煌 1896
頃	頃 額 2000ES7S：12A 頃 肩水 73EJT24：11	頃 肩水 73EJT23：359 頃 肩水 73EJT10：221
煩	煩 武醫 84 甲 煩 居新 EPT59.49A	煩 敦煌 2257 煩 肩水 73EJT23：994A
謁	謁 額 2000ES7S：4A 謁 居新 EPT59.161	謁 肩水 73EJT10：133 謁 居新 EPT52.38

最後需要指出的是，與後代草字突出藝術性及突出個性明顯不同的是，漢代草書的草寫方式是在無數書寫者爲達到赴急就速的目的而在書寫實踐中自發形成的，草書的草寫方式往往是隸變的延伸，字形的草化雖難免會造成部件或字形的混同，但這類草字大多具有約定俗成性，在漢字系統内部具有較強的類推性。因此雖然有些草字省簡較多，但在漢代當時一般不是個人行爲，正是由於其固有的社會約定性，加之字形簡化可以有效地提高書寫的速度，因此漢代的草書字形不僅見於後代的各類文獻之中，而且其中有相當一部分被當今簡化字采納使用，並且作爲規範字形在全社會通行。

二、草 書 隸 化

啓功説：“每一個時代中，字體至少有三大部分，即：當時通行的正體字；以前各時代的各種古體字；新興的新體字或説俗體字。以人爲喻，即是有祖孫三輩，而每一輩中又有兄弟姊妹。……前一代的正體，到後一時代常成爲古體；前一時代的新體，到後一時代常成爲正體或説通行體。”[1]在漢字發展的歷史上，作爲變異字體的草書曾對漢字形體的

---

① 　啓功：《古代字體論稿》，文物出版社 1995 年，第 35 頁。

演變産生深遠的影響,影響的主要表現之一便是用楷書筆法轉寫草書字形的草書楷化現象,大量後世流傳的異體字、俗體字,甚至是至今仍然使用的簡化字,追溯來源皆與草書楷化有關。[①] 不過我們想説明的是,很多草書楷化字並没有晚到後來楷書成爲主流字體的時代才産生,其實早在今隸盛行的漢代簡牘文字中,這類字形便已早早出現。作爲變異字體,草書並非僅僅依附於隸書,被動地接受隸書的影響,相反在草書成熟以後,高度發達的草寫方法以及頻繁出現的草寫字形又對作爲主流字體的隸書字形産生了深遠的影響。最重要的表現便是具有新的書寫風格的竹簡開始出現,它們當然不同於規整的隸書和簡率的草書,也與隸草風格的竹簡有顯著的區别。這類竹簡書寫工整、考究,筆畫普遍有隸書的波折及蠶頭燕尾的風格,整字取横勢,整簡之中不排除有結構和點畫皆具的典型隸書風格的個體字形存在。而更爲多見的則是經過草書省、簡、連筆法改造過的草書字形,這類字糅合了隸書和草書兩類書寫風格,典型的表現便是以隸書的筆法書寫草書連書的筆畫以及典型的草書省簡部件。如:

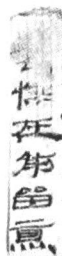

| 圖一 | 圖二 | 圖三 | 圖四 |
| 居延 101・035 | 居延 101・035 | 肩水 73EJT24:267A | 肩水 73EJT1:132 |

① 張書岩:《簡化字溯源》,語文出版社 2012 年。

上述左側三枚竹簡顯然是典型的隸書風格,波折用筆明顯,整字皆取横勢,圖一的"戍",圖三的"酉"和"軍"等字皆是隸書字形中常見的寫法;然圖一中"行""居""故"字,圖二、圖三"受"字皆用連筆,"辵"旁和"言"旁皆是省簡後的草書部件。因此,上述竹簡顯然是用隸書的筆法書寫草書字形,應屬漢簡書寫風格的草書隸化一類,這類風格的竹簡在漢代後期比較常見,唯書寫風格間有規整、草率之分,草書部件的使用頻率有高低之別。這類草書楷化字的最終命運,有些如"受"字一樣曇花一現便很快歸於消失,更有大量字形被後代承用甚至是一直沿用到今天。下面我們分別論述。

(一) 漢代簡牘中所見的草書隸定字

草書的出現本爲簡率急就的目的,因此在草書字形產生之初,大多出現在整簡風格率意簡率的草體簡中,但由於簡化的字形能够滿足人們提高書寫速度的需要,因此在草書形成後不久,某些高度省簡的草書字形便頻繁出現在整體風格十分工整的隸書簡中。如上述圖三是書寫於宣帝地節三年的一枚竹簡,而"謂"字所從的"言"旁便已是十分典型的草書部件,圖四亦是標準的隸書風格,然部件"心"是典型的草書部件,類似的字例在漢代簡牘中並不鮮見,爲節省篇幅,列表舉例如下。

吏	丈 肩 73EJT14：35　丈 肩 73EJT10：179	鑯	觻 居新 PDF22.25　鰍 肩 73EJT7：37
薄	蓴 居簡 479.14　蒔 居新 EPT5.9	來	夫 居延 534.30　來 居延 283.19
器	噐 居延 515.18　器 居延 59.34B	使	使 居新 EPT53.6　使 居新 EPT56.142B
謂	謂 肩水 73EJT3：110　謂 肩水 73EJT24：267	從	從 居新 EPF22.79　從 居新 EPF22.247
誼	誼 肩水 73EJT21：59　誼 水肩 73EJT23：15	卒	卒 肩水 73EJT3：51　卒 東 130

續　表

史	〔草書〕肩水 73EJT9：8　〔草書〕尹灣 6D14 反	道	〔草書〕額 2002ESCSF1：2　〔草書〕居延 101.35	
於	〔草書〕敦煌 2142 EPT52.165　〔草書〕居新	長	〔草書〕肩水 73EJT9：3　〔草書〕肩水 73EJT	

　　草寫字形被隸化反映了人們對草書字形接受、改造並加以轉化的過程，漢簡中的草書隸定字大多屬於高頻字的範疇且沿用時間較長，之所以這些字被改造利用，大概是因爲它們使用頻繁而且沿用既久，人們接受了其特殊的音義關係，加之字形簡單有利於提高書寫的速度，故人們書寫過程中在選擇時不再固守以形表意的傳統做法而是選擇了有利於提高書寫速度的省簡字形，人們之所以會在字體風格規整的隸書簡中使用此類字形，也説明這些字形久已通行，被人們所普遍接受，甚至少數字形已經被官方認可，用以刻寫官方刊立的石經。

（二）見於後世文字資料的草書楷化字

　　我們確定草書隸定字的標準有兩個：一，簡化的字形源於草書；二，草書字形重新回改成隸書筆法並與規整的隸書字形同時出現在字體風格工整、書寫規範的隸書簡中，或者後代依然沿用並融入楷書字形中，我們暫時稱前者爲草書隸定字，稱後者爲草書楷化字。由於俗體字沿用過程中往往會演變爲正體，所以與前述草書隸定字相比，對正體字影響更大者則是在後代不斷被正體吸收的草書楷化字。這類草書楷化字不僅存在於歷代碑刻及敦煌寫卷等各類文本中，各類字書亦多有收録，爲節省篇幅，我們以表格的形式舉少數例證如下：

謂	〔草書〕肩水 73EJT3：110A　〔草書〕肩水 73EJT5：76	〔草書〕居新 EPF22.158　〔草書〕肩水 73EJT24：267
請	〔草書〕武威土相 4　〔草書〕肩水 73EJT5：13	〔草書〕肩水 73EJT15：1B　〔草書〕居延 231.37
許	〔草書〕肩水 73EJT23：657　〔草書〕肩水 73EJT23：788	〔草書〕居延 35.20B　〔草書〕肩水 73EJT23：883

續 表

書	肩水 73EJT9：25　肩水 73EJT10：206	居延 312.6　肩水 73EJT23：413
將	武醫92甲　武威 士相1	肩水 73EJT4：98B　肩水 73EJT24：36
長	額 2000ES7SF1：3　居新 EPT52.159	居新 EPF22.189　肩水 73EJT3：54

最後需要特別指出的是,草書對隸書的影響不僅僅限於部件和字形兩個層面,草書對隸書筆形的改造及筆畫系統的初步形成同樣產生了深遠的影響。

三、草隸雜糅

趙平安指出:"隸變階段的通用漢字是一個開放的體系,漢字的舊質要素和新質要素曾長期共存,在矛盾鬥爭中推進字體改革。"[1]趙平安先生所説的"隸變階段"主要指秦至漢初的簡牘,其實舊質和新質同時並存這一特點亦同樣適用於隸書字形調整階段,這一時期不僅一字的不同異寫既有存古字形,又有草書寫法,甚至是同一個字的不同部件同時具有存古和趨新兼具的特點,具體表現則是在一字之中有些部件是古隸寫法的遺留而有些部件則是新興的草書寫法,抑或一字之中規範隸書與成熟草書部件並存。如:

"書"字規範隸書作（肩水 73EJT3：13A）、（肩水 73EJT7：112）,部件"日"草寫作（居延 10.14）、（肩水 73EJT6：187）,省簡則作（肩水 73EJT6：14B）、（居新 EPT7）,再省簡則作（居新 EPT51.544）、（居新 EPF22.271）。部件日草寫爲三點作（居新 EPT68.209）、（肩水 73EJT21：1）,點連成綫則作（肩水 73EJT24：334A）、（肩水 73EJT10：217）。字形上端爲隸形部件,而下端的部件則因草化而省簡爲橫畫。

"君"字規範隸書作（肩水 73EJT5：13）、（肩水 73EJT6：

---

① 趙平安:《隸變研究》,河北大學出版社 1993 年,第 27 頁。

176),从尹,从口。草書作![char](尹灣 6D8 反)、![char](肩水 73EJT7∶25),或隸草雜糅作![char](尹灣 6D12 反)、![char](肩水 73EJT10∶314),或作![char](居新 EPT59.652A)、![char](尹灣 6D7 反),"尹"爲隸書部件,而部件"口"則草化爲三點。

在今隸時期的漢簡文字中,草隸兼具的字形特徵還表現在合體字中草寫部件,受隸書左波右磔、體態扁平等書寫特徵的影響而帶有的隸書體特點,體態呈扁平之勢,字形中的主要筆畫帶有鮮明的隸書用筆特徵。如:

道	![char]居新 EPT53.186 ![char]額 99EST1∶11A	![char]居延 101.35 ![char]肩水 73EJT30∶67
延	![char]肩水 73EJT6∶126 ![char]居延 EPT40·50	![char]肩水 73EJT24∶407 ![char]肩水 73EJT24∶416
書	![char]居延 49.25A ![char]肩水 73EJT23∶244	![char]居新 EPT7 ![char]居延 10.14
敢	![char]定·六 2242 ![char]定·儒家 183	![char]居新 EPT53.6 ![char]肩水 73EJT4∶28
從	![char]居新 PDF22.691 ![char]居新 EPF22.79	![char]肩水 73EJT24∶19 ![char]肩水 73EJT24∶19
聞	![char]居延 484.39 ![char]肩水 73EJT4∶119	![char]敦煌 230A ![char]居新 EPF22.325A

上表"道""延"兩字的橫畫,"書""從"兩字的豎折,"敢"字的長撇,"聞"的字横折均是因字形草化而産生,它們顯然帶有明顯的隸書用筆特徵。

小　　結

漢簡草書與隸書是共生共存的關係,在時代較早的漢簡文字中常常表現爲隸書風格的竹簡中夾雜有少量草書字形,而在後期則是全然草化的字形在經過規整化之後又重新出現在隸書簡中,因此純粹的隸書簡或純粹的草書簡是不多見的,多數竹簡的風格介於草隸之間,或者是規整風格的隸書簡中夾雜有草字,抑或是字形草化之後又回改爲隸書的風格。就個體漢字而言,漢簡文字中草書與隸書之間的關係,一方面表現爲草書對隸書字形的依附,另一方面草書對隸書字形的影響亦客觀存在。

（作者單位：聊城大學文學院）

《論語》札記兩則[*]

陳送文

《論語》成書已久,漢代以降,注解《論語》者不勝枚舉,字詞解釋衆説紛紜。今據出土文獻材料,成札記兩則,條陳如下。

一、《論語·里仁》"事君數,斯辱矣;
朋友數,斯疏矣"疏證

《論語·里仁》:"子游曰:'事君數,斯辱矣;朋友數,斯疏矣。'"敦煌唐寫本鄭玄《論語注》作:"子遊(游)曰:'士(事)君數,斯辱矣;朋友數,斯疏矣。'"①《宋書·劉延孫傳》作:"子曰:'事君數,斯疎矣。'"

此段話字詞訓釋的分歧點主要在於"數"字。關於"數"的訓釋主要有以下四種説法:

(1)"數"訓爲"速數之數",孔安國、邢昺②、何晏③等持此種意見。

(2)"數"訓爲"頻數之數""煩數",韓愈、朱熹④等持此種意見。

(3)"數"訓爲"面數其過",俞樾、戴震⑤等持此種意見。

(4)"數"訓爲"密",親密,王闓運⑥、劉寶楠⑦等持此種意見。

---

* 本文爲國家社科基金後期資助項目"簡帛佚籍異文整理與研究"(20FYYB014)階段性成果。

① 王素:《唐寫本論語鄭氏注及其研究》,文物出版社 1991 年,第 35 頁。
② 關於孔安國、邢昺的論述可詳參高尚榘主編:《論語歧解輯録》,中華書局 2011 年,第 179、180 頁。
③ 關於何晏的論述可詳參黃懷信主撰:《論語彙校集釋》,上海古籍出版社 2008 年,第 360 頁。
④ 關於韓愈、朱熹的論述可詳參高尚榘主編:《論語歧解輯録》,第 180 頁。
⑤ 關於俞樾、戴震的論述可詳參黃懷信主撰:《論語彙校集釋》,第 361 頁。
⑥ 關於王闓運的論述可詳參高尚榘主編:《論語歧解輯録》,第 180 頁。
⑦ 關於劉寶楠的論述可詳參黃懷信主撰:《論語彙校集釋》,第 361—362 頁。

我們認爲王闓運和劉寶楠的意見可從。《論語·里仁》:"子游曰:'事君數,斯辱矣;朋友數,斯疏矣。'"此段論述涉及侍奉君主和對待朋友的態度或者方式,但是這種態度是子游所反對的。

關於"數"訓爲"速數之數",韓愈《論語筆解》中已指出:"君命召不俟駕,速也。豈以速爲辱乎?"此意見不再詳述。

至於將"數"訓爲"面數其過"的意見,《論語·子路》:"子路問曰:'何如斯可謂之士矣?'子曰:'切切偲偲,怡怡如也,可謂士矣。朋友切切偲偲,兄弟怡怡。'"切切偲偲,互相責善的樣子,孔子提到"朋友切切偲偲",即朋友間應相互批評。對待朋友相互批評這種方式是孔子所提倡的。以此來看,如果"數"訓爲"面數其過"似與《論語·子路》"朋友切切偲偲"不合。此外,郭店楚墓竹簡《魯穆公問子思》簡1—2:"魯穆公昏(問)於子思曰:'可(何)女(如)而可胃(謂)忠臣?'子思曰:'恒再(稱)其君之亞(惡)者,可胃(謂)忠臣矣。'""恒"整理者如字讀,陳偉先生指出:"先秦古書有'亟稱'、'亟言'的用例。……簡文'亟稱'似乎存在兩種可能,一是'屢次稱述',一是'急切指出'。後一種可能性似更大。'亟'字原釋文讀爲'恒'。'恒'訓'常',常常指出君主的過失,語義似不如讀'亟'。又先秦古書似不見'恒稱'之例。"①《魯穆公問子思》爲先秦儒家典籍,簡1中的"恒"字不管是訓爲"常",還是"亟",都是"稱"的修飾語,子思提倡"稱述君主過失可謂忠臣"。《論語·里仁》:"子游曰:'事君數,斯辱矣。"如果"數"訓爲"面數其過",與郭店楚墓竹簡《魯穆公問子思》子思所提倡的"稱其君之惡"主張正好相反。結合《論語·子路》"朋友切切偲偲"和郭店楚墓竹簡《魯穆公問子思》"稱其君之惡",我們認爲"數"訓爲"面數其過"不確。又《管子·四稱》:"君若有過,進諫不疑。君若有憂,則臣服之。此亦可謂昔者有道之臣矣。"亦可參。

《論語》等先秦典籍和出土文獻中對於事君,提出了很多鮮明的主張,如"忠、敬、信"等。

《論語·八佾》:"定公問:'君使臣,臣事君,如之何?"孔子對曰:"君使臣以禮,臣事君以忠。'"《論語·衛靈公》:"子曰:'事君,敬其事而後

---

① 陳偉:《郭店竹書別釋》,湖北教育出版社2002年,第45頁。

其食。'"《左傳》僖公五年:"失忠與敬,何以事君?"《國語·晉語一》:"事君以敬。"《國語·齊語》:"其事君者言敬。"《孝經·廣至德》:"教以臣,所以敬天下之爲人君者。"上博簡《仲弓》簡21孔子曰:"古之事君者,以忠與敬。"

"事君以忠與敬"乃古之常訓,此外"事君以信"亦見於典籍。《論語·憲問》:"子路問事君。子曰:'勿欺也,而犯之。'"上博簡《三德》簡15:"仰天事君,嚴恪必信。"此外,《論語》中涉及事君的叙述還見於如下篇目:

> 《論語·學而》:"子夏曰:'賢賢易色;事父母,能竭其力;事君,能致其身;與朋友交,言而有信。雖曰未學,吾必謂之學矣。'"

> 《論語·八佾》:"子曰:'事君盡禮,人以爲諂也。'"

> 《論語·先進》:"季子然問:'仲由、冉求可謂大臣與?'子曰:'吾以子爲異之問,曾由與求之問。所謂大臣者,以道事君,不可則止。'"

劉寶楠《論語正義》引吳嘉賓說:"'數'與'疏'對,《記》曰:'祭不欲數'是也。君子之交淡如水,小人之交甘如醴。君子淡以成,小人甘以壞,事君與交友皆若是矣。'數'者,昵之至於密焉者也。"[1]劉氏又引《宋書·蕭思話劉延孫傳論》:"夫侮因事狎,敬由近疏,疏必相思,狎必相厭,厭思一殊,榮禮自隔"加以佐證。事君不能過於親密,出土文獻中亦有相關的例證。上博簡《用曰》簡2:"娿(邇)君娿(邇)戾。"簡3:"遠君遠戾。"張光裕先生指出:"'娿'讀爲'邇',《管子·四稱》:'近君爲拂,遠君爲輔。''邇君'與'近君'同意,'近君爲拂',拂逆君意是猶近戾也。'遠君爲輔',輔助人君,自然遠戾。'邇君邇戾'與第三簡'遠君遠戾'對舉,其義益顯。"[2]劉信芳先生指出:"'遠君遠戾'二'遠'字,用字同而用義有差,前一'遠'乃禮之'遠',是指與君保持恰當的距離。"[3]亦可參。《用曰》"遠君遠戾",明確提出侍奉君主不能過於親密,如果過於親密,就會

① 劉寶楠撰,高流水點校:《論語正義》,中華書局1990年,第160頁。
② 馬承源主編:《上海博物館藏戰國楚竹書(六)》,上海古籍出版社2007年,第288頁。
③ 劉信芳:《上博藏六〈用曰〉試解四則》,《中國文字學報》第二輯,商務印書館2008年,第50頁。

"邇戾"。《用曰》"邇君邇戾"正好與《論語》"事君數,斯辱矣"合觀。

又郭店楚簡《五行》簡 22:"不**䢛**(遠)不敬。"又馬王堆帛書《五行》189 作:"不袁(遠)不敬。"劉信芳先生指出:"簡 22:'不遠不敬……不恭亡(無)禮。'遠指與人交往的尺度或距離,《方言》卷六:'離,楚或謂之遠。'《廣雅·釋詁》:'離,遠也。'《禮記·坊記》'所以示遠也',注:'遠之所以崇敬也。'所以遠之者,與人保持一定距離之謂,過於其遠則使人覺其疏矣,不及其遠則使人覺其迫矣。凡鄉飲酒禮,士冠禮,賓主有位,進退有度,行進有序,就連步趨都有規定,這些都是禮的尺度化。猶如今海關通關口之一米綫,此亦禮之表現爲尺度者。人之行於世,知其敬人,知其與人保持最佳距離,此所以行也。若不知禮,不知因時因地而選擇與人交往之最佳距離,則有衝撞阻塞,此所以不行也。"① 亦可參。

綜上所述,結合上博簡《用曰》、簡帛《五行》和《管子·四稱》等出土文獻與傳世典籍所提出的觀點,我們認爲"數"當訓爲"親密、親近"。

《孔子家語·賢君》:"古夫不比與數而比於踈。"王肅注:"數,近。"《左傳》文公十六年:"無日不數於六卿之門。"杜預注:"數,不疏。"清華簡《治邦之道》簡 12:"貴戔(賤)之立(位)者(諸)同雀(爵)者,母(毋)又(有)疋(疏)𩆵(數)。""疏"與"數"反義連言,亦可參。

二、《論語·子張》"執德不弘"訓釋

《論語·子張》:"子張曰:'執德不弘,信道不篤,焉能爲有? 焉能爲亡?'"關於"弘"字,歷來訓釋主要有兩種説法:

第一,訓"弘"爲"大",皇侃、邢昺、戴震、劉寶楠② 皆持此種説法。

第二,認爲"弘"即"强"字。章太炎先生《廣論語駢枝》指出:"《説文》:'弘,弓聲也。'後人借强爲之,用爲强義,此弘即今之强字也。……子張之執德不弘,信道不篤,焉能爲有? 焉能爲亡? 弘亦强字。"③

章太炎先生在《小學答問》中又指出:"《論語》:'執德不弘,信道不

---

① 劉信芳:《簡帛五行解詁》,藝文印書館 2000 年,第 294 頁。
② 關於皇侃、邢昺、戴震、劉寶楠的觀點請詳參黃懷信主撰:《論語彙校集釋》,第 1660 頁。
③ 章太炎:《章太炎全集(六)》,上海人民出版社 1986 年,第 216 頁。

篤,焉能爲有? 焉能爲亡?'弘,即今强字。執德欲其堅强,世多讀宏,與言執不相應,上言士不可以不弘毅,弘毅即今言强毅,惟然,故可以肩重任,赴遠道,若讀爲宏,文義亦不相應。"①

　　章先生的説法可從,我們先從《論語·泰伯》"士不可以不弘毅,任重而道遠。仁以爲己任,不亦重乎? 死而後已,不亦遠乎?"的"弘毅"談起。關於"弘毅"之"弘",包咸、朱熹等訓爲"大",章先生認爲"弘"即"强"字。② 黃懷信先生在《論語彙校集釋》中指出:"弘大與任重不對,'弘'當讀爲'强'。《説文》'强'從虫弘聲,是弘、强本同音,故可相借。强,謂强壯,指身體言。毅,謂有毅力。此曾子教士子鍛煉身體、磨煉意志也。"③顏世鉉先生認同章先生的説法,但是他認爲章先生關於"弘"與"强"的關係梳理還存在一定的問題。顏世鉉結合出土文獻例證,指出:"先秦到秦漢時期的出土文獻,'弘'與'强'存在着形近的情況。'弘毅'的'弘'原應作'强',因爲形近的關係而被誤釋成'弘'。'强'在戰國出土文獻中有兩種用字方法,可讀爲'强'或'剛'。因此,'强毅'或'剛毅'兩種讀法的可能性都存在,而兩者所表示的意義也大致無別,即指堅强而不屈撓,果敢而能決斷之意。"④

　　結合"執"的詞義和文獻例證,我們認爲"執德不弘"的"弘"當爲"强"字,訓爲"堅强、堅定"。"執",訓爲"持、操"。動詞"執"後面所接賓語可以是具體的事物,也可以是抽象的事物。《論語·堯曰》:"允執其中。"《禮記·曲禮》:"執天子之器則上衡。"《大戴禮記·四代》:"執國之節也。"《禮記·曾子問》:"執束帛。"張衡《東京賦》:"獻琛執贄。"手持具體事物,一般來説只會涉及拿得穩固與否,與"弘大"與否無涉。《禮記·中庸》:"誠之者,擇善而<u>固執</u>之者也。""固"修飾"執",正可參看。從"執"的詞義特點來看,如果訓"弘"爲"大"似乎搭配不當。

　　又《漢書·成帝紀》:"秋七月,詔曰:'朕執德不固,謀不盡下。'"《論

① 章太炎:《章太炎全集(七)》,上海人民出版社 1999 年,第 453—454 頁。
② 關於具體學者的觀點請詳參高尚榘主編:《論語歧解輯録》,第 420 頁。
③ 黃懷信主撰:《論語彙校集釋》,第 694 頁。
④ 顏世鉉:《以出土文獻的用字方法校讀傳世古書——以兩則〈論語〉的校讀爲例》,《源遠流長:漢字國際學術研討會暨 AEARU 第三屆漢字文化研討會論文集》,北京大學出版社 2017 年,第 280 頁。

語》"執德不弘"即"執德不強","執德不強"正好可與《漢書》"執德不固"合觀。與"執德不固"相反的是"固守其德"。《春秋繁露》卷六:"民散則國亂,君賤則臣叛,是故爲人君者固守其德,以附其民;固執其權,以正其臣。"《春秋繁露》的"固守其德"亦可參證。

（作者單位：惠州學院文學與傳媒學院）

《雕蟲小言》與容庚的早期學術

王月妍

容庚,原名容肇庚,字希白,號頌齋,現代著名古文字學家、考古學家、書法篆刻家,堪稱 20 世紀古文字學奠基人之一。

容庚先生的學術之途緣起於家學。1894 年容庚出生於廣東東莞的書香世家,祖父、外祖皆是同治時進士,自幼即受長輩薰陶。1909 年讀東莞中學時,四舅鄧爾雅寓居容家教容氏兄弟篆刻及古文字。在鄧氏的影響下,容庚入門金石學,接觸了《説文古籀補》《經籍籑詁》等小學書籍以及金石拓本,並隨鄧爾雅試編纂《商周秦漢文字》。此書未成,隨後容庚獨自編寫了《金文編》初稿,於 1922 年攜稿本北上求學,在天津拜謁羅振玉。羅氏對此書褒奬有加,引薦容庚入讀北大。從此容庚接觸到了豐富的書籍與文物資源,在 1925 年完成了《金文編》的編寫並出版,一舉成名,正式走上學術之路。

一、《雕蟲小言》的版本

學界普遍認爲,《雕蟲小言》是容庚第一篇公開發表的作品。《頌齋自訂年譜》中容氏自稱"一九二〇年,作《雕蟲小言》載於《小説月報》,是爲文字刊行之始"。① 1941 年容庚手寫的《容庚著作印行年表》中,第一條"民國九年(1920)雕蟲小言 小説月報 第 卷第 期",②寫下"第 卷第期"但未標數字又動手劃掉,我們推測容庚在整理時已回憶不起發表的具體卷、期數,也未及核驗,後索性劃掉了卷、期的標注。此後學術史研究

① 容庚:《頌齋自訂年譜》,曾憲通編:《容庚雜著集》,中西書局 2014 年,第 40 頁。
② 曾憲通編:《容庚雜著集》,第 29 頁。

著述中，也按容庚自述皆將此文列爲 1920 年發表，是容庚的處女作。查《小説月報》原報，《雕蟲小言》是在 1919 年分兩次發表在第 10 卷的第 3、4 期上，署名容齋。容先生時隔多年，應是誤記了此文刊載的年份。馬國權 1996 年作《容庚先生的學術成就》時可能查驗了原報，標注爲 1919 年。[①]

容庚雖自叙《雕蟲小言》爲第一篇發表作品，但在 1915 年第 2 卷第 6 期的《學生》雜誌上，我們見到一篇《緑綺臺琴記》，署名"廣東東莞中學三年生 容肇庚"，林穎的《容庚先生年表》中將其列爲"目前所知最早發表文章"。[②] 此文叙述了緑綺臺琴的來歷與觀琴之感，文中容庚稱"甲寅（1914）"爲"今年"，此文應是在該年所寫，次年發表。《學生》是商務印書館爲鼓勵中學生創作所辦的刊物，容庚三弟容肇祖在 1915 至 1916 年間曾在此刊發表四篇文章，容庚亦向此刊投稿是情理之中。或許因此文與後來正式的學術生涯關聯不大，故容庚未列入自訂年表年譜中。

研究容庚著述的學者，大多認爲《雕蟲小言》只發表了一次。我們發現，署名"容庚"的《雕蟲小言》，又見於 1925 年 6 月 6 日至 7 月 6 日的《社會日報》副刊上，1925 年 11 月 15 日、18 日的《金石畫報》上。《金石畫報》在一個月內出版 13 期後便停刊，共連載兩次《雕蟲小言》，内容與《社會日報》中的前兩期一致。

《社會日報》是近代知名報人林白水所辦報刊，其副刊名曰《生春紅》，題名源自林氏所藏愛物生春紅硯，自 1925 年 6 月 6 日至 1926 年 7 月 29 日，三日一刊，共 136 期，内容以金石學、史學爲主，刊登了羅振玉、陳承修、陶北溟、顧燮光等當時知名學者的許多文章。容庚在該刊共連載 9 期《雕蟲小言》、10 期《金石書録》。[③]

容庚 1922 年北上至京後結交林白水，受林氏之邀每周至林宅教授其女、姪女文字學與篆刻，一直持續至 1926 年 8 月林白水去世。後容庚爲

---

① 馬國權：《容庚先生的學術成就》，《燕京學報》1996 年新 2 期，又發表在《大學書法》2021 年第 1 期。

② 林穎：《容庚先生年表》，《大學書法》2021 年第 1 期。

③ 《生春紅》參看抗日戰争與近代中日關係文獻數據平臺，《社會日報》第 5、6 版，https://www.modernhistory.org.cn/#/DocumentDetails_bz? fileCode = 1905_bz_00000250&title = %E7%A4%BE%E4%BC%9A%E6%97%A5%E6%8A%A5&flag = false。

紀念林白水，還在 1935 年將《生春紅》所刊林氏文章結集出版爲《生春紅室金石述記》，可見容庚曾回看過此報，但不知爲何，自訂年譜、著述年表中皆未錄《生春紅》上所刊文章。

在一些研究容庚印學的論文中提到《雕蟲小言》再發表於《社會日報》，有學者認爲與《小説月報》版相同，①也有人認爲有所增訂。② 兩版對比可見，1925 年《生春紅》版較 1919 年《小説月報》版是有較大内容改動的。

二、1919 年版與 1925 年版的比較

《雕蟲小言》在 1919 年的《小説月報》第 3、4 期上發表，第 3 期是篆刻介紹，第 4 期是知名篆刻家傳記。容庚治印師承自四舅鄧爾雅，至 1919 年已習刻近十年，此文是面向初學篆刻的讀者所作的經驗心得，馬國權評述時説"這屬篆刻學的論文，凡 43 段，9500 餘言，强調治印必先習篆，熟悉金石碑版，多取借鑒，並列舉參考書籍和足資取法的名家"。③ 至 1922 年北上入京見識增長，1925 年《生春紅》版又進一步增訂了許多内容，分 9 期連載發表，6 月 6 日、9 日、15 日、18 日、21 日、24 日、27 日七期是篆刻介紹，行文結構變化較大，並多有内容增删、觀點修正，7 月 3 日、6 日兩期是知名篆刻家傳記，較 1919 年版略有修訂。

篆刻介紹部分主要包括篆刻參照的古文字材料、篆刻知識等内容。1919 年的容庚還是中學畢業不久、自學金石的初學者，能接觸到的僅有二三十種金文著録書籍，④對於金文外的其他材料僅能賴於鄧爾雅的書籍和拓本收藏，更未接觸過甲骨，故此版所涉古文字材料種類不夠全面，書籍、例證不夠豐富，行文邏輯也不明晰，材料介紹多爲個例枚舉，讀者難以把握所參照材料的整體情況。1925 年版首先是在行文結構上進行了調整，按時代順序介紹每類材料的發現研究史、著録書籍、研究書籍，每類

---

① 文中稱"轉載"，參看酈以明：《容庚印事考》，《中國書法》2020 年第 12 期。
② 梁曉莊：《嶺南印學年表》，《西泠藝叢》2015 年第 3 期；方孝坤：《容庚的學術貢獻及書法成就蠡談》，《大觀（收藏）》2019 年第 2 期。
③ 馬國權：《容庚先生的學術成就》，《燕京學報》1996 年新 2 期，又發表在《大學書法》2021 年第 1 期。
④ 容庚：《歷代名畫著録目序》，曾憲通編：《容庚雜著集》，第 111 頁。

材料一至二段,間有枚舉,讀者不僅可以更全面瞭解材料的概況,還能查找材料相關的所有書籍。

其次是調整了供篆刻參考的古文字材料的種類。1919 年版主要以傳統小學、篆刻學角度推薦,將傳抄古文、李陽冰篆書、繆篆皆列爲學習入印的對象,所涉 20 世紀的新書僅有鄒安的《周金文存》。正如容庚所回憶,當時新出版的書中,他僅購買到了《周金文存》《殷文存》用以學習金文、編纂《金文編》。至 1925 年《生春紅》版,在入讀北大研究所國學門、接觸了校內豐富的書籍和拓本、並受到羅王二人的指導後,容庚逐漸成爲了一名博聞廣識的古文字學者,介紹刻印參照時,增加了更多的出土文字材料,減少了傳世文字材料的介紹,在原有的三代彝器、秦碑、秦權、漢代吉金、瓦當、漢碑等的基礎上,增加了甲骨、石鼓、漢鏡、璽印封泥等內容,刪去了涉及《説文》、古籀、《汗簡》等傳抄古文字的《説文古籀疏證》、漢代篆刻字體繆篆的介紹段落。容庚還將材料可參照性與其時代和出土背景相關聯,強調觀察漢字的變化歷程,如在 1919 年版第二段學篆之道"古文以三代彝器款識爲宗,石鼓副之"外,添加了"參以甲骨文字,以盡其變";"小篆當以秦碑權詔版、新莽量布爲宗,李陽冰轉述副之"更改爲"小篆當以秦碑、秦權、秦詔版爲宗,新莽量布副之,再參以李陽冰之篆書",小篆自秦始創,故強調當以秦爲宗,漢代的量布隨後,再其次是唐代書法家的篆書。

1925 年版還在每類材料下添加了更多的舉例。如金文彝器中增加了毛公鼎、頌鼎、楚公鐘,秦刻石中增加了會稽刻石等。亦有意對例子進行了整理,如漢碑部分原只簡列出容庚曾自鈎的四種,1925 年版則分爲篆書、隸書兩類分別介紹。對一些舉例還補充了出土流傳背景和新的拓本版本,如瑯琊刻石原只叙"番禺陳蘭甫曾覆刻學海堂中",後補充了原石位置、不同傳拓本的版本區別,嶧山刻石原只列了徐鉉摹本,後補充了元摹宋張文仲本。

容庚曾説"目録之學,爲治學之階梯",[1]參考、編纂目録工具書是容庚學習不同材料的方法。在增訂《雕蟲小言》的篆刻介紹部分時,容庚增

---

[1]　容庚:《略評〈書畫書録解題〉》,曾憲通編:《容庚雜著集》,第 319 頁。

加了近 80 部的書目介紹,在每種材料下都評述了古今著録、研究書目及相關學者,多以時間順序羅列,自研究伊始至最新出版,搜羅頗爲全面。1919 年版中僅金文彝器列出了著録書目,其餘皆以個例札記形式爲主,且僅將金文著録書模糊分爲刻本、影印兩類。在 1925 年版中則詳細地介紹了歷代金文著録書,自宋代吕大臨《考古圖》至《周金文存》,文中明確列出"集諸家諸器"、"著録一家藏器"、摹録原文、影印墨本等分類,多角度介紹了 21 部著録書。1919 年版中評價以摹寫形式著録銘文的書目爲"考釋疏漏,摹刻失真",1925 年版將其展開爲四條:"傳摹失真,點畫訛舛,一也;見聞所限,搜集未備,二也;疏於鑒别,真贋雜糅,三也;昧於古文義例,考釋或疏,四也。"顯然,在寫作 1925 年版時,容庚不僅分類整理了許多書籍,還對不同種類書目的優劣有了更深刻具體的認識。這可能是因爲目録學方式的學習需要廣泛的閲讀支持,1919 年時限於書籍資源較少,每類材料僅能接觸寥寥幾例,尚未能達到全面系統的瞭解。

　　1925 年版還更换了一些書籍的版本。1919 年版稱"鄒適廬《周金文存》所輯鐘鎛鐸句鑃鼎鬲甗拓本",《周金文存》最早分期連載在《藝術叢編》上,至 1918 年 12 月連載至鼎鬲甗,1925 年版則稱"鄒安編印《周金文存》,收采各家墨本二千餘種",此時所參考的應是連載結束後印行的單行本。容庚在《商周彝器通考》中稱《周金文存》有 1916 年的六卷石印本,至今學界大多仍沿用此出版時間。趙文傑考證《周金文存》是 1916 年至 1920 年連載,1921 年發行單行本,[①]容庚兩版《雕蟲小言》中不同的描述也佐證了此書最早是以連載方式發佈,在《商周彝器通考》中可能是將初連載時間誤記爲出版時間,其後學者亦未及查證,多誤作單行本在 1916 年出版。

　　除了書目内容的增改外,1925 年版還增加了一些引文材料。金文部分增引吴大澂《愙齋集古録》中的跋文介紹毛公鼎。秦刻石部分增引劉跂的《泰山篆譜序》介紹泰山刻石,但引文較原文略有缺漏,比如删減劉跂訪碑過程、將"字從西面起"誤引作"從西南起"等。容庚的《秦始皇刻石考》《古石刻零拾》也引用了劉跂此文,前者發表於 1935 年 6 月《燕京

　　①　趙文傑:《〈殷周金文集成〉編寫過程中對材料的甄選取捨研究——以〈周金文存〉爲例》,吉林大學碩士學位論文(導師:崎川隆教授),2018 年。

學報》第 17 期,引文與 1925 年版《雕蟲小言》一致,此文應是在該版秦刻石介紹的基礎上增訂而成;後者於 1934 年 12 月由燕京考古學社出版,引文準確完整,此書出版較前者更早,但書中卻提到"余別有《秦始皇刻石考》見《燕京學報》第十七期論之",①書的寫作時間應在文章之後,故更正了引文、引用了《秦始皇刻石考》。

篆刻所參考古文字材料部分的改動主要是材料種類和書籍的增繁,篆刻知識部分則是一些例證的增删和行文的調整。如删去了異形印、篆刻刀法的介紹;入印内容中爲"意味索然"的名號印添加了梁退庵的印作爲例證。入印内容部分將介紹順序由婦人印、姓名印、詩文印調整爲姓名印、詩文印、婦人印。對單字印、成語文句印的介紹,1919 年版是從今人以爲小印、成語文句印不古是錯誤觀點的角度來講解,1925 年版只客觀介紹了一些吉祥語印。篆刻知識部分亦增添了新的内容和書籍介紹,如增述了初學者可參考的篆刻方法、印石産地相關的書籍,補充了容庚自藏《古玉印譜》的流傳過程。

除内容和結構的改動外,1925 年版也進行了語言的潤色。比如改稱"秦碑"爲"秦刻石";金文部分彝器書法風格的介紹中,"散氏盤方腴,齊侯鎛長瘦;散氏盤茂密,齊侯鎛遒美"變爲"彝器中頌鼎英秀,散氏盤茂密,楚公鐘雄健,王孫鐘瘦勁",語言表達也更準確明晰。

知名篆刻家傳記部分,兩版内容區别不大,包括《印人傳》、曹墨琴像印、黄貞、趙撝叔、吳讓之、黄士陵、吳昌碩、鄧爾雅、容肇新的介紹,文末的印譜簡介,1925 年版挪到璽印材料的介紹中,此外對黄貞、容肇新的介紹稍有改動,我們在下一節討論。

1925 年版還有一個較鮮明的特點,是大量介紹且推崇羅振玉編著的書籍,稱《殷虚書契考釋》爲"不刊之作";《古鏡圖録》稱爲"印刷之精,不異出之氈墨"。《殷文存》《石鼓文考釋》《秦金石刻辭》《歷代符牌圖録》《秦漢瓦當文字》《齊魯封泥集存》《赫連泉館古印存》,幾乎每類材料都介紹了羅氏著作,權量詔版的介紹還引用了羅振玉在《唐風樓金石文字跋尾》中的秦瓦量跋作爲述評。羅振玉是當時最知名權威的古文字研究

---

① 容庚:《古石刻零拾》,《容庚學術著作全集》第 14 册,中華書局 2011 年,第 152 頁。

學者、古物收藏家,其出版的著録書品質優良,收羅豐富,參考他的書自然
也是情理之中,但此處可能也與羅氏是容庚的"伯樂"兼導師有關。容庚
北上求學時學古無門,只考入朝陽大學法律系,羅振玉因讚賞《金文編》
而主動向馬衡推薦他跳級入學北大做研究生,並將家中所藏書籍拓本供
其閲讀。容氏入學後羅振玉與王國維共任其導師,容肇祖所作《容庚傳》
中即稱此節爲"容庚遇伯樂",①容氏北上後第一篇公開發表的《甲骨文字
之發見及其考釋》中即主要是引用羅王觀點而成文。② 從此處對《雕蟲小
言》的增改也可看出,容庚的學術生涯早期頗受羅振玉影響,因而推崇並
學習羅氏的學術觀點與治學方式。

綜上所述,1925 年版的《雕蟲小言》較舊版除了訂改錯誤外,還增加
了大量作者新見材料與書籍,寫作手法從篆刻愛好者角度的隨文講述,轉
變成了古文字學者視角下的材料通解。這種不同主要是因爲作者見識、
學歷的變化,北大研究所與羅振玉所提供的大量書籍和拓本讓慣以目録
入手的容庚如魚得水地爬疏每類材料,自甲骨至漢印,容庚已形成了完整
的古文字演變認知,且對每一種材料的時代、出土、流傳、著録皆有了詳細
的瞭解與判斷。但文中的古文字材料類型並未涉及兵器銘文,容庚在兵
器研究上着力不多,如今所見著作中僅《金石學》講義涉及一些,此處或
許也因爲對兵器瞭解不多而未列入。

增訂版雖發表於 1925 年的《生春紅》,但此文所引書目最新至 1921
年,甲骨考釋書籍未列商承祚的《殷虛文字類編》。商書 1922 年年中成
書,1923 年年中出版,③容庚自述 1923 年 1 月所作的《甲骨文字之發見及
其考釋》雖在文末列舉此書但文中未見引用其内容,二文對甲骨著録考
釋的書目介紹相差仿佛,《雕蟲小言》的增訂應比此文更早,在 1922 年左
右。④ 從《雕蟲小言》的增改歷程看,1919 年在粵時容庚接觸的主要是小
學、篆刻相關的書籍,在鄧爾雅的影響下,他關注所有種類的古文字材料,
但限於資源,只能側重傳世文字的研究。1922 年 7 月起接觸了北大豐富

① 容肇祖:《容庚傳》,曾憲通編:《容庚雜著集》,第 111 頁。
② 容庚:《甲骨文字之發見及其考釋》,《國學季刊》1923 年第 1 卷第 4 期。
③ 王國維:《殷墟書契類編・序》,《觀堂集林(外二種)》,河北教育出版社 2001 年,第
870 頁。
④ 或稱 1921 年增訂,參看梁曉莊:《嶺南印學年表》,《西泠藝叢》2015 年第 3 期。

的學術資源與羅王的教導後,容庚形成了更全面的古文字材料認知系統與一定的學術意識,寫文章從稚嫩的散文札記,開始有意識地進行學術史回顧,完成了學術研究方式的轉型,由自學的中學生轉變成了專業的學者。

三、1919 年版《雕蟲小言》的實際撰寫者討論

1919 年版的《雕蟲小言》,學界公認是容庚的獨作論文,容庚自作的年譜、年表中皆將此文列爲第一篇作品,但令人疑惑的是此文文末稱容肇新爲"仲兄"。容氏三兄弟中容庚 1894 年出生爲長,肇新 1896 年出生行二,肇祖最小,生於 1897 年,三人皆自 1909 年起隨鄧爾雅學習,1915 年容肇新因病去世,容庚與容肇祖作《東莞印人傳》將其與東莞史上知名印人並列作傳以紀念。在 1921 年石印本的《東莞印人傳》中,容庚提到"仲弟肇新,葉舟《廣印人傳》載矣,而誤以爲庚之兄,故不揣譾陋,記之如右",①《〈金文編〉稿本》前言中陳偉武據此認爲,葉舟即是據《雕蟲小言》稱呼才誤認肇新爲庚之兄,並推斷此文是容氏兄弟二人合撰,容肇祖至少寫了第 4 期後半段,《小説月報》上的"容齋"署名是容氏兄弟的合稱,意義類似"容府""容宅"。②

實際上葉舟的《廣印人傳》在 1910 年末成書,1911 年出版,將三兄弟編入時,容庚尚未發表《雕蟲小言》,葉舟依據此文誤作之説並不成立。《廣印人傳》對三人信息的記錄本有錯漏,如將容肇新之號"千秋"誤作其字,將容肇祖之字"元胎"誤作"液調",而且三人年紀尚小且差距不大,容肇新在篆刻上更有才名。據容庚、容肇祖回憶,"余兄弟從鄧爾雅舅氏學篆刻,惟亡弟獨孟進,奇字相商,舅氏比之在旁珠玉","二哥於書法外,以刻印稱","二兄從爾雅舅學刻印……舅氏亟稱之"。③ 故葉舟很可能僅是據傳聞記錄,將"六書篆隸之學,無所不闚"的容肇新誤記爲長兄。

學界普遍認爲《東莞印人傳》只有 1921 年容庚、容肇祖合輯的單行

---

① 容庚:《頌齋述林》,《容庚學術著作全集》第 22 册,第 589 頁。
② 陳偉武:《金文編》稿本影印前言,載容庚:《〈金文編〉稿本》,中華書局 2022 年,第 1 頁。
③ 參看 1925 版《雕蟲小言》;又容肇祖:《我的家世和幼年》,《容庚容肇祖學記》,廣東人民出版社 2004 年,第 244 頁。

本,編有 19 位東莞知名篆刻家的傳記。但是 1919 年的《東莞留省學會雜誌》又見容肇祖所寫的同名文章,所輯印人僅有 7 人,應是單行本的初版。此文介紹東莞印人黃貞時,與 1919 年版《雕蟲小言》内容相近,二者皆引用了清屈大均《廣東新語》中"黃仲亨 刓玉"一節的内容。[①] 1921 年的單行本和 1925 年版《雕蟲小言》中,改稱黃貞爲王貞,將引用的部分《刓玉歌》增訂至全首。[②]《東莞印人傳》《雕蟲小言》皆涉及了黃貞和容肇新的傳記介紹,所用材料相近,黃貞部分皆在引用《刓玉歌》後討論作者和鄧爾雅所藏印,容肇新部分則皆引用了容肇新之語和鄧爾雅所作的《醉太平》,但文筆表述略有不同。

表一　黃貞、容肇新傳記段落版本比較表

《東莞印人傳》 1919 年版 容肇祖	《東莞印人傳》 1921 版單行本 容庚 容肇祖	《雕蟲小言》 1919 年版 容庚	《雕蟲小言》 1925 年版 容庚
(刓玉歌)……余得**四印**,皆**辟邪紐**,雕鏤絶精。拏攫之勢,無一同者。四舅鄧爾雅亦得一印,紐作兩螭,一紅一白,團結如球狀,**殆酈子所謂"蛟螭盤挐"者也**。仲亨紐印,以余所聞,傳者尚多,惜入於豎子之手,徒供婦孺之玩,識者欲求其一而不可得,物之顯晦,固有時邪?	(刓玉歌)……予得其**五印**,四皆作**狻猊紐**,毛角爪牙,雕鏤絶精。**或俯或仰**,拏攫之勢,無一同者。一紐作蹲獅,稚獅跨其尾,一紅一白,顧盼多姿。四舅鄧爾雅亦得一印,因石色作紅白二螭,糾繞如球,殆酈子所謂"蛟螭盤挐"者也。其紐印,以予所聞,存者尚多,惜入於豎子之手,徒供婦孺之玩爲可恨耳。	(刓玉歌)……余得**四印**,紐皆作**辟邪**,雕鏤絶精。拏攫之狀,無一同者。**印文秀静,彷彿文何**。鄧爾疋舅氏亦得一紐,因石色作紅白二螭糾結如球狀。**文曰家在珊瑚洲。吾邑印人,仲亨實爲先河,然鮮有知者。豈藝成而下,名不見道於士夫。故久而湮没無聞耶**。	(刓玉歌)……予得其**五印**,四皆作**狻猊紐**,毛角爪牙,雕鏤絶精。**或俯或仰**,拏攫之勢,無一同者。一紐作蹲獅,跨其尾,一紅一白,顧盼多姿。**印文秀隽,彷彿文何**,鄧爾疋舅氏亦得一印紐,因石色作紅白二螭,糾繞如球狀,殆酈子所謂"蛟螭盤挐"者也。然邑人鮮有知其名者,豈藝成而下,名不見道於士夫。故久而湮没無聞邪。

①　屈大均著,李育中等注:《廣東新語注》,廣東人民出版社 1991 年,第 328 頁。
②　容庚在 1954 年左右《致祖風書》中稱"黃仲亨刻'家在珊瑚洲'",本文仍按"黃貞"行文。參看曾憲通編:《容庚雜著集》,第 432 頁。

續 表

《東莞印人傳》 1919 年版 容肇祖	《東莞印人傳》 1921 版單行本 容庚 容肇祖	《雕蟲小言》 1919 年版 容庚	《雕蟲小言》 1925 年版 容庚
仲兄肇新,號千秋,工書。嘗謂"唐務間架而失也矜持;宋尚意態而失也輕佻,不若北碑古茂淵懿多變態也"。其用力於張猛龍碑、張黑女誌、龍門二十品多。歲甲寅,從鄧爾雅舅氏學篆刻,一以純正爲歸,浙派劍拔弩張之習,不屑也。乙卯年二十,以癆疾卒。蘭以香焚,膏以明竭,痛哉。舅氏題其遺印,調寄《醉太平》云……	仲弟肇新,號千秋,工書,初學顏真卿,後得包世臣《藝舟雙楫》及康有爲《廣藝舟雙楫》讀之,始肆意於北碑,嘗謂"唐務間架而失也矜持;宋尚意態而失也輕佻,不若北碑古茂淵懿多變態也"。民國三年,從鄧爾雅舅氏學篆刻,白文仿漢印,朱文仿周、秦小璽,間參以鐘鼎彝器、鏡幣瓦甓之意。於清代獨喜鄧石如、趙之謙、黃士陵三家,浙派斑剥峭勁之習不尚也。四年十月,年二十,以癆疾卒。余兄弟三人,惟仲弟穎悟,蘭以香焚,膏以明竭,悲夫。舅氏填《醉太平》一闋題其遺印云……蓋葉舟近輯《廣印人傳補遺》,曾載弟名也。	仲兄肇新,號千秋,工書。初學唐碑,後專學六朝書,以"唐務間架而失也矜持;宋尚意態而失也輕佻,不若北碑古茂淵懿多變態也"。歲甲寅,余兄弟從鄧爾雅舅氏學篆刻,惟仲兄獨孟進,奇字相商,舅氏比之在旁珠玉,乙卯年二十,以癆疾卒。搜輯遺印,名曰辛齋印蛻。舅氏題詞調寄《醉太平》云……蓋葉舟近輯印人傳,曾載仲兄名也。	亡弟肇新,號千秋,工書,初學唐碑,後專學六朝書,嘗謂"唐人重間架,而失也矜持;宋人尚意態,而失也輕佻,不若北碑,古茂淵懿,多變態也"。歲甲寅,余兄弟從鄧爾雅舅氏學篆刻,惟亡弟獨孟進,奇字相商,舅氏比之在旁珠玉,乙卯年二十,以癆疾卒,蘭以香焚,膏以明竭,悲夫。舅氏填《醉太平》一闋題其遺印云……蓋葉舟近輯印人傳,曾載亡弟名也。

　　雖然四個版本的討論對象一致,但不同文章各有側重,黃貞部分《東莞印人傳》以"物之顯晦"的討論結尾,《雕蟲小言》則是以感嘆黃貞的湮没無聞結束;容肇新部分《東莞印人傳》詳述了容肇新的篆刻偏好與特點,《雕蟲小言》則未談此内容。1921 年單行本應是在 1919 年版《東莞印人傳》的基礎上增改,黃貞部分改動不大,而容肇新部分增訂較多,"仲

弟""間參以鍾鼎彝器、鏡幣瓦甓之意"顯然是容庚口吻,此段增改應是容庚主筆完成。黄貞部分四版本中藏印者皆是"余""予",黄氏諸印不見於如今容庚藏印,容肇祖曾手拓編印《東莞三家印存》,收錄包括鄧爾雅所藏在内的五件黄仲亨刻印,①此處的"余"應是容肇祖,此段主體應是容肇祖所寫。1925 年版《雕蟲小言》則應是在 1919 年版的基礎上,結合 1921版《東莞印人傳》完成增改,如黄貞部分增引"蛟螭盤挐"之語,容肇新部分自"蘭以香焚,膏以明竭"至結尾與 1921 版《東莞印人傳》一致。

容肇祖回憶,1918 年,他與容庚共編了《印話》,是關於刻印的記述,他將此文送去了莫衍均主編、容肇祖任編輯的《高師雜誌》。② 而發表1919 年版《東莞印人傳》的《留省東莞學會雜誌》即是 1918 年 12 月付印,1919 年出版的。該雜誌是 1918 年成立的東莞學會的會刊,東莞學會亦有許多廣東高師學校學生參與其中,莫衍均、容肇祖皆是《留省東莞學會雜誌》的編輯,《高師雜誌》應與此雜誌有關,而《印話》或許就是《東莞印人傳》《雕蟲小言》的前身。《印話》的具體内容已不可探尋,但可説明二人在 1918 年同編刻印相關的内容。從上文四個版本的比較看,我們推測篆刻家傳記的整理與下節的《金石書録》類似,應是二人共輯史料撰寫傳記,黄貞、容肇新的傳記皆是容肇祖所撰,容庚在寫《雕蟲小言》時據共編材料撰文,1919 年版可能是疏漏了"仲兄"口吻的修改。

容肇祖在自傳中曾提及,對他投稿發表有較大鼓舞激勵的一篇文章是 1920 年發表在《小説月報》上的翻譯作品——莫泊桑的《余妻之墓》,③相關年譜年表皆按此記録。但查驗原報,題名應是《亡妻之墓》,發表在1920 年第 8 期上,署名"容齋"。在容氏家人的回憶與描述中,"容齋"一直是容庚所號,比如 1922 年鄧爾雅曾刻"容齋金石"印,邊款叙"刻爲容齋主人"。後來容庚在 1932 年左右據頌簋等器將"容"更爲古通假字"頌",但 1937 年鄧爾雅還刻了"容齋吉金"的印贈予容庚。④《亡妻之

---

① 楊寶霖、鍾百淩、李炳球編:《東莞文史》第 28 期,政協東莞市文史資料委員會出版 1998年,第 106 頁。或稱《東莞三家印譜》,參見梁曉莊:《嶺南印學年表》,《西泠藝叢》2015 年第 3 期。

② 容肇祖:《我的家世和幼年》,《容庚容肇祖學記》,廣東人民出版社 2004 年,第 244 頁。

③ 容肇祖:《我的家世和幼年》,《容庚容肇祖學記》,第 246 頁。

④ 李瑞祥:《頌齋印學研究》,雲南大學碩士學位論文(導師:蘇金成教授),2021 年,"附件一(容庚存印)",022、026 號。

墓》雖署名"容齋",但顯然是容肇祖獨作。容庚自訂年譜、年表中也一直自稱《雕蟲小言》是其第一篇文章,其後還在 1922 年左右增訂修改,在 1925 年獨立署名發表,可見此文應亦是容庚獨撰。因此我們認爲在 1919 年左右容氏兄弟二人曾以"容齋"作爲共同筆名在《小説月報》上發表文章,含義有可能如陳偉武所説,指"容宅""容府",故早期有鄧爾雅稱容庚爲"容齋主人"之説,但發表的文章主體仍是各自主撰,《雕蟲小言》應是用了容肇祖參與輯合編寫的材料。

四、《金石書録目》的初創

第二節我們提到,容庚一向推崇以目録學入手材料,他自述"少年時研究《説文》,壯年後研究金文,往往先從前人已作的編目入手"。① 索引工具書的編寫與應用是容庚學術研究的重要環節。容庚曾試編金石書録,但因種種原因未完稿成書,後將草稿交予八妹容媛,委其編《金石書録目》。《清代吉金書籍述評》中追述:"一九二二年秋,我在北京大學研究所國學門得見金石書籍五百餘種,擬與舍弟肇祖合編金石書録,因相約鈔各書的序跋,間或加以簡單的評語。一九二六年五月,友人林白水主辦北京《社會日報》,中有《生春紅》副刊,向我索稿。乃選擇少見的和當時最新出版而人們未曾注意的金石書籍,從當年六月起,每星期寫登一篇,並可以藉此閲讀各書一過,爲之校訂……可是只登載了八篇,林君便以文字賈禍……雖繼續鈔録,而發表也就停頓了。"②文中提到的八篇,刊載在 1926 年 6 月 22 日至 7 月 29 日的十期《生春紅》中,包含兩期《金石書録序》和八期書録條目。

《金石書録序》在 6 月 22 日、25 日分兩期刊載,此文應是 1929 年 12 月容庚爲容媛編《金石書録目》所作序文的初稿。1926 版序文中評述了《籀史》、張之洞《書目答問》、葉銘《金石書目》、田士懿《金石名著彙目》等金石書目提要書籍,未包含同年出版的黄立猷的《金石書目》和 1929 年出版的《石廬金石書志》。容庚日記中記録黄氏書在 1926 年 7 月 13 日

---

① 容庚:《歷代名畫著録目序》,曾憲通編:《容庚雜著集》,第 111 頁。

② 容庚:《清代吉金書籍述評》,《容庚學術著作全集·頌齋述林》,中華書局 2012 年,第 67 頁。下文簡稱爲"《述評》"。

才見到,故寫 1926 版序文時未及記入。1926 版因接觸材料的不同,觀點與 1929 版也微有區別。如 1926 版文中質疑田士懿《金石名著彙目》"正目續目之分,其意何居,若以通行本入正目,而罕見者入續目,按之原書,不盡如是,此所未喻者三也"。《金石書錄目》序文中刪去此條,並補叙"余初頗致疑於正目、續目之分,其意何居? 後得讀其所著《金石著述名家考略》,乃知……"。

1926 版尚是草創,行文不如後版有條理,但交代了許多編纂過程的細節。如編纂金石書錄的出發點,文中交代了"去年秋(按:1925),余侍母遊西湖,於西泠印社購得葉氏存古叢書,中有葉銘所編《金石書目》",列舉葉氏書不足之處後,説道"乃與家弟容肇祖商榷,擬編次金石書籍,於張氏四屬外別增考證之屬,字書之屬,雜著之屬,叢書之屬,略仿經義考小學考之例,爲《金石書錄》,家弟於此用力甚劬,積稿已盈尺矣"。"今年(按:1926)春節,家弟遊廠肆,購得高唐田士懿(德丞)所著《金石名著彙目》持以示余",列出此書不足之處後,容庚叙"其書正目中余所未見者什之一二,續目中余所未見者什之七八,然余之所見五百餘種中彼所未收者亦什之二三。兹者家弟南歸,留稿於此,一經閣置,恐無復整理之期,擬先擇其罕見及最近印行而爲人所未知者,分期刊之《生春紅》中,余亦藉此翻閲各書一過,爲之校訂以自鞭策……"。由此版序文可知,容庚兄弟編纂金石書錄的緣由其一是當時所見的金石書目類書籍各有不足,即使是容庚賴以入門金文的《宋代金文著錄表》《國朝金文著錄表》二書,容庚也曾指出"王先生的表,每器不注引書的卷數頁數,也有尋求一器,往往終卷的毛病"。[1] 其二是容庚二人在北大研究所國學門所見到的五百餘種金石書中有已出版目錄類書籍中未曾收錄的。而容庚整理發表在《生春紅》的緣由則更多是爲自我鞭策,怕拖延致使此錄編纂不成。在 1929 版序文中,刪去了幾本書的購買過程,編寫緣由只簡述爲"民國十一年夏,余與三弟肇祖偕來北平,讀書於北京大學研究所國學門,擬編次金石書籍……三弟於此,用力甚勤。十五年夏,三弟南歸,余乃獨任之"。

在《容庚北平日記》中也記録了當時容庚編纂書録的過程與工作細

---

[1] 容庚:《歷代名畫著録目序》,曾憲通編:《容庚雜著集》,第 111 頁。

節,起初是在 1925 年 10 月起容庚寄給易寅邨自編的《金石書目》,供作學習者購書的參考,11 月 10 日起開始有"閱金石書籍,編目""編金石目録"的記録。容庚對"金石"的理解與傳統限於鐘鼎彝器、碑碣石刻的定義略有不同,1926 版序文中將新出現的甲骨、陶器、封泥、簡牘皆歸入了"金石之範圍",此定義下的"金石"更像是如今的古文字學,是漢及漢以前的所有出土文字材料的統稱,其後容氏所作的《金石學》講義中"金石"的範圍亦是如此。11 月 18 日記"往研究所編書目。'書籍'一章,擬分目録之屬、圖象之屬、文字之屬、義例之屬、考證之屬、雜著之屬、字書之屬、叢書之屬八章"。①此分類方法與兩版序文中所述相同,可見金石書目的分類類別於 1925 年時已擬定好。後容媛所編的《金石書録目》又按材料載體分爲十類,每類下屬書目類別根據實際情況在容庚擬定的八種的基礎上稍有修整,比如總類保留目録、圖像、文字、雜著、字書,將義例、考證、叢書替換爲通考、題跋、傳記;竹木類僅有文字一類。②《生春紅》所録的書只《古文審》爲"文字"屬,其餘皆是"圖象"屬,録完《古文審》序文《生春紅》即停刊。

容庚在《述評》中稱發表了"八篇",但實際上《生春紅》上共録了 11本書的書録,"八篇"可能指書録發表了八期。書録與 1962 年《清代吉金書籍述評》内容有所重疊,但《述評》更多是容庚的評價總結,書録則主要以轉録書目情況爲主,包含所録書籍的分類、版本、卷數、序跋、目録和簡評。因二文時代相差近四十年,容庚的觀點亦有所變化。比如在《生春紅》版的《浣花拜石軒鏡銘集録》書録中録卷二"又漢鏡二,唐鏡三",《述評》中改爲"卷二收唐鏡十一種",此書卷二中所謂漢鏡命名是"漢八卦鏡"和"漢方諸陽燧鏡",此二種皆是李唐時才出現的形制,大概在此後容庚瞭解更多古鏡知識後糾正了斷代。③《懷米山房吉金圖》書中録有"周格伯簋",即佣生簋(《銘圖》5309),④《生春紅》版書録中,案語稱"格伯敦

---

① 容庚著,夏和順整理:《容庚北平日記》,中華書局 2019 年,第 94—105 頁。
② 容媛:《金石書録目》,羅志歡、李炳球主編:《容媛金石學文集》,齊魯書社 2020 年,第15 頁。
③ 容庚《古鏡影》序中稱自 1929 年起爲哈佛燕京學社購藏古鏡,其對銅鏡的鑒僞斷代的研究或許也在此階段始,參看曾憲通編:《容庚雜著集》,第 72 頁。
④ 吳鎮烽編:《商周青銅器銘文暨圖像集成》,上海古籍出版社 2012 年,文中簡稱《銘圖》"。

爲錢坫舊藏,其稱爲簋,即沿錢氏之誤",可見容庚此時對簋、敦之分尚有不明之處,認爲佣生簋器型屬敦,後《述評》中刪去此條。容庚曾對段爲敦字產生質疑,以"或經典誤釋殷作敦""簋或爲殷後起字""段之宜釋簋或敦,幸先生正定之也"致書求教於王國維,但王國維回應"黄仲弢以敦爲簋似不可從,若𣪘、𩲏則敦之後起字,不礙其爲一物也"。這兩篇書信落款時間分別是"十二月十九日""廿二日",應是公曆日期,王氏信中提到其完成《金文編》序文待取,《金文編》王序中稱"甲子夏"完成,書信時間應在 1924 年末。此觀點應有王氏影響,容庚在 1925 年版《金文編》中也稱簋爲敦。① 案語還指出"嘉禮壺乃趙宋器非周、子壺爲周器非秦也,兩魯公鼎殆宋仿作者",《述評》中進一步修正完善觀點,"兩魯公鼎乃明清人仿造,嘉禮壺乃宋政和年間所作",刪去了關於子壺的看法,子壺指子婂迆子壺(《銘圖》12160),爲戰國時器,其後容庚的判斷或有變化。《陶齋吉金錄》及《續錄》案語中稱卷三銅勺爲"柶",舉霥彝、癸丁甎、漢建武銅鼓疑爲僞器,《述評》則明確指出三器皆僞,全文只稱"勺",無"柶"之説。

　　《容庚北平日記》中記録了《生春紅》上的每篇書録的寫作時間。1926 年 6 月 4 日"作《〈金石書録〉序》畢,寄林白水",②6 月 7 日"早到研究所,取回元胎《金石書録》",取的應是容肇祖所輯的書録資料及草稿,序文於 6 月 22 日、25 日發表。6 月 19 日"回寓作《金石書録》中《十六長樂堂款識》《鏡銘集録》兩種。因白水允爲每期刊登《生春紅》中也",《鏡銘集録》即是《浣花拜石軒鏡銘集録》,此兩本在 7 月 8 日、11 日連載。6 月 20 日"作《恆軒吉金圖》《懷米山房吉金圖》"。6 月 21 日"作《匋齋吉金録》及《續録》",《懷米》的書録分 7 月 11 日、14 日兩期連載,《恆軒吉金圖》在 7 月 17 日上發表,陶齋二書書録在 7 月 17 日、20 日、23 日、26 日四期連載。7 月 8 日"輯《金石書録》:《古文審》《吉金文述》二種",《金石索》序例、提要分 7 月 27 日、8 月 2 日録完,8 月 3 日"作《二百蘭亭齋金

---

① 容庚:《金文編序》,《國學季刊》1923 年第 4 期。
② 1926 年 5 月 30 日容庚曾記"作《評〈金石名著匯目〉》一文",此文後未發表,可能改編入了其後的《金石書録》序文之中。參見容庚著,夏和順整理:《容庚北平日記》,第 93 頁。

石記》《兩罍軒彝器圖釋》《聽松石床題字》《虢季子白盤考釋》四種提要”。① 《生春紅》僅 7 月 29 日刊載《古文審》書録爲止，8 月 6 日林白水罹禍，《社會日報》暨副刊《生春紅》也停刊，日記中稱已完成的六篇書録也未再發表。

《生春紅》其實並非容庚當時刊載《金石書録》的理想之選。《容庚北平日記》中記録，在 6 月 22 日《金石書録》正式見報之前，6 月 20 日，容庚曾“飯後往訪頡剛，未遇。擬將《金石書録》登《國學周刊》，不登《生春紅》。故往與之商，留字與之”。6 月 21 日，“見頡剛，《金石書録》稿擬登《國學周刊》”，此處應是指顧頡剛主編的《國學門周刊》，此刊在 1926 年因時局、經費的原因脱期，至 8 月停刊，或許因此刊經營不善，容庚換刊發表《金石書録》的打算未竟，故書録仍登在了《生春紅》上。

因容肇祖完成了輯合金石書録材料的許多工作，容庚在寫稿前還取回了容肇祖所編的《金石書録》草稿，故即使正式寫作時容肇祖不在北京，《金石書録序》署名是容庚，八期書録署名則皆是“容 庚 肇祖 同輯”。由此我們認爲容氏兄弟是較注意著作權歸屬的，1919 年版《雕蟲小言》應與《金石書録》相類，是二人共輯材料，但稿件是容庚撰寫完成，“仲兄”之稱更可能是疏漏。

五、小　　結

本文對 1919 年版與 1925 年版《雕蟲小言》進行了文獻學比對，整理了二者的内容區别，推斷出 1918 年容庚、容肇祖曾共輯篆刻相關的文獻材料後各自撰寫文章，並曾共用“容齋”筆名在《小説月報》上發表文章，1919 年版《雕蟲小言》應是容庚據二人共輯材料撰寫而成，“仲兄肇新”應是誤抄，在 1922 年左右，容庚增訂了《雕蟲小言》，並於 1925 年發表在《生春紅》上。我們還整理了《生春紅》上刊載的《金石書録》，與《容庚北平日記》相結合，還原了 1925 年至 1926 年容庚編纂書録的過程細節，並將書録與其後的《清代吉金書籍述評》比較，梳理了容庚一些觀點的變化。

① 容庚著，夏和順整理：《容庚北平日記》，第 94—105 頁。

　　1922 年至 1925 年應是容庚學術的轉型期,由自學、家學的中學生轉向專業學者,文章形式也自此從散文札記轉向專業論文。曾憲通評價容庚學術成就時曾説"先生在七十年的學術生涯中,藉助於目録學的階梯而升堂入室,登上學術的寶殿"。[①] 無論是自身治學,還是教導學生,容庚始終强調以目録通達材料,這充分體現在創作於其學術生涯早期的《雕蟲小言》與《金石書録》中。增訂於 1922 年左右的《雕蟲小言》則是其最早的全面綜述古文字材料的文章,曾苦於材料書籍不足的青年學生進入北大後,仍以自己入門時摸索出的"目録"法爬疏所有材料類型,分列著録書目,以評述現有書目的優劣進一步熟悉材料,僅一年左右,容庚便形成了全面系統的古文字認知結構,掌握並實踐了專業論文的寫作方法。由書録可以看到,在 1925 年已出版《金文編》,成爲了有一定名氣的專業學者後,容庚仍堅持讀書時進行目録學的整理,瞭解書籍的版本體例並評定優劣,對書中觀點加以辨析修正並細緻記録。後來他常對學生説"大匠予人以規矩而不能予人以巧,'巧'只能在刻苦的磨練中得來","人一能之己百之,人十能之己千之。果能此道,雖愚必明,雖柔必强"。[②] 他即使在一作成名後,仍堅持這"百之""千之"的積累,故此才有後來更完善、影響更深遠的增訂版《金文編》以及更多劃時代、里程碑式的著作。

　　在《容庚北平日記》出版前,1925 年 10 月至 1926 年 7 月始終是容庚活動記録的空白期,自傳中記録了其與林白水交往,發表文章,但始終未有學者翻見整理《生春紅》,刊中的兩篇文章結合日記,爲我們展現了容庚學術生涯早期的更多學術活動細節。如容庚治學早期經常與容肇祖合作,二人共輯印人傳記、金石書録,後分隔異地,且在各自領域逐漸深入,才不再共同整理文獻。還有容庚在學術轉型期時頗受羅振玉的影響,此時容庚推崇羅氏出版的學術著作,並在論文中常引用羅氏觀點、文章。這點在羅振玉過世後,因古文字學的發展與羅氏政治身份的敏感而逐漸淡化。

(作者單位: 吉林大學考古學院)

---

①　曾憲通:《容庚的學術成就與治學特點》,《古籍整理研究學刊》1993 年第 4 期。

②　曾憲通:《容庚的學術成就與治學特點》,《古籍整理研究學刊》1993 年第 4 期。

古文字研究的"精密化、
立體化和數字化"

——劉釗教授 2021 年 10 月 16 日在中山大學
"古文字學前沿論壇"上的發言實錄

劉釗教授 演講　劉宇晨 曾宇 整理

　　首先感謝中山大學,感謝偉武老師邀請我來參加此次會議。來到中山大學之後,看到中山大學古文字力量非常雄厚,而且後繼有人,事業蒸蒸日上,我感到非常高興。

　　可以感受到的是,古文字研究目前迎來了最好的發展時期,而且可以預見,在未來幾十年內這種態勢會持續下去。這種態勢的形成應當與兩個動能有關。

　　一方面是近幾年黨和國家對古文字專業非常重視。2014 年,習近平總書記訪問北京海淀民族小學,把甲骨文定性爲"真正的中華基因"。2016 年,在哲學社會科學工作座談會上,習總書記指出以甲骨文爲代表的古文字是真正的冷門絕學,要確保有人做,有傳承。2014 年是定位,2016 年是定性。到 2019 年甲骨文發現和研究 120 周年,習總書記專門發賀信,強調要深入發掘甲骨文中蘊含的歷史思想和文化價值,加強文明交流互鑒。加強文明交流互鑒是比較新的提法。習總書記在 2016 年的講話裏提到了兩個"等":"甲骨文等"和"古文字研究等"。社會上很多人對這兩個"等"存在誤解,習總書記意在表明古文字是以甲骨文爲代表的,所以叫"甲骨文等古文字研究",古文字不光是甲骨文。社會上經常認爲古文字僅僅是甲骨文,實際上還包括其他古文字。後面的"等"是指冷門絕學,不僅僅指古文字,還有很多學科和專業,包括邊疆史地等,所以我們要讀懂這兩個"等"。眾所周知,去年教育部出臺了強基計劃——在八個一級學科(文、史、哲、數、理、化、生和信息科學)中設立強基班。"文"這個一級學科是漢語言文學(古文字學方向),古文字實際上甚至不屬於三級學科,但是居然能代表整個中國語言文學專業,可見政策上對古文字的重視是異乎尋常的。今年又有兩個大的舉措:一是八部門聯合啓動實施"古文字與中華文明傳承發展工程",二是吉林大學古文字專業的獲批和設立。這一系列的舉措不是心血來潮,不是腦袋一熱,而是有系統思想在指引。大家知道,近年來我們的哲學社會科學研究受西方影響很大,現在我們要強調以我爲主,破除西方的理論迷信,所以要強調中華文化本源的研究,也就是現在常提的"建立我們自己的哲學社會科學的學術體系、學科體系和話語體系"。在此之中,古文字學要提出自己的話語。這就是所謂的"國家的政策"。

另一方面是"下面的動作"。眾所周知,出土文獻越來越多。以簡帛爲例,最早是上博簡,然後是清華簡、北大秦漢簡、嶽麓秦簡、安大楚簡……,近年還有老官山漢簡、益陽兔子山簡牘、胡家草場漢簡、劉賀墓漢簡等。我們經常是前一種材料還没看明白,後一種材料就堆了上來,好幾批簡牘材料同時出現。所以我們非常幸運能處在這個時代,能看到如此多的新材料、好材料,比王國維幸運得多。我們作爲從業者,首先應該感謝政府的好政策,同時還要感謝大地對我們的饋贈,生活在這個時代我們很幸運。這是當前古文字研究面臨的形勢。

下面進入"三化"的主題。大家知道,任何學科發展到一定階段的時候,都要進行理論概括和經驗總結,同時要對未來進行展望,所有學科都是如此,古文字也不能例外。正好我們現在處於"百年未遇之大變局"的時代,是兩個百年的交匯期——建黨百年和建國百年。同時現在還是"十四五"開局之年,這些重要的時間節點決定我們對古文字研究的理論概括和經驗總結是非常必要的。

一、"精 密 化"

每個學科隨着學科自身的發展都存在精密化的問題,古文字也是如此。從整個學科體系來看,以往我們的古文字研究是以甲骨文爲主,從20世紀50年代開始戰國文字進入研究行列,而且研究越來越深入。近年來隨着材料不斷增多,楚簡、秦簡和漢簡的研究可謂蔚爲大觀,而且逐漸成爲主力,所以李守奎老師倡議設立楚文字學,我認爲這是一個非常好的學術倡議——因爲材料不斷增多,學科越來越細,有些學科有必要獨立起來,專門進行深入研究。學科範圍和時限也隨之不斷擴大和延長,以前以甲骨文爲主,到戰國文字,或者到秦代的小篆,而現在這個下限已經延長到了漢代初年帶有篆書意味的隸書,因爲其中很多早期的構形也非常重要。從學科來看,具體到每一種古文字的範圍,以甲骨爲例,甲骨這些年進展非常迅猛,一個是類組研究的確定,帶動了甲骨學內部很多方面的研究。"先分類,再斷代"這一科學理論的確定非常重要,先用字體分類,之後再斷代,所以如今類組的研究越來越細緻。原來的大組還可以細分,分成幾型,甚至把其他一些相關的因素帶入到類組的研究中,例如吉大崎川隆先生研究文字的排列方式,通過這種方法來斷代,這是新的創見。另外對鑽鑿形態的研究也更深入,對斷代非常有幫助。再比如說綴合,綴合最早是李學勤、曾毅公、郭若愚等先生做的工作,到20世紀七八九十年代,臺灣的蔡哲茂先生接續傳統,做了很多工作,當時他是孤軍奮戰。發展到今天,甲骨綴合已經成爲一個大事業,以首都師大爲代表的甲骨綴合團隊經常是一拼就上百版甚至幾百版,蔚爲大觀。由綴合帶來對一些殘字殘辭的重新認識,很多語句變得更加完整。另外,對"類"的深入研究也帶來了文字考釋的一場革命。我們看到大家對甲骨考釋屢有創獲,比如陳劍先生,正是因爲他熟悉類組,用不同時期的用字用詞差別和習慣來判斷字的異同,這一點起到了關鍵性的作用,所以甲骨研究經常是一個點帶動一個面。還有就是關於甲骨本體的研究,例如甲骨形態學,黃天樹老師專門研究"烏龜殼",甲骨形態在綴合中對部位的判定、對相關辭例的走向、讀法都有很大的提示作用。其他一些圍繞甲骨本體的研究也是越來越精細。

金文相對甲骨來說,進展稍緩慢一些。甲骨前幾年有一些大宗的新材料,從小屯南地到花園莊東地,再到村中村南。相比之下,金文雖然也有大宗材料出土,但數量最多幾十件,遠不能和甲骨相比。反倒是圍繞金文鑄造工藝的一些研究、曾國隨國銅器的研究、金文研究同歷史的結合等方面有比較大的提升。

戰國文字研究雖然從清代肇端，但從 50 年代開始，隨着材料的越來越多，戰國文字的分國研究、不同地域的書寫特點、用字用詞差異的研究，尤其在認字方面，有了極大的改觀。例如《古璽彙編》《古璽文編》附錄裏面的未識字，現在大部分都認識了，這是因爲可供對比的材料太多了，出土材料提供了大量可以跟其他時代的文字做對比的材料。除此之外，越來越重要的一個方向是楚簡和秦漢簡的研究，尤其是秦漢簡的用字用詞和傳世典籍的對照，對傳世古書的校勘、字詞的改訂，甚至古書的起源流傳、不同文本的分合等等，也起到了至關重要的作用。這是不同時段的文字的研究。

再來説考釋方法。現在考釋古文字的手段和方法有了極大的更新。相比於老一代的學者，現在的方法要細密得多。字形上，觀察得細緻入微，筆畫的長短粗細、傾斜角度、筆順、筆勢等，都被列爲觀察對象，一改以往粗獷簡單的偏旁分析這一原始方法。再比如上古音，現在不僅強調要"律例皆備"，同時還要注意發音的因素、注意押韻材料，同時注重跟中古音的聯繫，不僅要舉例證，同時要説明音理、構擬古音，做得越來越細。以前我們會出現隨便談上古音通假的問題，現在在有些專家看來則完全是錯誤的，所以我們對音韻學界的研究要關注，但是每個人精力有限，不能面面俱到，只能擇善而從。比如張富海老師的研究成果，我們就要吸收利用。他對音韻學非常熟，對上古音發展到中古音的過程非常熟。如果我們立志於利用古文字材料研究上古音，就要向他學習。談到"義"，也存在這種問題。不是采用原來舊派訓詁學的詞義方法，而是注重語言環境，注重語義場。所以我們要注重古漢語實踐的培養，注重讀古書的能力。總而言之，在整個研究範式和考釋方法上，當代古文字學研究有一個很大的提升，變得越來越精密。

二、"立 體 化"

我可以談一些具體的問題。首先，現在的古文字研究强調全時段的研究，如果想要有深切的認識，必須掌握從甲骨到漢代材料的所有方面。

以往是"鐵路警察,各管一段",這樣是不行的,做不好古文字研究。因爲一個漢字的發展過程本來是連續不斷的,缺了哪個時段都不行。其原因是我們現在考釋文字經常使用逆推法,例如趙平安先生利用楚簡材料來證甲骨文裏的"逸"字。另外,比如説本人考釋的金文裏"翦伐"的"翦",是受陳劍、董珊合寫的《燕王職壺銘文研究》的啓發,從戰國文字出發,再上溯西周、春秋文字。再例如裘錫圭先生考釋"蚤"字,是用漢代的材料來證甲骨文。漢印的"搔"字寫作從又從虫,裘先生想到甲骨文似乎也有此字,也是從又從虫,以"又(手)"抓被蟲咬之處來會意,就是搔癢的"搔"字。如果對漢代文字不熟,便不能認出甲骨文的"蚤"字。所以對學習古文字的同學來説,現在對材料全時段的掌握要求越來越高。

另外是對文字的認識和分析的問題。老派的研究容易把文字當成單純的形體進行研究,看成一個通過憑藉簡單的形體比較就可以進行研究的過程。這是不夠的,也是不對的。我們要時刻保持語言學的觀點,要有語言學的眼光。因爲文字是記錄語言的,什麼時候都不能把文字單獨抽出來,單獨看成一個形體,需要把它跟語言結合起來。所以老一輩的研究者如果語言學素養低的話,古文字考釋肯定是做不好的。以朱德熙先生爲代表,到裘先生,再到陳劍,這一系列學脉都很重視語言學的素養培養,這種研究方法取得的效果非常好。舉一些例子,例如漢字本來是一個形音義的融合體,即使在純形體當中也能體會出一些詞義的狀況。比如有些會意字的構造分爲兩部分,有時候它是用兩個象形結合來會意,有時候是一部分用形體、一部分用詞義來會意。舉一個例子:宦官的"宦",上部"宀"是房子,下面是"臣",這裏的"臣"就是用詞義會意,而不是用形體來會意的。"臣"的形象是眼睛,這才是形體。漢字中相關的例子不勝枚舉,比如説派遣的"遣"象兩隻手拿一支師旅,即拿一支軍隊。這兩隻手可以説是用形體來會意,而"師"則是用詞義會意。另外如表示賞賜的"贛"字,右部是廾,左部是璋,表示一個人獻上一個玉璋,但是這個璋本身並不是象玉璋的樣子,而是記錄{玉璋}這個詞,所以一邊是用形體會意,一邊是用詞義會意。陳劍考釋的"羮"字也是如此,字形象器皿中有"采","采"又讀爲"菜",然而"采"的形體並不像菜,它是采摘的{采}。"羮"這個字是既有形體會意,又有詞義會意,字形中就直接蘊含了詞義的狀况。

還有關於詞義研究的問題。以往主要是"引申理論"——從一個本義引申出其他義項,實際上,早期的詞義並非是從一個本義引申出來的,它的變化過程很複雜,有時從字形就能看出端倪。以集合的"集"爲例,"集"字象一隻鳥在天上飛翔要落下,有的形體是鳥在天上飛,還没落到樹上,有的形體是鳥已經落到樹上,有的是好幾隻鳥落到樹上。從中可以看出,"集"字有三個本義,一是降落,一是停止,一是聚集。還未落下的時候就是降落,降落到樹上的時候就是停止,好幾隻鳥在樹上就是聚集。這三個意義都是本義,我們無法分出本義和引申義,也看不出引申的過程。還有休息的"休",象一個人在樹蔭下休息,因此"休"就有樹蔭、止息、愉快三個意義。這三者之間不存在引申,僅僅是一個事物的不同方面而已。有些字形可以體現出"名動相因",之前認爲"名動相因"是由名詞活用爲動詞,動詞活用爲名詞,實際上並非如此。本來一個事物本身就有物體和動作兩方面的含義,這是兩位一體的。比如"糞"字,本來就是垃圾,後來因爲垃圾髒而指糞便。"糞"的字形是兩隻手拿一個箕,上面幾個點象垃圾,故"糞"字有兩個基本義,一個是掃除,一個是垃圾。也就是說,"糞"這個詞本來就既有名詞義,也有動詞義。"芻"字也是如此,字形象一隻手和兩根草,因此"芻"有兩個意義,一個是草,一個是除草。這些詞義在字形裏都能體現,即當初這個詞並不是活用。本義涉及的問題就多了,甚至包括最早的詞彙如何産生,都與本義有關。我反對談論本義,我認爲並没有本義。語言的歷史是非常悠久的,漢語的歷史至少有一萬年了,甚至有幾萬年,然而漢字的歷史只有幾千年。也就是漢語詞彙早已出現,並且已經很複雜,發展到夏商之際,人們想要爲漢語造字,才造出了記録語言的漢字。當初的人也未必就知道詞的本義,他只不過選擇了一個他認爲能概括這個詞且方便書寫的形體代表這個詞彙而已。所以裘先生經常提到"字本義"和"詞本義"不能混爲一談,不能隨便把"字本義"和"詞本義"聯繫起來。比如"生"字,像地上長出草,如果因此認爲"生"就是以草的生長爲本義,然後引申出"生育、生活"的意思,這也是不正確的。詞彙裏這些意義都有,只不過是畫了一棵草從地下生長來概括和代表這些詞義而已,草從地下生長出來並非本義。從大量的語言實際來看,詞彙的形、音、義經常會糅合體現在形體中。

"立體"包括不同學科的交叉。比如我的博士生李霜潔,使用數學原理研究甲骨貞人之間的關係,這是新的嘗試,並且得出了一些讓人信服的結論,這是很好的。因爲對語言學的重視,我們的文字考釋在方法和範式上,有了極大的改善和提升,整個古文字研究面貌一新。比如以前有很多常見的部件考釋的文章,以及單純文字考釋的文章,拿古璽舉例,僅僅是認出古璽上的文字而已,這樣的文章無聊乏味,現在已經没有人寫了。因爲這些文章没有同語言結合起來。究其原因,是古人姓名多種多樣,如果只是説明古璽上某字就是這個字而已,這樣的文章就很没意思。另外還有一種,就是在清人有關古璽和陶文的書中挑刺,指出清人説法的錯誤和誤釋,這種文章也比較乏味。不能以現在的標準去要求清人,因爲當時人没有看到那麼多材料,用現在的認識去評價清人是不合適的。

三、"數 字 化"

現在新文科建設經常提到文理交叉,數字人文方向也比較熱門,代表今後整體的發展方向,以前有關古文字的數字化已經做了非常多的工作,也有跟人工智能結合的案例,比如説三維圖像、3D 打印、人工智能拼合甲骨(如河南大學的"綴多多")等。另外還有各種檢索系統,雖然我們已經做了很多工作,但是還遠遠不夠。實際上在其他人文領域,例如研究古代文學有個系統叫"宋元學案知識圖譜",可以根據人物查找其著作、交遊、朋輩、跟其他人的關係,以及他一生的經歷等。這個方法我們就可以借用,我們今後的檢索系統應該在現有檢索系統的基礎上再添加功能,例如查詢詞彙,旁邊附帶辭典,並顯示所有相關信息,這樣我個人才覺得滿意。

我覺得今後數字化有幾點要注意。

一個是要有意義。我們現在整理古文字材料最大的目標就是儘量全、儘量清晰地保留材料原貌,這是最高要求,所以現在研究甲骨不像以往那種僅僅依據拓本的研究,而是力爭每一片甲骨都要找到最清晰的高清彩色照片,並且爲此會不遺餘力,尋覓多處。這反映了目前的研究對數字化的要求越來越高,因爲很多材料要做摹本,不清楚是不行的,而拓本每個都不一樣。所以金文研究的首要任務是在不同拓本中選一個最好的拓本，甚至每一個拓本裏的細節，如有的拓本這部分好，有的拓本那一部分好，必須要加以整合才行。歷史上我們對材料的整理有很多慘痛的教訓。材料一定要及時整理，並且要有預見性。比如說後來大家才發現簡背劃痕的作用，出版的時候附上簡背照片。以前的材料僅僅有正面圖像，認爲只有有文字的地方才有價值，實際上所有部位、所有信息都有價值。一時間可能認識不到價值所在，在一定時間後就能發現相關價值了，相關價值在進入到某一步之後才發揮作用，所以要有預見性，剛開始一定要把材料的方方面面整理齊備。再比如現在對竹簡進行數字信息整理的時候，只有長寬數據，有的還有厚度數據，但往往缺少弧度的數據。簡是一層一層卷起來的，每一層簡的弧度是不一樣的，所以即使編繩亂了，攤在地下，如果有弧度數據，在復原上就可以起很大的作用。類似這種信息在很多資料上都有，但是我們經常會忽略，只覺得我們應當重視肉眼能看到的，那些看不到的就不加以重視，這種看法是不對的。另外就是對數據的深入發掘，比如說我們現在進行銅器研究，必須全部進行 X 光照相。再比如說甲骨以往也僅僅是重視正面，不重視反面，或是反面文字不好拓並且因鑽鑿凸凹不平，很多反面都沒公佈，本來反面有很多字，結果看不到了。這就強調一定要目驗，必須要觀察實物。張惟捷先生研究甲骨研究得好，因爲他可以隨時到庫房裏面去找，目驗很多次。例如他在《出土文獻與古文字研究》上發表的證明家譜刻辭爲真的文章，正是因爲他後來發現了一片甲骨有類似的行款，記載着世系相關的信息，只是後來被刮掉，刮掉後又刻了一層，所以現在能看到的只有後加上的那一層，原來的肉眼就看不到了。所以我們對古人留下的信息要深入發掘，這特別重要。今後進行甲骨研究，一定要進行目驗，對背面需要格外重視。

另外，關於數字化的頂層設計也有問題。現在雖然數字化的產品不少，但是重複率高，爛尾工程很多，起不到效果。所以"古文字工程"一定要在相關方面整合力量，避免浪費，做出真正實用的產品。現在最實用的就是各個時段的古文字基本材料的滙總和智能檢索。我現在寫文章很苦惱，不是由於寫作本身，而且苦惱找不到材料——積攢材料是我寫作時間的好幾倍，因爲材料太分散了，很難找到，尋找材料所需的學術積累時間長。而這些材料往往隱藏在書裏或者論文裏，或者隱藏在與專業不相關的論文裏，甚至在論壇中，所以往往收集不全。這些必須要有人專門做，不斷更新著録。以甲骨爲例，我們要把所有甲骨的研究著作和論文都變成數字化，然後根據編號進行檢索。前後編號要聯繫起來，把舊的著録號先進行著録，凡是跟這個著録號相關的論著都能查詢出來，這樣才可以。金文可以根據器名、考釋的文字、相關史實、王號等要素多方面進行檢索，這樣才便於研究。材料都在電腦中，寫文章的時候，相關問題只需要輸入一個要素，相關信息就全都出來了，問題就都解決了。這個是非常基礎的工作，對現在電腦和人工智慧所能達到的高度來説，這些不過是“小兒科”，可是由於“吃力不討好”，却並没有人做，但必須要有人做這些事情。

　　另外一點，衆所周知，數字化和標準化往往相伴而行，先有標準化才能大量進行數字化。所以接下來講標準化。現在“古文字工程”有一個重大的學科研究任務，即要建立各個時段的學術標準，並且要把它提升爲國家標準。以前我們建中華字庫，搞了一個古文字隸定的國家標準，如何寫釋文，如何隸定，保證既簡便易行又能提供全面信息。最近我指導的博士生李霜潔論文答辯，她在論文中創造了在甲骨文釋文中加上專名號的方法，把族名、人名都加上專名號。加專名號時容易加錯，但是也有一定用處。對於初學者和其他學科的使用者而言，他們能夠知道這是專名，這個方法是模仿古籍點校的方法，它是有用的。除此之外，還有甲骨背面的信息，不僅要有片號，還要有綴合號，同時還要有一版之内各條卜辭的順序，例如某條卜辭是五條卜辭之中的第幾條。當然以前也有人進行嘗試，像這種豐富信息的方法是否值得提倡，涉及方方面面的問題。從甲骨到金文，到戰國文字，到楚簡、秦簡、漢簡，相關的符號如何標注，現在是比較混亂的。混亂便不能數字化和標準化，只有統一了才能數字化，所以要有專門的人研究標準化。材料全部標準化和數字化，便可以大規模處理數據，我們才能簡易地獲得，方便研究。

古文字研究的深入與細化

——李守奎教授 2021 年 10 月 16 日在中山大學
"古文字學前沿論壇"發言實録

李守奎教授 演講　宗玉潔 趙雨欣 整理

首先感謝陳老師和范老師邀請我來參加這次會議。整體上説,古文字研究進入了新時代。我記得至少二十年前、快三十年前,李學勤先生在吉林大學作報告,那個時候他就説古文字研究迎來了最好的時代。那個時候和今天完全不可同日而語。可以説我們今天迎來了更好的時候。這主要是三個方面的原因:一是材料的增多,二是學術的進步,三是國家的需求。那個時候國家的需求還沒有現在這麽大。古文字强基計劃有了,古文字專業有了,形勢非常好,但後續的問題也就出來了。在月底武漢大學的會議上我也會提到這些問題。國家將古文字提到了這樣的高度,我們接下來到底該往哪裏走,下一步需要做什麽? 古文字重要,它爲什麽重要? 這些問題,我們都需要思考。剛剛劉老師説了,我們需要建立我們的話語體系,在時代巨變之際,我們要有我們自己的聲音。把這個聲音放在整個中國文化體系、或者國家治理體系、國際學術體系,我們究竟該發揮什麽樣的作用? 我想既然我們都是從業人員,那麽這個問題我們誰也繞不開,誰也避不開。而且這直接關係到在座同學們的前途、未來和發展。

在目前"國家標準"學科體系中,根本沒有古文字。目前我們隸屬於漢語言文字學,這是一個二級學科,連漢字學都沒有。那麽要將古文字學放在哪裏? 假如沒有整體布局和宏觀體系,最終難以收到預期的效果。習總書記説甲骨文等古文字要有人做,冷門絕學要有傳承,我們應該好好地領會。一哄而起,表面文章,不理順學科關係,研究不能深入細化,那都是不行的。例如實施强基計劃培養古文字人才,具備什麽樣的條件才能培養古文字專業的人才? 首先應該確定培養人才的基本條件和具備這些條件的單位,不能搞 985 一刀切。

總體而言,新形勢極好,我們都很幸福,歷史上從來没有過像現在這樣這麽好的時代。在整個歷史上,古文字在官方大都是受排擠、被壓抑的,屬於民間學派。漢代也是,古文文本研究一直到西漢末都没有被重視,弄得劉歆很生氣,寫了著名的責讓博士的公開信。許慎作《説文》,也與今文學者抗争,有争一席一位的意味。現在新形勢這麽好,我們就應當努力做成無愧於時代的成就來。作爲從事古文字研究的學者教授,我們更是義不容辭。

我們要做什麽? 當然是要搞好古文字研究。古文字到底是什麽? 古文字在强基計劃裏屬於什麽專業? 不清楚。現在强基計劃招生在中文系裏加括號"古文字",古文字算什麽呢? 不知道。當年我參與清華大學强基計劃討論的時候,大家就授予這些學生什麽學位、和中文系是什麽關係、怎麽協調等發表了很多看法。目前大家都是摸着石頭過河。教育部文件中已經有了"古文字"這個專業,既然强基計劃要以古文字培養人才,那麽古文字專業培養什麽樣的人才就日益清晰了。狹義的古文字把焦點對準疑難字考釋,大家集中搜集材料、整理材料,目標是啃硬骨頭。清華有學生來問我:"老師,現在還有那麽多的古文字需要考嗎? 能考出來嗎?"我説,你這麽理解古文字太狹隘了,疑難字考釋只是古文字的一個方面,它確確實實是最硬的骨頭,但古文字有更廣闊的地界,包括文字語言各種現象規律的探討,出土文獻文本的整理,歷史文化的解讀等方方面面。我們只要深入細化地研究,成果就會越來越多。

但任何事情有利就有弊,在深入細化的同時,也有可能變得瑣碎化。很典型的一個例子,比如傳統文字學的六書研究,越分越細。最後大家問:分這麽細幹什麽? 目的何在? 價值何在? 結果是説不清。還有《紅樓夢》的研究,有漫畫諷刺數一數曹雪芹長了幾根頭髮。把《古文字研究》的第一輯和近來的三十輯以後比較一下,對比非常鮮明。第一輯雖然叫的是《古文字研究》,但是那些大文章基本都是歷史研究,像姚孝遂老師的、林澐老師的,他們的文章都是視野宏闊,利用古文字解決一些重要的問題。認識古文字的目的是讀通文本,讀通文本之後解決一系列重大問題,這是古文字的優良傳統。到後來參與的人越來越多,論文集印得越來越厚,但其中文章的題目越來越小、問題越來越無關緊要,結論也多是備一說而已。細化不能等同於碎片化。目前的古文字研究,一方面不斷取得進展,不論多小的問題,能夠解決問題就是好文章。但另一方面,我們也得積極尋求新的方法,解決更多的問題,開創新的局面。

我們不能把自己封閉在一個小圈子裏,那樣是自我萎縮。對古文字研究來說,我們應該守住本體,要從語言的角度而不僅僅是從字形的角度去研究。從語言、文本、文獻等不同的角度綜合研究,與考古學、人工智能等結合起來,古文字前景大好!

古文字研究日益繁榮,不排除其中有泡沫。古文字材料我們努力可以讀完,但研究的文章我們難以讀完。有些文章其實讀完了也沒大用。這裏我建議初學的同學先掌握古文字的常識,然後在此基礎上延伸,不要在還不具備判斷能力的情況下過早陷入張三李四不同説法的紛爭中去。古文字研究當然關注疑難字,古文字學習常用字更加重要。劉釗老師編的兩部甲骨文字典,一個是字編,一個是常用字字典,真正利用率高的一定是常用字字典。疑難字是給少數人去研究的,常用字才是供更多人使用的。

古文字研究如何爲當代服務?這個話題聽起來很荒唐,但是想一想,所謂國家的需求是什麼呢?我們要考慮古文字在今天怎麼去傳承,在今天的文化體系裏應該占據什麼位置?發揮什麼作用?我近幾年運用古文字的知識做了一些漢字文化普及的事情,算是與現代文化生活發生了比較直接的聯繫,究竟有什麼作用也不好説。文字本來就是記錄語言的符號,記錄好語言就行了,對於文字應用來說,漢字中的"文化"完全可以視而不見。《説文解字》從一開始就脱離現實應用,是學術追求。當傳統文字學發生分化,古文字學是尖端的學問,把不懂的變成懂的;現實中實用的是漢字應用與漢字規範,深奧的是漢字理論,有趣的是書法藝術。就剩下許慎開創的漢字闡釋,學者過問得很少,不少非專業的愛好者在這個領域肆意逞能。漢字闡釋的對象是我們應用的文字,需要把古文字知識和文字學理論相結合全面考察,需要做好學術規範。古文字的學術規範經過前輩學者的不斷努力和探索,到朱德熙、裘錫圭等學者的時候,他們把古文字和語言學結合起來,有規律可循,已經完全建立起來了。現在,漢字闡釋這一塊的學術規範還沒有建立,需要我們共同努力。

在語言學的研究裏面,現代語言學與傳統語文學大相徑庭,每一個語言現象、詞彙、句法都展開非常細緻深入的研究,比如"的"字,從語文學上只能説"的,詞也",但從語言學上就會出現鴻篇巨製。我們的漢字,如果從應用的角度,没什麽好説的;從古文字的角度,我們也認識。按陳寅恪先生説的,一個字就是一部文化史,如果按"從古到今"這樣去研究,我們要做的工作就太多了,從這個角度説漢字研究都需要深入和細化。

對於一些錯誤,我們不僅要知其錯,還要知其所以錯。如"之乎者也"的"也"。許慎説:"也,女陰也。"大家常常以此爲例批評許慎,但許慎爲什麽會犯這個錯誤,它的根源在哪裏? 對"也"字的闡釋不斷累增,古今大學問家,沿襲舊的研究模式,學問越大,跑得越偏。研究方法和學術範式是很重要的問題。

我在廈門大學作的一次講座"從觀念出發與從材料出發的漢字闡釋",就是討論這個問題。我們不能武斷前人的是非,需要做出客觀、公正的判斷。從材料出發,材料支撐我們能説清什麽就説什麽,説不清的就可以暫時擱置。比如"也"字的字形,説它是小篆,但其實它是草書的小篆化,它和秦代的小篆没有直接關係。戰國時期的"也"字從來都不是這麽寫的,秦代人也不這麽寫,到漢代大部分人也不這麽寫。那麽許慎《説文》裏"也"的字形是從哪裏來的呢? 他爲了解釋自己的想法,選了一個很偏僻的字形加以改造,加上一個怪異的解釋,都是爲了表達自己的經學思想。我用了很長的篇幅來梳理"也"字闡釋的來龍去脉,目的就是爲了探索從文字學角度闡釋漢字的可行性,提高漢字闡釋的學術性和規範性。

國家支持我們,我們自己也有興趣,有很多事情可以做。在熱的環境裏坐穩冷板凳,大者成其大,小者成其小。只要我們努力,大成小成,終有所成!

古文字與人工智能

——馮勝君教授 2021 年 10 月 16 日在中山大學
"古文字學前沿論壇"發言實錄

馮勝君教授 演講　　周啓玥 楊鵬文 整理

　　首先感謝陳老師、范老師，感謝中山大學古文字研究所邀請我參加本次會議。對我來説，這是一個非常難得的學習機會。在座的守奎老師、劉釗老師、在國老師都是從吉大畢業的，我們吉大古籍研究所和中大古文字研究所友誼源遠流長，從老一代學人開始就建立了非常深厚的友誼。吉大召開紀念古文字研究會成立四十周年會議時，中大古文字研究所提供了很多很寶貴的資料。我們當時做了一個短片回顧，裏面包含一些老一代學者交往的點滴，比如在"文革"期間，容老是一個很耿介的人，容易發表一些不合時宜的言論，于老很着急，很害怕容老受到衝擊傷害，就給他寫信，跟他説要轉變觀念，跟上形勢。老一代學者深厚的友誼，我們一直都在傳承。

　　"古文字與人工智能"，這是我臨時想到的題目。剛才幾位老師都談了古文字研究目前的一些狀況，以及今後發展的前景，我覺得談得非常深入，反映了學術界很多學者的共同認識。特別是劉老師一直特別注重古文字系統化，守奎老師提出要創立楚文字學。劉老師博士論文寫的是《古文字構形學》，這都是在理論方面做的開創性的工作，我覺得這是非常值得學習的。

　　守奎老師剛才説他把《古文字研究》的第一輯和最新一輯做了比較，這種方法很好。第一輯很多都是老一代學人寫的文章，他們各有學術背景，研究的路子也不一樣，特別是像以林澐先生爲代表的一些古文字研究的學者,他們的格局是不一樣的。像林先生,他既是古文字學家,又是考古學家。考古學要解釋歷史,我們古文字最終也還是要把它放到一個大的歷史框架內去進行闡釋,這個視野還是要有的,所以之前有一些老先生一直強調"古文字學的功夫不在古文字"。認字、考字,這是做古文字研究需要具備的基本功。熟悉材料,這個肯定是首先要掌握的,熟悉之後再嘗試進行一些文字考釋,這是古文字學最基礎的東西,也是根基。

過去吉大也是以考字見長,但是現在材料越來越多,很多字不用考,上下語境已經限定住了它就是那個字,有的時候知道是什麼字,但不知道爲什麼是這個字。所以現在的古文字研究,不是過去簡單的分析字形所能够涵蓋的。當然,同學們現在這個階段肯定是以熟悉材料、學習古文字考釋的方法這些基礎的東西爲主,但是以後的古文字研究,我想視野還是要更寬闊一些。我近些年精力主要放在清華簡的研究上,前些年我有一個項目"清華簡《尚書》類文獻綜合研究",通過項目的研究,我發現裏面有很多可做的東西。在釋字上,我覺得很難在整理者的基礎上有什麼大的突破,但是在其他方面會有新的視角和新的思考問題的方式。

吳振武老師在吉大强基班新生見面會上説,古文字是你每天都能看到進步的一個學科。很多學科你是看不到進步的,比如古代文學,很難説提出一個觀點就能標志在這個學科取得一個很大的進步;但古文字專業能一直看到它的進步。新材料的公佈、新觀點的出現、新字的考釋、新的觀察歷史的視角,這些實際上都是進步。回到我剛才所説的項目,我主要講一點體會,學術史上最大的公案——古文《尚書》是怎麼回事?清華簡是最直接的,它對研究和解決這個問題的重要性是不言而喻的。當然,我們還可以從其他方面,比如從古書流傳的角度去看這個問題。

我們現在看到的清華簡,抄寫時代都是戰國時期。但是《尚書》中的不少篇目成書年代都是很早的,有的文本生成年代是西周早期。對戰國人來説,它也是古書。那麼它是怎麼流傳下來的,怎麼從文本形成的早期一步步流傳到戰國時期,然後把它抄寫下來?這就涉及古書流傳過程中的一些現象,比如説它是不是用當時的文字來抄寫,裏面是不是殘存一些早期的文字形體、用字等等。

我們還可以回顧前人的一些研究。比如清人對很多文獻有很深入的研究,在文本校勘方面做了很細緻的工作。以王氏父子爲代表的"乾嘉學派"做了很多工作,但是在很多問題上,他們之間也存在分歧。過去很難有很確鑿的證據説誰一定對,誰一定不對,放在文本裏面,哪個觀點好像都能解釋通。現在有了出土文獻,比如説《皇門》這一篇,很多清人都做過校勘,那誰説的對呢? 用戰國時期的寫本《皇門》對比一下,馬上就會有一個直觀的瞭解。經過統計,總體來看,王氏父子的水平確實高於同時代之人,這有資料和百分比爲證。這難道不是一個新的研究思路嗎?

一些歷史問題也可以通過對材料的深入解讀,產生一些新的思考方向。比如我之前寫過一篇文章,講的是周公居東到底是東征還是避罪,這裏面涉及《鴟鴞》,"鴟鴞鴟鴞,既取我子,無毀我室"。過去有很多解釋和觀點,大家都在外圍轉,因爲最根本的歷史,如三監是被誰殺的,並不清楚。都説三監跟武庚叛亂,然後周公殺管叔、蔡叔,如果是在這個歷史背景下,就不能真正理解《鴟鴞》這首詩前面幾句話説的是什麼意思。現在清華簡《繫年》記載"商邑興反,殺三監而立彔子耿",三監是商人殺的,並不是周人殺的,這一下子就能勾連一些史料對它進行重新解釋,《詩經·鴟鴞》這一篇前面幾句話也能讀懂。材料本身就是這些東西,要看我們怎麼去做,就像廚師做菜一樣,原材料都差不多,高手炒的菜就是比我們炒的好吃。怎麼使用和搭配這些材料,怎麼挖掘出原材料中別人沒有關注到的東西,把它提取出來,這是以後古文字研究要關注的一個趨勢。

回到主題,像開幕式上彭玉平老師所講的,古文字是一個"預流"學科,如果參與這個學科,應該説進入了學術研究的快車道。守奎老師剛才提了很多憂慮,但是我覺得總有辦法。吳振武老師認爲,古文字是相對底層的,研究古代歷史、思想、哲學等,特別是研究先秦兩漢,如果沒有古文字作爲支撐,學術是做不過前人的。新材料提供了很多新的東西,如果還守着舊材料,那就落伍了。如果先學了歷史、哲學,再學古文字是很難的,"半路出家"做古文字很難做好。古文字科班出身的人,再往別的學科轉相對容易一些,而且視角、高度也會和他們不一樣。我覺得吳老師這種觀點是有道理的,比如學了古文字,以後可以轉到古代史學習,轉到先秦史、考古學也都可以。吳老師有個碩士,考到了社科院考古所,轉到考古學去了。有古文字、出土文獻背景的人,他的視角和站位就和沒有這個背景的學者不同。

爲什麼我說古文字學科一直能看到進步呢？雖然它的研究對象很古老，但是研究者一直都有超前發展的眼光。因爲這個學科一直有新材料在刺激，所以説我們一直都在往前看，古文字學界對新的研究手段、新材料的接納和吸收一直都保持一種非常開放、積極的態度。比如網絡這一塊，復旦、武大的網站給年輕人提供了很好的發聲平臺，很多年輕學者可以在上面發表文章，這同時也給學術界瞭解這些年輕人提供了渠道，我覺得這很好。但也有不好的一面。大家都知道，有的網站尤其是一些論壇，大家發言相對隨意，隨便一説，没有什麼論證，説對了別人引用，説不對也無所謂，而且有時候也牽扯到別人引用的時候怎麼引。比如某人在 20 樓説了一句話，後來想了想這句話説得不太對，就把它删了，但是這個觀點被別人引用了，別人再想找來核查時發現這一樓已經没有了，這就很尷尬。這牽扯到以後怎麼規範的問題，時間關係就不展開談了。

回到人工智能，吉林大學比較早關注古文字研究怎麼利用電腦、數據庫這些技術。我們很早就有一門課叫“古文字學技能課”，這門課就是將與古文字有關，但本身没有辦法獨立成爲一門課的東西都打包在一起，由老師們分別講一部分，講自己擅長或者認爲學生應該瞭解的知識。吳振武老師會給大家講古音的知識，包括一些基本概念、框架，怎麼去查工具書等。吳良寶老師會講一些歷史地理方面的基礎知識，包括一些經典文章的解讀，分析文章爲什麼寫得好、觀點爲什麼對。崎川隆老師會講一些國外古文字研究的進展，世界各地比如歐美、日本有哪些學者在做哪些研究。

這門課我一開始就講古文字怎麼與電腦技術結合，最初都是講一些簡單的造字、數據庫的使用等。但是現在再看，很多技術都已經落伍了，所以我們還要繼續跟着學。有時候在課上，學生會推薦一些新的工具給我，我也學到了。我覺得古文字與人工智能是以後發展的一個趨勢，但是“怎麼做”這一點很關鍵，如剛才劉釗老師講的，有些單位做了之後不能給大家用，這就很不好。吳老師很重視這個發展方向，他在高校裏以“古文字與人工智能”爲題目講過幾次，呼籲大家重視這方面的研究。其實一直有高校和研究機構在從事這種研究。這要求相關單位要有研究能力,否則是做不好的。做出來的東西能不能用,大家敢不敢用,這些都是問題。

我們依托的是人工智能學院。學院從海外請了常毅老師當院長,常老師在人工智能方面是頂尖的科學家。我們跟計算機系的一些老師也有合作。我們古籍所的李春桃老師之前申請了一個教育部國家語委重大項目“人工智能識別古文字形體軟件系統研發與建設”,最初就做一些基礎性的工作。因爲這個要依托一些現有的技術,有一些技術已經有人在做了,我們可以把它移植過來,比如春桃老師之前跟山東一家電腦公司合作進行識別。現在的識別軟件有很多,百度上也有,大家都在用。文字識別這類軟件也是有的,就是建好數據庫,把不認識的拿來跟已有的進行比對。這是一個比較初步的工作。春桃老師這個項目是一個基礎,從吉大古文字團隊發展的計劃來看,我們要以團隊的力量把這個技術往前推動。

我們首先要把基礎的數據庫做好。最基礎的,比如甲骨文、金文、戰國簡、漢簡的釋文庫。漢簡之類的,我們有現成的釋文。此外,圖版庫也要建設好。另外還要有恰當的標注。怎樣讓機器把這些東西抓取出來,這非常重要。要讓計算機抓取材料,背後當然有算法等各種東西,但也要有標注,不標注的話,機器是沒有辦法抓取出來的。拿一片甲骨來説,要給它儘量多地標注各種信息,類組、釋文等,包括内容上關鍵字的信息,比如要搜索賓組與祭祀有關的材料,相關材料有了標注以後才能聚攏起來。現在吳老師有意識把學生的學位論文與這方面相結合,我們團隊希望鼓勵老師和學生參與到古文字與人工智能研究上來,這也是以後吉大人工智能發展的一個趨勢。剛才劉老師講到寫一個字的考釋,要知道前人的觀點,需要花很多時間去翻查。我想,文字考釋這方面以後可以整合到數據庫裏面。

人工智能最核心的東西是要幫助計算機進行深入學習,實現識別。一個不認識的字通過什麼方式讓計算機將它抓取、呈現出來,這是很重要的。並且抓取出來以後實現字形上的繫聯、建立好與釋文和考釋意見的鏈接,變成研究的強大輔助工具。像劉老師剛才所講的,不管寫什麼文章,都可以從中聚攏各種資源。當然,這不能讓沒有研究能力的單位去做,而且需要投入大量的人力物力,否則即使做出來也會變成一個僵屍庫。因爲數據庫是需要持續維護和投入的。

　　古文字與人工智能的研究我們也是剛剛起步,還在繼續摸索。我們要多交流這方面的思路和想法,特別是中大的團隊可以和春桃老師多溝通,大家共同把這件事做好。

"戰國文字詁林數據庫"建設的進展與思考

——陳偉武教授 2021 年 10 月 16 日在中山大學"古文字學前沿論壇"發言實録

陳偉武教授 演講　林焕澤 整理

一、缘　　起

"戰國文字詁林"這個題目,最初是曾師經法先生 2002 年有機會申報國家社科項目時,在我的建議下找趙誠先生商量。趙誠先生説:"《甲骨文字詁林》出來了,《金文詁林》也問世了,就差《戰國文字詁林》了,就搞戰國文字詁林吧。"曾師和我自忖力有未逮,退而求其次,只提"出土戰國文獻字詞集釋"。2003 年曾師申請國家社科基金一般項目獲得立項,2007 年結項,成果鑒定爲"優秀"。《出土戰國文獻字詞集釋》遷延多年,仰賴衆人努力以及許多師友的支持,總算在 2018 年底正式出版,了結了曾師交到我手裏的這項重任。在《集釋》最後謄清校對的這兩年期間,我也得到機會可以申報國家社科基金項目,在和范常喜教授商量之後,我們决定還是再續前緣,把趙誠先生提出的這個題目做好,2016 年先是以"戰國文字詁林"爲題報送,後來專家建議我們多考慮和現代信息技術結合。於是 2017 年由我挑頭,並請了施謝捷、劉志基、吴良寶、林志强幾位先生以及陳斯鵬、范常喜、田煒分别領銜負責一個子課題,以"戰國文字詁林及數據庫建設"爲題申報國家社科基金重大項目,仰仗各位師長和友生鼎力玉成,於 2017 年 11 月獲批立項。

二、"戰國文字詁林數據庫"的體例

《集釋》成書時間跨度很大,舛誤脱漏,自知不免。一是該書雜出衆手,各分卷之間照應不周,前後字頭有所抵牾。二是材料不齊,收録的研究考釋成果截止至 2007 年底,近 15 年的戰國文字考釋意見尚付闕如,清華簡等大宗材料未能涉及,難以真正達到與其他"詁林類"工具書並駕齊驅的規模。三是傳統的工具書編纂方法戰綫太長,成稿甫一付梓就已過時,一旦有所修訂輒大動干戈,費時費力。《集釋》編修篳路藍縷,爲我們製訂"戰國文字詁林數據庫"體例提供了許多經驗和教訓。

"詁林"是纂集所有文字訓釋,集中反映某類文字研究成果的一種工具書。"戰國文字詁林"則需要對戰國文字的考釋結論全面匯集,反映當前戰國文字的研究水平和考釋歷程。按照同類工具書的體例,"戰國文字詁林"需要具備依照《説文解字》部首排序的戰國文字隸定字頭、歸屬同字的不同隸定形體、戰國文字的代表性字形、迄今爲止學者對此字的形音義解釋、反映編者取捨觀點的按語,以及各字頭的便捷索引。而"戰國文字詁林數據庫"的定位是一部電子化的"詁林"工具書,並且幫助紙本工具書的編纂,滿足日後修改增訂的需要。所謂"數據庫"是"人們爲解決特定的任務,以一定的組織方式存儲在一起的相關數據的集合"。① 和紙本工具書相比,"數據庫"的好處是可以批量地製作和儲存戰國文字原始字形,對大宗材料"應收盡收"。可以便捷地存儲海量的原始文獻,電子索引查閱原文獻相較紙書更爲方便,無需像傳統詁林工具書一樣成段摘録原文論證,而是簡要提煉觀點,並提供原文電子索引,製作成"考釋提要"形式的表格,以節省時間投入。在綜合考慮各種因素之後,我們把"戰國文字詁林數據庫"分爲六個表:

---

① 王六平、張楚才、劉先鋒主編;許尚武、蕭曉麗、張澤淳、高峰、曹步文副主編:《數據庫系統原理與應用》,華中科技大學出版社 2019 年,第 3 頁。

1. 字頭表，相當於“詁林”工具書的字頭。

字头	字头小篆	字头读音	字头编码	总按语	批注	状态说明	操作
僾		ai	gl-ai-08...			二审通过	编辑 | 删除 | 提审
絠	絠	ai	gl-ai-13...			二审通过	编辑 | 删除 | 提审
菴		an	gl-an-01...			二审通过	编辑 | 删除 | 提审
窜	窜	an	gl-an-03...			二审通过	编辑 | 删除 | 提审
盦	盦	an	gl-an-05...			二审通过	编辑 | 删除 | 提审
案	案	an	gl-an-06...			二审通过	编辑 | 删除 | 提审
安	安	an	gl-an-07...			二审通过	编辑 | 删除 | 提审

2. 隸定異體字表，記録歸屬於同一字頭下不同隸定形體，並標注其筆畫數、部首、部件、形旁、聲旁等結構信息。

隶定异体字	笔画数	字形首笔	字头编码	关联字头	部件	形旁	声旁	部首	说文部首	说文卷数	读音	常见读法	批注	审核状态
														⌄
阿	7	㇇	gl-a-14-...	阿	阝 阜 可	查看	查看	阝	𨸏	14	a			二审通过
艾	5	一	gl-ai-01...	艾	艸 乂	查看	查看	艹	艸	1	ai			二审通过
哀	9	丶	gl-ai-02...	哀	衣 口 亠	查看	查看	口	口	2	ai			二审通过
㤸	13	丶	gl-ai-02...	哀	哀 衣 口 亠 心	查看	查看	心	心	2	ai			二审通过

3. 字形表,記錄所有戰國文字材料的單字字形圖片,逐一與隸定字形關聯。

高清圖	标清圖	编号	其他	系別	国別	时代	载体	著录	页码	批注	辞例	关联异体字	关联著录
		清華五·命訓4-22		楚	楚	戰國中晚期	簡牘	照片	48			則	清華五
		清華五·命訓4-23		楚	楚	戰國中晚期	簡牘	照片	48			尾	清華五
		清華五·命訓4-24		楚	楚	戰國中晚期	簡牘	照片	48				清華五
		清華五·命訓4-25		楚	楚	戰國中晚期	簡牘	照片	48			于	清華五

4. 著錄文獻表,記錄已出版刊物的單頁圖版,方便與原始字形互相參看。

书名	出版社	出版时间	作者	简称	地址	批注	审核状态
清華大學藏戰國楚竹書 (柒) -25	中西書局	2017	清華大學出土文獻研究與保護中心	清華七	qh/qinghua7-25.pdf		二審通过
清華大學藏戰國楚竹書 (柒) -26	中西書局	2017	清華大學出土文獻研究與保護中心	清華七	qh/qinghua7-26.pdf		二審通过
清華大學藏戰國楚竹書 (柒) -27	中西書局	2017	清華大學出土文獻研究與保護中心	清華七	qh/qinghua7-27.pdf		二審通过
清華大學藏戰國楚竹書 (柒) -28	中西書局	2017	清華大學出土文獻研究與保護中心	清華七	qh/qinghua7-28.pdf		二審通过

5. **提要表**，總結學者對單字的釋讀意見，由項目組及研究所學生逐篇逐條撰寫。

隶定	考释	读破	发布时间	参考说明	内容	页码	批注	编辑者	关联异体字	关联考释	审核状态
								选择编辑者 ⌄			⌄
		耗	2018	查看	查看		查看	刘宇晨	髦	4867	待二审
旮		治	2018	查看	查看	8		陈子君	旮	4436	待二审
异		己	2018	查看	查看	8		陈子君	异	4436	待二审
	憂		2018	查看	查看	37-38		陈子君	憂	4522	待二审
勤	勤	坳	2018	查看	查看	357	查看	刘宇晨	勤	4867	待二审

6. **考釋文獻表**，記錄單篇的研究文獻及其出版信息。

作者	地址	发表时间	文献名	文献类	刊名	出版社	期数	其他	批注	审核状态
										二审通过 ⌄
謝維揚	20220118/lwb/11452.pdf	2016	查看	會議論文集	清華簡《繫年》與古史新探	中西書局				二审通过
朱鳳瀚	20220118/lwb/11453.pdf	2016	查看	會議論文集	清華簡《繫年》與古史新探	中西書局				二审通过
李零	20220118/lwb/11454.pdf	2016	查看	會議論文集	清華簡《繫年》與古史新探	中西書局				二审通过

由以上六個表之間互相建立關聯關係，以字爲綱，統轄相關的單字字形、研究文獻和考釋結論。

三、"戰國文字詁林數據庫"的進展

自 2018 年開題以來,數據庫的建設如火如荼,常喜費了很多心力,勞苦功高。截至目前,數據庫已經完成了後端的全部搭建,用於動態更新和編輯內容的前端也已經投入運作。截止到 2022 年 5 月,數據庫已經完成了上博簡、清華簡、安大簡、嶽麓簡、周家臺秦簡、放馬灘秦簡、郭店楚簡、九店楚簡、新蔡楚簡、信陽楚簡等材料的單字圖片切取及入庫,根據數據庫統計一共有 102906 張圖片。此外尚有里耶秦簡、睡虎地秦簡等材料均已完成,我們還在進一步的校訂當中。在《集釋》的基礎上增補確定了戰國文字字頭 7321 個,隸定異體字 9163 個。數據庫存入了《集釋》引用論著目,並增補了 2010 年以來見於各大期刊集刊的戰國文字相關研究文獻,共計 11433 篇。研究所師生在閱讀文獻的同時製作的釋字提要,目前累計也已達到 3187 條,預計在逐步補齊研究文獻以及完成《集釋》原有內容的電子化之後即可面向學界開放。

四、"戰國文字詁林數據庫"的不足與展望

"戰國文字詁林數據庫"草創初就,在嘗試將數據庫技術與戰國文字相結合的探索中,我們也遇到了不少難題,這裏拋磚引玉,以與各位專家學者共同探討。

1. 戰國文字複雜的字詞關係的呈現。字詞關係是戰國文字研究的重要組成部分,厘清和描述字詞關係,確定哪些隸定形體之間的上下位關係,是字整理、字符集標準製訂所繞不開的關鍵難題。數據表之間的聯繫是固定而單一的,但戰國文字字與字之間可以有異體關係、同形關係、通假關係、正訛關係、本字與分化字關係、本字與借字關係等等,"戰國文字詁林數據庫"的二維表格聯繫,僅能對異體關係有較好的呈現,對其他字詞關係的數據搜集、錄入、呈現,仍然是一個值得研究的重要課題。

2. 不同形式來源研究文獻的整理。現階段數據庫多以單頁圖片或 PDF 文檔的形式存儲研究文獻和工具書,單頁圖片的好處是方便閱覽指定頁面,但要下載一定範圍內文檔或進行全文閱讀則較爲不便。PDF 文檔的特點正好相反。而有些戰國文字的研究結論還出現在簡帛論壇、微

信公衆號等綫上平台,不管是采用哪一種形式,都難以按照數據庫的規範進行存儲。

3. 便捷多元檢索途徑的制訂。既往"詁林"類工具書,使用起來多少有一點美中不足,即"所見未必所得"。這是因爲學者考釋多非針對單字,往往博涉群經,對相關諸字、文例均有論證。如以裘錫圭先生大作《説從"𧶠"聲的從"貝"與從"辵"之字》爲例,①依照"詁林"體例,其所論諸字應分置"逾""價""癀"等多字條下,無論從筆畫索引、音序索引或是《説文》部首索引出發,均難以遍檢。初學者不諳材料,往往又依照整理者或教材的舊説"賈""追""癫"等翻檢詁林,自然勞而寡獲。從使用者的體驗來説,如能有多種檢索途徑和思路,從一字、一詞、一出處入手,牽動對其他相關材料的遍舉和聯想,反過來啓發使用者的思考,或者可以成爲古文字研究的一大利器。這是目前"戰國文字詁林數據庫"欲達而未濟的境界。

信息技術反哺戰國文字研究還有很多值得期待的地方,比如不同分域文字獨特的聲韻地位等數據的整理和呈現,比如解決造字不便的問題,或者利用現成的資料趕緊開發一些容易上手便於學者論文寫作的小工具。"戰國文字詁林數據庫"只是一次初步的摸索,其切入角度仍是利用數字化來幫助工具書的編纂。在古文字學界看來天馬行空的想法,或許對信息技術領域的專家來説輕而易舉。將來如何更好地借用計算機領域人才的研發水平和設計能力,我們還是有很多可以改進之處。我對信息技術的理解跟不上年輕人的脚步,還需要多多學習。范常喜教授 2021 年申報的項目"戰國文字研究大數據雲平台建設"獲批立項,吉林大學李春桃教授也有在研項目"人工智能識別古文字形體軟件系統研發與建設",隨着此類項目的推進,未來戰國文字的研究手段會如何變革,實在是值得期待。

---

① 裘錫圭:《説從"𧶠"聲的從"貝"與從"辵"之字》,《文史》2012 年第 3 輯(總第 100 輯),第 9—27 頁。

築牢基礎　强化專業　全面培養

——劉釗教授 2021 年 10 月 16 日在中山大學"古文字學強基班教學研討會"上的發言實錄

劉釗教授 演講　劉宇晨 曾宇 整理

首先,我簡單介紹一下復旦大學古文字强基班的培養方案。我們去年招收了 8 位同學,今年是 16 位。培養方案設計的前兩年跟中文系其他學生沒有什麽差别,主要是基礎課學習;後兩年主要學習古文字學。從第二年開始經過考核,選拔本博連讀的學生。原來設定從本科就可以直接進入博士階段,後來考慮到如果不加選拔,中心會承受太多學生,所以還是決定進行選拔。我們設計的課程比較全面,從甲骨文一直到漢代的簡牘帛書,包括訓詁學、上古音以及語法等,所有課程基本都能涵蓋。因爲我們的課程明年才開始,所以我們現在還没有積累通過上課培養學生的任何經驗,只好進行預測。

一、培養自學的能力

我認爲學生在大學階段主要還是依靠自學,如果强基班正式進入學習階段,我建議很多課程要采取靈活的方式。在我們中心,研究生一直有讀書會。讀書會的方式我認爲很好,由學生來講,老師來點評。西方、香港地區、臺灣地區上課也經常采用這種形式,比如一種材料分幾組,每個組負責一部分,每組由幾個同學聯合攻關,然後老師來點評。學生成長到一定階段後,很多知識實際上完全能通過讀書去找,那爲什麽還需要一個集體? 這是因爲有氛圍。我認爲學古文字一定要從甲骨文到漢代,每個時代的形體要都熟悉,每個基本形體的"前世今生"都要掌握,形體與形體之間的“恩怨情仇”都要瞭解,頭腦中要有一個互相之間的關係和演變的譜系。

二、培養精讀文字編的能力

另外要培養學生精讀文字編的能力。每一種材料出土以後都會編文字編。看文字編,不能放過每個字任何一點細微的變化,而且要合理地解釋這些變化,搞清楚這些變化體現了一種什麼規律,或是有什麼同類型的變化是可以對比的。讀簡時要一邊看圖版,一邊看釋文,任何細微之處都不能輕易放過。看字形時最好要在腦子裏進行摹寫,一個字一個字地過一遍,不能只看大體輪廓。只有在大腦中摹寫才能發現文字的細微變化和變化的原因。古文字研究就是要在古代文字和現代文字之間建立聯繫,搭建橋梁。但不是所有文字的鏈條都是完整的,經常有一些缺環,把這個缺環補上是關鍵。另外,學生看的過程中要把這些特殊變化和所有能體現規律的字形提取出來,建立自己的資料庫。

三、培養古漢語的功底和素養

光對形體敏感還不够。除此之外還要培養學生自己的古漢語功底和素養,這要求學生多讀古書。我們以前培養學生經常忽略這些方面,認爲古文字就是文字考釋,所以以形體爲主,偏重字形。實際上古文字研究到一定程度,就如馮老師所説,古文字的功夫在古文字之外。認字是最粗淺的第一步,關鍵是要怎麼解釋它記錄的内容,尤其是古文字考釋發展到今天,我們發現,通過簡單的形體比較,從早到晚排出鏈條就能考釋出來的字已經越來越少。這種字誰都能認識,只要材料一多,自然就呈現出來了。現在我們不認識的那些字,是因爲它結構變了,不是後世的那個結構,是另外一個結構,另外一種寫法,這個時候只能根據韻文材料,它的語義場和語言環境,先猜測它的讀音,然後再到古漢語裏找一個既能跟它的字形結合起來、又能讀通文意的一個字出來。既然古文字考釋已經變成這樣的過程,那就需要學生對古漢語熟悉,對古代的語感熟悉,這便要求多讀古書。我們中心的學生剛入學的時候,頭腦裏有很多模糊的意識,一是認爲古文字就是甲骨金文,一是以爲古文字研究就是考字,這些都是不對的。我們的終極目標是讀懂文本，一方面是表面的文本，即寫者的原意；另一方面是通過其原意，呈現出來的背後與思想觀念、歷史史實有關的內容。認字只是一種手段，只要是以古文字材料爲主所進行的各個角度的研究都是古文字研究，只要我們用的材料是以古文字爲主，無論是進行歷史研究、語法研究、思想史研究，哲學史研究，那都算古文字研究。所以古文字研究的覆蓋面是非常寬廣的。我可以舉我培養的學生爲例。之前我在廈門大學指導過一個學生做漢代銅器，因爲李學勤先生在一篇文章裏提到，漢代銅器沒有得到重視，相關的研究很少，於是我就讓他做這個題目。漢代銅器一方面是漢代銅器的銘文，另一方面是漢代銅器銘文在考古學、類型學上的分析，包括跟史實有關的方面，還包括銅器的流通買賣、當時的價格等等，是一個立體的東西。他做了這個題目，現在成了全國做漢代銅器的一把手。我到了復旦之後，培養幾位研究古文獻的學者，比如張傳官撰寫了《急就篇校理》。《急就篇》裏雖然沒有古文字，但是它跟漢代社會的方方面面都有密切關係，而且大量人名可以用秦漢的璽印材料來證明，這就屬於典籍新證系列。還有前年畢業的劉思亮研究《山海經》，因爲《山海經》目前還沒有一個好的本子，袁珂的本子也很糟糕，利用出土材料對《山海經》進行新證，也有很多發明創新。還有我的學生暨慧琳，她用出土材料對俞樾的《古書疑義舉例》進行新證。這些論文都沒有涉及古文字形體，但是用古文字材料來證明古書，這些都是古文字研究的範圍，都是非常好的選擇。所以做研究有一點需要注意，即一定要選一個可持續發展的方向和題目，不能僅僅研究甲骨、金文，導致寫完一篇文章後沒有剩餘的題目了，這樣的選擇是錯誤的。題目一旦選擇正確，就會有寫不完的題目。比如我的學生鵬宇研究銅鏡，他現在既在古文字學界對銅鏡銘文研究掌握精熟，同時由於他掌握了全世界最全的銅鏡資料，所以考古學界和收藏界的文物鑒定也離不開他的研究。橫跨兩種學科的研究是非常厲害的，所以我們學古文字一定不要局限在古文字形體本身，不要局限在文字考釋這個狹小的範圍，天地是極其廣闊的。以這樣的思想爲指導，我們的同學入學之後，一方面要學習從甲骨文到漢代文字的文字形體，另一方面要增強古漢語素養和語言學的視野和眼光。多讀古書，正如古人讀古書有日課，每天要讀一卷，這一卷不讀完不睡覺，必須要做到把讀古書當成吃飯一樣。古書讀多了,語感自然也就來了。當然,讀書也有讀古書的辦法和訣竅。比如説讀《左傳》,剛開始每天閱讀的篇幅很少,甚至會出現讀了後面忘了前面的情況。這時候,可以使用沈玉成的譯文,先明白史實,理清史實後再落實到具體字詞上。如果總是盯在字詞上而忘記了其他方面是不行的,讀古書的目的是爲了學古代漢語和熟悉古代的典章制度、歷史事實。

四、養成收集整理材料的習慣

另外最關鍵的一點是,一旦立定信念從事古文字研究,就要先養成自己收集整理材料的習慣,並且要不斷調整更新。裘先生用牛皮紙口袋收集資料,用紙片或卡片寫下來,然後投到牛皮紙口袋裏面。裘先生設定了很多題目,然後不斷地往裏投資料,這個牛皮紙口袋從薄到厚逐漸鼓起來,就差不多可以寫一篇文章了。裘先生的櫃子裏有成摞的牛皮紙口袋,這是一種習慣。早期很多人用不同的卡片,例如吉大林澐先生、何琳儀先生都用卡片摹古文字形體等等,這也是一種方式。如今更多地使用電腦進行資料的收集和整理,例如陳劍先生用電腦切割的方式,建立檔案夾並且分類,把大量材料放進去。

我個人喜歡使用印象筆記,其好處在於可以隨時做容量大小不等的筆記,例如用 PDF 切分並且存入文檔,PDF 自身也能够檢索,不一定要轉成 Word 文檔再檢索。我們可以自主設定檢索要素,因爲有標籤並且分級,可以在裏面放很多東西,如果大宗的材料收集全了,使用起來會非常方便。比如可以建立"待問篇",某些問題錯誤非常明顯,可是你自己的想法又不成熟,我們可以放到"待問篇"裏,待問篇多了,經常翻起來琢磨琢磨,待問篇之間也會互相啓發。比如説遇到了以前没出現過的一個新字或一個新義,大型字典詞書義項失收,你就可以提供一個義項。有的時候雖然大型字典辭書有這個義項,但書證較偏或較少,此時重要性就凸顯出來了。因爲在出土文獻中,尤其在古醫書裏面,保存着大量早期詞彙——接近口語的俗語詞,在傳世經典著作中難得一見,反而多見於醫書、日書,這些詞彙都很重要。

從歷史學角度,我們現在的出土材料都可以證史補史,只要跟史書説的不一樣，就可以作爲新證的部分。一言以蔽之，早期的歷史都可以用考古材料或者出土材料來新證。原來陳直先生使用新證法，于省吾先生也使用新證的方法。于先生主要是字詞新證，陳先生的新證就比較寬泛。現在秦漢材料大量出土，《史記》《漢書》新證的工作量遠大於《史記》《漢書》原有的部分，所以可以把看書學習的相關材料分類。如果剛開始分不清楚，可以先分大類，然後逐漸再細分，因爲看別人的成果不如經過自己的手，經過自己思考收集的材料才好用。僅僅從其他人那裏拾人牙慧是不行的。比如通假材料，李家浩先生寫文章時，對上下古今的通假材料都旁徵博引，這些材料不是采自他人，而是他平時自己收集的。如果不這麽做，只從別人那裏拿過來，一看就是從其他地方抄來的，這樣就會顯得自己對專業研究不够深入。李先生的材料全部是自己收集而來的，用筆記本記録了很多。所以收集材料一定要經過自己的手。

談談古文字强基班教學

——李守奎教授 2021 年 10 月 16 日在中山大學 "古文字學强基班教學研討會"發言實録

李守奎教授 演講　　張瑞恒 趙雨欣 整理

今天下午是古文字學强基班教學研討會,我們在小範圍内把各自的開班與教學等情況交流一下。我彙報一下清華强基班的教學情況。我一直或多或少參與這項工作,這兩年的教學幾乎把全部的精力都放在了本科强基班上,今天我想談以下幾點。

一、强基班教學計劃培養什麽樣的人才?

從國家層面來説,我們現在缺少大師——真正的大師,這點不用諱言。比如説李學勤先生、裘錫圭先生這一代之後的續接。我們這一代是一個整體的過渡,先天不足、後天跟不上。小時候碰上文化大革命,没有機會讀書,現在的新技術掌握得不好,便利不能盡享,心裏知道該怎麽做但力不從心,所以勢必就是過渡的一代。七十年代以後的情況逐漸好轉,但在限定時間完成項目,比拼數量評選優秀的躁動中,只有部分學者把學問當作學問,因此贏得學者們内心的尊重。學術環境正在變化。現在更需要從小打好功底、掌握新技術的年輕人追求真學問,在新時代裏創造出新學問。這是國家的希望,也是培養單位的目標。從學校設計層面來説,只有 985 這類頂尖學校才有資格有强基計劃。爲什麽是這些學校? 因爲這些學校生源好,這裏面更有希望出真正的大師。我在清華給本科生上課時常説,你們天賦好,學校平臺好,不管學什麽專業,不學則已,學了就要有衝頂的目標。事實上他們對自己也是這麽期望的。所以從國家定位、辦學機構的定位以及學生自己定位的角度看，都是要往最頂尖上走。

二、我們怎樣才能培養出這樣的人才？

在明確定位後，接下來就要考慮我們怎樣才能培養出這樣的人才？每一個學校需要精心思考，周密規劃，落實到位。清華對這個問題高度重視，成立了書院。清華的强基學生進來後，中文系、歷史系、哲學系就沒有其他本科生了，只有强基計劃班。北大、復旦、中山等中文學科優勢突出，體量大，中文系之外另有强基班招生名額。清華不是這樣，除了强基班，人文學院沒有其他本科生了。所以需要方方面面的協調，不斷摸索，目前已經初見成效。

古文字這個專業，學習興趣很重要。學這個專業不升官不發財，買書貴寫文章難。很難靠利益推動大家做此選擇。往大裏説是"情懷"，從個人的角度説就是需要有足够的興趣，在這個領域挑戰人類認識的極限，樂在其中。還有一個智力條件。我的老師曾經説過這一行太聰明的不願學，因爲他們不願意下苦功；不够聰明的也不能學，學了也不能有突破。這是對大多數人來説的。如果聰明而用功，那就可能成就大師，李先生、裘先生就是榜樣。大家既然考上名校，智力肯定是没問題了，有興趣，下苦功，越學越厚實，越學越快樂，在通往學術高峰的路上走着走着，就可能一覽衆山小了。

從培養的角度説，引導的方向一定不能偏了。清華近幾年的研究生招生面試很實在。學古文字得認識字，能讀得懂文獻。拿一片甲骨或一篇銘文讓考生一讀，大家就知道是什麽水平了。第一是認字，第二是斷句，第三是破讀。這是基礎，没有這個基礎就不是古文字研究了，在這個基礎上才能討論下一步。假如某種古文字研究的學位論文洋洋灑灑寫了幾萬字、幾十萬字，回頭這種古文字文本讀不懂，這問題就大了。清華是導師制，學生和導師對接，導師多、學生少，學生選導師有很大的餘地。對於"中國語言文學（古文字）"專業的同學，我們不强求一定學習古文字。第一年人文基礎課結束以後，中文系、歷史系、哲學系各專業的同學都可以選擇古文字方向，進入第二年，就開始進入專業導師指導，小班授課等專門訓練階段了。

古文字學這個專業需要扎實的、硬碰硬的功底。清華的很多學生腦子聰明,思辨能力特別好。我們有一位青年老師,留洋回來,是喬姆斯基的再傳弟子,人聰明,學問好,責任心强,課講得很棒,學生被深深吸引是理所當然的。古文字課講好了也能吸引學生,但不能期望像語言學、文學那樣吸引大量的學生,因爲它要求下笨功夫。但是要讓聰明人下笨功夫,那是不容易的事情。我們第一届强基班選了七個學生學習古文字,有人覺得少,我覺得正常。如果我們把這七個都培養成才,那就很了不起了。這麽多學校,如果每個招收古文字强基班的學校每年都能培養出一批專業學者、幾個一流學者,十年之後,古文字的發展前景我們可以去想象了。如果我們現在各校所有的中文强基班的學生都成了古文字學者,十年之後的前景反倒是不可想象的。所以從培養的角度來説,得定位明確,引導得法。

三、課程體系介紹

我在清華大學强基班開設了三門課,對於古文字專業來説都比較邊緣,有的可是從中文系沿襲過來的,主要對象也是中文系的學生。古文字專業課都由黄德寬老師負責設計安排。在這裏只是簡單介紹一下我開課的基本情況和我的一些上課感受。

第一門課是"漢字與中國文化",目前課容量限報 60 人,我期望的是二三十人上課,因爲人多了不好討論。這個課最初是在大類招生中爲了給人文學院吸引學生而開的。那時不能講太難,太難了會把人嚇跑。這個階段的部分講課内容在喜馬拉雅音頻節目中播出過,目前已經修訂成書稿《説解漢字一百五十講》,年底會出版。現在成了强基班第一年的基礎通識課,我就不必刻意在乎課是否講得好聽不好聽了。之前稍微難一點,不願意學的就跑了。現在我明確宣布,此課程在瞭解學科、掌握知識的同時,更注重學術思維的訓練。比如闡釋一個字,不同闡釋的背景是什麽,標準與目的是什麽,方法是什麽,結論如何驗證等,部分内容已經發表。清華已經作爲立項,計劃出版教材,初步定名《漢字文化與漢字闡釋》。

第二門課是經典導讀課——"《説文》研讀"。這門課下學期首開,對象主要是選擇古文字方向的學生,屬於小班授課,課容量不超過 12 人,兩三個學生也可以開班。研讀課可以師生坐在一起精讀。我剛到清華的時候,就開了兩門研究生課,第一門是"説文解字導讀(上)",第二門是"説文解字導讀(下)",現在轉爲給本科生講《説文》,不求全,期望通過精讀能夠讀進去,這學期研讀幾卷,下學期研讀幾卷,期望我退休之前能講完。開這門課,主要是希望大家能夠靜下心來讀讀經典,能夠一起討論問題。

第三門課是專業課——"漢字學"。漢字學是我這些年一直比較用心的一門課,期望漢字理論能夠溝通古今,更宏觀地解釋一些現象。對於學生來説,是必要的理論思維訓練,有一定的難度,被學生評爲"硬課"。雖然我古也不通,今也不懂,但還是想做一些努力,希望能夠從材料出發歸納出一些規律來。也希望做到真正的融會貫通而使課"軟"下來。知不足而後進,我對自己喊加油!

古文字的專業課,在基礎通識課之後有序展開,主要是對古文字本體——甲骨文、金文、戰國文字、秦漢文字的學習和訓練。也鼓勵學生轉益多師。沒有一個大師只會考字或只會談論文字學。清華强基計劃的學生,可以選三個系的課:語言學、文學在中文系,歷史學在歷史系,哲學在哲學系。如果學生喜歡其他專業,我們也尊重學生的選擇。我們的目標是培養人才,順着學生的興趣與特長,將其培養成各個領域的頂尖人才,是每一個教育工作者的共同心願。如果學生選擇了古文字,我們有信心做到提供最好的學習條件,引導、托舉,一步一步共同向頂峰攀登,不辜負學生的期望。

補記:發言中提到的兩部書稿已經出版。《説解漢字一百五十講》與王永昌合著,已由陝西師範大學出版社於 2022 年 2 月出版。《漢字闡釋十二講》已由上海古籍出版社於 2023 年 8 月出版。

吉林大學强基計劃招生和培養情況

—— 馮勝君教授 2021 年 10 月 16 日在中山大學
"古文字學强基班教學研討會"發言實錄

馮勝君教授 演講　周啓玥 楊鵬文 整理

剛才聽了劉釗老師和守奎老師介紹自己學校的情況,我也學到了很多。就像過去《地道戰》裏講的"各村有各村的高招",各校的情況不一樣,培養模式、招生方式、課程設置肯定都會有較大的差別。强基計劃是2019 年底、2020 年初的時候國家提出來的,多數高校在當時就已經迅速根據教育部的文件精神制定了强基計劃,上報給教育部,而且 2020 年當年就招生了。像中大、復旦、清華、南大、武大這些學校在去年都已經招生了,都做出很寶貴的嘗試。新鮮事物,誰都没弄過,大家都在摸着石頭過河。

吉林大學的情況相對特殊,我們去年没招生。爲什麽呢? 當時文件下來之後,我們的校長是偏保守的,認爲文科先不要急,穩一穩,看看形勢,理科先行。理科强基在 2020 年就招生了,我們就没有招。吳振武老師告訴我們要關注教育部將古文字列入强基計劃的文件,設計如何操作。

2020 年夏天,我們跟吳老師商量,既然各個學校都已經開始嘗試在方向上招古文字的學生,我們是不是可以申請這個專業? 專業和方向肯定還是有區別的。方向比如漢語言文字學,它本身是一個很成熟的學科,幾乎所有高校都有這個專業,課程設置是一個很成熟的體系。在這個方向上招古文字强基班,只需要在現有體系内進行必要的調整補充。當然,清華情況比較特殊,實行書院制,改革力度更大,這不是一般學校能學得了的,只有清華有這個魄力。

當年夏天,我們就提交了古文字學專業的申請,基本材料是何景成老師和我在做,上報了教育部。比較慶幸的是審批通過了,給我們批了這個本科專業,是在考古學下面招生。考古學現在是一級學科,原先考古學和中國史不分,歷史學後來分成三塊,包括世界史在内成爲三個一級學科。吉大的古文字爲了支撐吉大的考古學(國家"雙一流"建設學科),把古文字從中國史分出來放到考古學下招生。所以我們本科專業的申請和培養,也都是在考古學院,本科建設是不能依托古籍所的,研究所不能招本科,只能在學院裏面。

我們今年第一年招生。當初計劃的名額是 10 個,也相當於試點,不想招太多,先招 10 個看看情況。因爲吉大地處東北,南方孩子不太願意去,我們名額的投放主要集中在北方,東三省、河南、河北、山東、安徽幾個省一共投放 10 個名額。今年的招生情況還好,招了 9 個,有 1 個中途不來。我也很理解,因爲强基計劃本身是一種高考模式,不見得以後都從事古文字研究。我們面試的時候就問學生,"你們對古文字有什麼瞭解嗎?"他們很多是没有瞭解的,他們只是想通過這種方式進入吉林大學。這是一種高考的方式,因爲高考成績占 85%,面試 15%,面試的 1 分相當於高考很多分。要是面試高一點,完全可以彌補高考成績的不足。這都是考生跟家長很現實的考慮,我很理解。

申報專業肯定要有培養方案,吉林大學包括全國的古文字過去都是在碩士階段開展培養,這一點大家都一樣。過去招録的碩士,雖然前期爲了準確考研看了一些書,其實跟零基礎也差不多。今年我們招的本科生,基本上是把碩士的課程下移。我們給碩士開的課應該比較全,涵蓋甲骨、金文、戰國簡帛、秦漢簡帛,包括石刻。吉大的特點是每一段時期的材料都有老師在做,都有老師講。比如甲骨文有周忠兵老師。我講甲骨也能講,那些基本的東西,搞古文字的肯定都知道,但是專門做甲骨的和像我這種水平做甲骨的去講,肯定是不一樣的。再比如漢簡,我們所劉釗(樂遊)老師是專門研究漢簡的,他給學生講漢簡肯定跟搞歷史的學者講法不一樣。還有,王連龍老師調到我們研究室搞石刻研究。我們整個課程設置應該説是覆蓋全部出土文獻的領域,所有課程都會開。因爲今年是第一年,剛開學,這個學期只有兩門比較基礎的課,一門是講裘錫圭先生的《文字學概要》，另外一門是講“古代漢語”。《文字學概要》是何景成老師講的，“古代漢語”由我來講。之前“古代漢語”這門課是我們所裏中國史的老師在講，我說古文字的“古代漢語”要我來講，我們的講法肯定不太一樣。我們用的是王力的教材，從中選一些典型的文選給大家講解，給學生介紹古代漢語一些常識性的東西。

我覺得在座的各位同學首先要轉變思維。特別是大一的新生，現在一定要扭轉思維方式，這跟高中學習是完全不一樣的。我兒子今年剛高考完，我太知道高中階段的學習是什麼樣的。你們上了大學以後一定要摒棄高中階段的學習狀態和思維。比如我上“古代漢語”，有學生過來問，“老師，我覺得不得要領，我課前應該怎麼預習、課後怎麼複習？”我說：“你上課聽聽我講就行，我上課講的你能知道、瞭解，這就行了，主要是培養你讀古書的能力。你們課後要大量地閱讀，靠《古代漢語》的文選這點東西怎麼夠？還得課後讀古書，比如《左傳》這些。”我非常推薦大家讀《左傳》，因爲它裏面有很多故事性的内容，也比較生動。再淺近一點，讀《史記》也行。古文字到最後，還是對古文字材料本身的理解和解讀，靠的還是對古書的熟悉程度，因爲古文字材料本身就是古代的語料，只不過古文字材料是一些片段，而古書更成系統。學生可能在讀書期間讀不了很多，但是幾種重要的典籍要熟悉，這對以後的學習很重要。我爲什麼堅持古文字的“古代漢語”要我來講，因爲通過講古漢語，可以把一些基本的古文字學知識融合到裏面，這樣對於理解一些字義會更深刻，這跟泛泛地講故事是不一樣的。

比如王力教材《左傳·鄭伯克段於鄢》“大叔出奔共”的“奔”，爲什麼現代漢字“奔”字下面是花卉的“卉”？看古文字字形就知道了。“奔”的古文字字形是　，上面是一個擺臂的人，人在跑的時候擺臂，下面是三個脚。爲什麼畫三個脚呢？“走”的古文字字形是　，下面是一個脚。跟“走”相比，“跑”很快，所以“奔”就畫了三個脚。爲什麼後來又變成花卉的“卉”呢？古文字裏面“止”和“屮”形體很相近，三個“止”訛變成三個“屮”，三個“屮”不就是花卉的“卉”嗎？通過講這些字形，學生就知道每一部分形體是怎麼變來的、字義怎麼跟字形結合。我覺得這對學生理解古漢語、體會古書的細微之處是有好處的。

再舉一個例子，《晉靈公不君》這篇文選，晉靈公派人去殺趙盾，"使鉏麑賊之"。現代漢字的"賊"，左邊是"貝"，右邊像"戎"，這個字怎麼分析、理解？看小篆字形就清楚了。小篆作賊，是一個形聲字，从戈，則聲。京劇"賊寇"的"賊"唱腔念白讀"zé"，還保留着古音。我們有意識地把文字學的一些常識融合到課程裏。如果不是搞古文字的老師，是不會講得這麼細緻的。我對本科生"古代漢語"的課程很重視，通過精讀幾篇文選，給學生做示範，讓他們知道怎麼去理解字和詞的關係、字形和詞義的關係。老師在課堂上所講的很有限，有了一些基礎以後，學生自己課後在讀古書的過程中就會有意識地想一下它的字形、字義是怎麼來的。我想，這對同學們打好基礎非常重要。

我先説這些，謝謝。

中山大學"漢語言文學專業(古文字學方向)"課程設置與人才培養*

范常喜　李　麗

一、專業的設立

(一) 背　景

2016 年 5 月 17 日,習近平總書記在哲學社會科學工作座談會上指出:"要重視發展具有重要文化價值和傳承意義的'絶學'、冷門學科,……還有一些學科事關文化傳承的問題,如甲骨文等古文字研究等,要重視這些學科,確保有人做、有傳承。"2019 年 11 月 1 日,習總書記致信祝賀甲骨文發現和研究 120 周年時指出:"甲骨文是迄今爲止中國發現的年代最早的成熟文字系統,是漢字的源頭和中華優秀傳統文化的根脉。……黨和國家高度重視以甲骨文爲代表的中華優秀傳統文化傳承和發展。"並再次强調"新形勢下,要確保甲骨文等古文字研究有人做、有傳承"。

2020 年 1 月 15 日,教育部發布《關於在部分高校開展基礎學科招生改革試點工作的意見》,要求自 2020 年起實施"强基計劃"。"强基計劃"以國家重大戰略需求爲導向確定招生的學科專業,突出基礎學科的支撐引領作用,重點在數學、物理、化學、生物、歷史、哲學、古文字學等相關專

　　* 項目來源:國家社科基金重大項目"戰國文字研究大數據雲平臺建設"(21&ZD307);中山大學高等教育教學研究與改革項目"漢語言文學(古文字學方向)强基班研究型教學體系探索"(教務〔2021〕93 號)。

業招生,致力於爲國家經濟社會發展培養緊缺的高層次人才。古文字學屬於國家人才緊缺的人文社會科學領域,强基計劃將古文字學列入招生與重點培養範圍之中,旨在培養出知識結構完善、能力拔尖、能够適應古文字學研究及學科發展的高層次人才。

在具體招生專業中,"古文字學"設在"漢語言文學專業",全稱爲"漢語言文學專業(古文字學方向)"。"古文字學"强基計劃從教育部認定的 36 所一流大學 A 類建設高校中,選取 14 所具有成熟條件與資源的學校,①從本科生開始培養古文字學人才,並且逐步建立本科、碩士、博士銜接的培養模式,形成一套完善的可實施的古文字學高層次人才培養模式。中山大學作爲古文字學研究强校成功入選。

(二) 專 業 水 平

中山大學"漢語言文學專業(古文字學方向)"設在中國語言文學系。中文系名師薈萃,師資力量雄厚,現有教授 34 名,副教授 34 名。國家級教學名師 1 人,國家級高層次人才 4 人、國家級高層次青年人才 4 人,國家"萬人計劃"領軍人才 1 人、青年拔尖人才 1 人,中宣部"四個一批"人才 2 人,教育部新世紀優秀人才 6 人。中文系建立了完善的教學及科研平臺,擁有漢語言文學、漢語言兩個國家級一流專業,入選教育部"基礎學科拔尖學生培養計劃 2.0 基地",同時擁有一級學科博士學位授予權,現有 10 個博士點、11 個碩士點、1 個博士後流動站。

"古文字學"是中山大學的傳統優勢學科,從 1956 年容庚、商承祚等教授創立"中山大學古文字學研究室",到 2014 年加入國家 2011 計劃"出土文獻與中國古代文明研究協同創新中心平臺建設",再到 2020 年入選"古文字與中華文明傳承發展工程"協同攻關創新平臺組成單位,經過半個多世紀的建設與發展,該學科點已成爲深具國際影響的古文字學研究重鎮。

---

① 14 所高校分別爲:北京大學、清華大學、復旦大學、浙江大學、南京大學、中山大學、武漢大學、華中科技大學、山東大學、四川大學、中國人民大學、華東師範大學、中央民族大學、蘭州大學。

二、人才培養目標

中山大學"漢語言文學專業(古文字學方向)"自 2020 年開始招生,每屆招收 10 人,目前在讀學生共 20 人。該專業的人才培養目標如次:

(一) 總體培養目標

在習近平新時代中國特色社會主義思想引領下,本專業旨在從本科開始選拔志向遠大、有强烈家國情懷和文化使命感、願意獻身於古文字與中國古代文明研究的優秀學生,加以專門化、連貫性、高品質的培養,爲傳承中華優秀傳統文化根脉、講好"中國故事"、助力中華民族偉大復興造就高端人才,爲人類未來發展培養在人文社科基礎領域取得突破性進展的傑出學者。

(二) 本科階段培養目標

本科階段重在使學生打下扎實的古文字學,及相關的古漢語、古文獻學基礎,能夠較熟練地閱讀和運用古文字資料和傳世古書,同時兼具商周秦漢考古、先秦秦漢文學、歷史學和思想史等相關學科知識,具備較爲深廣的知識底蘊和完善的知識結構,爲其日後的發展創造更大的學術空間,爲其參與當代中國的文化復興事業打下扎實基礎。

(三) 碩博階段培養目標

碩博階段重在培養學生釋讀和整理古文字、出土文獻,並利用古文字與出土文獻研究其中的疑難問題,挖掘和闡發其中豐富的歷史文化內涵的能力。加强研究方法的訓練,提高學生發現問題和解決問題的能力。加强與學科前沿的對接,通過前沿科研課題帶動人才培養。在完成整個碩博階段的訓練之後,所有合格的學生都要具備獨立從事古文字學及相關中國古代文明研究的能力,優秀者可成爲相關學科領域的青年骨幹,部分最優秀者有望成長爲未來的學術精英,建立中國自己的學術話語,在國際學術界產生廣泛影響。

三、課 程 設 置

　　古文字學是一門交叉學科,涉及語言學、文獻學、文學、考古學、歷史學、哲學等各個學科,不僅要具備漢語言文學專業的寬度,同時要有古文字學的高度。"漢語言文學專業(古文字學方向)"的課程設置,既保留了漢語言文學專業的主幹課程,又設置了一套專業必修課程和選修課程,以保障學生知識結構的健全與創新能力的提高。

(一) 課 程 體 系

　　本專業的課程體系由公共基礎課(包括公共必修課、通識教育課)、專業基礎課(包括大類基礎課、專業基礎課)、專業核心課(包括專業實踐課、專業選修課)、專業提升課等四類課程共同組成,總學分 165 個,總學時 3556 個(表一)。

表一　中山大學"漢語言文學專業(古文字學
方向)"專業課程體系及學分、學時

課程類別		學分數	所占比例	備　注
公共基礎課	公共必修課	37	27.27%	公共必修課
	通識教育課	8		公共選修課
專業基礎課	大類基礎課	34	34.55%	專業必修課
	專業基礎課	23		專業必修課
專業核心課		25	15.15%	專業必修課
專業提升課	專業實踐課	18	23.03%	專業必修課
	專業選修課	20		專業選修課
總學分 (實踐教學學分)		165 (27)		
總學時 (實踐教學學時)		3556 (1046)		

(二) 專 業 必 修 課

專業必修課主要包括大類基礎課、專業基礎課、專業核心課三個大類。大類基礎課主要根據我校本科生大類培養模式在一年級開設,如"文學概論""史學概論""哲學導論""考古學概論""人類學概論"等(表二)。大類基礎課涉及文史哲諸多學科,有利於厚植學生的知識基礎。

表二　中山大學"漢語言文學專業(古文字學方向)"專業必修課

大類基礎課	專業基礎課	專業核心課
文學概論	現代漢語	文字學
中外文學經典	古代漢語	古文字摹寫訓練
史學概論	古典文獻學	漢字源流
哲學導論	中國文學批評史	訓詁學
邏輯學導論	中國古代文學史	音韻學基礎
人類學概論	專業導讀學術講座	古文字學研究
語言學概論	古文閱讀與背誦	《說文解字》概論
中國歷史地理		出土文獻學概論
中外哲學經典		甲骨文選讀
資治通鑒		金文選讀
考古學概論		簡帛選讀

專業基礎課設有"現代漢語""古代漢語""古典文獻學""中國文學批評史""中國古代文學史""古文閱讀與背誦"等中文系主幹課程,打牢學生的漢語言文學專業基礎,以便將來更好地進入古文字學領域的學習。

專業核心課既包括"文字學""漢字源流"等文字學基礎課程,同時也包括"《説文解字》概論""音韻學""訓詁學"等傳統小學課程,築牢學生對文字形、音、義的認知根基。專業核心課程中還設有"古文字摹寫訓練",讓學生感受古文字的魅力,增强對本專業的熱愛,除此之外,還開設有"出土文獻學概論""甲骨文選讀""金文選讀""簡帛選讀"等系列課程,培養學生具備一定的閲讀古文字材料的能力,以便將來進入研究生階段的專題學習。

(三)專業選修課

專業選修課(表三)一方面最大限度地共享了中文系漢語言文學專業的選修課,如"《莊子》導讀""《論語》導讀""《左傳》導讀""中國古代制度與文學""漢語發展史"等,另一方面還有效利用了我校博雅學院開設的各類中國古典學及西方古典學課程,如"先秦諸子""四書""拉丁語""荷馬史詩""古希臘文明"等。希望藉此培養出具有開闊人文視野,可以"溝通中西"的棟梁之材。除此之外,公共基礎課中的"通識教育課"在某種意義上來説也可以算作專業選修課,因爲我們會藉此機會建議學生儘量選修與專業相關的通識課程。

表三　中山大學"漢語言文學專業(古文字學方向)"專業選修課

中文系課程	博雅學院課程	
舊體詩詞寫作	古希臘語	詩與樂
《莊子》導讀	拉丁語	四書
《論語》導讀	荷馬史詩	先秦諸子
書法理論與實踐	維吉爾	《老子》精讀
唐宋詞導讀	古希臘文明	禮記·樂記
中國古代制度與文學	歐亞大陸早期文明	漢魏唐宋古文
中國文學典故研究	亞里士多德	唐代詩歌
《左傳》導讀	古典社會理論	唐代政治與文學

續　表

中文系課程	博雅學院課程	
《文選》導讀	柏拉圖	宋明儒學
漢語發展史		清代學術
《周易》經傳導讀		中國近代學術轉型
中國語言學史		中國近世思想

（四）專業實踐課與提升課

專業實踐課不但要求學生完成讀書報告、學年論文、畢業論文,以訓練學生讀書寫作能力,掌握基本的科研思路與方法;同時設有"古文字資料出土地、收藏地考察"課程,將理論與實踐相結合,開拓視野,培養學生主動探索的學習精神。

四年級時還開設以研討和講座形式爲主的本研貫通課(表四),從而與研究生階段培養打通,實現本研階段在教學上的有效銜接。本研貫通課包括"甲骨文字研究""青銅器銘文研究""戰國文字研究""秦漢文字研究"等古文字專題研究課程,是二、三年級出土文獻與古文字概論和選讀課程的延伸,使學生順利過渡到研究生學習階段;同時設有"古文字學前沿講座""文學理論和方法""語言學理論和方法"課程,使學生加強基礎理論建設,及時掌握學界研究動態。

表四　中山大學"漢語言文學專業(古文字學
方向)"專業實踐課與提升課

專業實踐課	本研貫通課
學術寫作訓練(讀書報告)	甲骨文字研究
學年論文	青銅器銘文研究
社會實踐	戰國文字研究

專業實踐課	本研貫通課
古文字資料出土地、收藏地考察	秦漢文字研究
畢業論文	古文字學前沿講座
	文學理論和方法
	語言學理論和方法

四、人才培養特點

(一) 實 踐 育 人

　　加强第二課堂與第一課堂的有機銜接,在第二課堂設置研究訓練項目、社會實踐等與第一課堂緊密結合的元素,讓學生走出教室,拓展課堂知識,拓寬學科視野,激發學習興趣。本專業開設"古文字資料出土地、收藏地考察"等實踐課程,師生一起到湖北、湖南、河南、山西、陝西、甘肅等古文字資料出土大省,深入當地博物館、文物考古研究院、考古現場等考察學習,拉進學生同古文字的距離,切實提高動手實踐能力。

　　每學期定期舉辦"積健"讀書會,通過研讀經典,加强學生在文字、音韻、訓詁等方面的實踐訓練,打牢專業根底,在讀好原典的基礎上做好學問,引導學生學會閱讀、享受閱讀。目前,讀書會研讀的典籍是《孫子兵法》,具體讀法是: 本專業 2020 級同學主講,2021 級同學旁聽,"學長伴讀計劃"博士生答疑解惑。通過兩個學期的讀書活動,學生逐漸學會了如何精讀原典,在疏通文義的基礎上讀透原文,有效提高了古書的閱讀能力。

(二) 科 研 育 人

　　强化大團隊、大平臺、大項目的科研優勢轉化爲育人資源和育人優勢,爲高水準科研創新培養高水準複合型人才。利用"戰國文字詁林及數據庫建設""戰國文字研究大數據雲平臺建設"等國家社會科學基金重大項目,吸納本專業全體學生進入科研團隊,通過收集材料、處理文獻、撰寫提要等工作,接觸學術前沿,享受創造知識的樂趣,爭取儘快地進入學術研究的角色。指導學生自主申報"大學生創新創業訓練計劃項目",進行創新實踐。鼓勵並支持學生積極參加國內外學術活動,瞭解科研前沿信息。

以批判思維和創新能力培養爲重點,強化學術訓練和科研實踐。利用定期舉辦的"學術沙龍"對學生進行學術熏陶。"學術沙龍"是中山大學古文字研究所研究生學術交流的平臺,每期沙龍上古文字學的研究生都會宣讀論文、互評論文,並由老師點評,屬於古文字學研究前沿成果的展示分享平臺。絕大部分強基班學生都會參加"學術沙龍"活動,跟研究生一起閱讀學術論文,參與評議討論,有效培養了學術寫作和鑒別能力。

(三)導師制、小班化、"學長伴讀"計劃

中文系成立了"強基計劃"工作小組,以國家級高層次人才陳偉武教授和中文系副主任范常喜教授共同擔任強基班班主任,以中文系黨委書記于海燕同志擔任強基班輔導員。同時,爲每位學生安排古文字學教授擔任導師,引領學生的思想成長與學術成長。導師團隊由陳偉武、楊澤生、陳斯鵬、范常喜、田煒5位古文字學教授組成。

本專業每年招收10名學生,單獨成班,通過小班制的教學方式因材施教,挖掘學生天賦和潛力,結合個人興趣愛好,培養學術專長。爲每位學生安排一名在讀的古文字學博士生作爲"伴讀"學長,"一對一"輔導學習。"學長伴讀"計劃與導師制相輔相成,以期在良好的溝通中,促進學生快速成長。

五、結　語

黨的十八大以來,習近平總書記對中國古文字的傳承與發展做出了一系列重要指示,古文字學納入強基計劃對古文字學的發展而言是一次難得的機遇。中山大學中文系制定了漢語言文學(古文字學方向)專業的培養方案,並嘗試性地完成了課程安排與學分設置。但"強基班"畢竟

是新生事物,開設該專業的全國兄弟高校都在努力探索當中。我們的培養方案和課程設置一定還存在很多不足之處,但我們相信,在各高校古文字強基計劃的實踐中,學界必將會繼續探索,逐漸優化提升,最終走出一條培養新形勢下古文字學高端人才的發展道路。

附録：中國語言文學系 2021 級漢語言文學（古文字學方向）專業培養方案

一、培 養 目 標

在習近平新時代中國特色社會主義思想和"德才兼備、領袖氣質、家國情懷"人才培養目標引領下,本專業旨在從本科開始選拔志向遠大、有强烈家國情懷和文化使命感、願意獻身於古文字與中國古代文明研究的優秀學生,加以專門化、連貫性、高品質培養,爲傳承中華優秀傳統文化根脉、講好"中國故事"、助力中華民族偉大復興、造就高端人才,爲人類未來發展培養在人文社科基礎領域取得突破性進展的傑出學者。

二、培養規格和要求

本科階段重在使學生打下扎實的古文字學,及相關的古漢語、古文獻學基礎,能較熟練地閱讀和運用古文字資料和傳世古書,同時兼具商周秦漢考古、先秦秦漢文學、歷史學和思想史等相關學科知識,具備較爲深廣的知識底蘊和完善的知識結構,爲其日後的發展創造更大的學術空間,爲其參與當代中國的文化復興事業打下扎實基礎。

碩士博士階段重在培養學生釋讀和整理古文字、出土文獻,並利用古文字與出土文獻研究其中的疑難問題,挖掘和闡發其中豐富的歷史文化内涵的能力。加強研究方法的訓練,提高學生發現問題和解決問題的能力。加强與學科前沿的對接,通過前沿科研課題帶動人才培養。在完成整個碩博階段的訓練之後,所有合格的學生都要具備獨立從事古文字學及相關中國古代文明研究的能力,優秀者可成爲相關學科領域的青年骨幹,部分最優秀者有望成長爲未來的學術精英,建立中國自己的學術話語,在國際學術界産生廣泛影響。

三、學制與授予學位

學制:4 年。按要求完成學業者授予文學學士學位。

四、課程體系及基本學分學時

課 程 類 別		學分數	所占比例	備 注
公共基礎課	公共必修課	37	27.27%	公必
	通識教育課	8		公選
專業基礎課	大類基礎課	34	34.55%	專必
	專業基礎課	23		專必
專業核心課		25	15.15%	專必
專業提升課	專業實踐課	18	23.03%	專必
	專業選修課	20		專選
總學分 (實踐教學學分)		165 (27)		
總學時 (實踐教學學時)		3556 (1046)		

五、課程設置及教學計劃

課程類別		課程名稱	總學分	總學時	學時分配		開課學期	周學時
					理論學時	實驗實踐學時		
公共基礎課	公共必修課	大學英語	8	144	144	0	1、2、3、4	2
		體育	4	144	0	144	1、2、3、4、6、7	2
		思想道德與法治	3	54	54	0	1	3
		中國近現代史綱要	3	54	54	0	2	3
		毛澤東思想和中國特色社會主義理論體系概論	3+2①	54+2周	54	2周	3	3
		馬克思主義基本原理	3	54	54	0	4	3
		習近平新時代中國特色社會主義思想概論	2	36	36	0	2	2
		四史(黨史)/四史(新中國史)/四史(改革開放史)/四史(社會主義發展史)(4選1)	1	18	18	0	1	1
		形勢與政策	2	72	72	0	1—8	每學年18學時
		國家安全教育	1	18	18	0	1—8	1
		軍事課	2+2	36+2周	36	2周	1	4
		勞動教育	1	36	0	36	1—8	每學年9學時

---

① 包含政治理論社會實踐活動 2 個學分。

續　表

課程類別		課程名稱	總學分	總學時	學時分配		開課學期	周學時
					理論學時	實驗實踐學時		
		通識教育課	修讀總學分不少於 8 學分,其中須包含 2 個學分"藝術與審美"課程					
專業基礎課	大類基礎課	文學概論	3	54	54	0	1	3
		中外文學經典	3	54	54	0	1	3
		史學概論	3	54	54	0	1	3
		哲學導論	3	54	54	0	1	3
		邏輯學導論	3	54	54	0	1	3
		人類學概論	3	54	54	0	1	3
		語言學概論	3	54	54	0	2	3
		中國歷史地理	3	54	54	0	2	3
		中外哲學經典	3	54	54	0	2	3
		資治通鑒	3	54	54	0	2	3
		考古學概論	4	72	72	0	2	4
	專業基礎課	現代漢語(上)	2	36	34	2	3	2
		古代漢語(上)	3	54	54	0	3	3
		中國古代文學史(一)	2	36	36	0	3	2
		專業導讀學術講座	1	18	18	0	3	1
		古代漢語(下)	2	36	36	0	4	2
		中國古代文學史(二)	2	36	36	0	4	2
		古文閱讀與背誦	2	64	36	2	4	2

續　表

課程類別		課程名稱	總學分	總學時	學時分配		開課學期	周學時
					理論學時	實驗實踐學時		
專業基礎課	專業基礎課	古典文獻學	2	36	36	0	5	2
		中國古代文學史（三）	2	36	36	0	5	2
		中國古代文學史（四）	2	36	36	0	6	2
		中國文學批評史	3	54	54	0	7	3
專業核心課		文字學（上）	2	36	36	0	1	2
		文字學（下）	2	36	36	0	2	2
		古文字摹寫訓練	2	36	36	0	3	2
		訓詁學	2	36	36	0	3	2
		古文字學研究	3	54	54	0	3	3
		《説文解字》概論	2	36	36	0	3	2
		出土文獻學概論	2	36	36	0	4	2
		甲骨文選讀	2	36	36	0	4	2
		金文選讀	2	36	36	0	4	2
		漢字源流	2	36	36	0	5	2
		音韻學基礎	2	36	36	0	5	2
		簡帛選讀	2	36	36	0	6	2
專業提升課	專業實踐課	學術寫作訓練（讀書報告）	2	2 周	0	3	4	36
		學年論文	2	2 周	0	2	6	36
		社會實踐	4	4 周	0	4	7	36

續　表

課程類別		課程名稱	總學分	總學時	學時分配		開課學期	周學時
					理論學時	實驗實踐學時		
專業提升課	專業實踐課	古文字資料出土地、收藏地考察	2	2周	0	36	7	18
		畢業論文	8	8周	0	8	8	36
	專業選修課	古希臘語	3	54	54	0	1	3
		拉丁語	3	54	54	0	1	3
		詩與樂	2	36	36	0	2	2
		四書	2	36	36	0	2	2
		荷馬史詩	2	36	36	0	2	2
		維吉爾	2	36	36	0	2	2
		古希臘文明	2	36	36	0	2	2
		歐亞大陸早期文明	2	36	36	0	2	2
		先秦諸子	2	36	36	0	3	2
		《老子》精讀	2	36	36	0	3	2
		宋明儒學	2	36	36	0	3	2
		柏拉圖	2	36	36	0	3	2
		中國近世思想	2	36	36	0	3	2
		唐代政治與文學	2	36	36	0	3	2
		中國近代學術轉型	2	36	36	0	3	2
		禮記·樂記	2	36	36	0	3	2
		舊體詩詞寫作	2	36	36	0	3	2

續　表

課程類別		課程名稱	總學分	總學時	學時分配		開課學期	周學時
					理論學時	實驗實踐學時		
專業提升課	專業選修課	唐代詩歌	2	36	36	0	4	2
		漢魏唐宋古文	2	36	36	0	4	2
		亞里士多德	2	36	36	0	4	2
		清代學術	2	36	36	0	4	2
		古典社會理論	2	36	36	0	4	2
		《莊子》導讀	2	36	36	0	4	2
		《論語》導讀	2	36	36	0	4	2
		書法理論與實踐	2	36	36	0	4	2
		唐宋詞導讀	2	36	36	0	4	2
		中國古代制度與文學	2	36	36	0	4	2
		中國文學典故研究	2	36	36	0	4	2
		《左傳》導讀	2	36	36	0	4	2
		《文選》導讀	2	36	36	0	4	2
		漢語發展史	2	36	36	0	5	2
		《周易》經傳導讀	2	36	36	0	5	2
		中國語言學史	2	36	36	0	6	2
	本研貫通課	甲骨文字研究	3	60	60	0	7	3
		戰國文字研究	3	60	60	0	7	3
		古文字學前沿講座	3	60	60	0	7	3

續　表

課程類別		課程名稱	總學分	總學時	學時分配		開課學期	周學時
					理論學時	實驗實踐學時		
專業提升課	本研貫通課	文學理論和方法	1	18	18	0	7	1
		語言學理論和方法	1	18	18	0	7	1
		青銅器銘文研究	3	60	60	0	8	3
		秦漢文字研究	3	60	60	0	8	3

六、學分學時分佈情況表

學年	學期	公必課		專必課		專選課			合計（通識教育課除外）	
		學分	學時	學分	學時	開設學分	建議修讀		總學分	總學時
							學分	學時		
第一學年	第一學期	11.5	290.25	20	360	6	0	0	31.5	650.25
	第二學期	8.5	164.25	18	324	12	4	72	30.5	560.25
第二學年	第一學期	8	200.25	17	306	18	6	108	31	614.25
	第二學期	6	128.25	14	244+2周	26	8	144	28	516.25+2周
第三學年	第一學期	0.5	20.25	8	144	4	2	36	10.5	200.25
	第二學期	1	38.25	6	72+2周	2	0	0	7	110.25+2周

續　表

學年	學期	公必課		專必課		專選課				合計（通識教育課除外）	
		學分	學時	學分	學時	開設學分	建議修讀		總學分	總學時	
							學分	學時			
第四學年	第一學期	1	38.25	9	54+6周	0	0	0	10	92.25+6周	
	第二學期	0.5	20.25	8	8周	0	0	0	8.5	20.25+8周	
合計		37	900	100	1504+18周	68	20	360	157	2764+18周	

七、實踐教學環節（含實驗）一覽表

序號	實踐教學課程名稱	課程類別	開課學期	課程類型	其中實踐教學環節學分	其中實踐教學環節學時
1	毛澤東思想和中國特色社會主義理論體系概論	公必	3	理論+實踐	2	2周
2	軍事課	公必	1	理論+實踐	2	2周
3	體育	公必	1、2、3、4、6、7	其他集中性實踐	4	144學時
4	勞動教育	公必	1—8	理論+實踐	1	36學時
5	現代漢語（上）	專必	3	理論+實驗	0	2學時
6	學術寫作訓練（讀書報告）	專必	4	其他集中性實踐	2	2周
7	古文閱讀與背誦	專必	4	其他集中性實踐	0	2周

續　表

序號	實踐教學課程名稱	課程類別	開課學期	課程類型	其中實踐教學環節學分	其中實踐教學環節學時
8	學年論文	專必	6	學年論文	2	2 周
9	社會實踐	專必	7	集中性實踐（含見習、實習）	4	4 周
10	畢業論文	專必	8	畢業論文畢業設計	8	8 周
11	古文字資料出土地、收藏地考察	專必	7	集中性實踐	2	2 周
合計（示例）					27	182 學時+24 周

八、課程地圖

2021級漢語言文學（古文字學方向）課程地圖

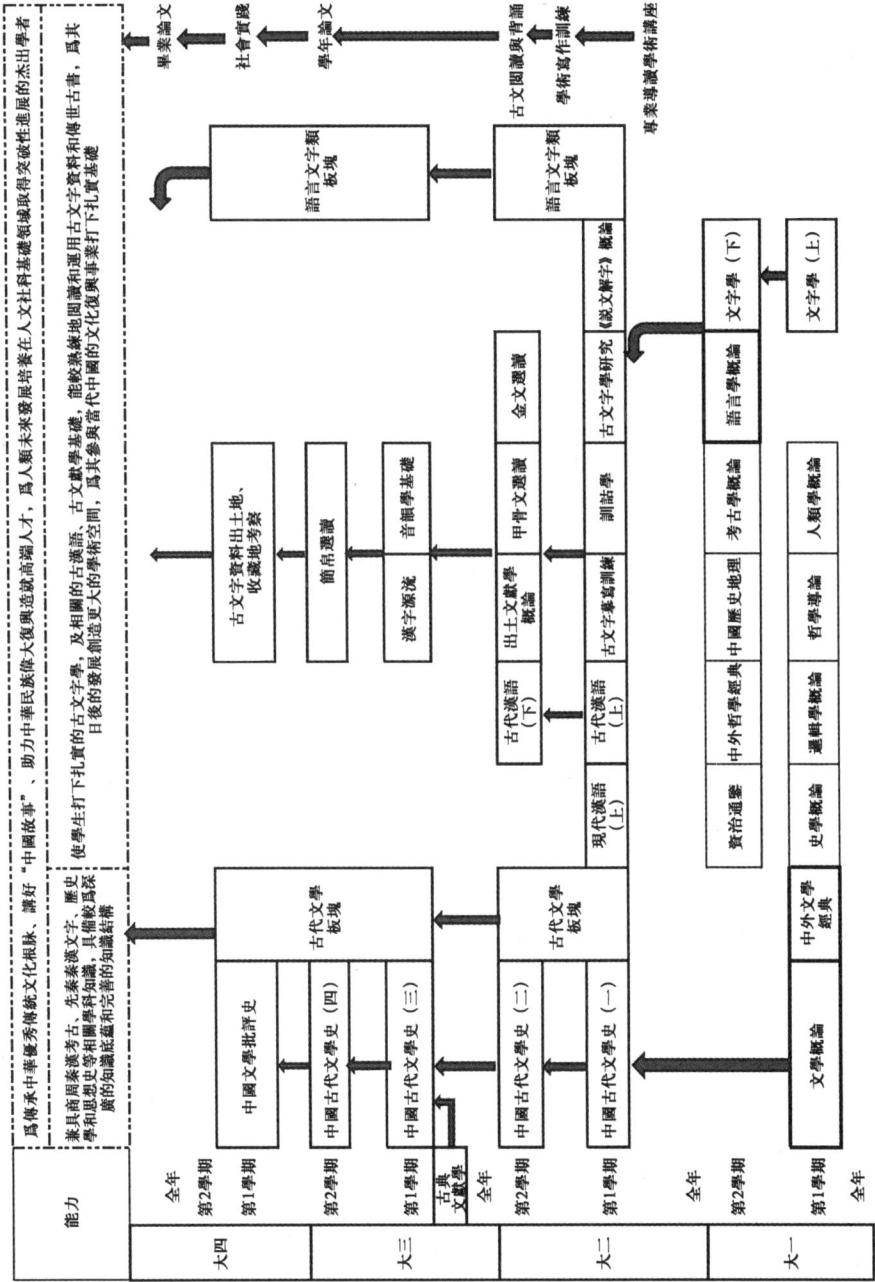

能力：為傳承中華優秀傳統文化根脈、講好"中國故事"、助力中華民族偉大復興造就高端人才，為未來發展培養在人文社科基礎領域取得突破性進展的傑出學者

具有商周秦漢考古、先秦兩漢文字、歷史佐學生打下扎實的古文字學，及相關的古漢語、古文獻基礎，古文獻資料即識和運用古文字資料和傳世古籍，能較熟練地閱讀和運用古文字資料，為其參與當代中國的文化復興事業打下扎實基礎

學和思想史等相關學科知識，具備較高深日後的發展創造更大的學術空間，為其參與當代中國的文化復興事業打下扎實基礎

廣的知識底蘊和完善的知識結構

畢業論文　社會實踐　學年論文

學術寫作訓練

古文閱讀與背誦

專業導讀與學術講座

語言文字類板塊

語言文字類板塊

文字學（下）　文字學（上）

語言學概論

《說文解字》概論

古文字學研究

訓詁學

甲骨文選讀　金文選讀

音韻基礎

簡帛選讀

漢字源流

古文字資料出土地、收藏地考察

古代漢語（下）　古代漢語（上）

現代漢語（上）

出土文獻概論

古文字學訓練

考古學概論

人類學概論

哲學導論

中國歷史地理

中外哲學經典

邏輯學概論

史學概論

資治通鑒

中外文學經典

文學概論

古代文學板塊

古代文學板塊

中國文學批評史

中國古代文學史（四）

中國古代文學史（三）

中國古代文學史（二）

中國古代文學史（一）

古典文獻學

大四	第2學期 全年	
大三	第1學期 第2學期	
大二	第1學期 全年	
大一	第2學期 第1學期 全年	

後　　記

　　從 2018 年第三輯《古文字論壇》出版至今，又過去了五年。期間經歷了前所未見的新冠疫情。人們的生活和工作都遇到了不少考驗。幸好風雨過後見彩虹，各種學術活動又逐步恢復正常。《古文字論壇》第四輯遷延多時，即將可以出版了。

　　孫稚雛先生和師母赴澳大利亞探視兒子孫子，不料因新冠疫情而稽留國外兩年多，“漫漫歸國路”，回到廣州還在政府指定的隔離酒店——增城仙村皇朝御苑酒店住了三個星期，然後才安然還家。孫先生八十五歲高齡，視力欠佳，克服種種困難，撰寫了《一枚印章的故事——紀念容庚先生誕辰 128 周年》一文，賜稿本刊，以光篇幅。黃光武先生兩年前剛出版了《秀華集——黃光武文史研究叢稿》（中山大學出版社，2021 年），又寫了新作《容庚先生的〈西清彝器拾遺〉爲何無序言》一文，交由本刊發表。不料今年 3 月 21 日黃先生出於種種原因住進了一家廉價的養老院，也無法同我電話聯繫，不讓探視，不准外出，形同軟禁。“黯然銷魂者，唯別而已矣”。黃先生離開了工作幾十年的中山大學古文字研究所，離開了他一直辛勤勞作的容庚商承祚先生紀念室。撫今追昔，不禁愴然。

　　這一輯《論壇》的內容涵蓋了甲骨文、金文、戰國文字和秦漢文字研究等方面，內容頗爲豐富。研討對象涉及不少新材料、新問題，也有就舊材料多年存在的疑難問題詳加考辯的論文。中大古文字研究所畢業的諸多師友提供自己的最新研究成果，飽含反哺母校的深情厚意，而劉國勝、張振謙和魏宜輝等教授惠賜自己的新作力作，則純屬道義相挺。從本輯的論文可以看出，青年學者已成了當前古文字研究的主力軍，他們思維敏捷，眼光銳利，見解新穎，未來可期。

　　從 2016 年以來，習近平總書記在多個場合就古文字學發表了重要講話，指出甲骨文等古文字是中華文明的根脉，是中華文化基因。目前古文字學的發展確實進入了歷史上最好的時期，從業者都有如沐春風之感。2021 年 10 月 16 日，中大舉行了一次規模小、規格高的"古文字前沿論壇暨古文字强基班教學研討會"，我們邀請了劉釗、李運富、李守奎、馮勝君等多位古文字學著名學者與會，在會上，他們對當前古文字研究的進展和特點作了透徹的闡述。這些演講辭由學生記録整理並經演講者審核，也收入了本輯《論壇》。劉釗先生演講辭《古文字研究的"精密化、立體化和數字化"》，解讀了習總書記有關古文字研究多次講話的深刻内涵；還有李守奎先生的演講辭《古文字研究的深入與細化》、馮勝君先生的演講辭《古文字與人工智能》，無不洞察古文字學發展的歷史和現狀，指出當前學科發展的態勢和特點，昭示着古文字學未來發展的方向。

　　國家爲了强化"中文、歷史、哲學、數學、物理、化學、生物、信息"等基礎學科的發展，由教育部組織落實重點扶持這些學科的人才培養，在若干所高校探索開辦了本碩博連讀的"强基班"。20 世紀 50 年代高教部在全國重點高校中文系推行過語言專門化方向的教學，爲後來培養了一大批卓有成就的語言學家。現在古文字學代表漢語言文學專業辦强基班，可説是一種新生事物，對未來古文字研究必將産生深遠的影響。但許多工作還有待在教學實踐中不斷摸索，逐漸積累經驗。辦有强基班的高校彼此交流經驗就至關重要。此輯《論壇》收入幾位專家的經驗之談，同聲相應，同氣相求，正可與其他高校的同道共享。

　　此輯《論壇》范常喜教授組稿審稿費了不少心神，博士後吳麗婉、李麗、徐鳳儀，博士生林焕澤、賀張凡、袁琳、李三梅、林沈妍、郭文静、畢然，碩士生曾宇、楊鵬文、趙雨欣、趙惠欣，强基班本科生宗玉潔、鍾珊、張繁榮、周啓玥、劉宇晨、張瑞恒等同學，都在編校過程中任勞任怨。賀張凡出力尤多，責任編輯田穎女士一如既往盡心盡力，謹此一併致謝。

陳偉武

2023 年 9 月 18 日於廣州康樂園愈愚齋